中国社会科学院文库
历史考古研究系列
The Selected Works of CASS
History and Archaeology

中国社会科学院创新工程学术出版资助项目

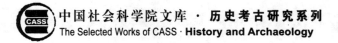中国社会科学院文库 · 历史考古研究系列
The Selected Works of CASS · History and Archaeology

清代西藏与布鲁克巴

THE TIBET-BHUTAN RELATIONS IN QING DYNASTY

扎 洛 著

中国社会科学出版社

图书在版编目(CIP)数据

清代西藏与布鲁克巴／扎洛著．—北京：中国社会科学出版社，
2012.8

ISBN 978 – 7 – 5161 – 0690 – 7

I.①清… Ⅱ.①扎… Ⅲ.①中外关系—国际关系史—不丹—
研究—清代②西藏—地方史—研究—清代 Ⅳ.①D829.357
②K297.5

中国版本图书馆 CIP 数据核字(2012)第 066006 号

出 版 人	赵剑英	
选题策划	雁 声	
责任编辑	侯苗苗	
责任校对	邓晓春	
责任印制	王 超	

出 版	中国社会科学出版社	
社 址	北京鼓楼西大街甲 158 号	
邮 编	100720	
网 址	http://www.csspw.com.cn	
发 行 部	010 – 84083685	
门 市 部	010 – 84029450	
经 销	新华书店及其他书店	

印 刷	北京君升印刷有限公司	
装 订	廊坊市广阳区广增装订厂	
版 次	2012 年 8 月第 1 版	
印 次	2012 年 8 月第 1 次印刷	

开 本	710×1000 1/16	
印 张	20	
字 数	332 千字	
定 价	52.00 元	

《中国社会科学院文库》出版说明

《中国社会科学院文库》（全称为《中国社会科学院重点研究课题成果文库》）是中国社会科学院组织出版的系列学术丛书。组织出版《中国社会科学院文库》，是我院进一步加强课题成果管理和学术成果出版的规范化、制度化建设的重要举措。

建院以来，我院广大科研人员坚持以马克思主义为指导，在中国特色社会主义理论和实践的双重探索中做出了重要贡献，在推进马克思主义理论创新、为建设中国特色社会主义提供智力支持和各学科基础建设方面，推出了大量的研究成果，其中每年完成的专著类成果就有三四百种之多。从现在起，我们经过一定的鉴定、结项、评审程序，逐年从中选出一批通过各类别课题研究工作而完成的具有较高学术水平和一定代表性的著作，编入《中国社会科学院文库》集中出版。我们希望这能够从一个侧面展示我院整体科研状况和学术成就，同时为优秀学术成果的面世创造更好的条件。

《中国社会科学院文库》分设马克思主义研究、文学语言研究、历史考古研究、哲学宗教研究、经济研究、法学社会学研究、国际问题研究七个系列，选收范围包括专著、研究报告集、学术资料、古籍整理、译著、工具书等。

中国社会科学院科研局
2006 年 11 月

布鲁克巴略图

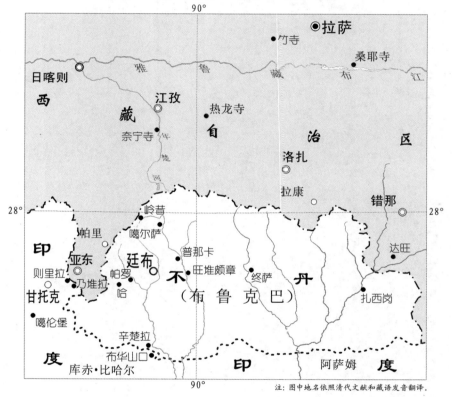

注: 图中地名依照清代文献和藏语发音翻译.

致　谢

　　奉献于读者之前的是一项断断续续进行了 10 年但仍不成熟的研究成果。2001 年笔者考入中国社会科学院研究生院，在伍昆明先生指导下攻读博士学位，初步选定以喜马拉雅山地区史作为学位论文的研究方向，几番踯躅之后，决定先以清代西藏与布鲁克巴的关系作为论文题目进行尝试性的研究。2005 年，笔者以《中国西藏与不丹关系史研究：1730—1910——清代的喜马拉雅宗藩关系模式研究》为题获得博士学位。2008 年，又以此论题申请进入中央民族大学历史文化学院博士后流动站，师从喜饶尼玛教授继续从事研究。得先生之指导与督促，终于将那些零乱不整、风格迥异的史料梳理成文。今不嫌其粗陋，顶礼供奉，以待拨正。

　　对于这样一项专题的研究，竟拖沓延宕 10 年之久，除了自己的散淡懒惰之外，一个重要的原因是遇到了资料搜求方面的困难。笔者不揣深浅，求助于海内外同道学人。令人高兴的是许多学者都对此项研究表示出兴趣，慷慨施以援手。为笔者提供资料帮助的有：法国国家科研中心梅耶（Fernand Meyer）教授、施帝恩（Stéphane Gros）博士，英国剑桥大学不丹籍学者噶玛朋措（Karma Phun Tshogs）博士，挪威奥斯陆和平研究所奥塞·克拉斯（Åshild Kolås）教授，挪威奥斯陆大学扎西尼玛（Tashi Nyima）博士，中央民族大学王尧教授、班班多杰教授、向红笳教授、才让太教授、央珍博士，西藏社会科学院巴桑旺堆研究员、次旺仁钦研究员，西藏大学强俄巴·次央教授、喜饶桑布教授，中国藏学研究中心索朗多吉先生、周毛女士、晋美桑珠先生，中国社会科学院民族学与人类学研究所张江华研究员、黄成龙博士、梁景之研究员等，以及拉丁美洲研究所韩晗女士。此外，在查阅相关档案时得到中国第一历史档案馆阅览室、西藏自治区档案馆历史档案处诸位老师的帮助和指点。

本著在写作过程中曾得到诸多学界前辈和同仁的批评和指点，他们有郝时远研究员、罗贤佑研究员、陈庆英研究员、苍铭教授、卢勋研究员、蔡志纯研究员、张江华研究员、时殷弘教授、周润年教授、曾国庆教授、胡岩教授、李大龙研究员、陈勇研究员、苏发祥教授、张永江教授等。

满文档案的翻译得到中国第一历史档案馆宗印茹、王小虹以及我的同事江桥研究员的帮助。藏文档案翻译中遇到的困难，悉数求教于中国民族语文翻译局敖见先生。此外，西藏日报社丹切莫排先生、西藏大学索安等三位同学参加了藏文档案的抄录工作。

此外，在漫长的研究过程中还先后得到王洛林、揣振宇、张友坤、张昌东、黄行、朱玲、聂鸿音、宋丽梅、诺布旺丹、刘正寅、方素梅、魏众、赵英南等领导和朋友们的帮助，我的诸位同事也以不同的方式给予多方面的帮助。中国社会科学出版社黄燕生编审、侯苗苗女士为本书的出版付出了辛苦的劳动。我的妻子代葵帮助查对了农历和公历之间的日期对照。

在此向所有给予本项研究帮助、指点的学界同仁和朋友们致以真诚的感谢！

祝愿吉祥！

扎　洛

2011 年 9 月 20 日

目　录

绪　论

　　喜马拉雅山脉东西横亘 2000 多公里，似一道难以逾越的天然屏障将南亚次大陆与中部亚洲截然分开。然而自然地理的隔绝阻挡不住人类期盼交流互动的意愿。历史上，喜马拉雅山南麓的不丹（布鲁克巴）、锡金（哲孟雄）、尼泊尔、拉达克等国家和地区与北部高原上的中国西藏一直保持着广泛而密切的联系，形成了一个独具特色的区域性关系网络。17 世纪以来，伴随着英国等欧洲殖民者在南亚及喜马拉雅山地区的贸易扩张和殖民统治，跨喜马拉雅山的政治、经济、文化交流很早就引起了西方学术界的重视，出版了丰富的学术论著。艾里克·法布雷（Eric Fabry）所编《高地亚洲论著目录中之西藏与喜马拉雅山文明》，收录的相关条目达到 13842 条。朱丽娅·马歇尔（Julia Marshall）所编《英国与西藏：1765—1947 年——英国与西藏及喜马拉雅山国家尼泊尔、锡金、不丹关系论著目录提要》，也收录了 4020 种著作。[①] 足见数量之大，关注者之众。这些论著展示了跨越极地的政治、经济、文化交流，然而，需要指出的是，这些论著受到所用史料的局限，主要反映了南亚（如英国、印度等）的观点。许久以来，人们期待着利用喜马拉雅山北部（主要是中国）的材料撰写的论著，因为只有"南"、"北"方资料的结合和互相印证，才有可能较为客观、全面地反映历史的原貌。

　　中国与喜马拉雅山南麓国家的关系源远流长，相关的汉文、藏文、满

---

　　① Eric Fabry, *Bibliography of High Asia for the Study of Tibetan and Himalayan Civilizations*, Varanasi: Pilgrims Publishing, 2006. Julia Marshall, *Britain and Tibet: 1765 - 1947—A Select Annotated Bibliography of British Relations with Tibet and the Himalayan States Including Nepal, Sikkim and Bhutan*, London: Routledge Curzon, 2005.

文、蒙文等多文种的历史记载非常丰富。整理刊布这些历史文献虽然工程浩大，但是中国学者为此付出了努力，同时也取得了丰富的学术研究成果。然而，就目前来看，这些成果还多局限于一些特定的专题，如英国侵略西藏史等，其他专题的研究则远不能算是丰富而深入，仍有继续探究的余地。

布鲁克巴（今称不丹）自 17 世纪初立国以来就是喜马拉雅山东部地区一个重要的政治角色，与中国西藏保持着密切的联系，这种关系不仅对布鲁克巴的历史进程产生重大影响，也是制约西藏历史发展的重要外部因素。本书即研究清代西藏与布鲁克巴之间的关系，期望通过对这一个案的解剖和探究，推进喜马拉雅山区域史的研究。

一　基本概念

为便于读者阅读和理解本书，在开篇之初有必要对其中几个关键性的概念进行阐释和界定。

1. 清代西藏

西藏地方自古以来是中国神圣领土不可分割的组成部分，与中国内地保持着密切的政治、经济、文化联系。元代，西藏地方正式纳入中央政府行政管辖之下，成为皇权统治下的一个特殊区域。元、明、清三代，西藏地方虽受中央政府的统一管辖，但在具体的管理方式上，又与内地的行省制殊异有别。基于当地特殊的历史发展和政治经济现状，采取了"因俗而治"和"羁縻"统治的策略，即皇权允许地方性权力机构的存在，通过对地方政府的掌控而实现对西藏社会的管理。这种统治方式使中央政府能够以较低的成本实现国家的统一和对边疆地区的有效控制，但同时也意味着西藏地方政府在内部事务的管理中享有某种程度的自主权。这种管理体制产生两个后果：第一，地方性权力机构的存在，很大程度上满足了地方权贵集团的利益诉求，中央政府通过协调国家与地方利益的一致性而实现有效的管辖。但是，二者之间有时也可能在特定的时间、事件上产生利益分歧或博弈，影响到地方稳定。第二，西藏地方政府借助于血缘、宗教、文化或其他古老的传统，建立起一个符合自己利益的区域性关系网络，比如在西南沿边一线形成了自己的"属部"，使之成为中央政府对外关系中特殊的组成部分。

本书中所称的"清代西藏"具有两个方面的含义。(1) 涉及与清朝中央关系时，指西藏地方政府。清朝初年，中央政府即通过册封格鲁派首领第五世达赖喇嘛和蒙古和硕特部首领固始汗，支持他们对西藏地方的管理，这一时期的西藏地方政府实际上是蒙藏上层的联盟。雍正年间，由于地方政府内部蒙藏上层的矛盾，以及准噶尔侵藏事件 (和硕特部政治力量就此终结)，导致中央政府不得不直接介入西藏地方事务，在拉萨特设驻藏大臣，代表皇帝监察、监督地方施政。乾隆五十七年 (1792年) 颁布《钦定藏内善后章程二十九条》后，驻藏大臣的地位得到进一步加强，其"督办藏内事务"，地位"与达赖喇嘛、班禅额尔德尼平等"，[①] 噶布伦以下僧俗官员，无论大小事务必须呈报驻藏大臣核办。尽管如此，噶厦政府和扎什伦布寺拉章仍得以保留，享有各自辖区内的特殊利益。(2) 涉及对外关系时，"清代西藏"则指中国西藏地方各政治利益主体的综合。前期西藏地方在对外交往中，比如在与布鲁克巴的战争中总是蒙藏军队联合行动，表现出利益的一致性。1792年后，驻藏大臣成为西藏地方涉外事务的最终决策者，但是，具体涉外活动常常由噶厦政府与驻藏大臣衙门共同承担。此外，扎什伦布寺、萨迦寺等在发展对外关系方面也颇具影响。笔者认为这些政治利益主体在对外关系方面具有共同的利益，代表着西藏地方的整体利益，可以将之作为一个整体看待。因此，在本书中统称为"西藏"或"清代西藏"。

2. 布鲁克巴 (不丹)

今天被国际社会称为"不丹/Bhutan"的喜马拉雅山国家，自17世纪以来，一直自称为"竹巴/'brug-pa"(意为信奉竹巴噶举派之人) 或"竹域/'brug-yul"(意为信奉竹巴噶举派之地)，皆因信仰藏传佛教竹巴噶举 ('brug-pa bka'-brgyud) 派而得名。藏文"竹巴/'brug-pa"一词满

---

① 廖祖桂、李永昌、李鹏年：《〈钦定藏内善后章程二十九条〉版本考略》，中国藏学出版社2006年版，第67页。

文译写为"burukpa"，因此在清代，人们根据满文的译写发音，称不丹地方为"布鲁克巴"，史籍所见莫不如是。

布鲁克巴（不丹）位于南亚次大陆东北部，喜马拉雅山东段南坡，地处东经 88°45′ 至 92°07′ 和北纬 26°42′ 至 28°20′ 之间。总面积 4.6 万平方公里。人口大约 70 万（2001 年官方数据。外界估计 1997 年人口达 190 万）。① 南部与印度的西孟加拉邦和阿萨姆邦为邻。西南部与锡金接壤。东部、北部、西部分别与中国西藏自治区山南地区的错那县、洛扎县、浪卡孜县以及日喀则地区的亚东县相连，两国边界线长约 470 公里（未正式划定）。

在藏族人传统的区域划分中布鲁克巴属于"门（mon）"地，大体意指边地未开化之地方。而布鲁克巴最常见的称呼是"洛（lho，意为南方）"，因其地处西藏南部，故以得名。与此相关的名称还有：

"洛门（lho-mon）"——那多克上师（slob-dpon nag-mdog）著《布鲁克巴政教史——白龙》称：之所以称为"洛门"，因地处西藏之南故名"洛（lho）"，意为南方；因无佛法传播，人们不能辨别苦乐因果，如处蒙昧黑暗之中，故称"门（mon）"，意为蒙昧，其地称"门隅（mon-yul）"，其民称"门巴（mon-ba）"②。白玛次旺（padma tshe-dbang）著《布鲁克巴王统世系明鉴》则称：当初莲花生大师（来到该地）视其地形称之为"洛绒（lho-rong）"，"绒（rong）"，意为河谷，因其地多高山峡谷而得名。又以当地尚无佛法传世，称其为"洛门"。③

"洛隅（lho-yul）"、"洛郡（lho-ljongs）"——意为"南方之地"。

"洛益曼郡（lho'i sman-ljongs）"——意为"南方药域"。因布鲁克巴具有良好的植被条件，其中多药用植物，故名。与此相类，还有"洛赞丹郡（lho tsan-dan-ljongs）"，意为"南方檀香之域"，主要指当地森林茂密。

17 世纪上半期，由于藏传佛教竹巴噶举派在布鲁克巴掌政，当地居

---

① 朱在明等编著：《列国志·不丹》，社会科学文献出版社 2004 年版，第 44 页。

② ［不丹］那多克上师（slob-dpon nag-mdog）：《布鲁克巴政教史——白龙》（'brug-dkar-po—'brug rgyal-khab kyi chos-srid gnas-stangs），不丹塔尔巴林寺 1986 年藏文版，第 2—3 页。

③ ［不丹］白玛次旺（padma tshe-dbang）：《布鲁克巴王统世系明鉴》（'brug gi rgyal-rabs slob-dpon padma-tshe-dbang gis sbyar-ba：'brug gsal-pa'i sgron-me），不丹国家图书馆 1994 年藏文版，第 45—46 页。而阿里斯认为，藏语"门（mon）"一词可能来自汉语"蛮"字，因其内涵接近。Michael Aris, *Bhutan: The Early History of A Himalayan Kingdom*, Warminster-England: Aris & Phillips Ltd., 1979, XVI.

民多信奉该教派，才逐渐称该地为"竹域"（'brug-yul，信奉竹巴派的地方）或"竹巴（'brug-pa）"。

17 世纪中叶，竹巴噶举派逐步统一了布鲁克巴，在喜马拉雅山东部地区形成统一的政治单元，于是又有"洛门卡希（lho-mon kha-bzhi）"之称，意为"南方四门之地"，主要指布鲁克巴的四至界线：即东方卡林卡（kha-gling-kha）、南方巴桑卡（dpag-bsam-kha，汉文历史文献译为布华山口，英文文献中称 Buxa）、西方达岭卡（brda-gling-kha/da-gling-kha）、北方达孜卡（stag-rtse-kha）。[①]

西文"Bhutan"（另有"Bootan"、"Bhotan"、"Boutan"等多种变体）称谓之来源，有不同解释。热涅（David Field Rennie）认为该词是藏语之"Bhot"（藏族人的自称）加波斯语、阿拉伯语中的-stan（即"地方"）一词而形成的，是"Bhotstan"一词的简化。[②] 也有人认为该词源自梵文"Bhotanta"，意为西藏（Bhota）的末端（anta）或西藏的边陲。[③]

有关布鲁克巴地方早期居民的概况，因无可信的史料记载而显得模糊不清。据称，当地最早的居民来自印度，曾在中部的本姆塘建有佳卡（lcags-'khar）王国。[④] 公元 7 世纪中叶后，来自北方吐蕃的移民不断进入布鲁克巴，逐渐成为当地的主要民族。而在东部地区主要生活着门巴族，他们在语言和风俗方面与西部的居民具有一定的差异。19 世纪后，尼泊尔人大量进入布鲁克巴，目前已占到全国人口的 35％。布鲁克巴（不丹）传统上使用藏文，现在藏文和英文都是法律规定的通用语文。

现代不丹国家是在 17 世纪初由西藏流亡到该地的竹巴噶举派僧人阿旺南杰（ngag-dbang rnam-rgyal，1594—1651 年）创建的，他借用西藏中世纪的政治体制（主要是萨迦王朝），创立了较为完备的政教合一管理

---

① Michael Aris, *Bhutan: The Early History of A Himalayan Kingdom*, Warminster-England: Aris & Phillips Ltd., 1979. 注意到在 1431 年完成的《贤者喜宴》中已经出现了 "lho-kha-bzhi" 的词汇，似乎说明该词更早时已出现。见 1979 年版，前言，xxv。

② David Field Rennie, *Bhotan and the Story of the Doar War*, New Delhi: Mañjuśrī Publishing House, 1970, p. 3.

③ ［印度］拉姆·拉合尔（Ram Rahul）：《现代不丹》，四川外语学院《现代不丹》翻译组译，四川人民出版社 1976 年版，第 3 页。

④ ［不丹］那多克上师：《布鲁克巴政教史——白龙》，塔尔巴林寺 1986 年藏文版，第 4—5 页。

体系。在他去世后，政教权力相对分离，行政权力由德布王（sde-pa/sde-srid，英文文献中称为 Deb Rajas）控制。德布王由"伦基（blon-spyi）"即主要由帕罗、终萨、达噶、普纳卡、扎西曲宗、旺堆颇章宗（宗/rd-zong，相当于汉语之"县"）等地首领，以及政府秘书等人组成的会议推举产生，根据藏传佛教寺院管理者的任期惯例，德布王原则上也是以 3 年为一个任期，但实际上多数时期由僧侣集团、东部的终萨本洛、西部的帕罗本洛等实力集团决定。理论上，宗教方面的最高权威是阿旺南杰的化身转世"夏仲活佛（zhabs-drung rin-po-che，英文称为 Dharma Rajas)"，实际上除了阿旺南杰本人之外，其后的历辈"夏仲活佛"（形成了身、语、意三个转世系统）都经常成为政治实力集团的傀儡。宗教事务实际由以国家寺院——"扎仓（graw-tshang/'dul-sde）"为核心的僧侣集团负责。此外，重要的宗教领袖还有"杰堪布（rje mkhan-po）"、"赤仁波切（khri rin-po-che)"、"嘉色仁波切（rgyal-sres rin-po-che）"等。

　　1907 年，布鲁克巴东部终萨宗首领乌金旺秋（o-gyan dbang-phyug，1862—1926 年）得到英印政府（The Government of British India）的支持，废除德布王制度，自立为国王（1907—1926 年在位），布鲁克巴（不丹）进入世袭君主制时代。先后传位于晋美旺秋（'jigs-med dbang-ph-yug，1905—1952 年，1926—1952 年在位）、晋美多杰旺秋（'jigs-med rdo-rje dbang-phyug，1928—1972 年，1952—1972 年在位）、晋美僧格旺秋（'jigs-med seng-ge dbang-phyug，1955 年出生，1972—2006 年在位）、晋美格萨尔南杰旺秋（'jigs-med ge-sar rnam-rgyal dbang-phyug，1980 年出生，2006 年即位）。1910 年布鲁克巴与英印政府签订《普纳卡条约》，外交上接受英印政府的"指导（guide）"，实际上将自己置于英印政府的保护之下。1949 年又与独立后的印度签署"永久和平与友好的条约"，规定不丹在外交上必须接受印度的"指导（guide）"。

　　中国与布鲁克巴（不丹）有着悠久的历史关系，不仅当地人口中的主体属于藏裔人群，其历史文化如宗教、风俗、语言文字、历法等都与藏族文化具有同源关系。1959 年之前，布鲁克巴（不丹）在拉萨、帕里等地驻有商务代表——"洛基（lho-spyi）"。1959 年平息"西藏叛乱"后，布鲁克巴（不丹）受印度影响撤回驻藏代表。近年来，虽然中国与不丹尚未建立正式外交关系，但双方一直保持着良好的交往关系，中国在边境一线建立了数个接待不丹商人的边贸市场，大量不丹边民进入中国境内从事贸易活动。两国边界存在 6 处（洞朗、鲁林、查马浦、基伍、白玉、墨拉萨丁）争议地段，双方已就此进行了多轮友好协商，并于 1998 年签署了《中华人民共和国政府与不丹王国政府关于在中不边境地区保持和平与安宁的协议》。

长期以来不丹奉行较为封闭的外交政策，因此国际社会对其缺乏了解。20 世纪 60 年代之后，不丹根据国家发展的需要，逐步建立对外联系，1971 年 9 月 22 日，不丹加入联合国，走上了对外交往的道路。

不丹虽然国土面积较小，经济发展水平相对滞后，但却是一个风景如画的美丽国度，森林覆盖率占国土总面积的 72.5%，有最后的"香格里拉"之称。近年来不丹针对现代工业文明所造成的种种社会问题，提出了"国民幸福总值"的发展理念，引起全球关注，成为人类社会发展事业一项新的衡量标准。

3. 宗藩关系

当代中国史学界一般以"宗藩关系"概念统称中国古代特别是明清中央王朝与周边藩属国之间的关系。[①] 这种关系的早期形态可上推到周代，周王分封功臣和宗亲（主要是周王室的宗亲和姻亲）为诸侯，负责屏卫王畿，称为外服。他们与周天子不仅有政治上的隶属关系，还有一套必须服从的宗法，天子是"大宗"或"宗主"，是天下共主，而诸侯则是藩卫朝廷的臣子。后随着历史演变，中央王朝逐渐将这种处理宗亲关系的模式推延、外化为处理与周边藩部关系的准则。因此，当代学者所称的"宗藩关系"可以理解为"宗主上国"与"藩属"之间的关系。

---

① 对于学术界通常使用的"宗藩"概念，刘志扬、李大龙认为以此指称中国古代王朝尤其是明清和邻国关系的做法并不科学，认为应该用"藩属"较为准确（见刘志扬、李大龙《"藩属"与"宗藩"辨析——中国古代疆域形成理论研究之四》，载《中国边疆史地研究》2006 年第 3 期）。笔者认为，按照通常的理解，"藩属"概念只表示一对关系中的单个方面，而缺少另一个角色。因此，"藩属"一词似非恰当。此外，汉语中只不过是用"宗主"、"宗主国"这样的固有词汇翻译了英文中的 Suzerain 一词，在汉语中"宗主"本有自己的含义，与殖民时代的强权政治无涉，因此，本文仍沿用"宗藩"概念。

中国历史上的宗藩关系具有特定的历史文化内涵，与现今的国际关系准则具有鲜明的差异。我们可将双方的权利、义务做如下概括：

中央王朝：

（1）封赐——中央王朝正式册封藩属首领，给予印信，并颁发授权管理地方的敕诏，这是建立宗藩关系的标志。

（2）厚赏——负责接待藩属遣使朝觐，给予招待，并厚赏。同时作为回报，允许藩属在指定的地区（如京城或边境某地）从事贸易。因此，又有"朝贡贸易"之称。

（3）靖乱——负责平息藩属内部动乱，维护当地社会稳定。

（4）御侮——负责藩属安全，抵御外来侵略。即所谓"以大字（爱护）小"。

（5）存祀——确保藩属王族的统治延续。

藩属：

（1）朝觐——定期向皇帝献纳贡物，这些贡物的品种、数量都有明确规定，按照规定的礼仪行三跪九叩之礼。

（2）奉正朔——在与中央王朝的文书往来中使用天子的年号，采用中国的历法，并使用一套规定的文书用语，以表示对皇帝的臣服。

（3）出兵勤王——皇帝有战事出兵，藩属需提供军事协助（"有征调，调兵扈从"）。

（4）藩卫中央——负责抵御外来侵略，不使敌人进入"上国"境内，起到藩篱的作用，即所谓"守在四夷"。

（5）献纳王公贵族子弟作为人质，进献藩属户籍簿册。

从双方的权利、义务关系看，这种"以大字小，以小事大"的关系，既有互惠的性质，也有等级差异的一面。当然，中央王朝与藩属之间的关系互动始终以现实的实力条件为基础展开的，也就是说，宗藩关系的内容并不是一成不变的，而是随着时间、对象而不断变化的。

二　研究的问题

本书并不是系统研究中国西藏与布鲁克巴（不丹）关系的通史性作

品，而是将时间限定在清代，特别是从 1730 年（这一年颇罗鼐平息布鲁克巴内乱，并就此建立了宗藩关系）到 1910 年（这一年布鲁克巴与英印政府签订《普纳卡条约》，标志着清代西藏与布鲁克巴之间宗藩关系的终结）之间的 180 年。关于此前中国西藏与布鲁克巴的关系可参考如下著作：英国学者迈克尔·阿里斯（Michael Aris）所著的《不丹：喜马拉雅王国的古史》和美国学者约翰·阿多斯（John Ardussi）的博士论文《英国人到来之前的不丹：一项历史研究》（*Bhutan Before the British：A Historical Study*）（澳大利亚国立大学博士论文，该论文虽未出版，但已引起广泛的关注和引述）。布鲁克巴（不丹）当代著名学者白玛次旺的巨著《布鲁克巴王统世系明鉴》利用丰富的藏文文献，以重要历史人物为线索梳理了该国的历史。尽管上述著作并不是专门的关系史著作，但是有关 20 世纪之前布鲁克巴历史的书写必然地与中国西藏紧密相连。

自吐蕃王朝以来，布鲁克巴地方作为西藏的组成部分，或通过正式的行政管辖、或通过宗教上的隶属关系与西藏保持联系。1616 年西藏竹巴噶举派僧人阿旺南杰流亡该地后创建了国家管理体系，试图自立于西藏之外。这种新型政治格局并未得到西藏地方统治者的认可，因此，在随后的 100 多年里两地之间发生了 9 次战争。1730 年，布鲁克巴发生内乱，藏王颇罗鼐因势弱一方的请求而出兵平息了内乱。而此时清朝已经在西藏设置驻藏大臣，在西藏政治事务中的影响力日益提高。颇罗鼐受到驻藏大臣思想的影响，以中央王朝处理与周边国家关系的"宗藩体制"构建了中国西藏与布鲁克巴之间的新型关系。这种关系模式维持了 180 年之久，直到 1910 年布鲁克巴与英印政府签订《普纳卡条约》，成为英印政府的附庸，宣告了布鲁克巴与清朝西藏宗藩关系的终结。

本书的研究就是以重大历史事件为基本脉络，研究这种宗藩关系的形成、发展与衰落的历史过程。其中特别关注以下线索：1. 古代西藏传统的对外关系模式对这一阶段两地关系的影响；2. 中央王朝的宗藩体制如何移植、运用到喜马拉雅山地区；3. 自 18 世纪后半期开始，当英国势力开始向喜马拉雅山地区扩张时，这种新的政治势力对原有的两地关系产生了怎样的冲击；4. 清代西藏与布鲁克巴宗藩关系的基本内容、形式，及其在面对殖民主义势力挑战时的自我调整、反应的能力。总的来说，清代西藏与布鲁克巴之间的关系既是清朝整体对外关系的组成部分，又具有鲜明的地域、文化特色，通过这项研究也有助于了解清朝对外关系的复杂性和多样性。

三　主要资料

1. 本项研究所依据的主要资料是汉文、藏文、满文和英文的历史档案，这些极有史料价值的文献，多数并未得到前人的关注和利用。

中国第一历史档案馆保存着多文种的清代历史档案，与本书有关的主要是汉文和满文档案，分别见于军机处录副奏折外交类（包括汉文、满文）、朱批奏折外交类、民族类以及理藩院档案之中。满文档案主要见于乾隆中期之前，当时有关边疆军政内容的奏折常常用满文书写。笔者在检索档案的过程中发现了较为完整的有关雍正朝平息布鲁克巴内乱以及多件有关清朝确认布鲁克巴新任德布王的官方函件，后与中国第一历史档案馆宗印茹、王小虹两位专家合作翻译成为汉文①，使笔者能够利用这些资料。相关的内容还见于《雍正朝满文朱批奏折全译》等著作中②。

台湾"中研院"近代史研究所收藏的涉及西藏及喜马拉雅山地区事务的历史档案统称"西藏档"。本书第十章有关 1910 年之后清朝政府与英国政府就布鲁克巴的国际地位所展开的辩论，主要利用了该档案。

其他资料包括近年来整理刊布的清代汉文档案及其他官方文献。如吴丰培先生编辑的《清代藏事奏牍》③ 和《清光绪朝布鲁克巴秘档》④、陈家琎主编的《清史录藏族史料》、中国藏学研究中心等编辑的《元以来西藏地方政府与中央政府关系史资料汇编》等。

---

① 中国第一历史档案馆：《雍正年间平息布鲁克巴内乱史料》（上、下），《历史档案》2005年第 4 期、2006 年第 1 期。

② 中国第一历史档案馆译编：《雍正朝满文朱批奏折全译》，黄山书社 1998 年版。

③ 吴丰培编辑：《清代藏事奏牍》（上、下），中国藏学出版社 1994 年版，《西藏学汉文文献丛刻》第三辑。

④ 吴丰培整理：《清光绪朝布鲁克巴秘档》，中国藏学出版社（不撰年），《西藏学文献丛书别辑》第十四函。

西藏自治区档案馆保存了元朝以来西藏地方的历史档案，据称有超过 300 万件之多。本书中所用资料主要是"噶厦（bka'-shag）"和"译仓（yig-tshang）"的外交类档案，其中有专门的关于中国与布鲁克巴（不丹）关系的卷宗①，笔者抄录了其中的约 60 余件，这些档案不仅提供了许多细节，同时还对其他史料起到印证的作用。

本书最后两章的内容利用了中国社会科学院民族学与人类学研究所图书馆收藏的《英国外交部涉藏档案》（*Great Britain*，*Foreign Office Record*，*Correspondence*，*Respecting the Affairs of Thibet*），即 F. O. 535（1—14 卷）复制本。国家图书馆也收藏有该档胶片。其中的部分已由王远大先生等选译（见中国藏学研究中心历史所内部资料），本书在利用时参考了该译文。

令人遗憾的是笔者一直未能见到布鲁克巴（不丹）所藏的历史档案。虽然历史上布鲁克巴政府也有自成一体的文牍制度，然而作为首府的普纳卡、扎西曲宗等多次失火或遭遇地震破坏，历史档案损毁严重。历史档案的缺乏一直是布鲁克巴（不丹）史研究中的重大缺憾。②

2. 高僧传记和当事人的著述。

政治领袖和高僧大德的传记在藏文史籍中具有显著的地位，但是此类文献在作为历史研究的资料时，存在诸多不足，因为绝大多数的传记作品偏好记述传主的宗教生活，而于世俗事务用笔简略。即便如此，我们也不能忽略传记资料，一是因为它至少提供一个历史概貌，二是它较为准确和可信。在本书中笔者利用了《第五世达赖喇嘛自传——云裳》③、《第七世达赖喇嘛传》④、

①　根据相关规定，本书中引用西藏自治区档案馆所藏档案时，卷宗号一律省略。部分档案原有标题，凡没有标题的档案笔者根据内容编撰添加了标题。

②　［不丹］白玛次旺：《布鲁克巴王统世系明鉴》，不丹国家图书馆 1994 年藏文版，第 6—7 页。

③　第五世达赖喇嘛阿旺罗桑嘉措（ngag-dbang blo-bzang rgyal-mtsho）：《第五世达赖喇嘛自传——云裳》（ban-de ngag-dbang blo-bzang rgya-mtsho'i 'di-snang 'khrul-pa'i rol-rtsed rtogs-brjod kyi tshul-du bkod-pa du-kù -la'i gos-bzang），西藏人民出版社 1989 年藏文版。汉译时参考了陈庆英等译本，中国藏学出版社 1997 年。

④　章嘉·若贝多杰（lcang-skya rol-pa'i rdo-rje）：《第七世达赖喇嘛传》（rgyal-ba'i dbang-po thams-cad mkhyen-gzigs rdo-rje -'chang blo-bzang bskal-bzang rgya-mtsho dpal-bzang-po'i zhal-snga nas kyi rnam-par thar-pa mdo-tsam brjod-pa dpag-bsam rin-po-che'i snye-ma），西藏人民出版社 1990 年藏文版。西藏人民出版社 1989 年有蒲文成汉译本。

《第八世达赖喇嘛传——世界广饰》①、《第十三世达赖喇嘛传——殊胜宝鬘》②、
《第六世班禅洛桑贝丹益希传》③、《颇罗鼐传》④ 等，显然这些传主都是某一时
期在西藏地方具有绝对权威的人物，是参与对布鲁克巴关系问题的决策者。

　　有关布鲁克巴方面这一时期政治人物和宗教领袖的资料，本书利用
了第一世夏仲活佛·阿旺南杰的传记⑤、《米旁旺布传——贤劫耳饰》⑥、
《喜饶旺秋传——珍珠宝串》⑦、《阿旺赤列传——圆满王子嬉乐藤》⑧、《夏

---

①　第穆·图丹晋美嘉措（de-mo mthu-bstan 'jigs-med rgya-mtsho）：《第八世达赖喇嘛
传——世界广饰》（rgyal-bo'i dbang-po thams-cad mkhyen-gzigs chen-po rje-btsun blo-bzang bstan-
pa'i dbang-phyug 'jam-dpal rgya-mtsho dpal-bzan-po'i zhal-snga nas kyi rnam-par thar-pa mdo-tsam brjod-
pa 'dzam-gling tha-gru yangs-pa'i rgyan），拉萨版木刻本，中国藏学出版社 2006 年有冯智汉译本。

②　普觉·土登强巴楚臣（ phur-lcog thob-bstan byams-ba tshul-khrims bstan-'dzin）：《第十
三世达赖喇嘛传——殊胜宝鬘》（lhar-bcas srid-zhi'i gtsug-rgyan gong-sa rgyal-ba'i dbang-po bka'-
drin mtshungs-med sku-phreng bcu-gsum-pa chen-po'i rnam-par-thar-pa rgya-mtsho lta-bu las mdo-
tsam brjod-pa ngo-mtsher rin-po-che'i phreng-ba ），拉萨木刻版。

③　嘉木样·久麦旺波（'jam-dbyangs 'jigs-med dbang-po）：《第六世班禅洛桑贝丹益希传》
（rje bla-ma srid-zhi'i gtsug-rgyan pan-chen thams-cad mkhyen-pa blo-bzang dpal-ldan ye-shes dpal-
bzang-po'i zhal-snga nas kyi rnam-par thar-pa nyi-ma 'od-zer），中国藏学出版社 2002 年藏文版。
西藏人民出版社 1990 年有许德存等汉译本。

④　多卡夏仲·策仁旺杰（mdo-mkhar zhabs-drung tshe-ring dbang-rgyal）：《颇罗鼐传》
（dpal mi-dbang rtogs-brjod 'jig-rten kun-tu dga'-ba'i gtam），四川民族出版社 1981 年版。西藏人民
出版社 1988 年有汤池安汉译本。

⑤　我们至少有三个夏仲·阿旺南杰的传记，［不丹］藏堪钦·嘉木样贝丹嘉措（gtsang
mkhan-chen 'jam-dbyangs dpal-ldan rgya-mtsho）：《圣竹巴仁波切阿旺南杰传——圣法云音》（dpal
'brug-pa rin-po-che ngag-dbang bstan-'dzin rnam-rgyal gyi rnam-par thar-pa rgyas-pa chos-kyi sprin
chen-po'i dbyangs），吐登次仁出版社 1974 年；［不丹］释迦仁钦·智美勒贝洛追（shākya rin-
chen dri-med legs-pa'i-blo-gros）：《夏仲·阿旺南杰传略本》（dkar-rgyud kyi rnam-thar gser-gyi
phreng-ba lta-bu las dpal-ldan bla-ma mthu-chen chos-kyi rgyal-bon ngag-dbang rnam-par rgyal ba'i
skabs bzhugs so），廷布贡桑妥杰出版社 1976 年版；以及［不丹］色瓦拉·阿旺白噶（Se-ba-la
ngag-dbang pad-dkar）：《第一世夏仲活佛·阿旺南杰传》（'brug brgyud-'dzin gyi rgyal-mchog
dang-pa mi-dbang o-rgyan dbang-phyug mchog gi rtogs-brjod），不丹研究中心 2004 年电子版。

⑥　［不丹］释迦仁钦（shākya rin-chen）：《米旁旺布传——贤劫耳饰》（sprul-pa'i sku ngag-dbang
bstan-'dzin mi-pham dbang-po'i rnam-par thar-pa skal-bzang rna-rgyan），廷布贡桑妥杰出版社 1976 年版。

⑦　［不丹］云丹塔耶（yon-tan-mtha'-yas）：《喜饶旺秋传——珍珠宝串》（chos-rgyal chen-
po shes-rab dbang-phyug gi dge-ba'i cho-ga rab-tu gsal-ba'i gtam mu-tig do-shal），新德里 1970 年
版（不撰出版社）。

⑧　［不丹］释迦仁钦（shākya rin-chen）：《阿旺赤列传——圆满王子嬉乐藤》（rdo-rje
'chang chen-po rje-btsun ngag-dbang 'phrin-las kyi rnam-par thar-pa rgyal-sres rtse-dga'i 'khri-s-
hing），廷布贡桑妥杰出版社 1976 年版。

仲·却列南杰传》① 等。其他政治人物的事迹主要来自白玛次旺的《布鲁克巴王统世系明鉴》和格顿仁钦的《南国教法史——明智耳饰》② 等著作。《布鲁克巴王统世系明鉴》是近年有关布鲁克巴史研究中最重要的藏文著作，作者是一名僧人，曾任该国国家图书馆馆长。该著利用了十分丰富的历史文献，根据书后提供的参考文献来看，其所用史料之广，迄今无出其右者。该著和《南国教法史——明智耳饰》都对历任德布王的生平及主要事迹做了较为详尽的论述，不仅有助于我们了解该国学者对许多历史事件的认识，还为我们提供了许多鲜见的细节资料。此外，那多克上师的《布鲁克巴政教史——白龙》也是近年来颇具影响的史学著作，该书有关17 世纪之前西藏与布鲁克巴关系的论述为我们提供了许多宝贵的资料，与《布鲁克巴王统世系明鉴》互为补充。

　　本书还参考了许多 18 世纪后半期以来英国人的著述。自 18 世纪后半期始，英国在完成了对印度的殖民统治后，逐步向喜马拉雅山地区扩张势力。当时英国利用商讨通商等各种借口向布鲁克巴和西藏派出"使节"，事实上，这些"使节"的使命之一就是刺探、收集相关情报，他们在结束使命后无一例外地会向英国政府提交一份书面报告，而布鲁克巴与中国西藏的关系问题就是这些报告中的重要内容。这些当事人著述包括：

　　（1）克莱门茨·马卡姆（C. Markham）编辑《乔治·博格尔使团赴藏和托玛斯·曼宁拉萨之行纪事》③。乔治·博格尔是 1774 年英国东印度公司派往西藏的第一位使者。设法打开孟加拉到西藏的商道是他的主要使命，因此该著格外关注贸易问题，从中我们可以看到当时布鲁克巴与西藏之间的政治关系与商业贸易情况。

　　（2）塞缪尔·特纳（Samuel Turner）著《一位赴扎什喇嘛教廷使者

　　①　［不丹］释迦仁钦：《夏仲·却列南杰传》（sprul-ba'i sku-mchog ngag-dbang phyogs-las rnam-rgyal gyi rnam-par thar-pa skal-bzang'jig-ngo），廷布贡桑妥杰出版社 1976 年版。

　　②　［不丹］格顿仁钦（dge-'dun rin-chen）：《南国教法史——明智耳饰》（dpal-ldan 'brug-pa'i gdul-zhang lho-phyogs nags-mo'i-ljongs kyi chos-'byung blc-gsal-rna-ba'i-rgyan），不丹廷布扎西曲宗 1972 年版。

　　③　C. Markham，*The Narratives of the Mission of George Bogle to Tibet and of the Journey of Thomas Manning to Lhasa*，London：Trübner and Co.，Ludgate Hill，1879.

纪事》①。特纳是英国东印度公司派往西藏参加第七世班禅坐床典礼的使者，该书不仅描绘了他在布鲁克巴和西藏的所见所闻，还在附录中给出了当时西藏与布鲁克巴之间贸易货物的门类清单。

（3）H. K. 科罗艾（H. K. Kuloy）编《到不丹的政治使团》②，其中以阿什利·艾登（Ashley Eden）的《有关不丹国家及 1863—1864 年使团的报告》为主，同时附有彭伯尔顿（R. B. Pemberton）《关于不丹的报告（1837—1838）》、格里菲斯（William Griffiths）《1837—1838 到不丹使团的旅程》、波斯（Baboo Kishen Kant Bose）《不丹报告（1815 年）》以及一份佚名的《关于不丹的真相》等作品。许多都涉及清朝中央、西藏地方与布鲁克巴的关系。

（4）克劳德·怀特（J. Claude White，清代汉文史籍中多译为惠德）著《锡金与不丹》③。作者在中印边境地区任职达 21 年之久，一度主管哲孟雄和布鲁克巴事务，不仅是英国殖民政策的执行者，也是策划者之一。他在该书中回顾了英国历次派遣使团前往布鲁克巴的历史，还详细记录了他本人多次出使布鲁克巴的情景，从中可以看到在 20 世纪初，英国极力拉拢布鲁克巴，挑拨与中国西藏关系的情景。

（5）荣赫朋（F. Younghusband）著《印度与西藏》④。该书的主要内容是记录作者作为 1904 年英国侵略军头目前往西藏以及逼迫西藏地方政府签订不平等的《拉萨条约》的经历。1904 年英国在侵藏过程中加紧对布鲁克巴的威逼和拉拢，并最终使其为英国侵略西藏大开方便之门，成为侵略者的帮凶。作为在侵藏途中的一项得意的成果，荣赫朋在该书中描述了对布鲁克巴外交的"成功"，可与档案相印证。

（6）查尔斯·贝尔（C. Bell，汉文著作中或译为柏尔）著《西藏的过

---

①　Samuel Turner, *An Account of an Embassy to the Court of the Teshoo Lama, in Tibet*, London: W. Bulmer and Co. 1800.

②　H. K. Kuloy, *Political Missions to Bootan*, New Delhi: Mañjuśri Publishing House, 1972.

③　J. Claude White, *Sikkim and Bhutan*, New Delhi: Cosmo Publications, 1984.

④　F. Younghusband, *India and Tibet*, London: J. Murray, 1910. 西藏社会科学院资料情报研究所 1983 年有孙熙初汉译本。

去和现在》①。查尔斯·贝尔是 20 世纪上半期一直活跃在喜马拉雅山地区的英国殖民者之一。自 1904 年英国侵略西藏开始，他开始参与布鲁克巴事务，在他的建议之下，英国政府决定与布鲁克巴签订条约，将布鲁克巴从中国西藏的藩属变成英国的附庸国。1910 年他代表英印政府到布鲁克巴首府普纳卡签订了《普纳卡条约》，他在该书中记录了这一过程。

　　最后，需要说明的是，本书研究中涉及三种历法的时间纪年，对三种历法中的日期进行对照转换是非常重要的。中国古代历法与公历的转换笔者利用了中国人民大学清史研究所资料室编的《清代中西历表 1573—1840》，② 但是该著年代下限只到 1840 年，其后到 1912 年历法转换参考了荣孟源编《中国近代史历表》。③ 藏历与公历的转换利用了迪特·舒（Dieter Schuh）的《西藏历法史研究》中的历法对照表。④

---

　　①　C. Bell, *Tibet, Past and Present*, London：Oxford University Press，1924. 商务印书馆 1930 年有宫廷璋汉译本。

　　②　中国人民大学清史研究所资料室编：《清代中西历表 1573—1840》，中国人民大学出版社 1980 年版。

　　③　荣孟源编：《中国近代史历表》，中华书局 1953 年版。

　　④　Dieter Schuh, *Untersuchungen zur Geschichte der Tibetischen Kalenderrechnung*，Wiesbaden：Franz Steiner Verlag Gmbh，1973.

第一章　西藏与布鲁克巴的早期
关系(7—18世纪)

根据文献记载，早在公元 7 世纪中叶，吐蕃王朝在向南亚拓展势力时，就已经与生活在布鲁克巴地方的居民发生政治联系，后来，随着藏人的不断南迁以及藏族本教、藏传佛教在该地的传播，使布鲁克巴与西藏地方之间的政治、经济、宗教文化等联系日益密切。1616 年西藏热龙寺(ra-lung mgon) 僧人阿旺南杰因在争夺"竹钦活佛（'brug-chen rin-po-che)"转世的纠纷中失利而流亡布鲁克巴，并逐步统一了布鲁克巴。而西藏的统治者第悉藏巴、第五世达赖喇嘛等则试图重新纳布鲁克巴于治下，于是引发了西藏与布鲁克巴之间一个多世纪的冲突与对峙。这种源远流长的历史关系，成为 18 世纪清代西藏与布鲁克巴建立宗藩关系的深层底蕴。

一　吐蕃时代

迄今为止，有关布鲁克巴（不丹）历史的最早记载见于公元 7 世纪的藏文文献。虽然近年来在当地发现了石器时代的劳动工具，说明喜马拉雅山南麓地区自石器时代就已经有人类的活动，但是关于这些先民生活的具体细节仍不清楚，他们的族属及其与外部的关系也缺乏任何可信的记载。

公元 7 世纪中叶，吐蕃赞普松赞干布称雄青藏高原，并积极向四邻扩展势力。吐蕃势力向南翻越喜马拉雅山脉，先征服尼婆罗（尼泊尔）等地。公元 648 年（唐贞观二十二年）松赞干布借唐使王玄策在印度遭劫杀一事，征调吐蕃军 1200 名、尼婆罗骑兵 7000 名，破中天竺国（今印度），占领其京城，并进而占据"有城垣之城市 103 座"，"迦玛汝巴（kam-rup)"之"鸠摩罗"王等向吐蕃贡献牛羊财物。[①] 由此可见，吐蕃军队一度南下深入次大陆腹地。布鲁克巴地处喜马拉雅山南麓，与吐蕃毗邻，可以推测也应在征服之列。然而，当时之布鲁克巴地方还没有形成统一的政治力量，因而在吐蕃时代的文献中也缺乏清晰而整体性的记载，但是后世的藏族宗教史学家们认为，在松赞干布兴建的 12 座镇魔寺（mtha'-'dul yang-'dul gyi lha-khang）——具有吐蕃版图象征的宏观结构——中就包括布鲁克巴本姆塘（bum-thang）地方的强巴拉康（byams-pa'i lha-khang）和帕罗（spa-gro）地方的吉曲拉康（skyer-chu lha-khang)，[②] 今天不丹人有关本国的历史撰述也总是以此作为开篇。根据迈克尔·阿里斯（Michael Aris）的介绍，在本姆塘的贡却松神殿（dkon-mchog-gsum，意为三宝殿）所发现的铜制残钟，也支持吐蕃曾对当地产生影响这一事实。该钟上的藏文铭文称：

> ta bstsis nas // cong mkhan li'u sta（r）g congxx
> bya xx na dang xg su biugs//[③]

从残钟上仅能辨认的藏文来看，元音"ki-gu"反写等特征表明其铸造当在吐蕃时代。但要给出一个确切的年代还需要更多的资料佐证。

　　虽然，表明吐蕃与布鲁克巴地方关系的文献记载十分有限，但如下几则有关莲花生大师及吐蕃藏人南迁布鲁克巴的传说与神话，却颇能反映出布鲁克巴与西藏在种族、文化方面的亲缘关系。

---

　　① 见《龙喜记》，转引自孙修身《王玄策事迹钩沉》，新疆人民出版社 1998 年版，第 111 页。

　　② 白玛次旺认为，属于同一时代的神殿还有顶（stang）地的阿努神殿（A-nu lha-khang）和曲迈（chu-smad）的格蕥神殿（dge-gnas lha-khang)，见《布鲁克巴王统世系明鉴》，不丹国家图书馆 1994 年藏文版，第 3 页。

　　③ Michael Aris, *Bhutan: The Early History of A Himalayan Kingdom*, Warminster-England: Aris & Phillips Ltd., 1979, p. 34.

1. 莲花生大师的传说

在藏传佛教中莲花生大师被认为是真正在藏区各地传播佛法的鼻祖，他凭借高超的法术，降妖伏魔，扫除了佛教发展的障碍。在布鲁克巴同样也流传着许多有关莲花生大师的神话。其中以辛杜罗阇王（sendha ra-tsa）和齐喀热妥王（khyi-kha ra-thog）的故事最为著名。

著名伏藏师乌金桑波（o-rgyan bzang-po）的伏藏作品《辛杜罗阇传》（rgyal-po sendha ra-tsa'i rnam-mthar）称：在布鲁克巴尚无君臣之分时，印度桑噶拉王（sing-ga-la）之子贡君（gun-'joms）因与兄弟争权被流放到印度辛杜（sendha）地方，随后即以辛杜罗阇王而闻名。辛杜罗阇王又与纳沃且（sna'u-che）王不睦，遂逃到布鲁克巴本姆塘地方建佳喀（lcags-mkhar）城堡——一个九层的铁城——而居，他逐步将"门（mon）"地黎民收归治下，故又称为"佳喀王"。印度纳沃且王寻仇前来挑战，辛杜罗阇王之子被敌人所杀。由于他未能很好地敬奉保护神（阳神），因而触怒了天神、地鬼及各种神灵，他们偷走了辛杜罗阇王的灵魂，使他一病不起。国王召集众位大臣及周边小王聚会商议，有一小王进言称，在尼婆罗有上师名莲花生，他可以治愈辛杜罗阇王之疾病，应派使者前往迎请。而莲花生大师早已知晓此地情形，一路降妖伏魔而来，声称自己无须任何贡献，只要国王答应趋入佛道即可。后来莲花生大师以神变之力使国王痊愈，并成功地调解了两位国王之间的矛盾。[①]

有关齐喀热妥王的故事则见于大伏藏师白玛林巴（pad-ma gling-pa，1450—1521 年）的伏藏作品《圣地康巴郡指南》（mkhan-pa-ljongs lam-yig）。其中称：吐蕃赞普赤松德赞意欲弘扬佛法，故派大译师贝若咱纳（be-ro tsa-na）前往印度学习，返回后准备译经，却遭到王妃玛坚（dmar-rgyan，即蔡朋萨/tshes-pong-bza'）等人的阻挠，令赞普十分不悦。当时赤松德赞有四位王妃，他平均三天临幸一位妃子，但是却连续五年没有进过王妃玛坚的宫殿。其时王妃欲求难耐，便在宫殿顶层与狗交

---

① ［不丹］白玛次旺：《布鲁克巴王统世系明鉴》，不丹国家图书馆 1994 年藏文版，第 24—31 页。

媾，而在宫殿底层与羊交媾。结果十月怀胎，生下一子，羊首犬嘴，因而被称为"齐喀热妥（khyi-kha-ra-thod）"。九年之后，消息泄露，赤松德赞闻知，命王妃进呈。赞普见彼子羊首犬嘴，以为恶兆，遂命令流放边地。起初齐喀热妥受王妃保护，仅流放到洛扎"吉（skyid）"地。三年后，赞普闻知此情，将齐喀热妥迁往南方门地的康巴郡（mkhan-pa-ljongs）地方，并成为该地之王。圣地康巴郡地处西藏与印度交界处，因为贸易往来而繁盛富庶。齐喀热妥在该地统治 61 年后，率兵入侵西藏桑耶寺，当时牟笛赞普与莲花生大师在一起，大师引来南提噶波（gnam-thil dkar-po）神瞬间将所有兵丁全部送回故土。为了使齐喀热妥王不再破坏桑耶寺，牟笛赞普请求莲花生大师设法使他不能离开康巴郡。于是，莲花生大师去往康巴郡做了齐喀热妥王的上师，诱骗该王与臣民进入一座华丽无比的佛殿中，然后从空中将佛殿运往本姆塘地方。莲花生大师回到康巴郡将当地所有财富进行伏藏，将康巴郡地方秘密封藏起来，使人无法看见。后来王与臣民找不到康巴郡便只好在"顶（stang）"地的齐丛姆（khyi-mtshums）地方落脚，生活了很长时间。[①] 而隐秘圣地康巴郡则成为佛教信徒心神向往的地方。

　　除此之外，布鲁克巴还流传着许多关于莲花生大师的传说，认为大师曾先后三次到布鲁克巴传法，不仅降妖伏魔，还在布鲁克巴建立修行之所，后来布鲁克巴许多著名的宗教圣地如达仓（stag-tshang）岩洞等都相传是莲花生大师的修行处。

　　我们不知道这些故事是否有古老的民间故事、神话故事的依据，但是经过 15 世纪伏藏师们的整理和传播，这些故事已成为布鲁克巴（不丹）国家历史和文化的起源之说。无论这些故事的真实程度如何，把莲花生大师奉为文化鼻祖的思维方式显然与西藏的传统一脉相承。

2. 王子臧玛（gtsang-ma）的故事

　　与辛杜罗阇、齐喀热妥的故事相比，王子臧玛的故事则有着一定的历

---

　　① ［不丹］白玛次旺：《布鲁克巴王统世系明鉴》，不丹国家图书馆 1994 年藏文版，第 32—34 页。

史依据。吐蕃赞普赤热巴巾建寺养僧，弘扬佛法，引起大臣韦杰多日（dbas-rgyal to-re）等的仇视，反对佛教的大臣们商议要除掉赞普。但要除掉赞普必须先除掉王弟臧玛，于是，巫师们造谣："今年，王弟臧玛若留居蕃地，国王与王弟二位的寿数将有凶险，且蕃地会瘟疫流行，刀兵迭起。"① 国王即让臧玛前往南方"门"地，游历山川，探察民情。其后大臣等毒杀赞普，朗达玛即位。这就是各种教法史中常见的王子臧玛遭流放的故事。但是，成书于 18 世纪的《君民世系起源明灯》（阿旺著）一书，却详细描述了王子臧玛在布鲁克巴的经历及其后代繁衍的情况：当王子臧玛主仆从西藏帕里（phag-ri）前往布鲁克巴西部的帕罗时，途中邂逅一美丽女子，结为爱侣。他们到达"门"地后生下一子，后来帕罗和廷布（thum-phu）的王族都是此子之后裔。他们从廷布向东，经过旺堆颇章（dbang-'dus-pho-brang）、古日河（ku-ri），一直来到仲朵松（'brong-mdo-gsum）之赞喀（btsan-mkhar）地方。王子臧玛在米森巴（mi-zim-pa）地方建立城堡，并与来自西藏恰域（byar-po yul，今西藏山南隆子县）的阿米·顿珠杰之女索南贝吉（bsod-nams dpal-skyid）结为夫妇，繁衍子嗣。其后代流徙各方，门隅、布鲁克巴的许多地方首领都宣称是王子臧玛的后裔。书中称"王子臧玛的后裔已传至 21 代，现已向 22 代或 23 代相传"②，并追述他们在不丹各地的传承。就我们所知其中的许多人物都是文献可考的，具有历史的真实性。该书作者阿旺据说就属于王子臧玛的后裔——布鲁克巴东南部的卡林王族。③

3. 拉垅贝吉多杰（lha-lung dpaʾ-gyi-rdo-rje）及六位兄弟的故事

　　吐蕃赞普朗达玛毁佛灭法，被拉垅贝吉多杰弑杀，之后拉垅贝吉多杰逃亡多康地方，而他的六位兄弟则逃往南方"门"地，成为各地的首领。

---

　　① ［不丹］阿旺（ngag-dbang）：《君民世系起源明灯》（sa-skyong rgyal-po'i gdung-rabs 'byung-khungs dang 'bangs kyi mi-rabs chad-tshul nges-par gsal-ba'i sgron-me），见 Michael Aris，*Sources for the History of Bhutan*，Wien：Wien Univrsität，1986，pp. 19－21。

　　② ［不丹］阿旺《君民世系起源明灯》详细追溯了 22 代之传承。

　　③ 恰白·次丹平措：《门隅地区自古属我国领土之历史佐证》，见《西藏文史资料选辑》（十），民族出版社 1998 年版。

《君民世系起源明灯》也记载了他们在布鲁克巴的活动及其后裔的分布：卡增·列吉多杰（kha-rtsing las-kyi rdo-rje）在堆让（'du-rang）下部成为首领；颇擦·查巴多杰（pho-mtshar grags-pa rdo-rje）统治上、下古日垅（ku-ri-lung）地区；玛凯·江日多杰（smras-mkhas spyang-rig rdo-rje）将雄噶莫瓦垅（gzhong-sgar mol-ba-lung）地方的百姓收归治下；多木丹·拉瓦多杰（stobs-ldan la-ba rdo-rje）成为"顶（stang）"地方的主宰；央则·周吾多杰（gyang-rtsal spre'u-rdo-rje）被称为"本姆塘曲阔的首领（bum-thang chos-'khor dpon-po）"；而噶瓦·其吾多杰（mgar-ba khye'u rdo-rje）则在西藏与布鲁克巴交接的高山地带主管畜牧部落。他们的后代成为各地的首领、望族。

此外，《君民世系起源明灯》还记载，在吐蕃赞普朗达玛被诛杀后，王子云丹（yon-tan）与沃松（'od-srung）之间相互征战达12年之久。后来沃松战败逃往阿里，其臣僚则逃散于南方"门"地。另外，本姆塘四部的首领也来自西藏雅隆地方等。总之，"从前，该地（指布鲁克巴）人烟稀少，村落不多，且无首领，人们之间争斗不息"①，随着吐蕃人的不断南迁，该地人丁逐渐兴旺起来。因此，有"洛门卡希（lho-mon-kha-bzhi）之人，系自吐蕃南迁至门地"的说法。

根据上述传说和记载，我们可以就古代西藏与布鲁克巴地方的关系作两点分析：1. 曾经有大量西藏居民向布鲁克巴地方迁移，成为布鲁克巴先民的渊源之一。如果说在辛杜罗阇王的故事中还能见到印度影响的话（这种影响可能纯粹是因为受到佛教的影响，把自己的祖先上溯到圣地印度的观念在佛教世界中一度是固定的模式；也可能如印度学者所指出的，古代布鲁克巴属于印度古代迦玛汝巴王国的一部分），那么在后来的齐喀热妥王、王子臧玛、拉垅贝吉多杰六位兄弟的故事则主要表现出吐蕃的影响。其实有关藏人之南迁布鲁克巴还有其他的记载，比如，布鲁克巴文献《布鲁克巴政教史——白龙》（'brug dkar-po）记载：吐蕃时代，由于印度人经常抢掠布鲁克巴的庄稼，"洛门之人和佳喀王向吐蕃赞普赤热巴巾求援，藏、门军队将印度人驱出边界。当时，部分藏军因喜欢布鲁克巴地方

---

① ［不丹］阿旺：《君民世系起源明灯》，见 Michael Aris, *Sources for the History of Bhutan*, Wien: Wien Univrsität, 1986, p. 29。

而不愿返回西藏，便留居布鲁克巴，今天称为‘米洛克（mi-log）’或‘曼洛克（man-log）’的族系即是他们的后裔”①。这些史实与传说相互混杂，经过历史的积淀，最终便形成了“洛门卡悉之人，系自吐蕃南迁至门地”的观念。2. 吐蕃成为布鲁克巴古代文化的重要源头。前吐蕃时代的布鲁克巴本土文化，我们知之甚少。吐蕃时代，由于藏人的统治、藏裔人口的不断南迁，以及藏传佛教的传入，使布鲁克巴经历了巨大的文化转型，藏族文化逐渐覆盖了原有的本土文化。布鲁克巴人对于早期文化史的认识和叙述完全是西藏式的：先有西藏本教徒南来，本教因而传世。而后莲花生大师调伏诸自然神灵，推转佛法的甚深巨轮。各地王族开始建寺弘法……将佛教的传入归功于莲花生大师，是藏传佛教的一种固定叙事模式。迈克尔·阿里斯指出：“毫无疑问，他们（布鲁克巴人）书写藏文，操一种可以被认为是藏语方言的混杂语调，他们曾经为自己是藏传佛教世界的一部分而自豪，即使在今天，也视西藏为他们遥远的精神家园。”②布鲁克巴与西藏之间的这种文化关系在 11 世纪后随着藏传佛教各教派在当地的传播而得到强化。

二　藏传佛教在布鲁克巴的传播

吐蕃王朝灭亡之后，整个西藏在政治上陷入分裂割据的局面，地方实力集团之间纷争不休。社会的动荡为宗教势力的发展提供了舞台，于是藏传佛教各大教派渐次形成。为了巩固和发展各自的势力范围，宗教集团与地方割据势力结合，形成了区域性的政教合一政权。从吐蕃王朝灭亡直到17 世纪第五世达赖喇嘛建立甘丹颇章政权，西藏社会就处于这种兼并与反兼并战争持续频仍的状态（即使元/萨迦统治时期也未能真正消除纷争状态）。为了扩大势力，在竞争中取得优势，藏传佛教各大教派不断向外拓展势力，寻求新的“化宇”，招揽更多的信徒，喜马拉雅山南部的布鲁

————————

①　［不丹］那多克上师：《布鲁克巴政教史——白龙》，塔尔巴林寺 1986 年藏文版，第 7 页。［不丹］格顿仁钦：《南方教法史——明智耳饰》，不丹扎西曲宗 1972 年藏文版，第 139 叶。

②　Michael Aris，*Bhutan*：*The Early History of A Himalayan Kingdom*，Warminster-England：Aris & Phillips Ltd.，1979，XII.

克巴地方也成为他们争夺的目标。

1. 宁玛派

藏传佛教各教派中最先在布鲁克巴得到发展的是宁玛派。与莲花生大师相关的许多圣地如达仓(stag-tshang)等已广为信徒所知,隐秘圣地康巴郡的传说则更是吸引许多宁玛派高僧和信徒前来朝拜。

最先来到布鲁克巴的宁玛派高僧是康区噶托寺(ka-thog)第五任住持益希本(yi-shes 'bum,1245—1311年),他在去往哲孟雄的途中来到帕罗的达仓朝拜,并修建了乌金孜姆寺(o-rgyan rtse-mo)。其门徒索南坚赞(bsod-nams rgyal-mtshan)和南卓桑波(rnam-grol bzang-po)在达仓之东修建了上、下邦噶波寺(spang-dkar-po),由他们传承的僧团后来被称为"洛门噶托巴"①。该派从丹增扎巴(bstan-'dzin grags-pa)活佛始又可分为东西两支,其中心分别在卢措日(lud-mtsho-ri)的吉宗(spyi-rdzong)和阔塘(mkho-thang)的特钦岗(theg-chen-sgang)。

宁玛派大圆满教法的集成者隆钦饶绛巴(klong-chen rab-'byams-ba,1308—1363年)大约于14世纪初来到布鲁克巴,他在布鲁克巴修建了塔尔巴林寺(thar-pa-gling)等8座寺院。② 布鲁克巴著名的伏藏师白玛林巴(pad-ma gling-pa,1450—1521年)据说就是他的化身。大圆满教法曾在布鲁克巴盛行,后来虽然衰落,但从来也没有被禁止过。

宁玛派在布鲁克巴最负盛名的当属11—16世纪时的众多伏藏师(gter-ston)。著名的有多杰林巴(rdo-rje gling-ba,1346—1405年)及其弟子乌金桑波(o-rgyan bzang-po)、从西藏南来的喜饶米帕(shes-rab me-'bar,1267—1326年)、布鲁克巴本土的伏藏师阿旺扎巴(ngag-dbang grags-ba)及其弟子次仁多杰(tshe-ring rdo-rje)等,其中影响最为深远者当属白玛林巴。白玛林巴1450年生于本姆塘地方,后来被认为是隆钦饶绛巴的转世,据说他从本姆塘的美帕湖(me-'bar mtsho)掘出许多伏

---

① ［不丹］那多克上师:《布鲁克巴政教史——白龙》,塔尔巴林寺1986年藏文版,第68页。

② 同上书,第72页。

藏经典，他也因此成为布鲁克巴最著名的佛学大师，声名远播西藏各地。今天不丹（布鲁克巴）的王族即被认为是白玛林巴的后裔。与在西藏的情形相仿，宁玛派注重个人修炼，较少参与世俗政治，因此在政治事务中影响较小。[①]

2. 噶举派

布鲁克巴的藏传佛教各教派中，噶举派影响巨大，尤以止贡噶举派的拉巴（lha-pa）支系和竹巴噶举派为最。

（1）止贡噶举派拉巴支系。该支系由尼·拉囊巴斯杰多杰（gnyos lha-nang-pa gzi-brjid rdo-rje，1164—1224 年）开创，他是止贡噶举派著名领袖久丹贡波（'jig-rten mgon-bo）的弟子，1194 年他从西藏来到布鲁克巴，先后在帕罗达仓、达仓夏日玛（stag-tshang shar-ma）、吉曲等地修行达 3 年之久，有许多弟子、施主。他最先将西藏的行政管理制度——"宗（rdzong）"制度引进布鲁克巴，先在帕罗建结喀（cal-kha）宗，后到廷布河谷建多俄（rdo-sngon）宗、恰泰（bya-thal）宗、贝麦的罗喀（sbed-smad lho-kha）宗等，各宗设有"吉本（spyi-dpon，总官）"。他为了给西藏止贡寺万名僧人贡献"百供（brgya-'bul）"，确立了征收赋税和乌拉差役制度。"当时洛门地方还无官民之分"，多数人都归于拉囊巴管辖之下，拉囊巴便自称为"南方之首领（lho-nang gi dpon-po）"。后来竹巴噶举派传入布鲁克巴后亦发展迅速，于是，两派之间形成竞争态势，争斗不休，延续达两个世纪之久。

（2）竹巴噶举派。几乎与拉囊巴斯杰多杰南下布鲁克巴同时，竹巴噶举派也开始传入布鲁克巴。竹巴噶举派在创始人藏巴嘉热·益希多杰（gtsang-pa-rgya-ras yi-shes-rdo-rje）之后，逐渐形成三个支系：藏巴嘉热之侄桑杰本热·达玛桑格（sang-rgyas dbon-ras darma seng-ge，1177—1237 年）因为一直驻守该派主寺热龙寺，其传承形成"中竹巴（bar-'brug）"派；由果仓巴·贡保多杰（rgod-tshang-pa mgon-po rdo-rje，

[①] ［不丹］那多克上师：《布鲁克巴政教史——白龙》，塔尔巴林寺 1986 年藏文版，第 73 页。

1189—1258年)传出"上竹巴(stod-'brug)"派;由洛热巴·强曲宗追(lo-ras-pa dbang-phyug brtson-'grus,1187—1250年)传出"下竹巴(smad-'brug)"派。

首先来到布鲁克巴的是下竹巴派的洛热巴。他在本姆塘修建了曲扎寺(chos-brag),并在布鲁克巴西部地区传播教法,将下竹巴派教法传入布鲁克巴。随后上竹巴派果仓巴的弟子吉噶巴(spyil-dkar-ba)也来到布鲁克巴。他在帕罗修建了吉噶卡寺(spyil-dkar-kha)。由他传承下来的塞钦曲杰(gzar-chen chos-rje)家族是帕罗有名的望族。而中竹巴派的高僧竹贡希格布('brug-sgom zhig-po,1179—1254年)则是早期竹巴噶举派中最著名的人物。

竹贡希格布于1218年从西北部的岭昔(gling-bzhi)宗进入布鲁克巴。《布鲁克巴王统世系明鉴》认为他的生平活动主要集中在"四宗、四崖、四修行洞"[①]。他在布鲁克巴获得了很多人的信仰,竹巴噶举派势力日渐强大,因而与拉巴派发生了冲突,最终兵戎相见。竹贡希格布先后派他的四个儿子统治布鲁克巴各地,进一步扩大了竹巴噶举派的势力:噶顿(gar-ston)被派往顿(gdung)、哈(ha/had)、栋(sdong)等地,控制了东方山口地带,由他传出瓦坚(wa-can)的霞俄(zhal-ngo)家族和夏尔(shar)区的许多姓氏;尼玛(nyi-ma)被派往衮(dgung)和江(lcang,廷布附近)等地,控制了"周边"的关隘,他的后裔是岗噶霞俄(sgang-kha zhal-ngo)家族;旺秋(dbang-phyug)被派往铁隆(thed-lung,在普纳卡)和沃堆('o-'dus),他的后裔是贡堆(dgon-stod)的桑密霞俄(gsang-ma'i zhal-ngo)家族;丹巴(dan-pa)继承了他父亲在马头金刚寺的职位,还在帕罗修建了南喀拉康(nam-mkha' lha-khang)、在廷布修建了德钦普(bde-chen-phug)寺,所有帕罗地区的贵族都是他的后裔。

由于竹巴噶举派的主寺热龙寺(位于今西藏自治区江孜县热龙乡)距布鲁克巴较近,因此布鲁克巴的竹巴噶举派势力(宗教权贵家族等)与西藏热龙寺的联系非常紧密。一个典型的例子是布鲁克巴的胡然巴(hum-

---

① [不丹]白玛次旺:《布鲁克巴王统世系明鉴》,不丹国家图书馆1994年藏文版,第81页。

ral-pa）家族，他们在 12—18 世纪里一直保持着送子弟前往热龙寺学习的传统。① 而竹巴噶举派也十分重视在布鲁克巴发展自己的势力。14 世纪中期，热龙寺第 7 代住持贡噶僧格（kun-dga' seng-ge，1314—1347 年）应竹贡希格布的后裔罗丹杰波（blo-ldan-rgyal-po）的邀请前往布鲁克巴传法，开创了该寺住持到布鲁克巴传教的先例，此后该寺许多住持都到过布鲁克巴。后来经过竹巴衮勒（'brug-ba kun-legs，1455—1529 年）、阿旺曲杰（ngag-dbang chos-rgyal）及其子丹贝坚赞（bstan-pa'i rgyal-mts-han，1506—1538 年）、俄格旺秋（ngag-gi dbang-phyug，1517—1554 年）等人的努力，到 16 世纪，竹巴噶举派不仅在布鲁克巴西部的教派竞争中逐渐占优，而且其势力已扩展到布鲁克巴东部地区。

（3）巴热（'ba'-ra）噶举派。该派在西藏鲜为人知，但在布鲁克巴却自立门户，弘法传教逾两百年之久。该派的创始人巴热瓦·坚赞巴桑（rgyal-mtshan dpal-bzang，1310—1391 年），本是上竹巴派果仓巴的弟子央贡巴（yang-dgon-pa，1213—1258 年）的转世（因而有人认为该派属于上竹巴派）。他曾先后两次前往布鲁克巴，第一次是前往帕罗的吉曲、达仓等地朝圣，历时两年，由当地首领衮噶（kun-dga'）和萨喀尔（sa-mkhar）做施主，在帕罗建章杰卡（'brang-rgyas-kha）寺。史籍记载，他的信徒萨喀尔和绰杰多杰（khro-rgyal rdo-rje）等势力强大，然而他们各怀异志②，巴热瓦成功地调解了他们之间的矛盾。后来因为布鲁克巴达仓的宗本与西藏的军队发生战争，他在当地施主的请求之下再次前往布鲁克巴，进行调停。巴热瓦的继承者以帕罗的章杰卡为中心，在哈（had）、噶尔萨（mgar-sa）等西部地区发展势力，在布鲁克巴西部有许多信徒。

（4）香巴噶举派。香巴噶举派著名高僧汤东杰波（thang-stong-rgyal-po，1385—1464 年）在西藏文化史上具有多方面的成就，其中之一便是建造铁桥，因而又被称为"嘉散巴（lcags-zam-pa，即铁桥师）"。汤东杰波 1433 年经过帕里前往布鲁克巴各地活动，据说他在达仓掘出了许多伏

---

① Michael Aris, *Bhutan: The Early History of A Himalayan Kingdom*, Warminster-England: Aris & Phillips Ltd., 1979, pp. 175 – 176.

② ［不丹］那多克上师：《布鲁克巴政教史——白龙》，塔尔巴林寺 1986 年藏文版，第 70—71 页。

藏经典。汤东杰波在布鲁克巴不仅建寺弘法，还收集铁料，共建有 8 座铁桥，拥有众多的信徒。

3. 格鲁派

格鲁派在布鲁克巴的活动主要是来自奈宁寺（gnas-snying，位于今西藏康玛县境内）的僧人。奈宁寺最初属噶丹派，后来与竹巴噶举派关系密切，15 世纪又改宗格鲁派。该寺高僧贡布多杰（mgon-po rdo-rje）、仁青桑丹巴桑（rin-chen bsam-gtan dpal-bzang）等在帕罗建宗扎卡（rdzong-brag-kha）寺，遂成为该派在布鲁克巴的中心。奈宁寺离布鲁克巴较近，该派僧人前往传教较为便利。该派改宗格鲁派后，布鲁克巴西北部噶尔萨的香达寺（shing-rta dgon-pa）成为布鲁克巴格鲁派的中心。

4. 萨迦派

藏传佛教各派中萨迦派最晚传入布鲁克巴，且记载较少。帕罗北部的拉顶寺（lha-lding）是该派在布鲁克巴最早的寺院。后来萨迦派在布鲁克巴活动的主要是俄尔（ngor）寺支系的僧人。虽然该派势力较弱，但在 17 世纪布鲁克巴与西藏的冲突中屡次担任调停角色，发挥了积极的作用。

如上所述，藏传佛教的向南传播以及随之而起的教派斗争，构成了11—17 世纪初布鲁克巴历史的主要内容。要系统地描述这 5 个多世纪布鲁克巴历史的发展演变存在许多困难，因为期间从未出现过统一的政权组织，因而我们无法对任何一个时期的政治、经济状况做全面深入的分析。从宗教史和高僧传记材料，仅可推测在不同的历史阶段各个教派的势力消长情形，其中拉巴噶举和竹巴噶举是最具实力的竞争者。在此期间，布鲁克巴历史的发展演变主要受到西藏因素的影响，其社会发展主要依靠来自西藏的影响而不是内生动力使然。从西藏与布鲁克巴关系的视角来看，以下现象表明了这种从属关系。

1. 宗教上的从属关系隐含着政治上的从属关系。西藏中世纪政治的特点之一便是"母寺"—"子寺"关系模式，即通过寺院之间的"母—

子"关系体现出寺院所管辖的两个地区或实力集团之间的权利与义务关系。各个教派倾尽全力向外传播，热衷于在最新的传播之地修建"子寺"，除了"度化"众生的宗教目的外，寻求更广泛的政治、经济支持也是其追求的重要目标。这种支持有时是自愿性质的布施、贡献等，但有时也带有强迫的性质。据白玛次旺《布鲁克巴王统世系明鉴》记载，拉孜噶举在其辖区内建立了西藏式的行政管理体系，并确立了税收和乌拉差役制度，以保证对其"母寺"——止贡寺的贡献①。通过这种宗教纽带，布鲁克巴的宗教实力集团被纳入了西藏地方政府的管理体系之内。

2. 西藏地方政府在某些历史阶段对布鲁克巴地方实施了直接管辖。在 10—16 世纪，西藏地方政府主要经历了萨迦政权、帕竹政权，这些政权本身虚弱而不稳固，诸如万户等地方组织具有较大的自主性。然而，在萨迦政权、帕竹政权的鼎盛时期，他们也努力对喜马拉雅山南麓实施直接的统治。比如《朗氏家族史》记载，元代萨迦政权时期，"（蒙古将军多答）捣毁了下至东方工部地区、洛扎东西、洛若、加波、门贝卓（dpal-gro，即今布鲁克巴西部重镇帕罗）、洛门和泥婆罗边界以内的坚固碉堡，以蒙古的律令进行统治，地方安宁"②。《汉藏史集》记载江孜法王世系时言到，萨迦法王曾命帕巴贝桑（'phags-pa dpa'-bzang）镇压北犯的夏日东（shar-gdung）、珞东（lho-gdung）部落，帕巴贝桑最终在帕里将这些又被称为"东仁（gdung-rengs）"部落的一百六十名豪酋聚杀，"将巴卓（spa-'gro，即帕罗）、海达垅（had stag-lung，即今布鲁克巴西部的哈宗）等珞东部落的地方全部收归治下。在帕里设置了大小官署，任命他的弟弟帕巴仁钦（phag-pa rin-chen）为帕里宗第一任宗本"③。在帕竹政权时期，西藏也派一些诸如"总管（spyi-dpon）"、"百户长（rgyab-dpon）"等低级官员到布鲁克巴管理某一区域。④

---

① ［不丹］白玛次旺：《布鲁克巴王统世系明鉴》，不丹国家图书馆 1994 年藏文版，第 74 页。

② 大司徒·绛求坚赞：《朗氏家族史》，赞拉等译，西藏人民出版社 1988 年版，第 75 页。

③ 达仓宗巴·班觉桑布：《汉藏史集》（rgya-bod yig-tshang），四川民族出版社 1985 年藏文版，第 381 页。

④ Michael Aris, *Bhutan: The Early History of A Himalayan Kingdom*, Warminster-England: Aris & Phillips Ltd. , 1979, p. 199.

三　第悉藏巴时期

布鲁克巴作为一个国家概念的政治实体始自 17 世纪，当时西藏竹巴噶举派僧人阿旺南杰（ngag-dbang-rnam-rgyal）在活佛转世纠纷中失利而逃亡到布鲁克巴。由于得到当地竹巴噶举派势力的支持，阿旺南杰逐步统一了布鲁克巴，成为布鲁克巴国家的创建者。

1. 夏仲·阿旺南杰统一布鲁克巴

阿旺南杰 1594 年即藏历木马年十月出生于竹巴噶举派祖寺竹色瓦强曲林（'brug se-ba byangs-chub-gling，位于今西藏曲水县境内）附近之噶仲（mgar-grong）黏卡。当时他的祖父米旁曲杰（mi-pham chos-rgyal，1543—1606 年）任竹巴噶举派主寺热龙寺住持。作为竹巴噶举派实际上的教主，他正在寻访于 1592 年圆寂的第四世竹钦活佛白玛噶波（padma dkar-po，1527—1592 年）的转世灵童。竹巴噶举派从第 13 任教主（热龙寺住持即是该派教主）嘉旺杰·贡噶班觉（rgyal-dbang-rje kun-dga' dpal-'byor，1428—1476 年）开始也实行活佛转世制度，他们在贡噶班觉圆寂之后追认他是该派祖师藏巴嘉热的转世，命名其转世系统为"竹钦（'brug-chen）"，并尊"竹钦"活佛为该派教主。但是，第三世竹钦活佛嘉木样·却吉扎巴（'jam-dbyangs chos-kyi grags-ba，1478—1523 年）出生在恰域（bya-yul，今西藏山南隆子县）、第四世竹钦活佛白玛噶波出生在西藏东南的工布地区，这就与竹巴噶举派自教派创始人藏巴嘉热以来都是由"嘉（rgya）"家族出任热龙寺住持并主管竹巴噶举派政教事务的古老传统产生违碍。由于"嘉"家族在竹巴噶举派内部具有绝对权威，因此第三、第四世竹钦活佛实际上被排除在热龙寺政教权力之外，而主要在西藏南部（今山南地区）一带活动。这种状态对竹巴噶举派内部的凝聚力产生了负面影响。因此，当米旁曲杰在确定白玛噶波转世时，即意识到如果竹钦活佛能够转世到"嘉"家族就可以解决上述问题，于是，阿旺南杰便成为合适的人选。

在阿旺南杰出生后几年，他的父亲丹贝尼玛（bstan-pa'i nyi-ma，1567—1619 年）宣称在他为期三年的隐修期间得到许多祥兆预示白玛噶波将转生在"嘉"家族，暗示阿旺南杰就是白玛噶波的转世灵童。然而，与此同时，颇具实力的山南琼结（'phyong-rgyas）地方首领霍尔（hor）家族也宣称第巴杜布（rtor-bu）的儿子可能是白玛噶波的转世，并请丹贝尼玛前去测试。丹贝尼玛否定了这个灵童候选，① 但他为幼童剃度并起名巴桑旺布（dpag-bsam dbang-po，1593—1641 年）。

阿旺南杰自幼随父亲进行严格而系统的学习，8 岁时，从祖父米旁曲杰受沙弥戒，并在竹强曲林寺登上狮子宝座，② 这就等于公开宣布他就是白玛噶波的转世。13 岁时，祖父米旁曲杰圆寂，阿旺南杰便移居热龙寺正式出任第 18 任住持。然而，琼结的霍尔家族并未放弃努力，他们获得了恰域第巴（bya-yul sde-pa，即第三、第四世竹钦活佛的施主）、竹巴噶举派另一活佛拉孜哇·阿旺桑波（lha-rtse-ba ngag-dbang-gzang-bo，贡噶德钦曲阔寺/bde-chen chos-'khor 的住持）的支持。双方争执不决，经常发生摩擦。事关一代名僧白玛噶波的转世，而争执的双方又是地方实力集团，能够裁决纠纷的只有当时的西藏首领第悉藏巴了。在各方的努力之下，藏历木兔年（1615 年）21 岁的阿旺南杰应邀到日喀则桑主孜宫，与年仅 17 岁的第悉藏巴·朋措南杰（phun-tshogs rnam-rgyal）会晤。文献中未提到会谈的结果，而就在阿旺南杰的归途中，其随从与洛扎的巴卧活佛（dpa'-bo sprul-sku）的随从在雅鲁藏布江达珠卡（stag-gru-kha）渡口为渡江发生争执，结果巴卧活佛的随从中有人被刺伤、数人落入河中。③ 巴卧活佛是第悉藏巴的政治盟友，第悉藏巴对此岂能袖手旁观，而琼结的对手也乘机向阿旺南杰发难。第悉藏巴要求阿旺南杰承担"赔命价（mi-stong）"，并提出以热龙寺所藏竹巴噶举派的古老圣物"卡萨巴尼（khar-sar-pa-ni，藏巴嘉热的脊椎骨第一节）"等作为支付品。热龙寺方面推测

---

① ［不丹］藏堪钦·嘉木样贝丹嘉措：《圣竹巴仁波切阿旺南杰传——圣法云音》（dpal 'brug-pa rin-po-che ngag-dbang bstan-'dzin rnam-rgyal gyi rnam-par thar-pa rgyas-pa chos-kyi sprin chen-po'i dbyangs），吐登次仁出版社 1974 年藏文版，第三卷，第 20 叶 A 面。

② ［不丹］藏堪钦·嘉木样贝丹嘉措：《圣竹巴仁波切阿旺南杰传——圣法云音》，吐登次仁出版社 1974 年藏文版，第三卷，第 24 叶 A 面。

③ 同上书，第 121 叶 A 面。

此举的目的是为了帮助巴桑旺布,因为有了这些圣物他的转世地位就名正言顺了,阿旺南杰拒绝服从命令。于是第悉藏巴准备武力进攻热龙寺,迫其就范。阿旺南杰事先得到消息,自知无力抗衡,于是带领众多随从向南翻越喜马拉雅山逃往布鲁克巴,是年为藏历火龙年(1616年)。

作为热龙寺的住持和年轻的竹钦活佛,阿旺南杰前往布鲁克巴,得到当地竹巴噶举派诸多权贵家族的欢迎,噶尔萨的欧措巴('obs-mtsho-pa)家族最先效忠于他。① 他们尊阿旺南杰为领袖,请求他做"南方(即布鲁克巴)"的上师,试图建立一个以竹巴噶举派为主导的统一政权,事实上经过数百年的教派斗争,竹巴噶举派已在布鲁克巴政治格局中占有一定的优势。而阿旺南杰则急需依靠这些竹巴噶举派盟友的支持,尽可能地积聚力量以对抗随时可能到来的第悉藏巴军队的进攻。

统一的过程就是逐步兼并其他教派势力的过程。当阿旺南杰在布鲁克巴四处旅行时,竹巴噶举派的地方势力纷纷表示归附,他的领袖身份和政治能力,使竹巴噶举派内部空前团结,实力大增。而其他教派如几个世纪以来一直与竹巴噶举派相抗衡的拉巴噶举派以及奈宁巴、巴热噶举、嘉散巴,属于宁玛派的洛门噶托巴等,面对竹巴噶举派的日渐强大,无以应对,便只好寻求联合,于是就形成了由上述五个教派组成的、以对抗阿旺南杰为目标的所谓"五部僧人(bla-khag-lnga)",他们不仅坚持以武力与竹巴噶举派对抗,还积极地在西藏活动,怂恿第悉藏巴发兵救助,以制止阿旺南杰对其他教派的压迫。而萨迦派和宁玛派僧人因为势力较小而表示顺从阿旺南杰,因此后来在阿旺南杰统一布鲁克巴后,仍然允许萨迦派和宁玛派继续传教,而对其他教派则进行严厉打击,禁止其在布鲁克巴传播。

阿旺南杰被后世尊为布鲁克巴国家的奠基人。他第一次统一了布鲁克巴地方,并初步创建了影响后世的国家管理体系:1. 建立了政教合一的统治体系,他以"夏仲(zhabs-drung)"之名自立为布鲁克巴最高统治

---

① 有关该家族的情况及邀请阿旺南杰前往布鲁克巴的情形,见 John A. Ardussi, *The House of 'Obs-mtsho-the History of a Bhutanese Gentry Family from the 13th to the 20th Century*, Journal of Bhutanstudies, 2000, Vol. Ⅰ 。

者，刻制"阿觉楚玛（nga bcu-drug-ma，即'我的十六种身份'）"印①，作为布鲁克巴最高权力的象征。2. 组建国家僧侣集团——札仓（graw-ts-hang）。大约在 1620 年，阿旺南杰在其 27 岁时重新修建佳日寺（lcags-ri），在该寺把追随他的 30 名僧人组织成一个统治集团，后来陆续建成的廷布扎西曲宗（bkra-shis chos-rdzong）宫和普纳卡的邦塘德钦颇章（spungs-thang bde-chen pho-brang）宫便成为僧侣集团的冬宫和夏宫。这一集团在后来随着管理国家的需要而得到迅速发展，成为布鲁克巴政治中举足轻重的力量。3. 以佛教"十善法"和吐蕃时代的"十六法"为基础，编纂法典——"嘉佑钦波（bca'-yig chen-bo）"。4. 创建了以"宗"为核心的地方管理制度。他在逐步统一的过程中模仿西藏的统治模式，在军事、经济重地修筑"宗"城，设置"宗本"（类似"县长"）管理地方事务。最终形成了完整的全国管理体系：把布鲁克巴分为西部、中部和东部三个地区，即帕罗（spa-gro）宗、达噶（dar-dkar）宗和终萨（grong-sa）宗，各设一名"吉喇本洛（spyi-bla dpon-slob，僧人总管）"作为地方长官，管辖若干大、小宗。后来"吉喇本洛"被简称为"本洛"（清代汉文文献有时称为"奔洛"或"琫洛"）。各宗又设宗本（rdzong-dpon）、大聂巴（gnyer-chen）、卓尼（mgron-gnyer）、森本（gzim-dpon）、森囊（gzim-nang）、仲益（drung-yig）等官职。② 阿旺南杰模仿西藏的社会制度建立起来的管理体系，不仅有效地统治了布鲁克巴，也为与西藏的对抗奠定了基础。

2. 第悉藏巴与布鲁克巴之间的军事冲突

阿旺南杰抗拒第悉藏巴之命，南逃布鲁克巴，并以"夏仲"之名自号为王，欲以自立，这在第悉藏巴看来是一种分疆裂土之举，因为，此前布鲁克巴地方长期处于宗教实力集团的割据状态之下，这些宗教实力集团与他们在西藏的"母寺"之间一直保持着牢固的从属关系，因此，在西藏人

---

① ［不丹］藏堪钦·嘉木样贝丹嘉措：《圣竹巴仁波切阿旺南杰传——圣法云音》，吐登次仁出版社 1974 年藏文版，第四卷，第 31 叶 A 面、B 面。
② ［不丹］白玛次旺：《布鲁克巴王统世系明鉴》，不丹国家图书馆 1994 年藏文版，第 189页。

看来布鲁克巴不过是尚未开化的边疆地带，而不是异己他国。当阿旺南杰及后来的布鲁克巴统治者们公然违抗西藏统治者的意志，干戈相向，欲以自立时，惩罚和打击就被认为是一种必然的对策，其目的在于试图恢复对布鲁克巴地方的权威。

在阿旺南杰南逃不久，第悉藏巴首先控制了竹巴派的竹寺和噶仲黥卡（史料未给出时间），并给阿旺南杰送来一封威胁性的信函，阿旺南杰作了针锋相对的回复。于是，第悉藏巴发动了首次针对布鲁克巴的征讨行动。由拉古㻬（la-gu-nas）指挥的西藏军队到达帕罗，一度占领了竹曲顶（'brug chos-sdings）寺等。阿旺南杰的信徒鲁梅塞波（lug-mi ser-po）从旺（wang）地区和其他地方招集军队，进行反击，最终击败了西藏军队。① 西藏军队指挥官拉古㻬的头、双手和心脏被旗杆穿透，随后被置于佳日寺内作为护法。②

1621 年，第悉藏巴朋措南杰因病去世，据说是由于阿旺南杰诅咒的结果。之后其子丹迥旺布（bstan-skyong dbang-po）掌政，他在面临格鲁派及其盟友蒙古军队的巨大压力之下，仍两次发兵南征。

1634 年（藏历木狗年），丹迥旺布受布鲁克巴"五部僧人"的怂恿③，出兵布鲁克巴。根据布鲁克巴文献记载，藏军在从布鲁克巴西部的帕罗到东部布姆塘的边界上，分六路挺进，占领森姆多卡宫（srin-mo-rdo-kha，今廷布），要求布鲁克巴献出人质。但是占据森姆多卡宫的藏军因为火药库爆炸而全军覆没。这些火药是葡萄牙传教士团送给阿旺南杰的礼物，他们同时还送了火枪、大炮、望远镜等，以装备布鲁克巴军队。藏军又一次败北。

1639 年，第悉藏巴丹迥旺布再次因"五部僧人"的请求，发兵南征。这次藏军攻击著名的要塞普纳卡（spu-na-kha）、旺堆颇章（dbang-'dus pho-brang）等。《萨迦世系史续编》记载：土兔年（1639 年），第

---

① Michael Aris, *Bhutan: The Early History of A Himalayan Kingdom*, Warminster-England: Aris & Phillips Ltd., 1979, p. 212.

② ［不丹］白玛次旺:《布鲁克巴王统世系明鉴》，不丹国家图书馆 1994 年藏文版，第 129 页。

③ Michael Aris, *Bhutan: The Early History of A Himalayan Kingdom*, Warminster-England: Aris & Phillips Ltd., 1979, p. 219.

悉藏巴向洛巴（即布鲁克巴）进行征伐，放火烧了布鲁克巴福田施主的房屋，竹巴夏仲活佛本人踞守佳日寺内。萨迦达钦前往调停，要求日喀则的第悉阁下和（布鲁克巴）巴卓戴本果隆巴（sgo-lung-pa）双方撤回军队。后来藏军和布鲁克巴军队签订了互不侵犯条约。① 布鲁克巴的显贵家族都送一个男孩到西藏作为人质，并向西藏缴纳大米税（'bras-khral）。但据布鲁克巴的文献称第悉藏巴也承认了阿旺南杰作为"洛门卡希"之王。似乎说明西藏军队在军事行动上取得了胜利，但也认可了阿旺南杰的地位。

大约在这一时期，夏仲·阿旺南杰从拉达克王森格南杰（seng-ge-rnam-rgyal）那里获得了西藏西部阿里地区的多座寺院作为香火之地。国王森格南杰时期拉达克的势力达到顶峰，在兼并了西藏所属古格（gu-ge）地区之后，又将西藏西部阿里地区广大的地域纳入自己的统治范围。早在 16 世纪晚期，拉达克王嘉木样南杰（'jam-dbyangs rnam-rgyal）就与第四世竹钦活佛白玛噶波建立了供施关系，此后拉达克王即与卫藏地区的竹巴噶举派保持着密切联系，成为该派所有支系的施主。阿旺南杰流亡布鲁克巴之后，拉达克王森格南杰奉他为根本上师，并派其弟丹增（bstan-'dzin）到布鲁克巴，后来丹增曾任旺堆颇章宗的宗本。他在 1639 年布鲁克巴与第悉藏巴的战争中表现突出。为了表示对夏仲·阿旺南杰的尊敬，森格南杰将冈底斯山周围的数座寺院及其辖地贡献给他，这些寺院包括：达钦喇章（dar-chen bla-brang）、宁贝日宗（gnyen-po'i ri-rd-zong）、止热普（bri-ra-phug）、祖楚普（rdzu-'phrul-phug）、格宗（ge-rdzong）、恰吉（bya-skyibs）、耶日贡普（ye-ri-dgon-phug）、盖色（gad-ser）、索莫居（so-mo-rgyu）、西哈热（shi-ha-ra）等。② 其中最重要的是达钦喇章寺，它一度是冈底斯山转山朝圣路线的起点，也是 7—9 月的印度商人前来收购羊毛的交易点。在布鲁克巴政府 1729 年颁布的法典中专门设有"岗日朵增（gangs-ri'i rdor-'dzin，英文文献中称 Dashok，通常又

---

① 贡噶洛追（kun-dga'-blo-gros）：《萨迦世系史续编》（sa-skya'i gdung-rabs ngo-mtshar bang-mdzod kyi kha-skong），民族出版社 1991 年藏文版，第 361 页。

② John Bray, *Ladakhi and Bhutanese Enclaves in Tibet*, Recent Research on Ladakh, Vol. 7，1995.

称'岗日喇嘛/gangs-ri lama')"① 官职，负责管理这些领地。在 1681—1683 年西藏与拉达克之间的战争结束后，西藏收回阿里地区，1684 年双方在拉达克顶莫岗（gting-mo-sgang）签订的条约中，西藏同意保留这些领地给布鲁克巴。② 但其后有关这些寺院的归属随着双方关系的波动而争议不断。

四　第五世达赖喇嘛时期

1642 年初，格鲁派与和硕特蒙古固始汗联手推翻第悉藏巴政权，第五世达赖喇嘛以驻锡地哲蚌寺甘丹颇章宫（dga'-ldan-pho-brang）为名，建立了甘丹颇章地方政权。作为新兴的统治者，固始汗和第五世达赖喇嘛并不满足于仅统治卫藏十三万户的辖地，而是渴望获得将"藏地木门人家"完全纳入治下的光荣，于是开始将其统辖区域向边地扩展。布鲁克巴成了他们第一个试图征服的目标。

1. 第一次南征

甘丹颇章政权首次南征布鲁克巴，其直接原因是 1642 年噶举派噶尔巴（mgar-pa）师徒在靠近布鲁克巴的西藏南部洛扎一带策划叛乱时，得到了同属噶举派的阿旺南杰的支持。关于这一点第五世达赖喇嘛在其自传（简称为《云裳》）中虽然说得较为隐晦，但仍可辨其端倪。其中言：

> （水马年/1642 年）四月，我（第五世达赖喇嘛——引者注）离开扎什伦布寺返回拉萨……有一拉巴（噶举）的后代古云巴（sku-gzhon-pa）去到门隅（指布鲁克巴——引者注）地方，发动"五部僧

---

① ［不丹］丹增曲杰（bstan-'dzin chos-rgyal）：《圣竹巴活佛之法典》（dpal 'brug-pa rin-po-che mthu-chen ngag-gi-dbang-po'i bka'-khrims phyogs thams-cad las rnam-par rgyal-ba'i gtam），Michael Aris：*Sources for the History of Bhutan*，Wien：Wien Univrsität，1986，p. 146.

② John Bray，*Ladakhi and Bhutanese Enclaves in Tibet*，Recent Research on Ladakh，Vol. 7，1995.

人"起兵作乱。……他向我说明来意，向第巴（指索南群佩——引者注）也同样陈述原由。接着，他请示说："如今增兵救援想必没有困难"。第巴讥讽道："后藏人伤害了我们，我们只能用兵，你连这样一点见识都没有"。正如俗语所说"星星之火不扑灭，死灰复燃成燎原"。在第悉藏巴之时，南方竹巴（指布鲁克巴——引者注）送其子到后藏作人质，我们将其全部释放，不想他们却恩将仇报，反而心生仇恨。①

第五世达赖喇嘛没有说明古云巴求救的具体原由，但指责"后藏人"和"南方竹巴"却是明确的。也许正是因为噶尔巴师徒与布鲁克巴串通一气，才使"五部僧人"找到了说服甘丹颇章发兵南下打击阿旺南杰的借口。图齐也指出，"显然噶尔巴曾经在西藏南部避难，因为在那里可以依靠不丹的援助。……对于一场结局无论为何总会影响其命运的斗争，不丹不能置身局外"②。

噶尔巴与布鲁克巴的暗中联合，给能征惯战的固始汗和第巴索南群佩提供了借口，当时正值蒙藏联军所向披靡之时，因此在清除盘踞洛扎的反叛力量后，就势发兵布鲁克巴，试图彻底恢复过去第悉藏巴时期开始丧失的对布鲁克巴地方的统治权。然而，他们并未从第悉藏巴时代南征布鲁克巴的失败中吸取教训，低估了在炎热、潮湿、地形复杂的喜马拉雅山南麓作战对于生活在高寒地带、惯于纵马驰骋的蒙藏军队所带来的困难。

《云裳》载，在木猴年（1644年），"由七百多人组成的蒙藏联军急速开到门隅（指布鲁克巴）地方，因这支部队人数过少，作战失利。昂索欧珠（nang-so dngos-grub）、仲孜彌（'brong-rtse-nas）和都迥彌（'dus-'byung-nas）等被俘，遭到监禁。那支零星的蒙古军队虽然逃脱回来，但是他们失魂落魄，显得晦气不堪"③。有关战争的细节，《夏仲·阿旺南杰

①　第五世达赖喇嘛阿旺罗桑嘉措：《第五世达赖喇嘛自传——云裳》（ban-de ngag-dbang blo-bzang rgya-mtsho'i 'di snang-'khrul pa'i rol-rtsed rtogs-brjod kyi tshul-du bkod-pa du-kū-la'i gos-bzang），西藏人民出版社1989年藏文版，上册，第223页。汉译时参考了陈庆英等译本，中国藏学出版社1997年版，下同。

②　图齐（G. Tucci）：《西藏中世纪史》，李有义、邓锐龄译，中国社会科学院民族研究所民族史室、民族学室1980年（内部资料），第123页。

③　第五世达赖喇嘛阿旺罗桑嘉措：《第五世达赖喇嘛自传——云裳》，西藏人民出版社1989年藏文版，上册，第252页。

传略本》云：

> 在一段时间，山居甘丹巴（格鲁派——引者注）虽以诱骗之法夺得噶旺宗，[1]但未造成重大损失。我方挥师前往，对方（指西藏军队——引者注）只好献出数千铠甲及大量武器、大帐篷、骡马等，体念至尊萨迦法王和圣观世音悲悯雪域有情众生之心，对俘虏未加伤害，只把军官扣作人质，其他军人被送往布鲁克巴和西藏的边境遣返，安全地返回本土。[2]

到 1646 年，第四世班禅罗桑却坚和萨迦达钦·索南旺秋（bsod-nams dbang-phyug）二人出面进行和平调停。第四世班禅和萨迦派领袖的出面调停，显然是精心选择的。第四世班禅罗桑却坚于 1612 年、1628 年两次到布鲁克巴传教[3]，在当地颇具威望。而萨迦派历代法王中有多位曾往布鲁克巴传法，特别是 1632 年（藏历水猴年）萨迦派图道旺秋（mthu-stobs dbang-phyug）应邀前往布鲁克巴传法，在本姆塘与阿旺南杰会面[4]，建立了良好的关系，后来阿旺南杰之子嘉贝多杰（'jam-dpal rdo-rje）还娶萨迦派俄尔·鲁顶巴（ngor klu-sdings-pa）之女为妻，萨迦派在布鲁克巴的存在也得到阿旺南杰的首肯。[5] 调停最终达成的和平协议，要求双方保持过去的边界和友谊，过去在第悉藏巴时期，布鲁克巴进贡的大米，今后奉献给甘丹颇章，战时所捕人质立即释放等。和平协议的最后实施对被俘在布鲁克巴的藏军来说具有侮辱的性质，阿里斯引不丹文献《丹增饶杰

---

① 〔不丹〕释迦仁钦·智美勒贝洛追（shākya rin-chen dri-med legs-pa'i-blo-gros）：《夏仲·阿旺南杰传略本》（dkar-rgyud kyi rnam-thar gser-gyi phreng-ba lta-bu las dpal-ldan bla-ma mthu-chen chos-kyi rgyal-bon ngag-dbang rnam-par rgyal-ba'i skabs bzhugs-so 廷布贡桑妥杰出版社 1976 年藏文版）称为 ka-wang rdo-sngon rdzong（见第 37 叶 B 面），似乎即是廷布的多俄宗。

② 〔不丹〕藏堪钦·嘉木样贝丹嘉措：《圣竹巴仁波切阿旺南杰传——圣法云音》，吐登次仁出版社 1974 年藏文版，第四卷，第 114 叶 A 面。

③ 第五世班禅罗桑益希：《第四世班禅传》，西藏人民出版社 1990 年藏文版，第 90—91、129 页。

④ 贡噶洛追：《萨迦世系史续编》，民族出版社 1991 年藏文版，第 271—274 页。

⑤ Michael Aris, *Bhutan: The Early History of A Himalayan Kingdom*, Warminster-England: Aris & Phillips Ltd., 1979, p.245.

(bstan-'dzin rab-rgyas) 传》指出，当时藏军的指挥官不得不向阿旺南杰公开表示屈服，并被迫自己将武器、铠甲等送到普纳卡的护法神殿里。①

　　双方达成的协议保持了两年的和平，期间于 1646 年（藏历火狗年），第五世达赖喇嘛确认了于 1641 年圆寂的竹钦活佛巴桑旺布的转世。在两个候选灵童中，第五世达赖喇嘛否定了琼结家族（第五世达赖喇嘛出自该家族）班觉饶丹 (dpal-'byor rab-brtan) 的儿子，而认定了由竹巴派拉孜活佛确认的在洛扎拉康 (lho-brag lha-khang) 的灵童，并亲自为其剃度，取法名米旁旺布 (mi-pham dbang-po, 1641—1717 年)。由米旁旺布开始的竹钦活佛转世系统称为"杰旺竹钦 (rgyal-dbang 'brug-chen)"，被公认为北竹巴派 (byang-'brug) 的首领。而阿旺南杰则被认为是南竹巴派 (lho-'brug) 的首领。布鲁克巴方面也通过实际的行动试图缓和双方的关系，然而，和平的基础依然脆弱，1648 年双方再次陷入战争。

2. 第二次南征

　　1648 年（土鼠年），在和平维持了两年之后，西藏再次发兵布鲁克巴。战争的起因与布鲁克巴内部的教派斗争有关。《云裳》称：

　　　　这一年里，如从前所述"奈宁巴与竹巴之间互相蔑视，拉巴与竹巴之间心存芥蒂"，奈宁巴与拉巴两派声称要从洛（指布鲁克巴——引者注）中退出，请求归顺藏王，以福田施主（指固始汗与第巴索南群佩——引者注）作为靠山。②

　　可见在布鲁克巴内部"五部僧人"与竹巴派的对抗仍在持续，作为"五部僧人"集团的首领奈宁巴和拉巴派依然使用他们过去惯用的手段，利用西藏的力量反抗、牵制竹巴派在布鲁克巴的宗教压迫。"五部僧人"的计谋很快取得效果，西藏与布鲁克巴之间矛盾再起。《云裳》记载：

---

　　① Michael Aris，*Bhutan：The Early History of A Himalayan Kingdom*，Warminster-England：Aris & Phillips Ltd.，1979，pp. 225 – 226.

　　② 贡噶洛追：《萨迦世系史续编》，民族出版社 1991 年藏文版，第 368 页。

　　（火猪年/1647年）汗王施主福田（指固始汗与第巴索南群佩——引者注）去后藏之前……有人向第巴报告，以班禅大师为首的中间人正在调解后藏与绒（rong，指布鲁克巴——引者注）地的矛盾。……因此，除了按历年常规举行的供奉护法和退敌天女法事外，进军门（指布鲁克巴——引者注）地时期，不必举行广泛的诵咒法事。[①]

可见在1647年，发兵再次南征布鲁克巴已经确定，固始汗与第巴索南群佩已前往靠近布鲁克巴的后藏备战。

战争于1648年爆发。

　　这一年，卫地（前藏）军队直抵距离首邑普纳卡有半日路程的地方。后藏军队包围了洪热卡（hum-ral-kha）地方。萨迦、卓木（今亚东——引者注）、日喀则、扎什伦布寺的四支军队一齐向第巴报告说，一月之内他们的计谋就会成功。但是，第巴诺布（sde-pa nor-bu）坚持不住，为谣言所惑，丢弃大部分帐篷和武器，仓皇逃到帕里，只扎起一顶中军帐，实在难以言状。由于这场失败，使前藏军队连撤回本土都非常困难，也使仲（drung）、切（che）、欧（'or）感到怨怨不满[②]。

迈克尔·阿里斯指出，后藏军队曾攻下廷布的森姆多卡城（srin-mo-rdo-kha），而另外一支蒙古军队一度包围了帕罗宗城[③]。《夏仲·阿旺南杰传略本》对战争的细节作了如下描绘：

---

　　①　第五世达赖喇嘛阿旺罗桑嘉措：《第五世达赖喇嘛自传——云裳》，西藏人民出版社1989年藏文版，上册，第282页。

　　②　第五世达赖喇嘛阿旺罗桑嘉措：《第五世达赖喇嘛自传——云裳》，西藏人民出版社1989年藏文版，上册，第284页。迈克尔·阿里斯认为仲（drung）、切（che）、欧（'or）是西藏军队指挥官的名字缩写，笔者认为尚难以确定，暂存疑。

　　③　Michael Aris, *Bhutan: The Early History of A Himalayan Kingdom*, Warminster-England: Aris & Phillips Ltd., 1979, p. 227.

　　（前一年）对所有被扣为人质的西藏官员发给川资后遣返回本土，并达成了较好的和解协议。但是，第二年派来了比过去更为强大的军队，用许多炮和火器攻击了三个月，但举行莲花生大师修行大法的陈设及天王画像等并未受到任何损伤，实乃得神力加持所致。因为没捞到什么便宜，（西藏）军队如同逃兵一样撤回。他们自己纵火焚烧在藏地边境约营寨遗物，突然，在烟云翻滚中，显现出布鲁克巴军队的面孔，响起了"竹巴军队来了"的喊叫声，于是，西藏军队纷纷夺路而逃，将兵器甚至糌粑等军需食品都丢弃。把铠甲、火枪等大量物品上交给（布鲁克巴）强佐（即管家——引者注），将一些军人和定本（lding-dpon）抓捕投监，宣告了战争的胜利。[①]

　　萨迦派首领阿旺贡噶索南（ngag-dbang kun-dga' bsod-nams）从战争一开始就"在恻隐之心的驱使下前去调停"，他见证了战争的整个过程："十月里大军出动……在帕里，与固始汗之子和甘丹颇章的大总管等福田施主会晤时要求将西藏军队撤回，倘若布鲁克巴顺从（调解），便依令而行，但布鲁克巴并未同意。随后，大师前往帕罗地方，但没有找到机会对藏洛（lho，指布鲁克巴）双方进行详细的调解时，藏军已经秘密地进行了集结。由于骑兵和步兵快慢的区别，当骑兵大部分已到达帕罗'东（stong）'地，一千多名步兵只到达帕罗盖巴（skad-pa）地方时，却遭到布鲁克巴的军队的追击，洛内的人倾巢出动，开始屠杀藏军"[②]。

　　没有材料说明战争最终在萨迦法王的调停之下达成了怎样的协议。[③]但是第五世达赖喇嘛对于战争失利耿耿于怀。根据《云裳》的记载，战事失利后，针对布鲁克巴的镇伏法事接连不断，到 1650 年（藏历铁虎年）

---

　　①　［不丹］藏堪钦·嘉木样贝丹嘉措：《圣竹巴仁波切阿旺南杰传——圣法云音》，吐登次仁出版社 1974 年藏文版，第四卷，第 135 叶 A 面、136 叶 B 面。

　　②　贡噶洛追：《萨迦世系史续编》，民族出版社 1991 年藏文版，第 369 页。

　　③　一份签署于 1654 年（木马年）的协议提到了双方在门达旺地区的边界划分，称梅热萨丁（me-rag sag-stengs）属于西藏，但草场可以租借。双方以门、绒河为界，除绒多松以外，其余之肖达廓以下的林区，可按三分之二由西藏地方政府管辖，三分之一由布鲁克巴管辖的原则进行划分。见西藏自治区地方志编纂委员会编《西藏自治区外事志》，中国藏学出版社 2005 年版，第 278 页。《西藏自治区外事志》收录了多份重要的历史文献，遗憾的是未附藏文原文，致使人员、地点难以考证确定。

还"下令在帕里山上设置制造纠纷的风轮（一种使对方内乱的法事活动——引者注）。此后，过了四个月，夏仲·阿旺南杰在曲参喀（chu-ts-han-kha）地方患上脑溢血或是中了毒，说法不一。总之，他气息奄奄，用轿子抬到普纳卡地方，旋即亡故"①。布鲁克巴方面匿丧不发达数十年，而政局由"竹第司（'brug sde-srid，即德布王）"掌握。随后，第五世达赖喇嘛忙于进京陛见清朝顺治皇帝，暂时无暇顾及布鲁克巴之事。

3. 第三次南征

布鲁克巴再次引起第五世达赖喇嘛的关注已经到了 1656 年。根据《云裳》的记载，这一年初，针对布鲁克巴的镇伏法事又在政府的要求和资助之下在各地举行，第巴诺布还拿了别人贡献给第五世达赖喇嘛的全套金刚橛法器去制造远征布鲁克巴的军队用的火炮，可见战事准备早就开始了。当年五月，在修镇伏法事时，"第巴（索南群佩）指示要以布鲁克巴德布王丹增竹扎（bstan-'dzin 'brug-grags，1656—1667 年在位，疑为丹增竹杰之误）为对境，或许是巧合，不久，丹增竹扎即泻痢而死"②。虽然，发兵之前在桑耶寺、乃穷寺必不可少的打卦占卜显示此次出兵凶多吉少③，但依然于七月发兵南征。

此次战争的起因似乎与布鲁克巴德布王丹增竹杰（bstan-'dzin 'brug-rgyas，1651—1656 年在位）诛杀了与西藏关系密切的法王南喀仁钦（nam-mkha' rin-chen）有关，《云裳》记载，当时南喀仁钦欲投靠西藏，在与第巴诺布（时任日喀则宗本）之间传递情报时出现差错，被布鲁克巴方面察觉，南喀仁钦及家人 20 多人被杀，情报传递者扎西岗人次仁

---

① 第五世达赖喇嘛阿旺罗桑嘉措：《第五世达赖喇嘛自传——云裳》，西藏人民出版社 1989 年藏文版，上册，第 310 页。

② 第五世达赖喇嘛阿旺罗桑嘉措：《第五世达赖喇嘛自传——云裳》，西藏人民出版社 1989 年藏文版，上册，第 495 页。《云裳》记载应该有误，丹增竹扎系不丹第二任第悉，1656—1667 年在位，1656 年去世的当为第一任第悉丹增竹杰（bstan-'dzin brug-rgyas，1651—1656 在位）。

③ 木兔年（1675 年），《摄政洛桑金巴关于解决处理藏布在战乱等事向桑耶护法神的请示文书》（sde-srid blo-bzang-sbyin-pas bod 'brug 'khrug-rtsod kyi skor bsam-yas chos-skyong chen-po rnam-gnyis la slob-ston zhu-yig），西藏自治区档案馆藏噶厦档案外交类——中不（丹）关系，卷宗号略。

(tshe-ring)也因此被罚做仆役。① 不过,文献中的记载并不明确。

火猴年(1656 年)七月,包括卫藏、蒙古、康区、工布等地的蒙藏联军,在盛夏时节发兵南征。《云裳》提到了包括第巴诺布和蒙古官员玛玖台吉(ma-gcig tha'i-ji)、达赖巴图尔(da-la'i pa'-thur)等几位军事首领的名字。而布鲁克巴文献则指出,此次南征分为五路大军,"帕罗方向有岗波蒹(sgam-po-nas)、代本扎西孜巴(bkra-shis brtsegs-pa)、贡喇嘛德确工布(dgon bla-ma bde-mchog mgon-po,此人系投诚于西藏的布鲁克巴噶尔萨地方人氏);岭昔(gling-bzhi)宗方向有贡噶仲佑(gong-dkar drung-yig)、擦古蒹(tsha-gur-nas)等;本姆塘方向有第巴索南旺杰(bsod-nams dbang-rgyal)、栋纳波(gdung nag-po,此人亦系投诚西藏者)等;东部扎西岗方向有拉嘉里巴(lha-rgya-ras-pa);帕里方向有嘉古蒹(skya-gur-nas)等"②。第五世达赖喇嘛显然对战争结局抱有积极期待,然而却再次事与愿违。《云裳》称"是年,由于有西藏、蒙古、康区、工部等地军队的浩荡声势,如果毫不迟疑猛烈围攻洪热卡(hung-ral-kha),本可使敌人弃城,然而第巴诺布不能按照规则办事"③,加之麻疹、暑热等疾病盛行,第巴诺布请求撤回,但玛玖台吉和达赖巴图尔不愿意丢下大军而独自返回。"后来玛玖台吉突然间去世了,人们说大约是因为门地的酷热,但是多数仲尼(mgron-gnyer,官职名)和侍从私下里说,玛玖台吉深恨第巴,他的死似乎是供食方面的差错。"④ 可见军中指挥官之间的不和对战争结局产生了负面影响。布鲁克巴文献并未记述其获胜的过

---

① 第五世达赖喇嘛阿旺罗桑嘉措:《第五世达赖喇嘛自传——云裳》,西藏人民出版社 1989 年藏文版,上册,第 516 页。

② [不丹]白玛次旺:《布鲁克巴王统世系明鉴》,不丹国家图书馆 1994 年藏文版,第 203 页。[不丹]阿旺(ngag-dbang):《圣竹巴世系——使佛法从洛门卡希到太阳升起之地得到弘扬之历史明鉴》(dpal 'brug-par lung lha'i gdung-brgyud kyis bstan-pa'i ring-lugs/lho-mon-kha-bzhi las nyi-ma shar-phyog-su byung zhing rgyas-pa'i lo-rgyus gsal-ba'i me-long, Michael Aris, *Sources for the History of Bhutan*, Wien: Wien Univrsität, 1986, pp. 104−106)记载了西藏军队通过错那、达旺向扎西岗的军事行动,西藏军队在那里得到信奉格鲁派的门巴人的支持。1680 年第五世达赖喇嘛发给达旺寺的法旨中也有记载。见扎洛《〈五世达赖喇嘛 1680 年发给门隅、珞渝地方之法旨〉考释》,《中国边疆史地研究》2003 年第 4 期。

③ 第五世达赖喇嘛阿旺罗桑嘉措:《第五世达赖喇嘛自传——云裳》,西藏人民出版社 1989 年藏文版,上册,第 507 页。

④ 同上书,第 508 页。

程，而是强调保护神玛哈噶拉（Mahākāla）的灵验与威猛。但指出战争中贡喇嘛德确工布因"遭遇煞星"而亡故，代本扎西孜巴等 30 位头目、300 多名定本、士兵被布鲁克巴俘获。

后来由萨迦上下法王为首，由扎什伦布寺、吉雪巴（skyid-shod-pa）、俄尔寺（ngor）共同出面调解。吉雪巴出任调停人可能与阿旺南杰的母亲属吉雪巴家族有关，而属于萨迦派的俄尔寺出任调停人是因为该派在布鲁克巴与竹巴噶举保持着良好的关系。《萨迦世系史续编》记载，从火猴年十月初三日（1656 年 10 月 20 日）至第二年四月，萨迦法王阿旺贡噶索南一直在帕里、帕罗、洪热卡等地周旋于两军之间。① 而第四世班禅则"为第巴强佐巴（指索南群佩）和竹巴世系及军中官员赠送哈达 100 条、白银 1000 两，绸子 100 匹，缎子 100 匹，黄金 3 两，璁玉数块等多种物品，派群则索南朋措、噶钦措索巴（dka'-chen tshogs-gsog-pa）、曲觉勒巴（chos-'byor legs-pa）等前往议和"②。最终双方签订了为期 5 年的和平协议，"并放火烧了监牢，使众人欢喜。自南方战事之初，奈宁法主等大小人等已在双方监牢中关押多年，悉数交换释放回归故里"③。

在此次战争之后，西藏由于第悉索南群佩的去世而引发了严重的内部矛盾，第巴诺布与两位舅父盖喀萨巴（gad-kha sa-pa）和郭那夏巴（sgo-sna shag-pa）在后藏拥兵自重，欲向第五世达赖喇嘛发难。可能是因为第巴诺布系索南群佩侄亲的缘故，固始汗之子达延汗并未急于出兵镇压，直到后来第巴诺布在南方与布鲁克巴联合，鼓动布鲁克巴撕毁以前商订的协议向帕里进犯，达延汗才派兵镇压。叛乱很快得以平息。

在 1656 年战争之后，西藏与布鲁克巴保持了近 12 年的和平。期间与布鲁克巴最为关联的事件是拉达克王德丹南杰（bde-ldan rnam-rgyal，1642—1694 年）④ 与第五世达赖喇嘛就竹巴噶举派在卫藏地区的命运进行

---

① 贡噶洛追：《萨迦世系史续编》，民族出版社 1991 年藏文版，第 379—384 页。

② 第五世班禅罗桑益希：《第四世班禅传》（chos-smra-ba'i dge-slong blo-bzang chos-kyi rgyal-mtshan gyi spyod-tshul gsal-bar ston-pa nor-bu'i phreng-pa），西藏人民出版社 1990 年藏文版，第 279—280 页。

③ 第五世班禅罗桑益希：《第四世班禅传》，西藏人民出版社 1990 年藏文版，第 280 页。

④ 17 世纪中后期的拉达克王统排序由于《拉达克王统记》和《颇罗鼐传》记述不一而存有分歧，本书从《拉达克王统记》及伯戴克确定的生卒年。

交涉并达成某种协议。《云裳》记载，1661 年末，"在竹巴噶尔巴（'brug sgar-pa）的暗中策划之下，阿里、拉达克派遣一名叫其古（khyi-gu）的大臣为使，此人佯装威风，给福田施主带来了言辞粗鲁、傲慢不逊的信件，指望对布鲁克巴有所帮助"①。伯戴克（L. Petech）通过考证指出，信奉竹巴噶举教法的拉达克王派出阿觉其古（A-jo khyi-gu）等三人的政治使团，意在重申自甘丹颇章派遣香扎西孜巴（shangs bkra-shis rtse-pa）访问拉达克以来（约在 1652 年），格鲁派在阿里得到平等对待，拉达克王恪守了诺言。同时强调，如果竹巴噶举派在卫藏地区的境遇恶化，将产生严重后果，不利于双方关系。为了证明竹巴噶举派在卫藏地区得到了善待，达赖喇嘛派出了包括竹钦活佛米旁旺波的代表在内的使团到拉达克。② 在内部改善了与竹巴噶举派的关系，在外部与拉达克互守承诺，使西藏与布鲁克巴的关系也得到缓和。《云裳》在火马年（1666 年）的记事中也称"如今对于布鲁克巴没有什么不放心的"。然而土猴年（1668 年）烽烟再起，战争的起因是布鲁克巴德布王米居丹巴（mi-'gyur brtan-pa，1667—1680 年在位）的扩张行为。

4. 第四次战争

布鲁克巴第三任德布王米居丹巴本是终萨宗（因英文译写为 Tɔnsa，后期汉文文献有时译写称汤萨宗或通萨宗）宗本，他"曾致力于将布鲁克巴的边界向东推进，在他就任宝座后开始将视线转移到西部边界，生活在哲孟雄南部的雷布查人（Lepcha）第一次感觉到来自布鲁克巴方面的影响"③。米居丹巴借口"哲孟雄门巴首领阿确巴（A-chog-pa/A-lcog-pa）原本为布鲁克巴属下，后来反叛投靠了甘丹颇章"④，于是出兵意欲征服。

---

① 第五世达赖喇嘛阿旺罗桑嘉措：《第五世达赖喇嘛自传——云裳》，西藏人民出版社 1989 年藏文版，上册，第 619 页。

② Luciano Petech, *The Kingdom of Ladakh C. 950 – 1842 A. D*, Roma：Istituto Italiano per Medio ed Estremo Oriente，1977，pp. 61 – 62.

③ Michael Aris, *Bhutan：The Early History of A Himalayan Kingdom*, Warminster-England：Aris & Phillips Ltd.，1979，p. 248.

④ ［不丹］白玛次旺：《布鲁克巴王统世系明鉴》，不丹国家图书馆 1994 年藏文版，第 215 页。

米居丹巴的扩张活动自然引起西藏的注意，同时他似乎也得到了拉达克王的支持。根据《云裳》记载，火羊年（1667 年）三月，拉达克德丹王（指德丹南杰）再次派阿觉其古为使到拉萨会见第五世达赖喇嘛，试图对布鲁克巴有所帮助①。

　　面对布鲁克巴的入侵，哲孟雄南部雷布查人的首领阿确巴无奈之下前往拉萨寻求第五世达赖喇嘛的帮助，《云裳》记载，第五世达赖喇嘛于九月会见了阿确巴并为其传授了六臂观音随许法，阿确巴还敬献了服装、松儿石、珊瑚耳饰等礼物。然而，阿确巴的北上之行并未能阻止布鲁克巴人的扩张。十一月，"布鲁克巴人征伐门巴阿确巴等属部后前来进犯（西藏），考虑对此不能不加理睬，派出四支部队迎击"②。其中，达东罗桑才丹（star-sdon blo-bzang-tshe-brtan）率军从东部的错那进攻，达如瓦南冈（ltag-ru-ba gnam-gang）向帕罗的珠杰宗（'brug-rgyal rdzong）进攻，而梅恰巴（mas-chags-pa）、博萧（bhu-nas）、密克巴（dmigs-pa）等则向中部的本姆塘进攻，《云裳》未说明第四支军队的方向，根据布鲁克巴文献应该是在岭昔宗方向。

　　布鲁克巴文献记载此次南征的军事总指挥官是岗波萧（sgang-po-nas）。西藏军队最初的行动似乎较为顺利，在本姆塘方向占领了恰噶（phya-dkar）宗，但是，布鲁克巴德布王米居丹巴派遣"英勇善战"的喇嘛阿旺饶丹（ngag-dbang rab-brtan）前往迎战，很快夺回了恰噶宗。旺堆颇章宗本根登群佩（dge-'dun-chos-'phel）被派往岭昔宗，然而，出师不利，险些丧命。"玛桑寺（ma-gsang sgrub-sde）地势险要，被敌所围。用雹雨倾泻般的炮火猛攻，宗城外的敌军纷纷涌进城内，引起极大混乱，宗城丢失在即。此时，第司米居丹巴从本姆塘恰噶尔宗调遣阿旺饶丹（ngag-dbang-rab-brtan）及剩余的贡（dgon）地军队支援岭昔，战而得胜。恰噶尔得胜堡（bya-dkar g·yul-rgyal-rdzong）、岭昔得胜堡（gling-bzhi g·yul-rgyal-rdzong）之名即由此而来。"③

---

　　①　第五世达赖喇嘛阿旺罗桑嘉措：《第五世达赖喇嘛自传——云裳》，西藏人民出版社 1989 年藏文版，中册，第 57 页。

　　②　同上书，第 135 页。

　　③　［不丹］白玛次旺：《布鲁克巴王统世系明鉴》，不丹国家图书馆 1994 年藏文版，第 217—218 页。

关于战争的结局，《云裳》中言"以三位代本为首的大军未能拯救出属部，勇士断了后援"，可见出师不利，因此准备派出另外两支部队以做援助。而此时，萨迦法王贡噶扎西（kun-dga'-bkra-shis）、扎什伦布寺强佐、台吉吉雪巴等再次出面居间调解，在他们的努力下，双方都派出谈判代表。西藏方面派出卓尼嘉古鼐（mgron-gnyer skya-gur-nas）等为代表，布鲁克巴方面则派出帕罗吉喇（spyi-bla）① 阿旺曲扎（ngag-dbang-chos-grags）、赞栋翁则（btshan-gdong dbu-mdzad）、森本等作为谈判代表。谈判最终达成协议，结立了有效期到木兔年（1675）的和平条约②。从《云裳》后文的记载来看协议于土鸡年（1669 年）签署。

5. 第五次战争

在条约期未满之前，布鲁克巴准备率先发起进攻。《云裳》载：（木兔年/1675 年）二月，"地方施主阿散（A-bsam）投靠了布鲁克巴，布鲁克巴要他送儿子作人质，立誓服从，由于对领地丧失了自主权，遂变心回意投降我方。布鲁克巴准备在有关阿确的条约到期之前秘密发起进攻。被阿确巴察觉，派密使传递信息，于是里应外合，抢先下手，于正月二十五日（2 月 19 日）放火烧了登东（steng-gdung）宗。造成极大破坏"③。但是，第二年，布鲁克巴偷袭哲孟雄，不仅强行占据门雪瓦（mon-zhol-ba）300户人家，而且又袭击达岭安（rda-ling-am）牧场，仲尼多勒（rdo-legs）和阿沃次仁〔A-bo tshe-ring）等领兵杀了阿确巴，将其首级带回布鲁克巴。为此，西藏派出擦古尔瓦（tshag-sgur-ba）、正代本次旺（tshe-dbang）、副代本次松巴（tshe-gsum-ba）、孜巴阿旺（rtsis-pa ngag-dbang）、图噶瓦达哇（thugs-dkar-ba zla-ba）等带兵南征，④ 以示惩罚。

---

① "spyi-bla"可译为总管。布鲁克巴各宗的首脑一般都称为宗本，只有帕罗、终萨、达噶三宗首脑称为吉喇，其地位比其他宗本要高。

② 第五世达赖喇嘛阿旺罗桑嘉措：《第五世达赖喇嘛自传——云裳》，西藏人民出版社 1989年藏文版，中册，第 135 页。

③ 同上书，第 455 页。

④ 第五世达赖喇嘛阿旺罗桑嘉措：《第五世达赖喇嘛自传——云裳》，西藏人民出版社 1989年藏文版，下册，第 21 页。这是战后火龙年（1676 年）六月初六日（公历 7 月 16 日）第五世达赖喇嘛会见进军布鲁克巴的卫藏军队将领的一份名单。

就在西藏与布鲁克巴矛盾激化之时，拉达克王再次声援布鲁克巴。1675 年，德勒南杰（bde-legs rnam-rgyal）继任拉达克王位，"因为南竹巴是拉达克王的上师，为表示支持（布鲁克巴），给西藏方面写信"①。

战争进入僵持阶段，照例需要中间人的调停。于是，（火龙年/1676 年）萨迦上下寺院、扎什伦布寺和竹巴派德钦曲廓寺等方面的庞大代表团，前往帕里。布鲁克巴方面也派出邦宗·根顿群佩（spungs-rdzong dge-'dun chos-'pel）和喇嘛却扎（chos-grags）作为谈判代表。根据《萨迦世系史续编》记载，谈判持续了 18 个月，还涉及东门隅地区。虽然谈判一波三折，最终还是达成了协议。但《云裳》记载"（土马年/1678 年）闰六月初七日（7 月 26 日），那些签约人从南方来到帕里，讲述基本情况，布鲁克巴人要求把阿确地方划给他们管辖，将冈托克（sgang-tog）、哲孟雄（'bras-gshongs）也划为共同管理的区域"②。第五世达赖喇嘛致书拒绝了布鲁克巴方面的要求。到九月，"西藏与布鲁克巴缔结的条约，最终因为布鲁克巴人没有履行……于是切断了以盐、羊毛等物为主的通道，动用从协噶尔（shel-dkar，今定日县）至错那之间驻防的军队"③，边界上再次陷入紧张，但并未发生大规模的战争。

此后，已入暮年的第五世达赖喇嘛，一方面要求西藏各大寺院持续进行针对布鲁克巴的镇伏法事，另一方面在布鲁克巴本土之外采取行动以打击、限制布鲁克巴或竹巴噶举派的势力。1. 于 1679 年派噶丹才旺（dga'-ldan tshe-dbang）远征阿里，击败拉达克军队，在该地大力弘扬格鲁派教法，这不仅限制了竹巴噶举派的发展，也使拉达克无以援助布鲁克巴，解除了甘丹颇章在南部和西部两线受敌的局面。2. 在布鲁克巴东部门隅地区的错那、达旺一带大力发展格鲁派势力，任命梅热喇嘛洛追嘉措（me-rag lba-ma blo- gros rgya-mtsho）修建达旺噶丹南杰林寺（dga'-ldan rnam-rgyal gling）等多座格鲁派寺院，加强了对该地部族的控制和对格鲁派寺院的支持，其目的是限制布鲁克巴的向东扩张。

水狗年（1682 年）二月，第五世达赖喇嘛在布达拉宫圆寂。终其一

---

① （佚名）《拉达克王统史》，西藏人民出版社 1987 年藏文版，第 58 页。

② 第五世达赖喇嘛阿旺罗桑嘉措：《第五世达赖喇嘛自传——云裳》，西藏人民出版社 1989 年藏文版，中册，第 486—487 页。

③ 同上书，第 508 页。

生未能实现将布鲁克巴重新纳入治下的愿望。

五　拉藏汗时期

在第五世达赖喇嘛圆寂之后，西藏政局陷入极不稳定的状态，先是第司桑杰嘉措匿丧不发达 15 年之久，随后桑杰嘉措与和硕特蒙古汗王拉藏汗之间的矛盾日益激化，并就仓央嘉措是否是真正的达赖喇嘛灵童转世问题发生纠纷。总之，西藏无力顾及与布鲁克巴的关系问题，而布鲁克巴也由于内部的军事冲突而无力在边境上制造事端。和平相处成为双方的共同选择。期间双方就保持正常的贸易往来于 1687 年（藏历火兔年）、1695年（藏历木猪年）签署过两个协议。① 史料还提到在第司桑杰嘉措之时，曾与布鲁克巴签订过有关边界事宜的条约，② 但其详细内容尚不清楚。

1705 年，拉藏汗的属下计杀桑杰嘉措。1707 年拉藏汗拥立阿旺益希嘉措（ngag-dbang ye-shes rgya-mtsho）为第六世达赖喇嘛，使之成为自己的傀儡。在得到清朝康熙皇帝的支持后，拉藏汗感觉西藏的局势逐步稳定，于是，开始关注西藏与布鲁克巴在达旺地区的纠纷。他写信给布鲁克巴第八任德布王竹热杰（'brug rab-rgyas，1707—1719 年在位），指责他拨弄是非，要求双方遵守第司桑杰嘉措时期所订的条约。但是，竹热杰的复信语气粗鲁傲慢，恶言相答，拉藏汗决定发兵惩罚。

战争于木马年（1714 年）八月爆发。西藏又一次派大军南征：拉藏汗亲自率军队攻打西部的帕罗；额尔克戴青（erke de'i ching，即康济鼐）、颇罗鼐、崩塘巴（'bum-thang-ba）等直指布鲁克巴中部的本姆塘；巴仁台吉（baring tha'i-ji）等从东面（达旺方向?）进攻布鲁克巴。③ 没有

---

① 西藏自治区地方志编纂委员会编：《西藏自治区外事志》，中国藏学出版社 2005 年版，第 278—279 页。根据《颇罗鼐传》这时应该发生过一次与布鲁克巴的战争，颇罗鼐的父亲白玛杰布（padma rgyal-po）负责率领哲孟雄、卓木、下门隅的 3000 军队负责大军的粮草供应，立有功劳。战争以西藏的胜利结束（见多卡夏仲·策仁旺杰（mdo-mkhar zhabs-drung tshe-ring dbang-rgyal）《颇罗鼐传》（mi-dbang rtogs-brjod），四川民族出版社 1981 年藏文版，第 55 页）。然而，此次战争未见于其他史料，待考。

② 多卡夏仲·策仁旺杰：《颇罗鼐传》，四川民族出版社 1981 年藏文版，第 229 页。

③ 多卡夏仲·策仁旺杰：《颇罗鼐传》，四川民族出版社 1981 年藏文版，第 233 页。

史料反映东西两路军队的战况。关于中路军的情况,《颇罗鼐传》记载,军队一度到达了本姆塘的恰噶宗 (bya-dkar rdzong)、终萨宗 (grung-gsar rdzong) 等地,但是,攻城未克,伤亡惨重。正在相持之时,接到西路军拉藏汗的撤军命令,显然西藏军队再次遭到挫折。

在萨迦寺、扎什伦布寺代表的斡旋之下,双方于木羊年 (1715 年) 达成了协议,协议称:

> 当桑宗的人地划分一事由不方 (即布鲁克巴——引者注) 划分,藏方选择。宗仍归属不丹,另选相等土地划给西藏,以作替代。已经呈禀藏王得允。现今以迦杰岗为界线;自迦杰岗至若续、绒曲、藏曲以内属藏辖域,以外属不方。藏属百姓寄居不丹者,按册籍所载,由不丹宗本稽查后,由帕里宗本和竹杰宗本于六月五日前择一吉日会晤,藏不双方酌情平分。除绒多以外的三分之二的土地献给西藏一事,由错那和本喀尔二宗本于五月会晤时及时将划界记录带来附调解书后页。切勿因循迟误。对此,双方政府严加督促。关于不丹政府向西藏政府呈献贡物一事,定为每年正月,达赖 (喇嘛) 在 (拉萨) 时为原礼献时间。关于交换双方之囚犯、人质、叛逃者问题不能及时解决。帕里和竹杰二宗本分别查清后,按调解书精神于八月以前处理,并载于调解书后页。此件一式两份,各自保存一份。①

但是,双方之间似乎并未严格遵守上述协约,"双方似均以庸人之施为对之,泃感难以臆测,又似以众生前世之恶业所致,眼光短浅,鼠目寸光,见不到长远之重大利益,一味锱珠计较"②。十年之后,在诸位调停人的不懈努力之下,1725 年 (木蛇年),双方再次签署协议:

> 藏方没收阿里寺及其庄园退还不方 (即布鲁克巴——引者注),

---

① 西藏自治区地方志编纂委员会编:《西藏自治区外事志》,中国藏学出版社 2005 年版,第 326 页。签约人包括萨迦寺管家、扎什伦布寺代表嘎青、帕里宗宗本江金、布鲁克巴竹杰宗本。

② 西藏自治区地方志编纂委员会编:《西藏自治区外事志》,中国藏学出版社 2005 年版,第 327 页。

锡金（哲孟雄）全部归属藏方。除门隅东面绒多松外，其他地三分之二属藏，三分之一属不，按惯例依然维持原状。但人地划分工作尚未按上述规定彻底解决。今划界问题询问双方在边界的宗本及可靠知情人士后根据木羊年德、仇二人所立协约协定速划定边界，决不准拖延时间。同时，当桑藏属人地以及玛钦旺杰主仆等人的划分问题均按木羊年所立协约的宗旨……此外，关于集市商埠及朝拜雪山等事则一如木羊年以前。①

关于此次协议的背景我们知之甚少，但是从协议内容来看，涉及布鲁克巴对哲孟雄领土的侵占、边界划分以及阿里飞地的权属问题等等。

六　简短的结语

从第悉藏巴到拉藏汗执政时期，西藏与布鲁克巴的关系经历了前所未有的冲突与动荡，这种动荡是由于两地之间传统的关系模式业已改变、而新的关系模式尚未形成而造成的。也就是说，这一时期西藏与布鲁克巴之间的政治关系处于转型时期，我们可以把它概括为从"一体型（即布鲁克巴被视为中国西藏的组成部分）"向"宗藩型（即布鲁克巴成为西藏的藩属）"的转型。这种变化始自阿旺南杰在布鲁克巴自封为王，直到 1730 年颇罗鼐应邀平息布鲁克巴内乱、使布鲁克巴成为清代西藏的"藩属"才告结束。在此转型过程中，双方对现实力量格局的认识分歧导致一系列的矛盾与冲突。毫无疑问，西藏与布鲁克巴新型关系模式的重建经历了漫长的过程，它并不是西藏与布鲁克巴军事、经济实力的客观反映，但历史的复杂性就在于它是多元因素作用的结果。从前文考述可知，至少三个方面的原因对新型关系的建立产生制约：1. 布鲁克巴所处的自然环境成为其与西藏抗衡的天然武器；2. 西藏内部蒙藏上层之间的斗争包括率军将领之间的恩怨矛盾削弱了南征军队的战斗力；3. 对甘丹颇章强权政治的担忧

---

①　西藏自治区地方志编纂委员会编：《西藏自治区外事志》，中国藏学出版社 2005 年版，第 327 页。签约人西藏方面有嘎江等三人，布鲁克巴方面有格西、格波等三人，调停人准湟。

与提防，使整个喜马拉雅山地区的政治环境有利于布鲁克巴，除了拉达克的支援之外，在布鲁克巴赢得胜利后包括库奇·比哈尔（Cooch Bihar）在内的喜马拉雅山诸小邦纷纷向布鲁克巴派出祝贺使节便是例证。

　　17—18 世纪上半叶发生在喜马拉雅山区的军事冲突（根据藏文文献记载，在 1730 年颇罗鼐平息布鲁克巴内乱之前，西藏与布鲁克巴之间共发生战争 9 次，其中第悉藏巴时期 3 次，格鲁派甘丹颇章时期 6 次）对该地区的历史进程产生了深远影响，这些战争的胜负结局并没有动摇中国西藏在该地区的影响力，也没有从根本上瓦解布鲁克巴与西藏之间在种族、宗教、文化方面的渊源关系。但是，长期的对峙局面给双方利益造成极大损害：布鲁克巴的宗教徒不能正常地到西藏学经、朝佛，而边界贸易（主要是西藏的盐、羊毛交换布鲁克巴农产品）的停滞对人们的生活带来不便。因此，当布鲁克巴于 1730 年因为"夏仲"转世之争而发生内乱时，其统治阶级仍然请求西藏给予仲裁，这才有了颇罗鼐介入布鲁克巴内部事务之举，使布鲁克巴成为西藏的藩属，确立了西藏与布鲁克巴的宗藩关系，结束了长达百年的军事对峙。

第二章　颇罗鼐平息布鲁克巴内乱

　　1651 年作为布鲁克巴政权创建人的阿旺南杰圆寂，是年 58 岁。为了保持内部的团结，布鲁克巴政府以他闭关修习为名匿丧不发，内部事务由帕罗、终萨、达噶、普那卡、扎西曲宗和旺堆颇章宗等重要地区首脑组成的"伦基"（大臣会议）推举出的德布王代理。这一制度原本只是一个过渡性的设计，依照藏传佛教的传统，待新转世的"夏仲"活佛得到认定并成年后，就成为法定的权力继承者。然而，由于种种原因，阿旺南杰的转世化身迟迟未能选定，匿丧期限也不得不拖延。这种最高统治权缺失的局面，为各种政治实力集团展开权力竞争提供了空间，并呈现出愈演愈烈之势。到 18 世纪 20—30 年代布鲁克巴内部纷争迭起，战乱不绝。其中势力较弱的竹热杰、噶毕顿珠等屡次请求投靠西藏地方政府。于是，西藏地方政府首脑颇罗鼐等发兵南下，平息布鲁克巴内乱，从而结束了西藏与布鲁克巴之间长达百余年的军事对峙局面，为清代西藏与布鲁克巴宗藩关系的建立奠定了基础。

一　夏仲·阿旺南杰圆寂之后的布鲁克巴政局

　　从史料看，阿旺南杰在晚年勤勉致力于宗教活动。1651 年，58 岁的阿旺南杰又一次闭关修行，然而，三个月后，他的翁则（即领诵师）丹增竹杰（bstan-'dzin 'brug-rgyal，1591—1656 年）宣布阿旺南杰决定长期闭关修行，谢绝一切打扰，"政务由第悉翁则负责，僧伽教务由仲白噶

（drung pad-dkar，疑为第一任杰堪布白噶迥乃）掌管"[1]。虽然当代的研究者认为这一变化暗示阿旺南杰当时已经圆寂了，但是，当时的布鲁克巴统治者们却以闭关静修为名，匿丧不发长达 56 年，[2] 直到 1707 年。

阿旺南杰生前未能指定权力继承人，他的圆寂及长期匿丧不发，在布鲁克巴形成了最高统治权缺失的状况，激起各个政治实力集团之间的权力竞争。概而言之，这些政治集团可以分为两种性质：1. 世俗势力。阿旺南杰为了竹巴噶举派的整体利益，使那些宗教权贵家族结成了政治联盟，随着竹巴噶举派一派独尊地位的确立，这些家族以获得阿旺南杰"特许"等方式，兼并别派辖地，扩展自己的势力。在阿旺南杰圆寂之后他们为自身利益考虑，不愿受人摆布，因此，他们以自己的势力范围为基础，积极地寻求对政府的控制权。2. 僧侣集团。即被称为"札仓（graw-tshang）"或"寺庙（'dus-sde）"的僧侣统治集团。1620 年，阿旺南杰在其 27 岁时重新修建佳日寺（lcags-ri），在该寺把追随他的 30 名僧人组织成一个统治集团，后来陆续建成的廷布扎西曲宗（bkra-shis chos-rdzong）宫和普纳卡的邦塘德钦颇章（spungs-thang bde-chen pho-brang）宫便成为僧侣集团的冬宫和夏宫。这一集团后来随着管理国家的需要而得到迅速发展，成为布鲁克巴政治中举足轻重的力量。但是，这些政治集团之间的斗争并不以割据自重、分疆裂土为目的，其因有二：一是为了北面抗衡西藏的军事压力，二是为压制内部其他教派的反抗活动。因此权力竞争必须以维护竹巴噶举派的统一为前提。于是，围绕统治权的政治斗争就表现为对政教事务具有控制权的职位或角色的争夺。总体来看，在阿旺南杰圆寂之后，对布鲁克巴政局具有影响力的职位或角色主要有以下 4 个。

1. 嘉色（rgyal-sras）

即指阿旺南杰之子嘉贝多杰（'jam-dpal rdo-rje，1631—1781 年）及其转世。在阿旺南杰圆寂之后，其子嘉贝多杰应该被视为合法的继承人。

---

① ［不丹］释迦仁钦·智美勒贝洛追（shākya rin-chen dri-med legs-pa'i-blo-gros）：《夏仲·阿旺南杰传略本》，廷布贡桑妥杰出版社 1976 年藏文版，第 42 叶 A 面。

② 出于政治原因，匿丧不发在 17 世纪的藏传佛教界似乎多见，第悉藏巴噶玛·朋措南杰匿丧一年（1620—1621 年），第五世达赖喇嘛匿丧达 15 年（1682—1697 年）之久。

根据葡萄牙神父卡塞拉（Cacella）的报告，1627 年卡塞拉与阿旺南杰在布鲁克巴会晤时，阿旺南杰曾向他表达过希望得一子嗣并传位于他的愿望。[①] 然而，1651 年时已年过 20 岁的嘉贝多杰，并没有成为权力继承人，据说这是因为嘉贝多杰身体过于孱弱，无法承担掌管政教事务的重任。他曾患中风之症，虽然治愈，仍长期受到病痛折磨。[②] 嘉贝多杰于 1681 年圆寂，1689 年其转世贡噶坚赞（kun-dga' rgyal-mtshan，1689—1713 年）出生于东布鲁克巴扎西岗（bkra-shes sgang）地方，作为"嘉色"的转世，贡噶坚赞具有广泛的社会影响，曾出任"嘉曹"之职，成为僧侣集团的领袖，并在第七任德布王之后短暂地执掌权力。

2. 嘉曹（rgyal-tshab）

阿旺南杰之代理或摄政。阿旺南杰生前从事诸如闭关之类的宗教活动时，就曾指派代表——"嘉曹"——处理僧俗事务。丹增热杰（bstan-'dzin rab-rgyas，1638—1696 年）即是由阿旺南杰任命的第一任嘉曹。丹增热杰 1638 年生于布鲁克巴廷布著名的马头金刚寺（rta-mgo dgon），是竹巴噶举派著名高僧竹巴更勒的后裔才旺丹增（tshe-dbang bstan-'dzin）之子，其母丹曲丹增（dam-chos bstan-'dzin）在 19 岁时曾作为阿旺南杰之明妃，生有一女。"后来因为其他原因赠与才旺丹增"为妻。[③] 丹增热杰自幼深得阿旺南杰之喜爱，8 岁时阿旺南杰亲自为其剃度、赐名，送入普纳卡的僧伽学习。阿旺南杰曾言"汝之父有大恩于我，现在我报答于你"，送入僧伽时对翁则丹增竹杰（bstan-'dzin brug-rgyal）言"此子与吾

---

① ［英］迈克尔·阿里斯译：《耶稣会埃斯特万·卡塞拉神父写给东印度马拉瓦尔省阿尔贝托·拉埃尔西奥神父关于赴震旦之行到博坦王国的报告》（*The Report which Father Estevão Cacella of the Society of Jesus sent to Father Alberto Laercio，Provincial of the Province of Malabar of East India，about his Journey to Cataya ［Cathay］ until he came to the Kingdom of Potente ［Bhotanta＝Tibet］*，Michael Aris，*Sources for the History of Bhutan*，Wien：Wien Univrsität，1986，p.182.）。

② ［不丹］那多克上师：《布鲁克巴政教史——白龙》，塔尔巴林寺 1986 年藏文版，第 130 页。

③ ［不丹］白玛次旺：《布鲁克巴王统世系明鉴》，不丹国家图书馆 1994 年藏文版，第 244 页。

子嘉贝多杰无二"，①正是因为这种特殊的关系，丹增热杰也有"嘉色"的称号。阿旺南杰生前就任命丹增热杰为"嘉曹"，无论政教各种命令都通过他发布。在阿旺南杰圆寂之后，他也一直充当"发言人"的角色，后又受封为僧众大会的金刚上师，地位十分重要。1680 年，丹增热杰出任德布王，执掌僧俗两道权力长达 13 年。丹增热杰圆寂之后，以"赤仁波切（khri rin-po-che）"之名形成活佛转世系统，其第二、第三辈转世都幼年夭折。第四世赤仁波切即是后文将提到的米旁旺布（mi-pham dbang-bo），他于 1729 年出任第十任德布王，后与噶毕顿珠（dkar-sbe don-grub）发生内战，成为布鲁克巴内战的主角之一。在丹增热杰之后，嘉色·贡噶坚赞被任命为"嘉曹"，此后他以少年之资执掌大权，与出任"嘉曹"一职有密不可分的关系。

3. 德布王（sde-ba/sde-srid）

德布即西藏所称的"第巴"或"第司"，清代汉文史籍中根据北印度之"Dev"一词，多译为德布或德布王，本书从之，并以此与西藏之"第司"相区别。按照传统，西藏佛教各宗派的领袖一般会任命一位官员代理自己处理内部世俗事务，称为"第巴"或"第司"。阿旺南杰在布鲁克巴建立统治权后也沿袭这样的传统，设立第司作为最高行政首领。在阿旺南杰圆寂后，当时的翁则丹增竹杰在宣布阿旺南杰闭关修行的同时，宣布自己被阿旺南杰任命为德布王，全权执掌内政事务，这是布鲁克巴史上的第一任德布王。丹增竹杰属于欧措巴（'obs-mtsho-pa）家族，该家族在阿旺南杰南下布鲁克巴时最先前往效忠。1656 年丹增竹杰圆寂，阿旺南杰的同父异母弟丹增竹扎（bstan-'dzin 'brug-grags，1656—1667 年在位）出任德布王。第三任德布王米居丹巴（mi-'gyur brtan-pa，1667—1680 年在位），出生于西藏敏却（smin-'khyud）地方，曾任翁则、终萨宗本洛等职，1667 年被任命为德布王。其后"嘉曹"丹增热杰出任第四任德布王。此后，德布王一职的争夺开始伴随着流血冲突。丹增热杰晚年极力扶持廷

---

① ［不丹］白玛次旺：《布鲁克巴王统世系明鉴》，不丹国家图书馆 1994 年藏文版，第 245 页。

布宗本诺布（nor-bu），却被普纳卡宗本根顿群佩（dge-'dun chos-'phel）谋杀。在丹增热杰沮丧卸任后根顿群佩出任第五任德布王。1701 年根顿群佩被政敌阿旺次仁（ngag-dbang tshe-ring）所杀，后者成为第六任德布王。1705 年僧侣集团又扶持班觉（dpal-'byor）出任第七任德布王。总之，在阿旺南杰去世后长达 56 年的匿丧期间共有 7 位德布王先后以获得阿旺南杰任命的名义执掌权力，但是，我们不难看出，这些"任命"其实是僧侣集团根据各个政治集团的势力消长而做出的选择。

4. 杰堪布（rje-'khan-po）

杰堪布一职原是为管理国家寺院的僧侣集团而设置的，负责约束僧侣的行为、指导僧众学习，并主持国家性的宗教仪式，地位崇高而神圣，是阿旺南杰圆寂后僧侣集团的实际领袖。第一任杰堪布白噶迥乃（pad-dkar 'byung-gnas，? —1672 年在位）是 13 世纪著名的竹巴噶举派高僧帕觉·竹贡希格布（pha-jo 'brug-sgom zhig-po，1208—1276 年）的后裔，在阿旺南杰座前剃度后，一直追随阿旺南杰学习竹巴噶举派教法，成为一代高僧。他在阿旺南杰圆寂之前似乎已经出任杰堪布之职，直到 1672 年圆寂。其后与白噶迥乃同一家族的索南沃色（bsod-nams 'od-zer，1672—1689 年在位）接任。1689 年，前两任杰堪布的弟子贝噶伦珠（pad-dkar lhun-grub，1689—1697 年）接任。1697—1707 年丹曲白噶（dam-chos pad-dkar）出任杰堪布。杰堪布的选定虽然有一定的家族背景，但宗教学识、修养及其在僧侣集团中的威信一直是出任此职的首要条件。以杰堪布为领袖的僧侣集团一直是一个庞大而极具影响力的政治势力。

这些政治势力之间的明争暗斗对于政治局势和社会的危害是显而易见的，尽快确定阿旺南杰的权力继承人是平息矛盾的关键所在，但是，嘉色·嘉贝多杰不堪胜任，转世灵童寻访又遭挫折，致使这种局面只得延续。根据第七任杰堪布阿旺赤列（ngag-dbang 'phrin-las，1730—1738 年在位）的传记，阿旺南杰圆寂之后转生于西藏与布鲁克巴交界的帕里桂域（'gos-yul）地方，布鲁克巴政府意欲迎回，由于当时藏布双方处于敌对状态，遭到藏方拒绝。第四任德布王丹增热杰时期亦曾多次努力，未能如愿。据说，该灵童被送往中国内地，不久便在那里圆寂了。[①] 于是，最高权力的缺失状态依然延续，各实力集团之间的权力斗争愈演愈烈。纵向来看，这些斗争在初期尚不明显，这可能与布鲁克巴、西藏间的战争有关，北方强大的军事压力，促使布鲁克巴内部保持团结。但是，自1682 年第五世达赖喇嘛圆寂后，西藏内部蒙、藏统治阶级之间的矛盾纠纷持续不断，西藏无暇南顾。随着外部军事压力的缓解，布鲁克巴内部潜在的矛盾便日益凸显出来。以德布王之位的争夺来看，丹增热杰被根顿群佩取代，以及后者又被阿旺次仁取代，都不是正常的权力移交，每一次权力更替都伴随着流血冲突。只不过这种斗争还没有演变成为全局性质的大动荡而已。

　　大约在 1707 年，嘉贝多杰的转世第二世嘉色·贡噶坚赞正式宣布了阿旺南杰已经圆寂的消息。据说，当时贡噶坚赞前去朝拜阿旺南杰，惊动了正在禅定之中的阿旺南杰，于是从其心间射出三道白光，分别落在哲孟雄、布鲁克巴南部和西藏的扎囊（今山南地区扎囊县）地方，这就预示着阿旺南杰的身、语、意将分别转生在上述三地。[②] 贡噶坚赞公开了阿旺南杰已经圆寂这个显然为人所知的"秘密"，这不仅使斗争趋于激化，并且使斗争的形式也发生了变化。原先各方通过对主要职位的争夺来实现利益目标，而现在则试图通过寻访认定阿旺南杰的转世进而实施控制，以便达到"挟天子以令诸侯"的目的。后来的历史证明，此后历辈"夏仲"活佛的转世再也未能恢复阿旺南杰时期那样集僧俗权力于一身的无上权威，而仅仅是作为一个象征，或成为实力集团之间进行竞争的工具。

---

　　① ［不丹］释迦仁钦（shākya rin-chen）：《阿旺赤列传——圆满王子嬉乐藤》（rdo-rje 'chang chen-po rje-btsun ngag-dbang 'phrin-las kyi rnam-par thar-pa rgyal-sres rtse-dga'i 'khri-shing），廷布贡桑妥杰出版社 1976 年藏文版，第 130 叶 A 面。

　　② 迈克尔·阿里斯指出，阿旺南杰的"三身转世"理论最早见于 1759 年丹增曲杰（bstan-'dzin chos-rgyal，1700—1767 年）所著《南国教法史》（lho'i chos-'byung），那时，阿旺南杰的三个转世其实已经既成事实了，可见这一转世理论是后来的附会。Michael Aris, *Bhutan: The Early History of A Himalayan Kingdom*, Warminster-England: Aris & Phillips Ltd., 1979, p. 258.

二　第八任德布王竹热杰与僧侣集团的斗争

布鲁克巴第八任德布王竹热杰（'brug rab-rgyas，1707—1719 年在位），出生于廷布旺森姆（wang srin-mo）地方，史料未提供其出生年月。他因精通星算禳解之术而得名旺帕觉（wang pha-jo，清代汉文史籍又称"旺帕柱"），又因有络腮胡须而在其出任德布王之后有"嘉瓦（rgya-ba）德布"之称。竹热杰少年时代一直在阿旺南杰帐中做侍者，后历任政府卓尼（知宾）、廷布宗本等职。[①]

1707 年，第七任德布王班觉（dpal-'byor，1704—1707 年在位）圆寂之后，嘉色·贡噶坚赞短暂地执掌权力，如上所言，嘉色·贡噶坚赞公开了阿旺南杰已经圆寂的秘密。其时，出任廷布宗本的竹热杰与普纳卡宗本丹巴旺秋（bstan-pa dbang-phyug）积怨颇深，剑拔弩张，互相仇视。在这场斗争中嘉色·贡噶坚赞站在了丹巴旺秋一边，因为他担任了丹巴旺秋的根本上师（rtsa-ba'i bla-ma），[②] 由此也与竹热杰结下冤仇。然而，竹热杰最终获得了德布王之位，据说他以欺骗的手段获得了"圣者母亲（rje-nyin kyi yum，嘉色·贡噶坚赞之母?）"的信任，因而秘密地获得了出任德布王的任命。

多数史料都提到了竹热杰暴虐、好战的个性，他"手狠心毒，脾气暴躁，宛如鳄鱼"，"他飞扬跋扈，对谁也不信任，对人任意辱骂斥责，恶言詈语"。[③] 早在任廷布宗本时，竹热杰便先后杀害了大伏藏师多杰卓洛（rdo-rje gro-lod）、喇嘛祥（bla-ma zhang）等高僧大德。出任德布王后，他的恣意暴虐失去了约束，对政治异己实施暴力清除。他首先向原先的对手丹巴旺秋发难，派兵前往普纳卡，大肆杀戮，戕害无辜，杀

---

① ［不丹］根顿仁钦：《南国教法史——明智耳饰》，廷布扎西曲宗 1972 年藏文版，第 344 叶 A 面。

② ［不丹］那多克上师：《布鲁克巴政教史——白龙》，塔尔巴林寺 1986 年藏文版，第 131 页。

③ 多卡夏仲·策仁旺杰：《颇罗鼐传》，四川民族出版社 1981 年藏文版，第 751 页。译文参考了汤池安译本，西藏人民出版社 1988 年版。

害了丹巴旺秋。之后，他于 1711 年寻访认定出生于布鲁克巴南部达噶（dar-dkar）地方的却列南杰（phyogs-las rnam-rgyal，1708—1736 年）为阿旺南杰的转世化身（后来人们认为却列南杰是阿旺南杰"语"的化身），并迎请到旺堆颇章坐床。① 1713 年，他利用嘉色·贡噶坚赞在普纳卡闭关修行的机会，派人投毒将其杀害。比举并不仅仅为了解旧日之恨，而是企图消除夏仲·却列南杰的权威竞争者，嘉色·贡噶坚赞作为阿旺南杰儿子的转世，具有相当的社会地位，对夏仲·却列南杰树立宗教权威构成威胁。② 竹热杰不惜通过一切手段（包括暴力）清除竞争对手，以便逐步确立掌握在他手中的夏仲·却列南杰的崇高地位，其目的在于确立自己的权威，但是，他的一意孤行却引起了广泛的不满。

1719 年，竹热杰在任德布王 12 年后，主动将德布王之位让给自己的侄子格西阿旺嘉措（ngag-dbang rgya-mtsho，1719—1729 年在位），自己则去往北方小城色顿伦珠孜（zab-don lhun-grub-rtse）之旺堆孜宫（dbang-'dus rtse），③ 但是仍然操纵阿旺嘉措之施政。《颇罗鼐传》认为，竹热杰出走伦珠孜城就是因为感觉到僧侣集团的敌意，当时"僧众的头目们，纠集一处，要杀害旺帕觉（即竹热杰）。旺帕觉有所察觉，于是带着一些亲信，离开首府扎西曲宗，占据小城色顿伦珠孜"④。

竹热杰的继承者阿旺嘉措本是一位在佛学方面特别是在声明、诗歌方面声名卓著的高僧，曾任夏仲·却列南杰的上师，他于 1719 年出任第九任德布王（是年 70 岁）。显然，竹热杰将他推上德布王宝座，目的是为了缓和与僧侣集团的关系。阿旺嘉措似乎完全致力于宗教事务，他确立了寺院的"五明"学习制度，刊刻高僧文集，并在佳日寺修建了夏仲·阿旺南杰金身像。但是，后来阿旺嘉措主持了嘉色·贡噶坚赞转世灵童的寻访认定，遭到竹热杰的强烈反对，叔侄反目成仇，关系决裂。阿旺嘉措认

---

① ［不丹］释迦仁钦：《夏仲·却列南杰传》（sprul-ba'i sku-mchog ngag-dbang phyogs-las rnam-rgyal gyi rnam-par thar-pa skal-bzang 'jig-ngo），廷布贡桑妥杰出版社 1976 年藏文版，第 6 叶 B 面。

② Michael Aris, *Bhutan：The Early History of A Himalayan Kingdom*，Warminster-England：Aris & Phillips Ltd.，1979，p. 259.

③ 据［不丹］根顿仁钦《南国教法史——明智耳饰》记载伦孜宗是竹热杰在任时于阴木羊年（1715 年）所建，廷布扎西曲宗 1972 年藏文版，第 345 叶 A 面。

④ 多卡夏仲·策仁旺杰：《颇罗鼐传》，四川民族出版社 1981 年藏文版，第 750 页。

定出生在终萨宗芒德（mang-sde）地方的久美诺布（'jigs-med nor-bu，1717—1735 年，清代文献中称为扎色里布鲁克古济或札尔萨立布噜克谷济，俱为藏文的不同译法）。为嘉色·贡噶坚赞之转世，主持寻访认定并准备迎请坐床。但是，竹热杰认为此转世化身是假，试图将其谋害，目的是为了防止出现与夏仲·却列南杰竞争宗教地位的人物，僧侣集团将久美诺布藏匿抚养，达十数年之久。①

1729 年，竹热杰闻知嘉色·久美诺布藏匿的情形后，又欲杀之，从而引起僧侣集团中嘉色·贡噶坚赞的众多弟子们的愤怒，于是，在 1729 年公开发动了针对竹热杰的军事征讨行动。②

面对强势之敌，竹热杰自知实力不济，无以相抗，便向西藏政治领袖颇罗鼐派出使者致书求救，言道"我们内部，互相嫉妒，发生争执。对方兴师动众，前来杀我。现在，唯有您能保护我，别无他人。请仁慈地护持，赏活命之恩，赐救命之德。请派大军，剿灭那些恶徒"③。颇罗鼐回信称："昔日汝任德布王时，对吾主拉藏汗出言傲慢，陈兵相对"④，"如今，丧权失财，一落千丈。你遭灾受难，实在可怜。为此，我能做好事，自然要做。你将高兴，会感到幸福，不必恐惧"⑤。颇罗鼐虽然含糊地答应出兵相救，但是，1729 年之时的西藏内政在经历了卫藏战争（1727 年

---

①　雍正八年十二月二十九日（1731 年 2 月 5 日），《副都统马喇等为报布鲁克巴诺彦林亲齐类拉卜济等遣使呈书进献方物事奏折》，见中国第一历史档案馆《雍正年间平息布鲁克巴内乱史料》（上），《历史档案》2005 年第 4 期。原件见中国第一历史档案馆朱批满文奏折外交类——中不（丹）关系，第 427—3 号。

②　［不丹］白玛次旺：《布鲁克巴王统世系明鉴》，不丹国家图书馆 1994 年藏文版，第 310 页。雍正八年十二月二十九日《副都统马喇等为报布鲁克巴诺彦林亲齐类拉卜济等遣使呈书进献方物事奏折》，引布鲁克巴德布王米旁旺布关于僧侣集团与竹热杰纠纷的陈述，称："我布鲁克巴四部人众原曾尊奉纳鲁巴呼毕勒罕阿旺纳木扎勒。该呼毕勒罕喇嘛圆寂转世后，诺彦旺帕柱率札藏喇嘛等（将其）迎请入庙坐床。其后又出一呼毕勒罕喇嘛，我诺彦旺帕柱称伊非真呼毕勒罕喇嘛，遣人杀害之。此被害之呼毕勒罕喇嘛又于我母亲体内降生，札藏喇嘛等得知后，会同隐瞒，供养十五年之久。去年，诺彦旺帕柱闻信，又派人欲加戕害。札藏之喇嘛等将帕柱所遣之人执而杀之，随即向我诺彦旺帕柱宣战。"见中国第一历史档案馆《雍正年间平息布鲁克巴内乱史料》（上），《历史档案》2005 年第 4 期。

③　多卡夏仲·策仁旺杰：《颇罗鼐传》，四川民族出版社 1981 年藏文版，第 752 页。

④　［不丹］白玛次旺：《布鲁克巴王统世系明鉴》，不丹国家图书馆 1994 年藏文版，第 302 页。

⑤　多卡夏仲·策仁旺杰：《颇罗鼐传》，四川民族出版社 1981 年藏文版，第 752 页。

6月，噶伦阿尔布巴、隆布鼐、札尔鼐等杀害噶伦康济鼐，与来自后藏的噶伦颇罗鼐发生战争，1728 年 5 月，战争以颇罗鼐一方的胜利宣告结束）之后，局面初定，第七世达赖喇嘛移居康区理塘泰宁惠远寺（今四川省甘孜州乾宁县境内），颇罗鼐刚开始全权管理内政，实际上无力南顾。再者，竹热杰曾经与西藏为敌，引发了 1714 年西藏与布鲁克巴之间的大规模战争。虽然致书投诚，然而化敌为友对于颇罗鼐来说不可能没有顾虑。总之，颇罗鼐并没有把出兵相救的承诺付诸行动。

　　与此同时，布鲁克巴内部的战火却迅速地燎燃开来，一方是卸任德布竹热杰和他的卓尼噶毕顿珠（dkar-spe don-grub），一方是现任德布王阿旺嘉措和僧侣集团。竹热杰势弱，便携夏仲·却列南杰四处逃亡，先到扎西曲宗，旋又逃亡到西部的哈宗（ha-rdzong），其时"旺帕觉已陷入困境，好似那猫头鹰，大白天走出窝来，只得逃奔。所有的禽鸟都可以在后面追赶，连弱小的燕子母子，也能驱赶很长的路程"[①]，最终在帕罗宗，竹热杰、夏仲·却列南杰、噶毕顿珠等人被抓获，按照传统刑法，竹热杰被扔到河中溺死，[②] 同时被杀的还有他的两个侄子和仆人。夏仲·却列南杰由于已经得到民众的普遍承认，后被迎往普纳卡。僧侣集团扶持嘉色·久美诺布出任"嘉曹"，推举其兄米旁旺布出任德布王之职。

　　然而，战争并没有随着竹热杰的死亡而停止，此后不久，阿旺嘉措被原先竹热杰的属下噶毕顿珠捕获。其时"众位大臣之心识被邪魔所乱，那些恶暴之徒互相憎恨，或被剑所刺，或被塌房所压，更多的人则死于刀下。寺院里散发着浓烈的血腥之气，夏仲活佛灵塔前尸首遍地，积血成潭。到处都闻冲杀之声，满眼只见悲哭哀号，一似地狱深处之阎罗之宫"[③]，在这场内战中阿旺嘉措最终被杀（1729 年）。

---

　　① 多卡夏仲·策仁旺杰：《颇罗鼐传》，四川民族出版社 1981 年藏文版，第 752 页。
　　② ［不丹］释迦仁钦：《夏仲·却列南杰传》，廷布贡桑妥杰出版社 1976 年藏文版，第 15 叶 A 面。
　　③ ［不丹］白玛次旺：《布鲁克巴王统世系明鉴》，不丹国家图书馆 1994 年藏文版，第 312 页。

三　米旁旺布与噶毕顿珠的冲突及颇罗鼐发兵平乱

在阿旺嘉措被杀后，战争似乎出现了短暂的间歇，然而不久，噶毕顿珠与德布王米旁旺布之间的战争再次爆发。

关于噶毕顿珠（清代文献中称为"噶毕东罗布"或"噶毕东鲁卜"）的生平，史料记载很少，"噶毕（dkar-sbe/ka-dpe）"是廷布河上游"泰（thed）"区的一个村子，显然是他的出生地。他的祖父噶毕格隆阿旺次仁（ngag-dbang tshe-ring）曾任第六任德布王（1701—1704 年在位）。噶毕顿珠自幼出家为僧，曾任竹热杰之卓尼，帕罗宗总管等职。在竹热杰被敌人抓获时，噶毕顿珠也一同被抓，当时政府方面意欲一并处决，但由于米旁旺布和久美诺布的求情而被释放，[①] 随后噶毕顿珠成为原先竹热杰集团的首领，控制着以帕罗为中心的布鲁克巴西部地区。伯戴克（L. Petech）认为他是布鲁克巴的实际统治者，[②] 似乎言过其实，因为从文献来看，米旁旺布一方的势力远强于他。

米旁旺布乃第四任德布王、赤仁波切·丹增热杰之转世，是嘉色·久美诺布的胞兄。1709 年出生在终萨芒德地方，7 岁时由夏仲·却列南杰剃度出家，赐名阿旺丹增竹杰（ngag-dbang bstan-'dzin 'drug-rgyas），依止来自西藏嘉切采（rgyal-byed-tshal）寺的密法大师丹巴嘉措（bstan-pa rgya-mtsho）等学习各种知识。14 岁时，经师阿旺伦珠又赐名阿旺丹增米旁旺布（ngag-dbang bstan-'dzin mi-pham dbang-po）。在其继任"嘉曹"之位时，西藏噶玛噶举派第十二世噶玛巴强曲多杰、第八世沙玛尔巴却吉顿珠到布鲁克巴本姆塘地方，米旁旺布专程前往拜谒，建立法缘，噶

---

① 雍正八年十二月二十九日（1731 年 2 月 5 日）《副都统马喇等为报布鲁克巴诺彦林亲齐类拉卜济等遣使呈书进献方物事奏折》称："诺彦旺帕柱尊奉之呼毕勒罕喇嘛楚克赖那木札勒属下为首办事之噶毕东罗布喇嘛被札藏之喇嘛等执拿，欲以杀之。其时，呼毕勒罕色里布鲁克古济、诺彦林亲齐类拉卜济我等二人恳请诺喇嘛免其一死。"见中国第一历史档案馆《雍正年间平息布鲁克巴内乱史料》（上），《历史档案》2005 年第 4 期。

② ［意］L. 伯戴克：《十八世纪前期的中原和西藏》，周秋有译，西藏人民出版社 1987 年版，第 195 页。

玛巴为他赐名仁钦称勒热杰（rin-chen phrin-las rab-rgyas，汉文史料中因此称之为"林亲齐雷喇布集"或"林沁齐雷拉卜济"）①。1729 年，当布鲁克巴政府迎请嘉色·久美诺布并任命其为"嘉曹"时，米旁旺布也同时被任命为德布王，阿旺嘉措卸任。此后，爆发了竹热杰与僧侣集团之间的战争。米旁旺布为了安全，前往岗鼎寺（sgang-steng）躲避。

关于再次爆发战争的原因，文献中多语焉不详。《布鲁克巴王统世系明鉴》称第一次战乱之后的停歇因为"属下等不和"而告结束。《米旁旺布传——贤劫耳饰》亦称，"恶徒拨弄是非"、"父子成仇、主仆失序、敌友错乱"，没有明言战争再次爆发的原因。《夏仲·却列南杰传》称，"其时，由于众生业力强暴，战乱频仍，布鲁克巴被分裂为两个国家"②。唯一涉及具体原因的是噶毕顿珠写给颇罗鼐的信，其中称，布鲁克巴政府欲将竹热杰之属下等从原居地驱逐。③ 这种单方面的陈述未可尽信。无论如何，战乱再次爆发。噶毕顿珠一方小战失利，即于铁狗年（1730 年）七月向西藏颇罗鼐求援，恳请出兵相助，为竹热杰报仇。④ 颇罗鼐虽然写信对他们进行鼓励，然而考虑到当时雍正皇帝讨伐准噶尔一事尚未了结，西藏地方虽无战事，但防范准噶尔之军力不可随意调动，因此并未调遣大军前去救援。⑤ 但又考虑到"布噜克巴两盟之人相互交战，其中何方失败，俱将逃往我帕尔城（即帕里——引者注），我江孜城距帕尔城五日路程，相距甚近"⑥。为了

---

① ［不丹］释迦仁钦（shākya rin-chen）：《米旁旺布传·贤劫耳饰》（sprul-pa'i-sku ngag-dbang bstan-'dzin mi-pham dbang-po'i rnam-par thar-pa skal-bzang rna-rgyan），廷布贡桑妥杰出版社 1976 年藏文版，第 12 叶 A 面。

② ［不丹］释迦仁钦：《夏仲·却列南杰传》，廷布贡桑妥杰出版社 1976 年藏文版，第 18 叶 B 面。

③ 雍正八年十二月二十九日，《副都统马喇等为复议布鲁克巴停战和解情形事奏折》称"去年喇嘛等领兵将我诺颜旺帕柱（即竹热杰——引者注）戕杀，今年俱不准我等居于原地"。见中国第一历史档案馆《雍正年间平息布鲁克巴内乱史料》（上），《历史档案》2005 年第 4 期。

④ 雍正八年十二月二十九日，《副都统马喇等为转奏贝子颇罗鼐奏书及所献布鲁克巴舆图事奏折》，见中国第一历史档案馆《雍正年间平息布鲁克巴内乱史料》（上），《历史档案》2005 年第 4 期。中国第一历史档案馆编：《雍正朝满文朱批奏折全译》（下册），黄山书社 1998 年版，第 1992 页。

⑤ 多卡夏仲·策仁旺杰：《颇罗鼐传》，四川民族出版社 1981 年藏文版，第 753 页。

⑥ 雍正八年九月十二日（1730 年 10 月 23 日），《西藏办事大臣马喇等奏报派兵帕尔城设防折》，见中国第一历史档案馆《雍正朝满文朱批奏折全译》（下册），黄山书社 1998 年版，第 1992 页。

安全起见，决定将江孜城内所备一千兵丁，遣往帕里，暂时驻守边界。与此同时，派遣丹津诺彦布隆察（藏文史籍称仲噶孜巴·丹增诺彦/'brong-dkar-rtse-ba bstan-'dzin-no-yon）为使臣，率领 200 名官兵，与第五世班禅、萨迦法王的代表，以及十二世噶玛巴强曲多杰、八世沙玛尔巴活佛却吉顿珠等同行前往布鲁克巴，进行调停。

起初，西藏军队严格遵守颇罗鼐的要求，驻守边界，并没有贸然进入布鲁克巴。布鲁克巴文献亦称："西藏军队初来时，虽陈兵边界，但并未相助。"① 然而，远在边防的将领们并未能很好地领会颇罗鼐的策略，几经噶毕顿珠的鼓动，认为这是将布鲁克巴纳入治下的绝好机会，便率兵进入布鲁克巴，进驻帕罗宗（rin-chen-spungs）、竹杰宗（'brug-rgyal）等地。随后写信给米旁旺布，称："尔等内部反目，彼此仇杀，班禅额尔德尼、萨迦喇嘛、噶玛巴喇嘛、沙玛尔巴喇嘛、贝子颇罗鼐闻知，派我等前来说和。尔若愿令我等为尔双方调和，则派一贤明之人至我处。"② 然而，米旁旺布"厉言相复"，不仅拒绝派人前往和谈，并派大兵攻击西藏使臣等驻扎的帕罗宗城。《颇罗鼐传》记载，米旁旺布的军队对藏军实施了包围，只有 200 人的藏军力量单弱，无法突围，处境极为凶险。③ 无奈之下，西藏使臣丹津诺彦布隆察请求颇罗鼐增兵援助，调派驻防帕里的西藏军队。颇罗鼐命驻扎帕里城之戴琫罗布藏达尔扎等率 300 名骑兵、800 名步兵，并从江孜调 1000 名骑兵驰援。④ 藏军在噶毕顿珠军队的协助之下，"毫不迟疑，宛如雄狮冲进象群，开始厮杀起来。好似天将黎明，曙光驱

---

① ［不丹］白玛次旺：《布鲁克巴王统世系明鉴》，不丹国家图书馆 1994 年藏文版，第 313 页。

② 雍正八年十二月二十九日，《副都统马喇等为复议布鲁克巴停战和解情形事奏折》。见中国第一历史档案馆《雍正年间平息布鲁克巴内乱史料》（上），《历史档案》2005 年第 4 期。原档见中国第一历史档案馆清代档案朱批满文奏折外交类——中不（丹）关系，第 427—6 号。

③ 后来米旁旺布在兵败之后对此解释说，西藏派遣使者前来，"我误以为是来征剿我等之兵，故出兵与尔寡兵相战"。雍正八年十二月二十九日，《副都统马喇等为复议布鲁克巴停战和解情形事奏折》，见中国第一历史档案馆《雍正年间平息布鲁克巴内乱史料》（上），《历史档案》2005 年第 4 期。

④ 雍正八年十二月二十九日，《副都统马喇等为复议布鲁克巴停战和解情形事奏折》，见中国第一历史档案馆《雍正年间平息布鲁克巴内乱史料》（上），《历史档案》2005 年第 4 期。档案提到的藏军军官还有巴扎鼐、戴本章鲁扎木巴、达彦台吉、达鲁噶达迈、郭多布斋桑、罗布藏济木巴等。

散了黑暗一样，对方向各自的阵地逃奔"①，先解帕罗之围，随后攻占竹杰宗、岭昔宗、噶尔萨宗、达恭额城等"共五大城、近二十小城"，逼近首府廷布扎西曲宗城堡。米旁旺布等踞守扎西曲宗进行抵抗，在扎西曲宗城外，布鲁克巴政府组织的 5000 军队与围城的西藏军队进行了决定性的战役，布鲁克巴军队彻底失败。② 随后丹津诺彦布隆察向米旁旺布转递颇罗鼐的信件，内称"尔若听从我东方大国（即清朝——引者注）之调停，则尔布鲁克巴部人将世代得承大国恩泽，福绵子孙，嗣后永享太平。倘不从议和，颇罗鼐我将禀报东方大国驻招地大臣（指在拉萨的驻藏大臣——引者注），率大军前往尔处，彼时尔追悔莫及"③。显然，颇罗鼐借清朝军队的威名来增加自己的威望。1720 年为驱逐准噶尔势力，清朝派三路大军进入西藏。1728 年为平息卫藏战争，皇帝派查郎阿再次率清朝大军进入拉萨，随后在西藏进行了大规模的政治整顿。清朝军队两次进入西藏所展示的军事实力，在西藏及喜马拉雅山地区产生了广泛的影响。

米旁旺布审时度势，知道大势已去，④ 表现"甚为惊慌"，当即派僧人代表前往西藏军营，称"贝子颇罗鼐、班禅额尔德尼喇嘛等好意遣使前来，为我布鲁克巴双方解和，我误以为是来征剿我等之兵，故出兵与尔寡兵相战。乃因贝子颇罗鼐致书申明宣谕，我方知其错甚矣。祈请喇嘛使臣等宽恕之。兹率我布鲁克巴四部人众归附统驭天下之东方大国，以仰赖文殊师利大汗威福，永享太平"。⑤

---

①　多卡夏仲·策仁旺杰：《颇罗鼐传》，四川民族出版社 1981 年藏文版，第 754 页。

②　雍正八年十二月二十九日，《副都统马喇等为复议布鲁克巴停战和解情形事奏折》，见中国第一历史档案馆《雍正年间平息布鲁克巴内乱史料》（上），《历史档案》2005 年第 4 期。

③　雍正八年十二月二十九日，《副都统马喇等为转奏贝子颇罗鼐奏书及所献布鲁克巴舆图事奏折》，见中国第一历史档案馆《雍正年间平息布鲁克巴内乱史料》（上），《历史档案》2005 年第 4 期。中国第一历史档案馆清代档案朱批满文奏折外交类——中不（丹）关系，第 427—4 号。

④　据档案记载，当时转送信件的人向米旁旺布表达了对局势的看法，称"其（指西藏——笔者）兵虽少，但甚威武，个个骁勇，我等之兵全非对手，故早日投诚为善。倘有对抗而战，贝子颇罗鼐禀告驻招大臣，率东方大国大军前来，彼时我等将无处可逃"。米旁旺布闻后"大惊"。雍正八年十二月二十九日，《副都统马喇等为复议布鲁克巴停战和解情形事奏折》，见中国第一历史档案馆《雍正年间平息布鲁克巴内乱史料》（上），《历史档案》2005 年第 4 期。

⑤　雍正八年十二月二十九日，《副都统马喇等为复议布鲁克巴停战和解情形事奏折》，见中国第一历史档案馆《雍正年间平息布鲁克巴内乱史料》（上），《历史档案》2005 年第 4 期。

按照西藏的古老传统，停战协定的商谈照例要由宗教领袖们扮演调停人和仲裁者的角色，特别是噶玛噶举派教主噶玛巴、沙玛尔巴等此前已与米旁旺布结有法缘，因此在谈判中发挥了特殊作用。《布鲁克巴王统世系明鉴》记载：

> （噶玛巴等）从帕里来到竹杰宗与西藏军官达兰台吉（da-lan tha'i-ji）会晤，之后前往仁绷宗（rin-spungs-rdzong，即帕罗），与布鲁克巴政府的代表卓尼朵巴（stod-pa）、廷布宗本之内臣顿珠（don-grub）等协商。此后，藏军军官罗桑（blo-bzang）、觉代本江坚（cog mda'-dpon lcang-can）等在帕罗集市处扎下营帐。噶玛巴父子（即指噶玛巴和沙玛尔巴）、西藏代本等与布鲁克巴德布王、堪布等仔细商讨停战事宜。[①]

最终，于铁狗年十月十四日（1730 年 11 月 24 日），在廷布扎西曲宗乌孜大殿之三宝及大威德金刚护法像之前签订和平协议。虽然尚未见有协议内容的正式文本，但根据档案可概括为以下几个主要方面的内容。

1. 双方停止相互攻击，各自占据自己地方。噶毕顿珠与西藏军队控制的西部五个宗近六千户人皆归噶毕顿珠管辖，民人应纳贡赋由噶毕顿珠收取，其余地方由布鲁克巴政府德布王米旁旺布管辖。

2. 布鲁克巴政府每年八月遣使向达赖喇嘛问安，进献礼品。

3. 米旁旺布派其叔次仁旺钦（tshe-ring dbang-chen，清代文献中称"车凌旺沁"或"车凌旺津"）喇嘛作为人质，前往拉萨。

4. 双方派代表到拉萨，向东方文殊师利大皇帝（指清朝皇帝）请安，进贡方物，叩请皇帝训旨，以便遵行。布鲁克巴政府方面派岗鼎喇嘛丹增勒东（bstan-'dzin-legs-don）[②] 前往西藏；噶毕顿珠方面则由他亲自前往西藏。

---

① ［不丹］白玛次旺：《布鲁克巴王统世系明鉴》，不丹国家图书馆 1994 年藏文版，第 315 页。da-lan tha'i-ji 疑为 da-yan tha'i-ji 之误。

② 刚鼎喇嘛丹增勒东属俄尔（ngor）岗鼎散安曲林寺（sgang-steng gsang-sngags-chos-gling）活佛，显然属于萨迦派，他似乎与冲突双方都保持着良好关系，有关他的详细信息，我们知道得很少。

　　5. 嗣后布鲁克巴人愿往拉萨朝拜，或欲前往贸易者，概不阻止，准其朝拜、贸易。①

　　协议签署后，米旁旺布、久美诺布、次仁旺钦、噶毕顿珠等共同在西藏使臣之前举行盟誓，称"我等之内倘有何人毁约反叛，心生恶意，再起兵戈，即照众人大威（德）佛前誓言，听凭佛之惩处"②。

　　雍正八年十二月十六日（1731 年 1 月 23 日），布鲁克巴政府派驻西藏之人质次仁旺钦、遣作使臣之岗鼎喇嘛等到达拉萨。次仁旺钦、岗鼎喇嘛等，"前往大臣、贝子处，请文殊师利大汗安，进贡方物"，并呈表文，称，"我布鲁克巴呼毕勒罕喇嘛扎色里布鲁克古济、诺彦林沁齐雷拉卜济二人以归顺大国之礼，请文殊师利大汗（指清朝皇帝）万安，谢恩进贡方物"。向皇帝进贡"福哈达二、孔雀扇一对、盛满白米之银碗五、银耳饰一对、银钱五十、花缎四、红花毡一、黄红拉达（lada）、红白布各一、漆藤牌一、腰刀一、象牙一对"。恭列案上供奉，望阙行三跪九叩之礼。③并请驻藏大臣转奏进献方物、恭请训旨之诚。

　　噶毕顿珠亦与次仁旺钦等同日到达拉萨，进表文，称：

　　　　我等之旺帕柱诺彦（即竹热杰）于布鲁克巴四部人众曾有大恩，扎藏之喇嘛等反将其戕害，将真正之纳鲁巴呼毕勒罕囚禁，妄扶另一

---

　　① 雍正八年十二月二十九日，《副都统马喇等为议复布鲁克巴停战和解情形事奏折》记录了米旁旺布关于停战协定的陈述："兹率我布鲁克巴四部人众归附统驭天下之东方大国，以仰赖文殊师利大汗威福，永享太平。并拟于每年八月遣使向达赖喇嘛问安、进献礼品。尔等所克之五大城及近二十座小城之六千户人众，尽归噶毕东罗布（即噶毕顿珠）统辖；民人应纳之赋，由噶毕东罗布收取，照旧交给各庙。嗣后我与噶毕东罗布停止兵戈，各据一方。今夫我将送我胞叔车凌旺津前往贝子处，令其驻于招地，以为人质。……我另派刚定喇嘛前往大臣、贝子处，向东方文殊师利大汗请安、进贡方物，叩请仁训。"并决定每年八月派遣使臣给达赖喇嘛问安，进献礼物。驻藏大臣、颇罗鼐等亦决定"嗣后，布鲁克巴人有愿来招地朝拜抑或贸易者，俱准前来，概不禁止"。见雍正八年十二月二十九日《副都统马喇等为复议布鲁克巴停战和解情形事奏折》，见中国第一历史档案馆《雍正年间平息布鲁克巴内乱史料》（上），《历史档案》2005 年第 4 期。
　　② 雍正八年十二月二十九日，《副都统马喇等为复议布鲁克巴停战和解情形事奏折》，见中国第一历史档案馆《雍正年间平息布鲁克巴内乱史料》（上），《历史档案》2005 年第 4 期。
　　③ 雍正八年十二月二十九日，《马喇等奏布鲁克巴呼毕勒罕喇嘛扎色里布鲁克古济等进贡方物折》，中国第一历史档案馆清代档案朱批满文奏折外交类——中不（丹）关系，第 427—3 号。

喇嘛坐床。噶毕东罗布自祖、父始，世为噶毕部主，统领我噶毕部众，乃因兵祸，献首归顺于土伯特贝子（即颇罗鼐），土伯特贝子出手相助，遣兵征伐布鲁克巴之五大城，俾我布鲁克巴之喇嘛、诺彦咸俱归复，双方和解，划分各城人众，誓以嗣后毋再交恶。今噶毕东罗布我惟遵土伯特贝子指教，恭请训旨，以期鄙噶毕东罗布仰赖大皇帝之恩，永不为弃。①

并向清朝皇帝进贡方物：福哈达一、珊瑚素珠一串、盛满米之银碗五、孔雀扇一、银耳饰一对、红哈萨克氆氇一、绿哈萨克氆氇一、花绒毯一、白布一、红布一、漆藤牌二、腰刀一、象牙一对、虎皮一、豹皮二，恭列案上供奉，望阙行三跪九叩礼。②

颇罗鼐通过先后两次用兵，巧妙利用了布鲁克巴内部的纷争，以最小的代价取得了平息布鲁克巴内乱的胜利。正如颇罗鼐所言：西藏与"布鲁克巴部众交战九十年矣（未包括第悉藏巴时代的战争——引者注）。虽先前固始汗、达颜汗、达赖汗、第巴（指桑杰嘉措）均数次派大兵征剿，但并未能攻取。后拉藏汗率六万兵，分三路进剿布鲁克巴，颇罗鼐我曾随行。……征剿未能取之"。③"此次二千三百兵前去，瞬间轻易取胜，全部安然前来"，仅"阵亡十三名兵丁、受伤三十九名兵丁"。④ 颇罗鼐征兵南下布鲁克巴，某种程度上是对自第悉藏巴以来历代西藏政治领袖期望重新将布鲁克巴纳入治下努力的延续，然而自夏仲·阿旺南杰始，布鲁克巴作为一个国家的雏形已经既成事实，布鲁克巴与西藏新型关系的建立只能以此为基础。

颇罗鼐并未因获得巨大成功而志得意满，他不仅在战争中借用了清朝皇帝的威名，在战后还将战事超乎寻常的顺利归功于皇帝——文殊师利大

① 雍正八年十二月二十日，《马喇等奏报布鲁克巴噶毕东罗布喇嘛进贡方物并请施恩训谕折》，中国第一历史档案馆清代档案朱批满文奏折外交类——中不（丹）关系，第427-2号。
② 同上。
③ 雍正八年十二月二十九日，《马喇等奏为进呈布鲁克巴地图折》，中国第一历史档案馆清代档案朱批满文奏折外交类——中不（丹）关系，第427-4号。
④ 《大学士马尔赛奏为赏布鲁克巴投诚人等及阵伤官兵缎匹银两折》，中国第一历史档案馆清代档案朱批满文奏折外交类——中不（丹）关系，第427-7号。

圣主的"天威"，他在通过驻藏大臣马喇上呈皇帝的奏折中，言道："小的颇罗鼐窃思，固始汗以来至拉藏汗九十年矣，虽数次派大兵征剿布鲁克巴而未克之事，此次二千三百兵前去，瞬间轻易取胜，全部安然前来。看来此非人力能成之事，实乃文殊师利大圣天威使然。"① 联想到颇罗鼐屡次宣扬清朝皇帝的"恩威"，使雍正皇帝感到十分满意，谕曰：

> 布鲁克巴部众反目，互相交战，贝子颇罗鼐闻听，即遣使为其调停，仰副朕好生之德，将朕仁化恩威开导晓谕，招抚布鲁克巴部众者，殊属可嘉。此俱诚心诚意勤奋效力所致。施恩将贝子颇罗鼐封为贝勒；其子一等台吉珠尔玛特车登，此二三年连续率兵于边疆效力，著封珠尔玛特车登为辅国公。②

通过颇罗鼐训导布鲁克巴内战两造，谕曰：

> 朕为统一天下之主，凡四海生灵，一视同仁，无分中外。乃者附近帕尔城之布鲁克巴地方人等，起衅构兵，互相仇杀，朕闻之深为不忍，轸念于怀。尔能仰体朕意，遣使与班禅额尔德尼之使一同前往说和，又遣使宣谕朕之恩德。布鲁克巴地方人等遂感悟息争，输诚向化，各带部落敬顺无违。且请朕施恩训诲。朕甚嘉悦。布鲁克巴人等自兹以往，宜各守疆界，共相和睦，永遵佛教，祗奉恩纶。如能勉励力行，朕自益加优眷。布鲁克巴之诺颜林亲齐雷喇卜集后身喇嘛渣色礼布鲁克古迹等，著加恩赏赐，噶毕东罗布喇嘛率众来归，尤为可嘉。著从优赏给，以示朕怀远嘉顺之至意。尔可将此谕旨宣谕布鲁克巴人等知之。③

同时，雍正皇帝对布鲁克巴政府首脑和派来西藏的代表大加赏赐。赏

---

① 雍正八年十二月二十九日，《马喇等为进呈布鲁克巴地图折》，中国第一历史档案馆清代档案朱批满文奏折外交类——中不（丹）关系，第 427—4 号。

② 《大学士马尔赛奏为赏布鲁克巴投诚人等及阵伤官兵缎匹银两折》，中国第一历史档案馆清代档案朱批满文奏折外交类——中不（丹）关系，第 427—7 号。

③ 《清世宗实录卷》卷 103。

给米旁旺布和久美诺布各色大缎四十匹、五十两银壶一把、酒海一个、银各一千两；噶毕顿珠喇嘛为率先投诚之人，"颇为可悯"，也赏各色大缎四十匹、五十两银壶一把、酒海一个、银一千两。还指出，作为人质长住拉萨的次仁旺钦乃布鲁克巴德布王之胞叔，"既为较大人物，赏次仁旺钦各色大缎十二匹，交颇罗鼐体面看待赡养"。而布鲁克巴政府所遣谢恩进贡方物使臣岗鼎喇嘛也赏给大缎八匹。充分体现清朝对外交往中"薄来厚往"的传统。雍正皇帝还指示所有赏赐物品由驿站运往西藏送交马喇，与颇罗鼐一同颁赏。①

四　颇罗鼐派员稳定布鲁克巴政局

1730 年，西藏代表与布鲁克巴内战双方在廷布扎西曲宗签订的条约，实质上对布鲁克巴采取了分而治之的管理办法，即考虑到布鲁克巴的政治格局现状，将其一分为二，各自管理。然而，这种分而治之的策略并未达到平息冲突的预期效果，相反引发了持续的动荡。

档案记载，雍正十一年（1733 年），正当驻藏大臣马喇等同颇罗鼐会商如何安排布鲁克巴使臣进京向皇帝请赐封号之时，忽闻布鲁克巴内战双方不知何事又互相兴兵。于是，派把总贾成志、副把总王朝祥同颇罗鼐所派二名代表（姓名不详），赍捧敕书，前往布鲁克巴，查询双方实情。西藏代表等根据双方呈文，认为双方争斗属"互相偷盗马牛羊，抢劫过路行人，力强之人劫掠弱者等事所致"②。

颇罗鼐推测，双方互相偷盗、抢劫的根源在于共同使用传统的、穿过帕罗到西藏帕里的贸易道路。帕罗是噶毕顿珠的驻地，是西藏与孟加拉之间商道上的津要之地，也是米旁旺布派往西藏的使者、商人的必经之地，

---

① 《大学士马尔赛奏为赏布鲁克巴投诚人等及阵伤官兵缎匹银两折》，中国第一历史档案馆清代档案朱批满文奏折外交类——中不（丹）关系，第 427—7 号。

② 雍正十一年七月十九日（1733 年 8 月 28 日），《都统青保等为报布鲁克巴再起兵戈遣员前往探信事奏折》，见中国第一历史档案馆《雍正年间平息布鲁克巴内乱史料》（下），《历史档案》2006 年第 1 期。原档见中国第一历史档案馆清代档案朱批满文奏折外交类——中不（丹）关系，第 428—1 号。

双方因而时常接触。由于仇怨未解，劫掠、偷盗之事常有发生。颇罗鼐获悉，从米旁旺布所居之扎西曲宗一直向东可通达绰诺（cono，即错那），如果米旁旺布的代表走绰诺往拉萨，则双方可各行其道，互相隔离，纠纷随之化解。于是，颇罗鼐等决定先派员秉公办理盗贼抢劫之事，然后从后藏选派两名第巴，一名驻噶毕顿珠居所，一名驻米旁旺布居所，和睦办理诸事。"难料理之事，则呈报于我（颇罗鼐），转报（驻藏）大臣商议"，这样即可"通晓其情，且伊等亦畏惧，庶不致因琐事再次反目"。①

雍正十一年（1733年）秋，西藏方面派出以陕西督标前营游击和尚、噶布伦多卡夏仲·策仁旺杰（mdo-mkhar zhabs-drung tshe-ring dbang-rgyal）为首的调停使团，随行有驻藏大臣属下外委王朝祥、杨金忠，噶厦政府官员第巴贝贡达尔罕（spel-gong dar-han，即毕贡巴）、曼塘巴（sman-thang-pa）等汉藏官员。② 和尚、策仁旺杰等于农历八月十二日（9月19日）由拉萨起程，二十六日（10月3日）抵达"娘曲河（nyang-chu）上游与江孜之间"的某地。派王朝祥、杨金忠、第巴毕贡巴、曼塘巴等，持劝谕文书前往布鲁克巴。③

根据满文档案记载，汉藏使臣前往布鲁克巴，随即带米旁旺布之使臣格隆衮布（mgon-po）和噶毕顿珠使臣扎西郭巴，于十月十六日（11月22日）返回江孜，在那里分别调查，询问情况。

清代满文档案记录了游击和尚、噶布伦多卡夏仲·策仁旺杰等调查的过程：

---

① 雍正十一年七月十九日，《都统青保等为报布鲁克巴再起兵戈遣员前往探信事奏折》，见中国第一历史档案馆《雍正年间平息布鲁克巴内乱史料》（下），《历史档案》2006年第1期。

② 《卫藏通志》卷15《部落》及多份满文档案都提到西藏派出的官员中其中的"汉官"为"陕西督标前营游击和尚"，但是档案《为布鲁克巴双方互相和睦所立保结》（中国第一历史档案馆清代档案朱批满文奏折外交类——中不（丹）关系，第429—1号）却指出汉官为"钦差大臣所遣顾宗叶（根据满文音译）"，多卡夏仲·策仁旺杰《噶伦传》也指出"汉官"为"钦差大臣郭老爷（根据藏文音译）"。伯戴克认为"和尚"即"郭老爷"。然而，清宫档案称"陕西督标前营游击和尚"系"镶黄旗蒙古固山官福拢佐领下人"，于雍正六年奉文领兵进藏（见中国第一历史档案馆档案第25—0727号《川陕总督查郎阿为驻藏游击之子请随任事》），后参与青藏划界、迎接第七世达赖喇嘛回藏等事。而"郭老爷"似一汉人。和尚是否即"顾宗叶"或"郭老爷"，存疑。

③ 多卡尔·策仁旺杰：《噶伦传》，周秋有译，西藏人民出版社1986年版，第18页。雍正十二年二月初二日（1734年3月6日），《都统青保等报遣员前往布鲁克巴和解缔约情形事奏折》，见中国第一历史档案馆《雍正年间平息布鲁克巴内乱史料》（下），《历史档案》2006年第1期。

我等首日筵请（布鲁克巴双方）使臣。

次日仅传取诺彦林亲齐类拉卜济所遣之使格隆衮布谓曰：我中国大皇帝性好造化，于天下众生不分内外，一视同仁。布鲁克巴乃边隅一小部落，仰慕大皇帝仁化，恭顺献首归附，此二年内，相互仇杀，生灵涂炭，不得安宁，必有缘故。兹驻藏大臣奏派我等前来，尔须输诚告以实情，以便公平办理。等语。据格隆衮布告称：我诺彦林亲齐类拉卜济乃感戴大皇帝仁化、诚心献首之人，绝无胆敢反叛大皇帝之处。惟噶毕东罗布思念旧仇，窝藏我之逃人，抢掠行人，此尚属小事。其将我达喇喀尔古济楚克拉那木札勒（即却列南杰）喇嘛偷行带去，又挑唆我边界附近纳贡之额讷特科克（enetkek）之第纳迪瓦（dina diwa）[①] 部偏向伊方，致我属下人心不服，彼此反目为仇。现我处已将楚克拉那木札勒父母、族人拘禁矣。兹东方大皇帝于我辈小人不加罪责，又派诺彦、格隆前来教谕，我诺彦林亲齐类拉卜济不胜惶悚感激，安敢不遵行耶。恩祈将楚克拉那木札勒喇嘛送还于我，俾第纳迪瓦部所向仍归既往，并将我之逃人给还。如此则嗣后永不启衅，仰赖大皇帝之恩安逸生活。[②]

可见，双方争斗的原因并非只为劫掠过路行人，而有更为复杂的背景。其后，又带噶毕顿珠所遣使臣札西敦巴询问，据告称：

我噶毕东罗布乃率先恭顺献首归附大皇帝之人，诺彦林亲齐类拉卜济不弃宿怨，时常扰我邻界民人，抢掳马牛羊只，劫掠路人。至楚克拉那木札勒喇嘛，并非我等偷行带来者，我噶毕东罗布乃属正当供奉之喇嘛，故雅曼达噶佛一夜（将其）送到我处，俾我噶毕东罗布得以竭诚供奉。再楚克拉那木札勒喇嘛先世即为第纳迪瓦之父奉祀之喇嘛，第纳迪瓦闻知楚克拉那木札勒喇嘛来到我处，遂来叩拜，乃非吾

---

① 《卫藏通志》卷 15《部落》有"地纳瓦纳"地名，应为"第纳迪瓦"之误。

② 雍正十二年二月初二日，《都统青保等报遣员前往布鲁克巴和解缔约情形事奏折》，见中国第一历史档案馆《雍正年间平息布鲁克巴内乱史料》（下），《历史档案》2006 年第 1 期。

等挑唆而来者。何况我方之人逃往伊处，亦未给还。祈请该喇嘛断不可送回，仍准其留在我处，其被拘拿之父母族人请予释放，将我逃人给还。若此，我辈微末人等感戴东方大皇帝再生养育之恩，不再开衅，永世安宁。[①]

由此可见，双方矛盾的核心是夏仲·却列南杰的归属。前文已提及，由竹热杰寻访认定为阿旺南杰转世的却列南杰，在竹热杰被僧侣集团杀害后，被米旁旺布、久美诺布等迎往普纳卡，欲扶持他重登法座，但他在普纳卡并未得到应有的尊敬，《夏仲·却列南杰传》指出，有一些人企图谋害却列南杰，于是，却列南杰在（铁猪年）十一月初九日（1731 年 12 月 9 日）夜晚从佛堂的窗户援绳而逃，之后展转逃往噶毕顿珠所在的帕罗。[②]而第纳迪瓦部虽属米旁旺布管辖，却是却列南杰的信徒，故而时常前往帕罗朝拜却列南杰，米旁旺布一方怀疑是噶毕顿珠从中挑唆，于是，采取报复措施，扣押却列南杰之父母，由是引起双方一系列敌对行为。[③]

汉藏官员似乎也没有更好的办法调停双方的矛盾，试图维持现状，以期息事宁人。指出：

细究尔等所言，并非别项要事。尔等两家均为修道之喇嘛，因一喇嘛而致生灵涂炭、不得安宁、彼此仇杀，殊属非是。佛道所及皆为家，各自弘法修道，方为正理。今以我等之意，楚克拉那木札勒（即却列南杰）喇嘛现既已赴噶毕东罗布处，则仍令留于彼处；尔等逃人盗窃等案将予公平办理。而后以土伯特贝勒所遣二名第巴各驻一方，尔等诸事可报各驻地之第巴公平办理。尔等倘若接受此议，善加了结，我等返回将禀报大臣，将尔等为请安射恩所遣之使妥善办理送

---

① 雍正十二年二月初二日，《都统青保等报遣员前往布鲁克巴和解缔约情形事奏折》，见中国第一历史档案馆《雍正年间平息布鲁克巴内乱史料》（下），《历史档案》2006 年第 1 期。

② ［不丹］释迦仁钦：《夏仲·却列南杰传》，廷布贡桑妥杰出版社 1976 年藏文版，第 20—21 叶。

③ 《卫藏通志》卷 15《部落》亦载，"后诺彦林亲（米旁旺布）之呼图克图楚克赖那木札尔（即却列南杰）至噶毕地方，噶毕即留不放归。诺彦林亲属下地纳瓦纳二处百姓，时潜赴噶毕朝礼，由是二家成隙，互相仇杀"。

京。嗣后尔等布鲁克巴乃至子孙，得赖圣主洪恩，永享太平。[①]

双方对其他诸事，皆能遵从，但是，对却列南杰的去留仍争执不休。米旁旺布的代表言，"别事皆小，惟我双方构兵启衅，生灵涂炭，盖因楚克拉那木札勒喇嘛之故也。今若令伊仍留在噶毕东罗布处，于我情面关系甚重，祈请于吾等留些颜面"。而噶毕顿珠之使臣亦道："我之喇嘛感戴东方大皇帝之恩，所有教谕曷敢不遵奉以行。惟该楚克拉那木札勒喇嘛乃佛送我处者，若送回诺彦林亲齐类拉卜济处，恐我属下民心不服。其第纳迪瓦及盗抢焚房等案，悉听诺彦、格隆措置，惟该喇嘛，恳请仍留我处。"[②]

正在汉藏官员左右为难之时，听闻颇罗鼐因为要派 8 名喇嘛赴京城，前往扎什伦布与班禅额尔德尼商议，于是，官员等向他汇报并咨询，颇罗鼐在返回拉萨时途经江孜，"向布鲁克巴两造使人宣谕圣主天威仁化，分析利害，致书教谕，并赏给诺彦林亲齐类拉卜济、噶毕东罗布及其双方使人头领等蟒缎、粧缎、衣帽茶等物"[③]。就双方的纠纷，颇罗鼐指出：

> 达喇喀尔古济楚克拉那木札勒喇嘛既至噶毕东罗布处，倍受尊崇，仍准留彼，于诺彦林亲齐类拉卜济，以噶毕东罗布所属古普、丁沁地方及其属民予以补偿，将被拘禁之喇嘛父母、族人释放；额讷特科克小部落第纳迪瓦人既非伊等之布鲁克巴（指噶毕顿珠所属之地）所属，不得偏向噶毕东罗布一方；至彼此争战中被焚房屋俱毋庸议；各将逃人遣回原地；彼此所盗之马匹牛羊，各寻中正、被告核问，分别赔偿。随后赏给双方使人缎匹、绫布、茶等物，谕曰：尔等各自返回，出具彼此和合约结，钤记送来。[④]

---

① 雍正十二年二月初二日，《都统青保等报遣员前往布鲁克巴和解缔约情形事奏折》，见中国第一历史档案馆《雍正年间平息布鲁克巴内乱史料》（下），《历史档案》2006 年第 1 期。

② 同上。

③ 根据《夏仲·却列南杰传》，颇罗鼐送给他一套《甘珠尔》经，而却列南杰则回赠颇罗鼐一首修辞华丽的诗。见廷布贡桑妥杰出版社 1976 年藏文版，第 22 叶 A 面。

④ 雍正十二年二月初二日，《都统青保等报遣员前往布鲁克巴和解缔约情形事奏折》，见中国第一历史档案馆《雍正年间平息布鲁克巴内乱史料》（下），《历史档案》2006 年第 1 期。

又谕：嗣后贝勒之两名贤能第巴于两造地方各驻一名照看办事，当遵示而行。①

颇罗鼐方案的核心有两条：第一，噶毕顿珠用土地（吉普、丁沁两处）换人（却列南杰），以求和平。对于米旁旺布方面来说，这是一个保全颜面的做法，多少获得了补偿；而对于噶毕顿珠来说拥有却列南杰就意味着拥有无形的号召力，在经济上并不算是损失，因为却列南杰本身可以吸引大量的供奉。第二，西藏派出两名官员分驻两地，随时监管处理各类事务。至于其他争议采取了既往不咎、平等互换的原则。双方对于颇罗鼐的方案均表示认可。

雍正十一年十二月十二日（1734 年 1 月 16 日），使臣等自布鲁克巴返回江孜，呈上和好表文。并称"我布鲁克巴乃山林一小部落，不知法度，东方大皇帝普渡众生，特派诺彦、格隆前来，将吾等不齿之事俱以公平办理，且令贤能第巴各驻一方，蒙此隆恩厚泽，犹如婴儿入母怀抱也"②。

雍正十一年十二月十五日（1734 年 1 月 19 日），游击和尚、噶布伦多卡夏仲·策仁旺杰等汉藏官员携双方和好钤印保结及所遣使臣由江孜城起程返回拉萨，向颇罗鼐、驻藏大臣等呈递布鲁克巴冲突双方互立和约甘结（即字据，表示愿意承担某种责任或义务，否则甘愿接受处罚），其文曰：

佛神众护法在上，执法各头领为证盟誓。布鲁克巴诺彦齐类拉卜济、噶毕东罗布喇嘛公同具结：昔日我布鲁克巴部内乱无宁，各献首投归大皇帝，蒙圣主抚准所请，施以隆恩，贝勒颇罗鼐又宣谕大皇帝恩威，当即和合。然宿怨甚深，仇杀再起。兹蒙大皇帝之臣所遣顾宗叶与贝勒之使共同为我等排解，贝勒颇罗鼐自扎什伦布返回又亲临开谕，是以一致遵奉，即照壬子年和约以行：往昔火烧噶毕之城及布鲁

①　《布鲁克巴两造呈给都统青保所遣和解之员和合结文》，见中国第一历史档案馆《雍正年间平息布鲁克巴内乱史料》（下），《历史档案》2006 年第 1 期。

②　雍正十二年二月初二日，《都统青保等报遣员前往布鲁克巴和解缔约情形事奏折》，见中国第一历史档案馆《雍正年间平息布鲁克巴内乱史料》（下），《历史档案》2006 年第 1 期。

克巴伯默特城之事，免究不论；喇嘛楚克赖巴（即却列南杰）既自布鲁克巴荣（即政府）转赴噶毕一方，毋庸返回，以噶毕之拉克兹布东面地方以为布鲁克巴荣之补偿；彼此尽弃前嫌，不得翻覆；喇嘛楚克赖巴之父母族亲予以释放，使之安好；额讷特科克之第纳迪瓦部仍如往昔保持安静，不得偏向噶毕而滋事端。其他琐事俱免议不论。嗣后我等布鲁克巴荣及噶毕两造，俱遵贝勒颇罗鼐所遣办事之人指示而行，和睦相处，断不负圣主轸恤我布鲁克巴之恩也。倘有毁约者，以天道国法论处，断无怨言。

为此，布鲁克巴荣之诺彦林亲齐类拉卜济具结画押，噶毕东罗布喇嘛具结画押。①

同时呈递向西藏汉藏官员所立和约保结（古代为向他人或官府保证自己行为的文书）：

向三宝佛及大皇帝所遣解和之员具结呈称，为报鄙布鲁克巴之诺彦林亲齐类拉卜济、噶毕喇嘛东罗布我等两造和合事。

我布鲁克巴仆众恶事遍起，两造仇杀大作，前已呈请土伯特贝勒将我等休戚之情告尔知之。昔因贝勒颇罗鼐宣谕大皇帝恩威，我等献首归诚，仰蒙隆恩怜恤，谕令我等两造毋再仇杀，安宁而生，由此和好。惟宿怨太深，和合践毁。兹蒙大皇帝之臣所遣之使游击和尚及贝勒之使格隆策棱旺扎尔为我等排解，贝勒至扎什伦布后又亲向我等开谕利害，俾我两造之事及地域划分俱照水鼠年（即1732年）和约确定：嗣后，噶毕东罗布房屋及诺彦林亲之毕玛特地方房屋被焚之事，彼此免究不论；再喇嘛楚克赖那木札勒既至噶毕处，毋庸给还，以噶毕之吉普、丁沁两处属民予以诺彦林亲补偿；前诺彦林亲喇嘛拘禁之楚克赖那木札勒父母族人，予以释放，俾之安好；双方逃人愿返回者，听其自便，不得挟嫌阻止；至额讷特科克之第纳迪瓦部仍如往昔而处，不得与噶毕通好；其余琐事毋庸议。又奉谕示：嗣后贝勒之两

---

① 《布鲁克巴两造和合约结》，见中国第一历史档案馆《雍正年间平息布鲁克巴内乱史料》（下），《历史档案》2006年第1期。

名贤能第巴于两造地方各驻一名照看办事，当遵示而行。此皆大圣主为布鲁克巴两方臣仆再造之恩也。从此往后，惟有和好不悖，无论何旨，俱以遵行。等语约定。嗣后如悖谕旨和约，构祸生事，听凭大军讨伐，罚取我等资财也。等情具呈。

布鲁克巴之诺彦林亲齐类拉卜济、噶毕喇嘛东罗布钤记。①

西藏的藏文档案中保存有其他版本的和约甘结，其中提到双方的甘结中还包括经济惩罚的内容，一份文件指出如昊违背协议则处罚黄金 100 两，② 而另一文件则称"要向众位法主大人分别供献 1000 两黄金"③。

满文档案中有关布鲁克巴内乱事的记载至此结束，似乎意味着纠纷双方就此遵谕和解。然而事实远非如此。根据藏文资料，就在双方签署条约、出具甘结之后，布鲁克巴内部的冲突仍在继续，发生了噶毕一方夺取重要商贸通道布华山口达迪卡（rda-rdi-kha）地方，以及布鲁克巴政府占领噶毕所属噶尔萨（mgar-sa）宗等事件，西藏不得不再次派遣毕贡巴和曼塘巴前往布鲁克巴调解。

根据藏文资料可知，就在布鲁克巴双方代表正在商议和约之时，布鲁克巴政府方面正在密谋鼓动噶毕所属噶尔萨宗宗本反戈倒向政府方面。起因是噶毕顿珠准备撤换噶尔萨宗本南杰次仁（rnam-rgyal tshe-ring），南杰次仁不满，便以将该宗献给政府方面相威胁，而政府方面写信进行了积极的鼓动和拉拢，其中一封信件落入噶毕顿珠手中，为此他三

---

① 《布鲁克巴两造呈给都统青保所遣和解之员和合结文》，见中国第一历史档案馆《雍正年间平息布鲁克巴内乱史料》（下），《历史档案》2006 年第 1 期。中国第一历史档案馆清代档案朱批满文奏折外交类——中不（丹）关系，第 429—1 号。

② 《噶毕所执水牛年（1733 年）所立布鲁克巴政府与噶毕双方就无违和约、撤回军队、逃人返还事之甘结》（chu-glang 'brug-ka gnyis nas ching-khri dgongs-don las mi -'gal ba'i so so'i dmag-tis phyir-slog dang da-phan yul-don yod-rigs phyir-slog byid-pa'i gan-rgya），西藏自治区档案馆藏噶厦档案外交类——中不（丹）关系，卷宗号略。

③ 《噶毕所执水牛年（1733 年）所立布鲁克巴政府与噶毕双方就无违和约、逃人返还、自此不得包庇逃人、各自管束偷盗之人、彼此不得寻衅滋事之盟誓甘结》（chu-glang 'brug-ka gnyis nas ching-khri dgongs-don ltar yul-don snar-yul phyir-slog dang da-nas gzung mgo-len brten-skyab mi-byid cing so so'i sa-gnas la rku-byag byed mi-rang rang gis ga-len las phan-tshun khag-'gel rcod-'dzugs mi-byed pa'i mna'-gan），西藏自治区档案馆藏噶厦档案外交类——中不（丹）关系，卷宗号略。

次写信给颇罗鼐。① 后来双方虽然签署了和约，但是，木虎年二月三日（1734 年 3 月 9 日），噶尔萨宗内外呼应，被政府方面占领，为防止噶毕顿珠遭到进一步军事进攻，西藏代表不得不派军队保护噶毕。② 与此同时，在南部的布华山口地带双方也发生纠纷，在西藏官员进行调查时双方各执一词。政府方面称：噶毕方面以欺骗手法获取达迪地方，使山口管理官员不能撤回，还毁坏卡托（kha-thog），向赛仓（sad-tshing）、贡特（dgongs-thug）用兵，属于首先违约行为。而噶毕方面则称达迪人欲前来朝拜夏仲·却列南杰，但是政府方面让布华山口官员（rgya-drung）出兵阻止，因此才发生纠纷。毕贡巴、曼塘巴等经过详细调查后，指出双方都言行不一，解决问题的唯一办法是回到在江孜签署的条约框架内，要求噶毕方面放弃占领达迪，政府方面撤军，不得相互纠缠追究违约责任等。③ 没有资料显示调停的效果如何。

1734 年（木阳虎）春，颇罗鼐专门派噶伦多卡夏仲·策仁旺杰连同布鲁克巴纠纷双方的代表前往康区第七世达赖喇嘛的驻地，贡献礼物并要求"以甘丹颇章和佛教的名义使双方和好"④。

颇罗鼐平息布鲁克巴内乱是清朝西藏与布鲁克巴关系史上具有划时代意义的重大历史事件。从形式上看，它属于一次被动行动，是因为竹热杰、噶毕顿珠一方的再三请求而采取的行动。这种求援是布鲁克巴历史上的一种传统，过去"五部僧人"与竹巴噶举派发生冲突时，便常常向西藏地方政府求援，同时也反映出得到清朝中央支持的西藏在喜马拉雅山地区综合实力上的相对强势地位，赋予它扮演调停者的角色。颇罗鼐平息布鲁

---

① 《八月三十日从邦塘宫寄给噶尔萨宗本南杰次仁，十一月二十六日到达帕罗方面信函之原件》（mgar-sa-rdzong la rgyal-tshe-ring gyi kur-ba'i yi-ge ngos-ma zla 11 tshes 26 la rin-spungs su 'byor），西藏自治区档案馆藏噶厦档案外交类——中不（丹）关系，卷宗号略。

② 《二月五日曼塘巴上呈颇罗鼐信函》（zla 2 tshes 5 sman-thang-bas mi-rje chos rgyal chen-po'i zhabs-pad rin-po-che la phul-ba'i zhu-yig），西藏自治区档案馆藏噶厦档案外交类——中不（丹）关系，卷宗号略。

③ 《木虎年一月二十八日西藏调停官员呈纠纷双方的信件》（shing-stag zla 1 tshes 28 phran-gzung 'dzoms-pa'i snyan 'bul zhu-rgya'i tho-chung zur-phul），西藏自治区档案馆藏噶厦档案外交类——中不（丹）关系，卷宗号略。

④ 章嘉·若贝多杰：《第七世达赖喇嘛传》，蒲文成译，西藏人民出版社 1989 年版，第 157 页。

克巴内乱结束了布鲁克巴内部长期以来因为"夏仲"活佛转世之争而引发的社会动荡，开创了此后相当长时期的稳定局面，有利于社会经济的恢复与发展。颇罗鼐平息布鲁克巴内乱，并派属下官员驻扎纠纷两造交界地带，进行管理，不仅稳固了清朝的边防，更为重要的是恢复了中国西藏与布鲁克巴之间传统的友好交往关系，为清朝册封布鲁克巴政治领袖，建立宗藩关系奠定了基础。布鲁克巴官员（人质）驻于拉萨，参加各种重要的政教活动，以及布鲁克巴年度性地向驻藏大臣、达赖喇嘛等政教领袖致送年礼——"洛恰（lo-phyag）"的习惯，成为布鲁克巴与清朝西藏之间相互联络的纽带。

第三章　清朝分封布鲁克巴首领

　　颇罗鼐、马喇等用兵布鲁克巴取得胜利，结束了西藏与布鲁克巴之间自 17 世纪初以降百多年来的战争、对抗局面。接下来他们所面临的问题是如何重建与布鲁克巴的新型关系。对于颇罗鼐来说可供参照的历史先例是西藏与拉达克的关系模式。1680 年，西藏在反击拉达克扩张的战争获胜后，确立了一系列处理双边关系的原则：在拉达克王出具保结、送交人质等前提下，西藏保留其首府列城（sle）等七地给原国王做养赡之地，另立新王以分其势。拉达克每年为大昭寺祈愿法会贡献供灯之资，并向噶厦政府缴纳定量税金，所有这些物资的运输由西藏负责。作为交换条件西藏地方政府的官商每年将二百头牦牛驮的茶叶，销往拉达克等。[①]

　　从 1730 年在扎西曲宗签订的协议以及后来在江孜对布鲁克巴内部冲突的仲裁来看，颇罗鼐处理与布鲁克巴关系的思路，继承了第五世达赖喇嘛、第司桑杰嘉措处理与拉达克关系时的主要思想：他在要求布鲁克巴冲突双方出具有关停战、臣服（包括送交人质、每年向达赖喇嘛进贡，并遣使向清朝皇帝问安）的甘结后，承认了布鲁克巴政府的存在。但同时又通过支持噶毕顿珠来削弱、牵制布鲁克巴政府，后来干脆派驻官员以仲裁双方的纠纷。而对于民间交往如朝佛、贸易等采取了鼓励政策。这些措施显然是把布鲁克巴当做中国西藏的藩属看待的。出具甘结、送交人质，都是萨迦、帕竹政权时代西藏地方政府处理与地方实力集团（如万户）之间关

---

　　① （佚名）《拉达克王统记》，西藏人民出版社 1987 年藏文版，第 60—61 页。

系的古老传统。与之不同的是颇罗鼐承认布鲁克巴政府组织的存在，也没有提出税收等经济要求。但是，在政治上，西藏享有最高仲裁权，保留有干涉布鲁克巴内部事务的权力。

然而，西藏与布鲁克巴之间的这一新型关系很快就提升到更高的层面，因为自 1721 年清朝开始在西藏设置驻藏官员以来，清朝中央对西藏地方事务的影响力日渐增强。这种影响力体现在对外关系方面，就是清朝中央力图通过册封等措施将布鲁克巴纳入宗藩体制的轨道，以使"声教迄于四海"，而颇罗鼐对清朝皇帝始终不渝的忠诚和服从，则使朝廷的愿望得以顺利实现。

一　布鲁克巴使者进京请封

雍正皇帝在奖赏颇罗鼐平息布鲁克巴内乱、宣谕大皇帝恩威之功时（雍正九年二月，即公元 1731 年 3 月），向内阁大学士马尔赛等指出，"布鲁克巴之诺彦林亲齐类拉卜济及噶毕东罗布等诚心归顺，殊属可嘉。伊等如何加恩封赏之处，著尔等议奏"[①]。马尔赛等议奏：

> 布鲁克巴诺彦林亲齐类拉卜济、呼毕勒罕喇嘛扎色里布鲁克古济知过谢罪，进献方物，仰慕圣主仁化，率其阖部即行恭顺归附，虔诚恭请皇上训旨，甚属可嘉，理应恩封。惟不知伊等是否请封，故敕封之事暂且搁置，饬交马喇等密谕颇罗鼐询问布鲁克巴等，谓曰：尔等如若请封，将给以较大封号。俟马喇将其询问之情奏到时再议可也。[②]

原先在西藏与喜马拉雅山地区各政权之间的交往中没有赠与封号的传

---

① 雍正九年二月十六日（1731 年 3 月 23 日），《大学士马尔赛等为议复布鲁克巴归服事宜事奏折》，见中国第一历史档案馆《雍正年间平息布鲁克巴内乱史料》（上），《历史档案》2005 年第 4 期。原档见中国第一历史档案馆清代档案朱批满文奏折外交类——中不（丹）关系，第 427—7 号。

② 雍正九年二月十六日，《大学士马尔赛等为议复布鲁克巴归服事宜事奏折》，见中国第一历史档案馆《雍正年间平息布鲁克巴内乱史料》（上），《历史档案》2005 年第 4 期。

统，布鲁克巴自然不会有请封之举。然而，颇罗鼐平息布鲁克巴内乱，布鲁克巴首领倾心内向，极为恭顺，对于雍正皇帝来说是个意外之喜，这是在喜马拉雅山地区扩展影响的良好机会。显然，清朝皇帝有意推广其宗藩体制。因此，主动让颇罗鼐、马喇等询问布鲁克巴是否请封，并承诺给予"较大名号"。清朝的这种"引导"，不仅在于将布鲁克巴纳入宗藩体制之内，使天子之德教溢于四海，同时，也包含着对布鲁克巴首领恭顺内向的奖赏。

按照中国传统的宗藩制度，册封藩属首领是建立正式宗藩关系的标志，藩属通过接受中央王朝的册封而表示对皇帝的臣服。早在周代时，皇帝即以这种方法处理与分封宗室诸侯的关系。这一制度经过两千年的发展，到清代已完善成为处理朝廷与藩部、属国之间关系的一套相当完备的礼仪和制度。

根据宗藩关系礼制，藩属请封必须首先上表文提出赐予名号的请求（无论这种请求是出于自愿还是迫于压力），并根据清朝的规定，或直接向朝廷奏请，或由某些藩部、行省长官代题，在获得允准后派出请封使者赴京。请封使者根据清朝规定的路线进京，途中费用全部由清朝负担。朝廷册封藩属"必锡之诏敕，初内附，则锡之印，皆副以恩赉"[1]，即是说册封藩属包括颁诏、赐印、行赏三方面的内容。册封用诏书或敕谕，授予藩属国王印玺，表示承认其在本国的统治地位，同时按照"薄来厚往"的原则进行赏赐。但是否遣使册封，则根据政治隶属关系的强弱而有所不同。根据乾隆朝《大清会典》记载，"朝鲜、安南、琉球，钦命正副使奉敕往封；其他诸国，以敕授来使赍回"[2]。最后受封藩王还必须遣使纳贡谢恩。这一套看起来烦琐的礼仪体制，实质上是将藩属纳入"秩序"的象征，也是藩属"臣服"合法化的过程。[3]

史料未提供颇罗鼐、驻藏大臣等与布鲁克巴方面协商有关事宜的过程。到雍正十年（1732 年），颇罗鼐等奏报，布鲁克巴所遣请封诰、名号之使臣将并入第二年（即 1733 年）颇罗鼐进献丹书克（brtan-bzhugs，西藏地方政府首脑派往北京向皇帝进呈的问候信）之使团，一同前往。但

---

① （光绪）《大清会典》卷 39《礼部主客清吏司》。

② （乾隆）《大清会典》卷 56《礼部主客清吏司·宾礼》。

③ ［美］何伟亚：《怀柔远人：马嘎尔尼使华的中英礼仪冲突》，邓常春译，社会科学文献出版社 2002 年版，第 18 页。

是，米旁旺布与噶毕顿珠之间因夏仲·却列南杰的去留及下属人等盗抢等事而再起冲突，颇罗鼐认为局势未定，贸然派布鲁克巴使者进京请封，并非慎重之举，[①] 于是决定先解决布鲁克巴内部的纠纷，只有布鲁克巴局势完全安宁，才能派遣请封使者进京，因此，布鲁克巴使者未能按计划于1733年底随第七世达赖喇嘛、颇罗鼐之丹书克使团进京。

1734年初，在布鲁克巴内部的冲突得到了圆满解决后，遣使进京请封顺理成章。布鲁克巴双方也提出这样的要求，"祈请将吾等所遣恭请大皇帝万安、进献方物、敬请印信封号之使尽速送京。倘幸蒙大皇帝加恩赏给吾等印信封号，将可仰赖大皇帝天威，管束吾等属下无法之人，及至子孙，永需渥泽，享以太平"[②]。

雍正十二年二月初二日（1734年3月6日），颇罗鼐特派希达尔斋桑及跟役十二名，护送布鲁克巴双方请赏使臣，从拉萨出发。布鲁克巴使臣包括米旁旺布之使臣格隆巴尔冲（gelung barcung）及四名跟役、噶毕顿珠之使臣商纳克诺尔布（šangnak norbu）及四名跟役。请封使臣经康区道赴京。

按照清朝的惯例，请封使臣途中的费用由朝廷负担。档案载：

> 布鲁克巴两名使人，每日每人食羊各一只、饮茶叶各二两六钱，随行八名跟役每日食羊一只、茶叶一斤五两。使人跟役每日共食米一仓斗、炒面二斗、酥油一斤四两、盐八两，用木炭三百斤并驮骑牲畜。[③]

---

① 颇罗鼐认为正是因为"伊等和好，相互盟誓"，皇帝才同意进京请封，然而在"该使人起送之前，又出事端，如送京之后再度反目，虽系下人琐事，然频仍渎奏，颇罗鼐我实甚惶悚"。见雍正十一年七月十九日（1733年8月28日），《都统青保等为报布鲁克巴再起兵戈遣员前往探信事奏折》，见中国第一历史档案馆《雍正年间平息布鲁克巴内乱史料》（下），《历史档案》2006年第1期。原档见中国第一历史档案馆清代档案朱批满文奏折外交类——中不（丹）关系，第428—1号。

② 雍正十二年二月初二日（1734年3月6日），《都统青保等奏报遣员前往布鲁克巴解和缔约情形事》，见中国第一历史档案馆《雍正年间平息布鲁克巴内乱史料》（下），《历史档案》2006年第1期。

③ 雍正十二年二月初二日，《都统青保等为报布鲁克巴使人启程赴京及沿途办给驮骑廪饩事奏折》，见中国第一历史档案馆《雍正年间平息布鲁克巴内乱史料》（下），《历史档案》2006年第1期。原档见中国第一历史档案馆清代档案朱批满文奏折外交类——中不（丹）关系，第429—3号。

　　驻藏大臣还要求从拉萨到打箭炉，沿途办理粮饷事务官员每日按规定置办齐备，使臣等抵达后，便照数办给。所用银钱报四川督抚核销。① 朝廷要求四川省督抚，在使团抵打箭炉后，照例办给马匹廪饩，差派妥善之人护送到京。并奏报自四川省起程日期及到达京城的日期。②

　　起初，朝廷在闻知请封使团起程后，就赏封何种名号等事宜尚未有定议，军机事务大臣、大学士鄂尔泰等奏"俟该使到后问明，再行议奏"③。但是，随后军机处却紧急要求驻藏大臣马喇与颇罗鼐等商量应赏布鲁克巴首领何种名号，因为他们对布鲁克巴双方"所辖地域大小、应给何等封号"，并不了解，故难以定夺。要求马喇与颇罗鼐磋商，"以伊等所辖地域、往昔名分，各应颁给何等印信封号，并合其所望，不致过分，且其他藩部与闻，尚能心服"等内容为原则，详细商议斟酌，"尽速密议，于布鲁克巴使人抵京之前弛送为宜"。④ 由此也可以看出，朝廷对册封之事甚为慎重，进行过认真的商讨。

　　根据朝廷的上述要求，我们也可以看出清朝册封藩属国的一些基本原则：1. 基于现实主义的原则，以其实力大小及原品级高低状况确定名号。2. 尽可能符合请求者之愿望，但又不致过分。遵循所谓"适中"、"中道"原则。3. 册封应对周边其他"部众"产生良性示范效应，使闻知者产生倾慕向化之心，由此而使大皇帝威名远播。可见册封并不仅仅只针对单个主体，而是一次具有重要象征意义和连带效应的外交行动。

---

　　① 雍正十二年二月初二日，《都统青保等为报布鲁克巴使人启程赴京及沿途办给驮骑廪饩事奏折》，见中国第一历史档案馆《雍正年间平息布鲁克巴内乱史料》（下），《历史档案》2006年第1期。原档见中国第一历史档案馆清代档案朱批满文奏折外交类——中不（丹）关系，第429—3号。

　　② 雍正十二年三月十七日（1734年4月20日），《大学士鄂尔泰等为议复布鲁克巴使人启程来京所拟应办各事片》，见中国第一历史档案馆《雍正年间平息布鲁克巴内乱史料》（下），《历史档案》2006年第1期。

　　③ 同上。

　　④ 雍正十二年五月初四日（1734年6月5日），《副都统马喇等为会同颇罗鼐商议布鲁克巴等应行赏给印信封号事奏折》，见中国第一历史档案馆《雍正年间平息布鲁克巴内乱史料》（下），《历史档案》2006年第1期。原档见中国第一历史档案馆清代档案朱批满文奏折外交类——中不（丹）关系，第429—3号。

根据上述原则，颇罗鼐等议奏：

先前布鲁克巴之大喇嘛扎色里为阿旺那木札勒，噶毕东罗布之祖噶毕格隆为第巴。其后，转世之呼毕勒罕喇嘛巴提（嘉色·贡噶坚赞又称 gha-na-pa-ti——引者注）将第巴变更，旺帕柱布鲁克拉卜济（即竹热杰）据之。现呼毕勒罕喇嘛为札色里布鲁克古济，第巴为林亲齐类拉卜济，伊等所辖大小城近三十座，奴仆一万余户。至噶毕东罗布之祖，原为布鲁克巴第巴（即第六任德布王阿旺次仁/ngag-dbang tshe-ring）。迫至伊孙噶毕东罗布，乃任噶隆，办理事务。后噶毕东罗布等两相争斗，反目为仇，各自为政。经奏大皇帝，现令噶毕东罗布统辖大城五座，小城十座，奴仆四千余户。鄙颇罗鼐愚意，其呼毕勒罕喇嘛扎色里布鲁克古济，仍赏给喇嘛称号；诺彦林亲齐类拉卜济、喇嘛噶毕东罗布，今既各辖一方奴仆，赏给伊等地方牧守印信封号，则其各必感激大皇帝敕封之恩，约束各自属人。①

为此，颇罗鼐分别提出了给予册封的具体称号建议：赏给久美诺布"执掌布鲁克巴教法札色里呼必尔罕"称号，藏文为"'brug-pa'i bstan-pa 'dzin-pa rgyal-sras sku-skye"；赏其兄米旁旺布"额尔德尼第巴"称号，藏文为"er-te-ne sde-pa"；喇嘛噶毕顿珠赏"管理地方奴仆之噶毕东罗布喇嘛"。② 认为这种册封，不仅能够弘扬大皇帝"仁化"之名，也能够使他们了解东方文殊师利大皇帝"于天下众生，无分内外，一视同仁"的胸怀。其他藩部闻之，也"必俱感怀"。

---

① 雍正十二年五月初四日，《副都统马喇等为会同颇罗鼐商议布鲁克巴等应行赏给印信封号事奏折》，见中国第一历史档案馆《雍正年间平息布鲁克巴内乱史料》（下），《历史档案》2006 年第 1 期。

② 满文档案称："所谓扎色里，菩萨者也；布鲁克古济，即布鲁克巴呼毕勒罕之谓也，似宜赏给其执掌布鲁克巴教法扎色里呼毕勒罕之印信封号。再，诺彦林亲齐类拉卜济之称，即其名也，似宜赏给其额尔德尼第巴这印信封号。至噶毕东罗布，噶毕者伊之姓也，东罗布伊之名也，似宜赏给其管理地方奴仆之噶毕东罗布喇嘛印信封号。"噶毕顿珠的封号藏文字样尚未找到。见雍正十二年五月初四日，《副都统马喇等为会同颇罗鼐商议布鲁克巴等应行赏给印信封号事奏折》之附件《布鲁克巴呼毕勒罕喇嘛等三人应赏印信封号单》，见中国第一历史档案馆《雍正年间平息布鲁克巴内乱史料》（下），《历史档案》2006 年第 1 期。

鄂尔泰等转奏颇罗鼐的建议，于雍正十二年八月二十二日（1734 年 9 月 19 日）得到皇帝同意。于是"将所颁敕书交内阁缮拟奏览，兼书满、蒙、唐古特文字颁给之。其印信，交（礼）部兼以满、蒙、唐古特文字铸造"。可见，册封包括颁赐三种文字之敕书，及三种文字兼书之印章。起初，根据军机大臣等的意见，印章"铸得后，交伊等使人带回"，[1] 但后来规格提升，改由朝廷遣使护送，由于资料阙如，我们尚不清楚这种礼仪规格提升的原因。

各种史料未提供布鲁克巴使者在京城的活动情况，以及朝廷正式册封的具体细节。但满文档案存有米旁旺布和噶毕顿珠上呈皇帝的表文，《卫藏通志》录有译文，兹录如下：

米旁旺布之表文：

> 天下含生共戴满洲西土大主明鉴：微末布噜克巴喇嘛札尔萨立布噜克谷济、诺彦林亲齐类拉卜济等，焚香望阙合掌叩头，谨奏为恭请圣安、仰乞天恩事。西陲愚众不知善恶，妄行仇杀。西藏贝勒致书宣谕大主天恩仁化，我等不胜欣戴，遣使至大人贝勒处，乞准归命。复蒙大皇帝赐以生平未睹之异数天恩。远贡黄金满世界矣！如天之大恩，实万世不能图报，惟有感激恭谢天恩。但布噜克巴人愚如兽，不知法教，因与噶毕屡次构祸，蒙驻藏大人转奏，特遣官员、噶布伦等，为我等和解。又蒙西藏贝勒亲至则汪（《西藏志》作"汪则"、"则江"，应为江孜之误，满文原档为 Jang-dze——引者注），宣谕大主天威仁化，分晰厉害，每处按一第巴，照看办事，谆谆致书教谕，我等俱各感激，欣然和好。自今以后，惟有感戴皇恩永远安乐。敬求者，布噜克巴人等多有不知法度者，求大主赏以敕印，以便管辖。且愚人上畏天威，各守法度，不致生事，世世子孙，永德安生者，皆大皇帝再造之恩。于大皇帝别无所思，伏乞怜悯，时降教训，鉴之鉴之。为此，特差格隆巴尔冲恭请圣安，伏乞天恩，并献土产各色卡契带五条、卡契缎

---

[1] 雍正十二年八月二十二日，《大学士鄂尔泰等为议复赏给布鲁克巴呼毕勒罕喇嘛等三人印信封号事奏折》，见中国第一历史档案馆《雍正年间平息布鲁克巴内乱史料》（下），《历史档案》2006 年第 1 期。

一匹、珊瑚一串一百零八个、密蜡一串三十六个、五色花布四匹、布噜克巴布二十匹、卡契小刀一把、银碗一个，月之吉日，奏。

噶毕顿珠之表文：

天下含生共戴满洲西土大主明鉴：微末布噜克巴噶毕东鲁卜喇嘛，焚香望阙合掌叩拜，谨奏为恭请圣安、仰祈天恩事。东鲁卜喇嘛上合天心，恭顺归命，仰赖大主恩威，安生乐业。恭请圣旨之时，蒙赐以有生未见异数大恩。噶毕东鲁卜不胜感激，曾经恭谢天恩，实不但今生，虽万万世不能仰报。惟有三宝佛前虔诚讽经，祝满洲西土大主万万年耳。但布噜克巴人等生性愚昧如畜，屡年生隙仇杀。驻藏大人奏明大主，普爱生灵，差官噶布伦等为我等和解，贝勒又亲至则汪（应为江孜之误——引者注），宣谕天威仁化，分晰厉害，教训和好，各处差第巴一名，照看办事，复致书教训，如幼儿得母，欣感无既，今复和好，惟感大主庇佑天恩，久为安乐而已。拜求者，满洲西土大皇帝怜悯愚生，赐以敕印，得赖恩威，便于管辖所赐五城人民，彼亦知敬畏，各守法度，以安其生。此满洲西土大主怜悯再造之恩也，鉴之鉴之。为此，特差商纳克诺尔布恭请圣安，仰祈天恩。并献土物奏书、哈达一个、珊瑚八个、小珊瑚七十个、金丝织成花缎一匹、花布三匹、象牙一根、卡契带五条、白卡契布三十匹、密蜡一串一百一十五个，月之吉日，奏。[①]

布鲁克巴使者似乎在京城滞留了很长时间（至少7—8个月以上），直到雍正十三年（1735 年）夏五月，布鲁克巴使者才"蒙世宗宪皇帝赏赐饬印，遣使护送"，回到西藏。[②] 按照规制，遣使护送饬印，是一种很高的礼仪规格，但是，史料并未提供使者名单及其他细节。

---

① 两份表文俱见《卫藏通志》卷 15《部落》，《西藏研究》编辑部编《〈西藏志〉〈卫藏通志〉合刊》，西藏人民出版社 1982 年版，第 510—511 页。原档见中国第一历史档案馆清代档案朱批满文奏折外交类——中不（丹）关系，第 429—1 号。

② 《卫藏通志》卷 15《部落》，《西藏研究》编辑部编《〈西藏志〉〈卫藏通志〉合刊》，西藏人民出版社 1982 年版，第 510 页。

　　然而，未等清朝封赐的饬印送到西藏，噶毕顿珠已因病故去。颇罗鼐"恐其所辖五城奴仆逃散"，一方面派后藏五百兵防守帕里，一方面思索如何应对新的局面。关于噶毕顿珠的继任者，颇罗鼐在奏折中称："从噶毕喇嘛绰克赖巴（即夏仲·却列南杰）及大人中选，竟无应坐补噶毕东罗布缺之人。若派我土伯特（即西藏）人坐补，不能不苦累下人"，因此，想到"诺彦林亲齐类拉卜济等归附以来，颇为恭顺，且以其叔车凌旺沁（即次仁旺钦）为质驻藏。若将噶毕东罗布所属五城人众赏还布鲁克巴喇嘛札色里布鲁克古济、诺彦林亲齐类拉卜济，布鲁克巴人皆感激圣恩，可无争议"。① 军机处将此方案奏请皇帝，也得到雍正皇帝首肯。②

　　雍正十三年（1735 年）夏，马喇、颇罗鼐等根据皇帝的命令特派汉藏官员千总李仁我（音译）等携带赏封布鲁克巴首领的敕书、印信等，前往布鲁克巴正式颁发。③ 米旁旺布既得封号，又获得噶毕顿珠所辖之地，对清朝皇帝和颇罗鼐自是感恩戴德，派遣宗本白玛（pad-ma）为使臣，跟随千总李仁我等前来拉萨（于五月二十四日即 1735 年 7 月 14 日，由扎西曲宗起程），呈递谢恩奏书。称：

　　　　鄙乃极边之隅一微末小部之头领，东方文殊师利大皇帝怜悯我布鲁克巴众生，逾格施以天地高厚之恩，于我颁发敕书、赏给额尔德尼第巴名号、印信及银茶筒、酒海、各色彩缎等物。又蒙隆恩下逮，赏给噶毕东罗布所辖五城仆众。此乃东方文殊师利大皇帝将我布鲁克巴众生始终恩佑养育，仍视一体之异数隆恩。其大恩大德，虽万万世无以为报。不惟鄙之一人，且我阖部之众无不欢忭也。我等惟有倾心感戴大皇帝隆恩渥泽，竭能效力，抚驭部属，宣谕大皇帝仁恩，以期永

----

　　① 乾隆二年四月二十七日（1737 年 5 月 26 日），总理事务和硕庄亲王允禄等《议奏住藏为质之车凌旺沁请令遣回折》，见中国第一历史档案馆清代档案朱批满文奏折外交类——中不（丹）关系，第 430—2 号。

　　② 迈克尔·阿里斯认为，西藏将帕罗等西部地区交还给布鲁克巴政府是当初双方在西藏主持下签订和约时就有约在先，条件是西藏作为仲裁者保证噶毕顿珠的生命安全。但是，这一观点在清代档案和藏文史料中未得到印证。

　　③ （佚名）《奏报赏呼图克图印记及敕书折》，见中国第一历史档案馆译编《雍正朝满文朱批奏折全译》（下册），黄山书社 1998 年版，第 2632 页。

世安乐耳。①

　　根据上述清宫档案记载，清朝册封布鲁克巴冲突双方首领完全是按照宾礼"遣使敕封礼"而行，并给予了极高的待遇，但是，令人疑惑的是清朝并未将布鲁克巴列在藩服，也没有要求布鲁克巴定期遣使前往京城纳贡，其原因或者考虑到路途过于遥远，或者皇帝满足于布鲁克巴向西藏地方政府的定期（每年一次）纳贡，视其为"（清朝）西藏之属国"。这种"藩属之属国"现象在清朝隆盛时期亦属常见。

　　雍正皇帝正式册封布鲁克巴首领，使之成为清朝西藏地方之藩属，这种政治关系在最初的官修史书中得到反映。乾隆朝《清朝职贡图》就将布鲁克巴作为西藏的属部做了介绍：

　　　　西藏所属补噜克巴（即布鲁克巴）番人：补噜克巴部落在藏地西南，本西梵国所属，西藏郡王颇罗鼐始招服之，今每岁遣人赴藏，恭请圣安。其男子披发，裹以白布，如巾帻然，著长领褐衣，肩披白单，手持素珠。妇女盘发后垂，加以素冠，珠红衣，外系花褐长裙，肩披青单，项垂珠石璎珞，围绕至背。其俗知崇佛唪经，然皆红教也。②

　　早期的如乾隆时期《理藩院则例·柔远清吏左（前）司下》也留下了有关布鲁克巴内附的记载：

　　　　（雍正十二年）封布鲁克巴呼毕尔汗喇嘛札尔西里布鲁克顾济为掌管布鲁克巴黄教札尔西里呼毕尔汗；诺彦林沁齐雷喇卜济为额尔德尼第巴；噶毕冬洛卜（即噶毕顿珠——引者注）为掌管地方噶毕冬罗卜喇嘛，均给与印信。③

――――――――――――

　　① 雍正十三年七月二十二日（1735 年 9 月 8 日），《副都统马喇等为报布鲁克巴呼毕勒罕等接奉敕印遣使谢恩事奏折》，见中国第一历史档案馆《雍正年间平息布鲁克巴内乱史料》（下），《历史档案》2006 年第 1 期。原档见中国第一历史档案馆清代档案军机处满文录副奏折，第 1541—13 号。
　　② （清）傅恒：《清朝职贡图》卷二。
　　③ 中国边疆史地研究中心编：《清代理藩院资料辑录》，全国图书馆文献缩微复制中心 1988年版，第 121 页。

《皇朝藩部要略》也记载，布鲁克巴德布王米旁旺布等遣使纳贡，皇帝谕曰：

> 朕为天下主，一视同仁，无分中外。乃者附近帕尔城之布噜克巴人等，起衅构兵，互相仇杀，朕闻之不忍。颇罗鼐仰体朕意，与班禅喇嘛遣使往谕朝廷恩德，布噜克巴人等感悟息争，敬顺无违，且请施恩训诲，朕甚嘉悦，嗣此恪守疆界，共相和睦，永遵释教，祗奉恩纶，朕自益加优眷。①

然而，布鲁克巴因为未列入藩封，并不定期来京朝贡，中央机构并不直接管理布鲁克巴事务。因此，在清朝中后期（咸丰朝以后）朝廷官员似乎对布鲁克巴这个藩属日渐淡忘，以至于到19世纪出现边疆危机，朝廷试图重整边疆藩属以为御敌藩篱时，理藩院等主管部门甚至找不出有关布鲁克巴事务的历史记载。

二   册封布鲁克巴"额尔德尼第巴"的程序和礼仪

雍正皇帝赐米旁旺布以"额尔德尼第巴"之封号，在此后近一个世纪中，"额尔德尼第巴"成为清朝敕封布鲁克巴德布王的专用名号。新任德布王即位时，必以获得清朝敕封作为统治合法化的重要象征，因而都要通过西藏地方政府恳请驻藏大臣转奏清廷，而朝廷也通过册封（称为"补放"）"额尔德尼第巴"之封号，维持与布鲁克巴的宗藩关系。

德布王的补放是清朝对布鲁克巴行使宗主权的重要内容之一，体现了清朝对布鲁克巴最高统治者任职就位的权威影响。虽然，这种权力的运用在早期和后期有着较大差别，但是，有关补放"额尔德尼第巴"的礼仪却是严格、一贯的。根据满文、藏文档案的记载，德布王补放大体遵循如下

① 包文汉整理：《皇朝藩部要略稿本》，黑龙江教育出版社1997年版，第298页。

程序：布鲁克巴向西藏地方政府（如颇罗鼐、达赖喇嘛或噶厦诸噶伦）汇报新任德布王的推举结果，并提请通过驻藏大臣向皇帝上奏，请求更换皇帝颁赐给前任德布的敕书，印信保留；西藏地方政府首脑接到请求信函后呈文驻藏大臣，驻藏大臣转奏皇帝；皇帝同意后诏谕驻藏大臣，由驻藏大臣行文西藏地方政府首脑，再通知布鲁克巴新任德布王；然后，派使者前往布鲁克巴颁发新的敕书。

　　在此，我们通过几份档案文献，对布鲁克巴"额尔德尼第巴"的补放程序和礼仪做更深入的了解。由于笔者在查阅档案时很难获得某一德布王上任时的完整资料，只好通过几个德布王的材料来勾勒基本的程序。

　　旧任德布王任期届满或去世，根据自 17 世纪以来的传统，布鲁克巴内部须共同推举新的德布王。然后向西藏噶厦政府上报相关情况，请求转奏以获得"额尔德尼第巴"名号。比如：1738 年，布鲁克巴第一任"额尔德尼第巴"米旁旺布去世，布鲁克巴全体僧俗人等推举阿旺坚赞（ngag-dbang rgyal-mtshan，1739—1744 年在位）为德布王，为此致函颇罗鼐。后者就此进行了详细调查，然后向驻藏大臣提出意见。称：

　　　　本年四月布鲁克巴戴琫喇嘛阿旺札木禅（即阿旺坚赞）报称，我"额尔德尼第巴"诺彦林沁齐雷拉卜济（即米旁旺布）患病，无痊愈迹象，现病势加重。等语报来。颇罗鼐我曾回咨阿旺札木禅，令好生医治诺彦林沁齐雷拉卜济疾病。兹又据报称，诺彦林沁齐雷拉卜济于五月三十日（6 月 20 日）病故。等语。查得，先前布鲁克巴首领亡故后，其内部互相攻伐，争首领之缺，力强者占坐床位。后归顺文殊师利大圣主仁化以来，今十余年矣，虽诚心恭顺遵行，但"额尔德尼第巴"诺彦林沁齐雷拉卜济出缺，下人生恶意，妄图效法从前，互相争斗未可逆料。因此，颇罗鼐我得信便告知大臣。让驻藏布（鲁克巴）交界帕克里城五百兵暗中防守。诺彦林沁齐雷拉卜济之缺，查暂署办事之人，办理布鲁克巴部戴琫（今多译为戴本）事务之喇嘛阿旺札木禅者，现为经历该处旧事之人，又接替诺彦林沁齐雷拉卜济管过诸事。因此无正式管理之人，恐布鲁克巴下人生出何事。颇罗鼐我希望将前赏诺彦林沁齐雷拉卜济印敕暂由喇嘛阿旺札木禅执掌，办理布鲁克巴部事务，妥善管束下属，不得妄行滋事，等候圣主降旨。兹诺彦林沁齐雷拉卜济病故，其缺理应奏请从其族人中选人承袭。惟诺彦林沁齐雷拉卜济叔叔车凌旺沁、弟阿库多克丹早年皆驻藏为质。看来，非能足以管理该处部众之人。现诺彦林沁齐雷拉卜济之缺，拟暂署办事之戴璍喇嘛阿旺札木禅，人可以，经过事，能管理属下。接替诺彦林沁齐雷拉卜济办事时，属下人皆称意。若将其补放"额尔德尼第巴"，属下人是否合意之处颇罗鼐我亦咨文询问。其布鲁克巴部噶隆头目既回禀属下皆很如意，伏乞大臣转奏文殊师利大圣主，请额尔德尼第巴诺彦林沁齐雷拉卜济之缺，可将戴璍喇嘛阿旺札木禅补放。[①]

可见，在最初颇罗鼐时代，西藏噶厦政府负责调查了解德布王更替时之详细情况，考察新任德布王之资质。驻藏大臣等在收到颇罗鼐信函后即转奏皇帝：

> 臣纪山查得，布鲁克巴部投顺以来，感戴圣主仁化，诚心敬意恭顺遵行。现诺彦林沁齐雷拉卜济病故，此缺补放"额尔德尼第巴"一事，郡王颇罗鼐呈请可将戴璍喇嘛阿旺札木禅补放，此符合布鲁克巴地方人众之意。因此，纪山交付颇罗鼐，戴璍喇嘛阿旺札木禅暂执掌布鲁克巴"额尔德尼第巴"敕印，此间尽心办理布鲁克巴部事务，好生管束属下人，不可安生事端。仍恭候大圣主降旨。尔将此等情由详细严饬阿旺札木禅遵行外，病故诺彦林沁齐雷拉卜济之"额尔德尼第巴"之缺圣主若施恩照颇罗鼐所请，将阿旺札木禅补放，阿旺札木禅方接"额尔德尼第巴"衔，办理布鲁克巴事务，将此特降旨施恩奖赏，则阿旺札木禅更勤勉办事，且其属下人亦随其意益加恭顺遵行。当否之处，伏乞圣主睿鉴，敕下该部议复具奏。为此谨奏。请旨。[②]

请求补放额尔德尼第巴还须向皇帝、驻藏大臣及西藏地方政府首脑贡献礼品。在一份记录中可以看到，献给皇帝的礼品包括："一个锡制的释

---

① 乾隆五年七月二十二日（1740 年 9 月 12 日），《驻藏大臣纪山奏请布鲁克巴额尔德尼第巴员缺将戴璍喇嘛阿旺札木禅放补》，中国第一历史档案馆清代档案军机处满文录副奏折外交类——中不（丹）关系，第 1554—11 号。

② 同上。

迦佛像、具印之珊瑚念珠、具印之金制章卡一、氆氇一匹、哈达一、具字之绸缎一匹"。献给驻藏大臣和帮办大臣的礼品有："绿色氆氇衣料一、红色绸缎、汉地丝绸一匹、花布一叠、中心白色之巴梯（pa-thi）、长粗布（'ga'-phugs）一匹、巴布（'ba'-ras）一匹。"①

皇帝在得到礼部、理藩院等机构的议奏后，便诏谕德布王。如嘉庆八年（1803 年）颁发给新任德布王索木朗坚参（bsod-nams-rgyal-mtshan，索南坚赞，又名扎西南杰/bkra-shis-rnam-rgyal，1792—1799 年、1803—1805 年两次出任德布王）的圣旨如下：

> 旨降喇嘛索木朗坚参，朕以道治天下，抚生灵至为重大，而极远地方，亦皆仰承朕之德意，共沐升平，恪遵法度，唯以爱养黎元，用特沛施恩赉，从前洛彦仁青称勒会结治理，地方生灵，悉乐安泰，是以虔诚敬谨专使进呈方物，用特锡封额尔德尼第巴名号。洛彦仁青称勒饶杰病故，赏给阿旺降青额尔德尼第巴，阿旺降青病故，与博陆斯热茹赏给额尔德尼第巴，博陆斯热茹患病，不能办理第巴事务，具文辞退后，与琫洛仲仁青彭错赏给额尔德尼第巴，仲仁青彭错病故，赏给柱丹增额尔德尼第巴，柱丹增病故，与布鲁克巴僧人内拣选四朗仑珠赏给额尔德尼第巴，办理布鲁克巴事务。额尔德尼第巴四朗仑珠，自接管布鲁克巴事务以来，不安本分，苛待所属之人，任意而行，以致不能办理第巴事务，伊在班青额尔德尼令其讲经习道，由布鲁克巴僧俗会议，以讲经喇嘛降白拢补放额尔德尼第巴；降白拢病故，遗缺由头目议以喜吐喇嘛阿旺济美森格补放额尔德尼第巴；又伊之遗缺，以密批格朗结补放额尔德尼第巴；又所遗伊之一缺，以札喜朗结果补放。此后又以柱朗结补放额尔德尼第巴，柱朗结病故，与四朗坚参补放额尔德尼第巴。务须爱养属民，勤求治理，振兴佛教，抚绥生灵，以期勿负朕意。钦此。嘉庆八年十

①　铁马年十二月二十五日（1810 年 9 月 28 日），《布鲁克巴第司为祈请印信之献礼由夏商郭勒带回给噶厦之收据、带回给安班之礼品收据》（'brug bla-chos nas wang-gi cho-lo zhu-rgya'i gong-ma chen-po dang an-ban rnam gnyis la 'bul-rgyu'i rgyun-chas phyir-slog dbyar-tshong la song-ba'i 'dzin-rtsa-chi），西藏自治区档案馆藏噶厦档案外交类——中不（丹）关系，卷宗号略。

月初七日（1803 年 11 月 20 日）。①

　　皇帝的圣旨不仅包括颁赐名号的内容，还包含有诸多教诲，以表达其抚育藩属之意。

　　西藏地方在接到皇帝册封新任德布王的圣旨后，便派遣官员护送敕书前往布鲁克巴举行正式册封仪式。布鲁克巴官员应出境迎候。敕书送到布鲁克巴首府普纳卡或廷布扎西曲宗后，要举行隆重的典礼。噶厦政府不仅要给新任德布王致书祝贺，赠送礼物，同时还要向其他重要的领袖人物致函祝贺，包括卸任第巴、赤仁波切、翁则、终萨本洛、帕罗本洛等。信函内容大体属于礼仪性质，一般不涉及政务等实质性内容。比如给卸任德布王的信中，按照惯例对其在任时的功绩加以肯定，称："您学识渊博，使南方（指布鲁克巴）众生成就伟大善业，众生知之。在此新第巴就任之时，（西藏）地方政府表示祝贺。同时，向您奉献哈达，请您愉快笑纳"，"望您长久住世，经常通信，不断寄来对现在和未来有益的言教"等等。②

　　随后，要求德布王尽快呈递谢恩表文及礼品。第十七任德布王贡噶仁钦（kun-dga' ren-chen，满文档案中称为扎木巴巴勒/ byams-ba-dpal）的谢恩表文如下：

　　　　卑喇嘛我一介末疆虫蚁样的人，文殊师利大圣主施以逾格天恩，将小的扎木巴巴勒补放额尔德尼第巴，赏额尔德尼第巴名号，给予印信。而且适才又赏我敕书，实为非分殊恩。我惟有恭谨办理我布鲁克巴事务，以图尽力报答文殊师利大圣主鸿恩。因此，扎木巴巴勒我向东叩谢天恩外，向文殊师利大圣主恭进金钱一枚、珊瑚素珠一串、毡子一块、阿都利西（adulixi）缎一匹、阿拉雅（alaya）缎一匹、纳克布（nakbu）花布一匹、阿舒达尔（ashudar）缎一匹、卡其布一

────────────

　　①　1908 年西藏官员马吉符在布鲁克巴抄得的一份嘉庆皇帝颁赐第二十二任德布王索南坚赞（又名扎西南杰）"额尔德尼第巴"名号的敕谕藏文译本，见马吉符《藏牍劫余》，北京宣武门大街进化书局印（不撰年），第 16—19 页。

　　②　《噶厦给布鲁克巴卸任德布王等之慰问信》（bka'-shag gis 'brug sde-srid khri-zur rin-po-che sogs la phul-ba'i 'tshams-zu'i yi-ge），西藏自治区档案馆藏噶厦档案外交类——中不（丹）关系，卷宗号略。

匹、喀玛尔（kamar）布一匹，请一并转呈。①

乾隆五十年（1785 年）被册封为"额尔德尼第巴"的米潘格尔那木札勒②的谢恩表文：

新授布鲁克巴额尔德尼第巴喇嘛米潘格尔那木札勒呈文内称：小喇嘛我乃一介末疆虫蚁般的人，文殊师利大圣主施以逾格天恩，将我补放布鲁克巴额尔德尼第巴，实为非分鸿恩。我万世不能报答。卑喇嘛嗣后惟有祈祷感激大圣主重恩，谨慎办理布鲁克巴事务，尽力图报文殊师利大圣主之恩。因此，请转奏米潘格尔那木札勒我恭谢天恩，进呈金钱三枚、珊瑚素珠一串、红毡子一块、阿硕木（ashom）一个、阿达利什（adalishi）缎一匹、红拉达（lada）一个、达尔利乌（darliu）一个、阿当喀玛尔（adangkamar）一个。③

清代的宗藩关系是由一套特定的文字系统来加以规范的。德布王不熟悉清朝的行文规制，进呈表文很可能冒犯皇帝，因此需要进行指导。比如贡噶仁钦就任德布王后，噶厦政府就谢恩表文的行文表述和表文内容进行了具体的指导：

驻藏大臣指示：布鲁克巴第司（即德布王）向皇帝感恩致敬的呈文尽快写好立即带来，至于向皇上的呈文内容，不要再写前任第司失职等情况，因为过去已经呈报过。只写皇上赐封你为第司及颁给印信事向皇上感恩，务必内容丰富，词语简洁，并附上礼品。同时还要向两位驻藏大臣写表示感激致敬的信并呈礼品。过去向二位大臣呈送的

---

① 乾隆四十年十月二十九日（1775 年 11 月 21 日），《为喇嘛扎木巴巴勒因赏额尔德尼第巴名号颁给印信谢恩折》，中国第一历史档案馆清代档案军机处满文录副奏折，未编号。

② 根据满文档案和时间上推断此人即是第十九任德布王，但满文档案记载他是"吉赛呼毕勒罕"即嘉色仁波切的转世，这又与第十九任德布王竹丹增（'brug bstan-'dzin，1788—1972 年在位）的身份不符，因此，此人的身份仍不能确定，暂存疑。

③ 乾隆五十一年三月十三日（1786 年 4 月 8 日），《驻藏大臣留保柱、庆林奏米潘格尔那木札勒为将其补放额尔德尼第巴谢恩折》，中国第一历史档案馆清代档案军机处满文录副奏折，第 3111—12 号。

礼品是一起的，后二位大臣把礼品退回，据说原因是未得到皇上的谕示，现送呈二位大臣的礼品是一起送还是分开送，把内容相同的感谢信和礼品，包装后各送一份，呈送皇上的礼品应在九月十五日前务要按期交邮差送到。①

另一封信函也包含同样的内容：

现阁下呈报朝廷的信函不用包封，但历代旧任布鲁克巴第司有向皇帝磕头致敬和呈送礼品的规矩，呈词的内容措辞等方面要尊重，力求完美丰富。至于呈送的礼品缎子等物数量大，信差无法带去。此前按照规矩应呈送皇上的函礼，因故未能呈送放置在此间，我们已向送年礼的人员谈过。除原应送的礼品外，按照原规矩还短缺金元三块，是否补上酌情决定。皇上赐封"额尔德尼第巴"职位，是二位驻藏大臣推荐和大力支持的结果，给大臣的感谢信和向皇帝的感谢信及礼品通过噶厦一并呈上。至于呈送皇上的礼品多少，在你处档案中有例可查，现将我处过去呈送的礼品清单寄去供参考，接信后请译成满文交二位钦差大臣。皇上赐封的第司金字文诰必须调换，旧的文诰已交二位钦差大臣。现请照原去函将应呈送礼品及时交信差送到噶厦，皇上封赐的第司金字文诰，不久将会下达，那时噶厦拟派员前往祝贺，望保重身体。②

即便经过这样具体的指导，表文仍难符合清朝的要求。事实上，在驻藏大臣衙门有专门的笔帖式负责翻译表文，甚至修改表文，以使其符合行文规范。如果我们比较藏文和满文、汉文档案就能不难发现这一点。

需要指出的是，尽管形式上噶厦政府、驻藏大臣以及皇帝都拥有考察

---

① 《噶厦给布鲁克巴新任第司尽快呈文感谢皇帝册封的信件》（bka'-shag nas gong-mas 'ja'-sa gnang-bar gang-mgyogs bka'-drin zu-yig 'bus-dgos skor 'brug sde-srid gsar-bar phul-ba'i yi-ge），西藏自治区档案馆藏噶厦档案外交类——中不（丹）关系，卷宗号略。

② 《木蛇年噶厦给布鲁克巴第司的信件抄稿》（shing-sbrul lor bka'-shag nas 'brug sde-srid la phul-ba'i yi-gi 'dra-bzhus），西藏自治区档案馆藏噶厦档案外交类——中不（丹）关系，卷宗号略。

德布王任职资格的权力，或者说拥有决定的权力，但事实上，在咸丰帝之前宗藩关系得到严格执行的年代，几乎每位德布王都获得了"额尔德尼第巴"的名号。从嘉庆八年（1803 年）颁发给新任德布王索南坚赞的圣旨中所列的名单来看，自 1735—1805 年共有 13 任德布王，其中的 12 位获得了"额尔德尼第巴"名号。只有个别例外情况。比如首任"额尔德尼第巴"米旁旺布于 1736 年因"厌恶政事"而私自前往西藏朝圣，等于辞去德布王职位，公举由其侄班觉（dpal-'byor）即位（1736—1739 年在位），由于米旁旺布尚在世，并任杰堪布一职，因此，仍由其任"额尔德尼第巴"，班觉未得册封。几乎每任德布王都获得封号，也说明清朝尊重、认可布鲁克巴内部的政治选择，册封更多的是礼仪上的象征，以表示天朝上国的权威。

清朝雍正皇帝册封布鲁克巴政治首领米旁旺布、噶毕顿珠，标志着布鲁克巴与清朝及西藏地方宗藩关系的正式确立。但是，与清朝的其他属国如朝鲜、安南等的管理模式相比，对布鲁克巴的管理从一开始就表现出许多特别之处。虽然，清朝皇帝掌握着布鲁克巴德布王的册封和补放权，但布鲁克巴并未列在藩封，似乎既非"朝贡之国"，又非"互市群藩"，从《卫藏通志》等史籍来看，只列为沿边"部落"。布鲁克巴在 1734—1735 年的朝贡请封之后，就不再与清朝中央发生直接联系，有关布鲁克巴事务都是由西藏地方政府和驻藏大臣衙门具体管理，包括接待布鲁克巴一年一度的年礼（"洛恰"，与朝贡相似）使者，负责平息内部的纠纷，考察审核新任德布王人选等。朝贡、靖乱、存祀都是清代宗藩制度的核心内容，我们看到，在清朝与布鲁克巴建立宗藩关系的初期，这些重大事项都主要由西藏地方政府具体负责，然后由驻藏大臣奏报清朝中央。在清朝中央，有关布鲁克巴事宜不是由主管属国事务的礼部或后来主管外交事务的总理衙门负责，而是由主管西藏、蒙古等藩部的理藩院管理。因此，清朝文献中也屡屡称布鲁克巴是西藏的藩属，属于清朝"藩部之属国"，[①] 其不同之处在于，西藏乃清朝的藩部，与清朝有主权隶属关系，而布鲁克巴虽是清朝藩属，却只向清朝的藩部西藏纳贡。如果，我们从"西藏之属部"以及

---

① 张永江：《清代藩部研究——以政治变迁为中心》，黑龙江教育出版社 2001 年版，第 45 页。

由西藏地方具体管理这两个原则出发，可以发现在喜马拉雅山地区属于这一类型的国家或地区并不只有布鲁克巴，还有哲孟雄、拉达克，以及某一时段内还有洛敏汤（glo-smon-thang，今在尼泊尔境内）、作木朗（'dzum-lang /jumla，今在尼泊尔境内）等。因此，可以说，西藏与各喜马拉雅山属国虽然在清朝总的宗藩关系体制之下，却形成了一个独特的地域性次级系统，我们可以将之概括为"清代的喜马拉雅山宗藩关系模式"，以示与清朝其他属国管理模式的区别。当然，这一模式并不是一成不变的，它在不同的时期有着不同的特征，特别是随着清朝中央在西藏及喜马拉雅山地区影响力的变化而调整。

第四章 西藏与布鲁克巴宗藩关系的巩固

颇罗鼐平息布鲁克巴内乱，以及布鲁克巴冲突双方遣使赴京请封，最终确立了清代西藏与布鲁克巴之间的宗藩关系。但是，政治上隶属关系的确立并不必然消除西藏与布鲁克巴之间因此前一个多世纪的对抗所造成的隔膜，打破坚冰还需要两方的政治家表现出高超的智慧和勇气。在 18 世纪 30—60 年代，两地政治家为改善关系充分运用政治、宗教等多种手段，最终使西藏与布鲁克巴关系在宗藩体制框架之下迅速得到改善。这一时期西藏地方的掌政者主要是第七世达赖喇嘛、颇罗鼐等（驻藏大臣虽然在西藏事务中的影响越来越大，但在处理与布鲁克巴关系时，他们还未像 1792 年之后那样处于主导地位）。他们通过支持布鲁克巴的重新统一、停止布鲁克巴纳质等措施，很快赢得了布鲁克巴首领的信任。在布鲁克巴方面，虽然先后有 4 位德布王[①]掌政，但是对改善与西藏关系方面贡献最大者当属第十任德布王米旁旺布和第十三任德布王喜饶旺秋（shes-rab dbang-phyug），他们运用高僧互访、共同维修寺院等方式，使布鲁克巴与西藏的联系日益紧密。本章中即以布鲁克巴德布王米旁旺布和喜饶旺秋时期的重大事件为线索，考察这一时期西藏与布鲁克巴关系改善所取得的成就。

---

① 即米旁旺布（1729—1736 年在位）、班觉（1736—1739 年在位）、阿旺坚赞（1739—1744 年在位）、喜饶旺秋（1744—1763 年在位）。

一　德布王米旁旺布执政时期

米旁旺布是在西藏与布鲁克巴关系最为紧张的时候继任德布王之位的，是抗击西藏军队的领袖人物。但是，自1730年败绩臣服之后，又表现出极其恭顺的态度，逐渐赢得了颇罗鼐、驻藏大臣等的信任。在他执政后期西藏通过实施支持布鲁克巴的重新统一、停止布鲁克巴纳质等措施，极大地促进了双方关系的改善。

1. 西藏支持布鲁克巴的重新统一

1730年扎西曲宗协议的实质是在西藏的监督下将布鲁克巴一分为二，各自治理，互不侵犯。分治的局面既立足于布鲁克巴的政治格局现状，也有利于西藏对布鲁克巴实施控制。但是，分治是一种强行干预的措施，并不能消除布鲁克巴对立双方旧有的矛盾与仇怨。1730年后，布鲁克巴社会内部冲突不绝也说明这一措施对布鲁克巴社会长远的稳定、发展，效果有限。

1735年（雍正十三年），噶毕顿珠这位自1730年以来的布鲁克巴西部地区政治领袖因病去世。颇罗鼐面临着将布鲁克巴政局导向何方的问题。继续扶持噶毕顿珠的族人、属下，延续分治格局，还是重新恢复布鲁克巴的统一。颇罗鼐选择了后者。其因有二：首先是噶毕顿珠一方缺乏可堪重用之人。颇罗鼐在奏折中言道："从噶毕喇嘛绰克赖巴（即却列南杰）及大人中选，竟无应坐补噶毕顿珠缺之人。若派我土伯特人坐补，不能不苦累下人。"① 可见，噶毕顿珠族人中"无应坐补"之人，而夏仲·却列

---

① 乾隆二年四月二十七日（1737年5月26日），总理事务和硕庄亲王允禄等《议奏住藏为质之车凌旺沁请令遣回折》，中国第一历史档案馆清代档案朱批满文奏折外交类——中不（丹）关系，第430—2号。

南杰在其后不久也圆寂了。① 所谓苦累藏人之说，主要是西藏人难以忍受布鲁克巴之酷暑瘴气。其次，米旁旺布自"投诚以来，颇为恭顺"的态度赢得了颇罗鼐和驻藏大臣的信任。他们在上呈给皇帝的奏折中屡次提到米旁旺布恭顺谦卑的态度。总之，在噶毕顿珠去世后，颇罗鼐等决定结束"分而治之"的局面，将噶毕顿珠所辖之地，赏还给布鲁克巴政府，所有属民驻留原地，从而使布鲁克巴得以重新统一。

可以想见，噶毕顿珠的属下对这一举措的不满。文献记载"掌管此方（指帕罗）之几位大臣因要归顺于政府方面而感到不悦"②，因为双方结怨多年，一时难以化解，将帕罗等原先噶毕顿珠所辖之地归并于布鲁克巴政府管理，势必使他们联想到这将置自己于不利竟地。因此，就在布鲁克巴重新统一后不久，噶毕顿珠"族子"阿旺布鲁克巴（ngag-dbang 'brug-pa）等，率六十余人前往西藏表达了这种担忧，称恐米旁旺布仍执前仇，加害于己，请求准许迁移到西藏与布鲁克巴之间之达岭（brda-ling/brda'-ling）、达木桑（'dam-sang）等地方，称：达岭、达木桑地处布鲁克巴南部，"地方低洼，生有树木，可以种田，因与我布鲁克巴地方相同，特此肯乞，仍请将此两处地方赏于我等"。皇帝指示驻藏大臣，就"可否驻于达隆（疑为达岭之误——引者注）地方，或应驻何处，如何获生业办理等处，会同颇罗鼐详加商定议奏办理"③。对此，颇罗鼐等认为，"阿旺布鲁克巴等乃恐仍居住布鲁克巴地方，诺颜林沁齐类喇卜济念及旧仇，加害于伊等而特来投靠大圣主，以求生存地方之人，微臣意为，可照阿旺布鲁克巴等所求，准其居住达岭、达木桑地方"。并恳请皇帝"轸念伊等离开原籍前来，特加施恩，赏赐家业，每户赏种田之海弩克牛各两头、种田之青

---

① 根据释迦仁钦《夏仲·却列南杰传》，却列南杰于29岁之四月二十一日圆寂，为了保持他的影响力，噶毕方面匿丧不发，一年后才秘密火化。他在临终前留下遗嘱，将转生为噶毕顿珠之侄。见廷布贡桑妥杰出版社 1976 年藏文版，第 23 叶 A 面。当年，其转世释迦丹增（shākya bstan'-dzin）于木兔年三月十五日（1735 年 4 月 8 日）出生于帕罗，其母亲奔琼玛（bum-chung-ma）系噶毕顿珠侄女。见［不丹］噶玛贝巴（karma dpal-'bar）《释迦丹增传》（dpal-ldan 'brug-pa rin-po-che ngag-dbang 'jam-dbyang shākya bstan -'dzin gyi rnam-par thar-pa legs-byas rgya-mtsho'i sprin gyi sgra-dbyangs），出版者不详，第 29 叶 A 面。

② ［不丹］噶玛贝巴：《释迦丹增传》，出版者不详，第 30 叶 B 面。

③ （佚名）《奏副督统马喇等报于藏地安置阿旺布鲁克巴折》，见中国第一历史档案馆译编《雍正朝满文朱批奏折全译》（下册），黄山书社 1998 年版，第 2633 页。

稞各五斗、麦子各五斗、滋生羊各十只"。并根据西藏物价核算称，"每只海弩克牛银三两；青稞每石银一两五钱；羊每只银三钱。"以此核计，"阿旺布鲁克巴等共计为一百户人，应赏二百头海弩克牛需银六百两；一百石青稞、麦子需银一百五十两；一千只羊需银三百两。共计需银一千五十两"①。在此次西藏之行中，被噶毕方面认定为却列南杰转世灵童的释迦丹增（shākya bstan-'dzin，1736—1780 年）也在其中。因为，在布鲁克巴有人对该灵童的真实性提出质疑，为了避免就此再起纠纷，重演历史悲剧，颇罗鼐要求将灵童迎请到竹巴噶举派主寺热龙寺进行测验。他们在帕里居住 5 个月后到达热龙寺，经众上师测试认为乃真正转世。②颇罗鼐通过这种方式正式对灵童加以确认，以消除争议。

此后，为避免发生意外纠纷，颇罗鼐等差第巴纳木都玛拉、勒舒克鼐等，从布鲁克巴境内原居地护送阿旺布鲁克巴等起程。他们先从帕里进入西藏地界，再向南，于（1735 年）四月十一日（5 月 3 日）抵达达岭地方。在该地"晓谕阿旺布鲁克巴等，文殊师利大圣主抚恤远方之至恩"，颁赏黄牛、羊、青稞、麦子等各类赏项。阿旺布鲁克巴、阿旺布鲁克塔克、多尼尔达尔嘉、东罗克巴等率众叩谢天恩，称：

> 文殊师利大圣主仁慈，照我等所请施以隆恩，赏居住地，又施无疆鸿恩，每户各赏耕牛两头、籽种各一斛、孳生羊各十只作为生业，好生居住。浩荡皇恩万万世亦不能报答，殊为有幸。不但小的们高兴感激，我全体人众无不欢忭。惟有感戴大圣主养育隆恩，尽心努力，仰赖大圣主天威，将抚恤重恩晓谕我部众，遵守内地法训，尽力种

---

① 雍正十三年十二月十七日（1736 年 1 月 29 日），马喇等《奏报安置来投之阿旺等人折》，见中国第一历史档案馆编《雍正朝满文朱批奏折全译》（下册），黄山书社 1998 年版，第 2497 页。但是，其他文献中的记载与档案有不吻合之处，如《卫藏通志》载"其不顺附之番民一百余户，奏明给予牛种，安插商约之汪则地方"。见《西藏研究》编辑部编《〈西藏志〉〈卫藏通志〉合刊》，西藏人民出版社 1982 年版，第 510 页。关于所赏牛羊种子等《清实录》载"雍正十三年十二月壬午副都统玛拉疏报：安置阿旺布鲁克巴人等，在达岭达木桑地方居住。每户给器具，牛羊各二，籽种各五斗，麦子各五斗，滋生牛羊各一只"。见《清高宗实录》卷九。

② ［不丹］噶玛贝巴：《释迦丹增传》，出版者不详，第 31 叶 B 面、32 叶 A 面。

地，孳生牲畜，直至子孙永远安居。①

此后，达岭等地方成为噶毕顿珠属下的聚居地，后来，夏仲·却列南杰之转世释迦丹增等也通过帕里前往达岭地方。根据《第七世达赖喇嘛传》记载，阿旺布鲁克巴等定居该地后，仍然每年藏历新年向西藏派遣拜年使者，阿旺布鲁克巴本人即多次前往拉萨。而第七世达赖喇嘛也利用他在布鲁克巴的影响力，关照阿旺布鲁克巴及其侄子俄珠（dngos-grub）等先后出任岭昔宗宗本等职。②

颇罗鼐支持米旁旺布重新统一布鲁克巴，以及斥资、遣人安置阿旺布鲁克巴等，其目的在于维护布鲁克巴局势的稳定，促进布鲁克巴社会的发展，同时也有利于维持西藏沿边一带的社会稳定，贸易畅顺。这一举措在某种程度上出乎米旁旺布意料，也使他感受到了西藏汉藏官员的善意，增加了他对清朝中央和西藏地方的信任感。

2. 米旁旺布的西藏之行

西藏与布鲁克巴之间经历了 100 多年的对峙与冲突，虽然已经建立了政治上的宗藩关系，但是，要破除社会心理上的敌视情绪，还需要有社会各阶层广泛的交流，特别是上层政治人物之间的交流，而这需要恰当的时机和适宜的人选。最后，朝圣这一在藏传佛教文化中极为典型的交流形式被赋予了特殊的内涵。

最先开启破冰之旅的是米旁旺布的西藏之行。

根据《布鲁克巴王统世系明鉴》记载，米旁旺布本性不喜世俗事务。1735 年，胞弟嘉色·久美诺布病逝，米旁旺布在情感上受到沉重打击，使他对政治事务中的互相倾轧备感厌倦。于是，于火龙年一月二十五日

---

① 乾隆元年六月十六日（1736 年 7 月 24 日），马喇等：《奏为阿旺布鲁克巴等谢赏居住地及牲畜籽种之恩折》，中国第一历史档案馆清代档案朱批满文奏折民族类——藏族，第 947—2 号。

② 章嘉·若贝多杰：《第七世达赖喇嘛传》，蒲文成译，西藏人民出版社 1989 年版，第 411 页。

（1736 年 3 月 7 日）弃位潜赴西藏朝佛。① 对于米旁旺布的亲自来访，西藏方面也以隆重的礼节接待。

《米旁旺布传——贤劫耳饰》记载：他"从北路前往西藏"，经过噶尔萨扎西通门（'gar-sa bkra-shis-mthon-smon）、瓦吉拉山（wa-skyis-la）、到达西藏边界之乃隆（nas-lung），因为遭遇风雪严寒，属下等疲劳异常，停留 7 日。颇罗鼐听到消息后，派人携带衣服、银两前往迎接。沿途每一站都有人迎接招待。米旁旺布等先后经过热龙寺、卡若拉（kha-rud-la）、羊卓雍措、岗巴拉到达拉萨。传记中描述了他在拉萨的活动：

> 在拉萨的正殿（tshom-khang）中拜会颇罗鼐，互换哈达，同等座位。未曾谋面却如同旧时相识，颇罗鼐举行隆重的欢迎仪式。在盛大宴会上，三位噶伦、众仆人、仲科等奉献哈达。当时，正是正月法会，色拉、哲蚌、甘丹等寺的僧人都汇聚拉萨，他给僧众熬茶，为 15000 多人献哈达。随后朝拜了释迦自在佛像、自然生成之 11 面观音像、弥勒五尊等大昭寺上下内外诸供，献上耳饰、香、酥油、甘露等不可思议之供品。……此后，上师与汉官大人们、颇罗鼐一起来到布达拉官，拜会达赖喇嘛。在神人共喜之音乐宴会上，达赖喇嘛询问了路上的情况。朝拜了观世音（lo-ke-shaw-ra）菩萨像、大灵塔等全部内供。朝拜小昭寺。又一日，莅临林廓（gling-skor）转经路，在一座充满歌舞的院落内，应汉官大人们的邀请参加宴会。②

《第七世达赖喇嘛传》也记载，"喇嘛（即第七世达赖喇嘛）对颇罗鼐说：往昔，布鲁克巴怀怨于我藏地，今释恨来晤，宜热情接待。于是，让两位卓尼带二十名仲科前往迎迓"③。米旁旺布向第七世达赖喇嘛"进献象牙等大批布鲁克巴方物"。达赖喇嘛则回赠全套衣服、绸缎、茶叶等大

---

① ［不丹］白玛次旺：《布鲁克巴王统世系明鉴》，不丹国家图书馆 1994 年藏文版，第 320 页。

② ［不丹］释迦仁钦：《米旁旺布传——贤劫耳饰》，廷布贡桑妥杰出版社 1976 年藏文版，第 21 叶 A 面、B 面。

③ 章嘉·若贝多杰：《第七世达赖喇嘛传》，蒲文成译，西藏人民出版社 1989 年版，第 200 页。

批赏品。

此后，米旁旺布在前藏旅行达 7 个月之久。先朝拜了蔡公堂寺、桑耶寺、青浦、内邬栋、昌珠寺、雍布拉康等卫地胜迹。回到拉萨后，先后拜会了噶举派主要宗教领袖人物：竹巴更勒之转世（即竹旺活佛/grub-dbang rin-po-che，在哲蚌寺）、司徒活佛（si-tu sprul-sku）、嘉曹活佛（rgyal-tshab sprul-sku，在楚布寺）、巴卧活佛（dpa'-bo sprul-sku）、噶妥活佛（ka-thog rig-'dzin chen-po）等。①

藏历八月初一日（9 月 17 日），米旁旺布离开西藏前，颇罗鼐在艾温（Ae-wam，大昭寺内二层一殿堂）设宴为其饯行，并请第七世达赖喇嘛出席。随后，颇罗鼐赐赠大批金银绸缎，以及 15 匹良马。所有米旁旺布的随行人员也得到了每人 500 章卡及 5 匹马的赠品。② 达赖喇嘛也"赐大批赏赐和释迦佛像一尊，教诲以十善法治理属民，敬奉三宝为上师"③。

米旁旺布的西藏之行具有开创之功，他不仅通过与西藏上层之间的直接交往，消除隔阂，推动了彼此的了解和信任，同时，他还为开展宗教领域的交往奠定了坚实的基础。

首先，他在西藏期间朝拜了竹巴噶举派主寺——热龙寺。米旁旺布是自阿旺南杰流亡布鲁克巴以来，第一个朝拜热龙寺的布鲁克巴政治领袖。他在热龙寺还会晤了西藏竹巴噶举派的领袖人物第七世竹钦·噶举成列辛达（'brug-chen dkar-drgyud-'phrin-las-shing-rta，1718—1766 年），在拉萨会见了在哲蚌寺学习的竹旺活佛央衮多杰（grub-dbang g·yung-mgon-rdo-rje，1721—1769 年）。竹钦·噶举成列辛达是西藏竹巴噶举派（北派）的教主，驻锡热龙寺。竹旺活佛央衮多杰是隆子地方哲吾列寺（dre'u-lhas）的活佛（故史书又称其为哲吾列活佛），被认为是竹巴噶举派著名高僧竹巴更勒（'brug-pa gun-dga'-legs-pa，1455—1529 年）的转世。央衮多杰是第七世达赖喇嘛的上师之一，也是深得其信任的幕僚。当时，米旁旺布等看到热龙寺的乌孜大殿以及主供佛像等已经旧损，于是提

---

① ［不丹］释迦仁钦：《米旁旺布传——贤劫耳饰》，廷布贡桑妥杰出版社 1976 年藏文版，第 21 叶 B 面—25 叶 A 面。

② ［不丹］白玛次旺：《不丹王统世系明灯》，不丹国家图书馆 1994 年藏文版，第 320 页。

③ 章嘉·若贝多杰：《第七世达赖喇嘛传》，蒲文成译，西藏人民出版社 1989 年版，第 208 页。

出，由西藏和布鲁克巴双方共同维修古老的热龙寺，这一倡议得到了颇罗鼐、达赖喇嘛的赞同。

其次，米旁旺布西藏之行的另一个成果是认定晋美扎巴（'jigs-med-grags-pa，1724—1761 年）为夏仲·阿旺南杰的转世化身。据《阿旺赤列传——圆满王子戏乐藤》记载：夏仲·阿旺南杰的第一个化身转生在西藏与布鲁克巴交界的桂域（'gos-yul，即今帕里地区），但是，由于当时双方关系不睦，最终未能迎往布鲁克巴，后来转世灵童被送往中国内地，并在那里去世。① 当时，夏仲·阿旺南杰的转世寻访在布鲁克巴出现某种程度的混乱，自夏仲·阿旺南杰圆寂的消息传开后，首先，由第八任德布王竹热杰确认却列南杰为转世，但是，由于竹热杰后来与僧侣集团的矛盾日渐激化，使得僧侣集团对却列南杰的合法身份提出质疑。1736 年却列南杰圆寂后，噶毕顿珠的属下确认其外甥释迦丹增为却列南杰之转世，因而也被怀疑有作弊之嫌。此外，另有一个转世出生于哲孟雄王室，由于布鲁克巴与哲孟雄向来关系紧张，因此未能迎请。寻找夏仲·阿旺南杰转世化身对于布鲁克巴政府来说仍是一项重要任务。米旁旺布在西藏时，遇到了出生在西藏南部扎囊的晋美扎巴，据说早在第四任德布王丹增热杰时期就已经认定他是某位活佛的转世化身（未提供名字）。米旁旺布在大昭寺释迦牟尼像前对晋美扎巴进行了测试，确认是夏仲·阿旺南杰的化身。但是，米旁旺布并未能将晋美扎巴迎回布鲁克巴，② 原因不详。

米旁旺布回到布鲁克巴后不久便去世了，然而，迎回转世活佛的努力并没有因此而停止，当时布鲁克巴的杰堪布阿旺赤列（ngag-dbang-'phrin-las）与西藏的竹旺活佛央衮多杰建立了密切联系，他们一直在积极寻求解决问题的办法。1739 年，当布鲁克巴政府在普纳卡为新建成的"两层楼高"的金制观世音像开光时，即邀请竹旺活佛前往参加。③ 当央衮多杰 1740 年

① ［不丹］释迦仁钦：《阿旺赤列传——圆满王子嬉乐藤》（rdo -rje- 'chang chen-po rje-bt-sun ngag-dbang 'phrin-las kyi rnam-par thar-pa rgyas-pa rgyal-sras rtse-dga'i 'khri-shing），廷布贡桑妥杰出版社 1976 年版藏文版，第 127 叶 B 面。

② John A. Ardussi, "Tha Rapprochement between Bhutan and Tibet under the Enlightened Rule of sde-srid Ⅹ Ⅲ shes-rab-dbang-phyug（R. 1744—63）", *Journal of Bhutan Studies*，1999，Vol. 1.

③ 章嘉·若贝多杰：《第七世达赖喇嘛传》，蒲文成译，西藏人民出版社 1989 年版，第 261 页。

返回西藏时，布鲁克巴政府挑选了一些僧人随他前往西藏学习。《第七世达赖喇嘛传》记载，这些布鲁克巴僧人都在哲蚌寺学习，曾由第七世达赖喇嘛亲自测试因明学水平。[①] 这些僧人后来都成为布鲁克巴著名的高僧。

3. 布鲁克巴停止向西藏纳质

自 1730 年以来，布鲁克巴作为中国西藏藩属的主要联系有两个：1. 每年藏历新年，布鲁克巴要向达赖喇嘛、颇罗鼐、驻藏大臣进贡，被称为"年礼（lo-phyag）"。当初在扎西曲宗签订协议时，规定进贡时间是在 8 月，后来何时做了变更改为腊月，尚不得而知。2. 布鲁克巴派驻拉萨的人质。一开始米旁旺布就派自己的叔叔次仁旺钦（清代文献中称"车凌旺沁"）驻藏为质，后来，雍正皇帝指出次仁旺钦乃布鲁克巴有头面之人，要求颇罗鼐等"体面看养"。从《第七世达赖喇嘛传》看，布鲁克巴人质在拉萨得到了应有的尊敬，他们偶尔还会得到达赖喇嘛的接见，也参加一些招待仪式，比如达赖喇嘛送别章嘉活佛及清朝官员的宴会等。[②]

1737 年（乾隆二年）初，米旁旺布咨文于颇罗鼐称：

> 文殊师利大圣主养育我布鲁克巴部众，统一以来这几年，全体生灵安逸生活者皆大圣主轸念鸿恩。但我叔叔车凌旺沁已上年岁，既作为人质住藏七八年，伏乞贝勒请将我叔叔车凌旺沁遣回。其缺请令其胞弟阿库多克丹住。此等情由请贝勒你同驻藏大臣协商，转奏大圣主。[③]

颇罗鼐认为自"文殊师利大圣主施以洪恩，统一布鲁克巴人以来，诺彦林沁齐雷拉卜济诚心诚意感激大圣主之恩，甚为恭顺而行，无丝毫怀疑

---

① 章嘉·若贝多杰：《第七世达赖喇嘛传》，蒲文成译，西藏人民出版社 1989 年版，第 302 页。

② 同上书，第 206 页。

③ 乾隆二年三月初六日（1737 年 4 月 5 日），纳苏泰等《奏请将布鲁克巴住藏为质之车凌旺沁遣回折》，中国第一历史档案馆清代档案朱批满文奏折外交类——中不（丹）关系，第 430—1 号。

之处。……大圣主若施恩照其所请遣回车凌旺沁，想来全体布鲁克巴更感激大圣主隆恩，此后可无事。至于遣回车凌旺沁，遗缺似不必再派人驻"①。为此，皇帝要求总理事务王大臣、议政大臣、理藩院等议奏。总理事务和硕庄亲王允禄等奏称，"雍正十三年……军机处奏请，照贝勒颇罗鼐所奏，将噶毕顿珠所辖五城之人由诺彦林沁齐雷拉卜济兼管。驻藏为质之车凌旺沁过一二年后遣回之处贝勒颇罗鼐请旨具奏再遣回。等因奏准在案"②。认为有诺在先，不仅次仁旺钦可以遣回，亦不必再派阿库多克丹前来为质。皇帝依议。

于是，颇罗鼐于乾隆二年（1737年）九月差属下第巴索纳木巴勒济等将次仁旺钦送回布鲁克巴。第巴索纳木巴勒济等于九月初十日（10月3日）由藏起程，闰九月初一日（10月24日）抵达布鲁克巴扎西曲宗格琫额地方。向米旁旺布转达皇帝的"慈恩训谕"，米旁旺布感恩跪下致谢，称：

> 我原为边疆小部首领，前文殊师利大圣主施天地厚恩，赏我印信名号及噶毕东罗布所管奴仆，统一我布鲁克巴人众。正不能报答此隆恩，兹文殊师利大圣主又施鸿恩，照我所请，不用阿库多克丹代我叔叔车凌旺沁留藏，即将车凌旺沁遣回，此皆大圣主慈恤我布鲁克巴全体生灵之至恩。不仅我高兴感激，而且全体布鲁克巴无不感激欢欣。此鸿恩何以回报？惟有感激大圣主鸿恩，钦遵土伯特贝勒训教，永远依靠大圣主，凡事尽心竭力，努力管束属下人，以图报答于万一。③

送回次仁旺钦，停派阿库多克丹，意味着布鲁克巴向西藏纳质制度的终结，这不仅标志着西藏与布鲁克巴关系的改善，同时可看到，中央王朝

---

① 乾隆二年三月初六日，纳苏泰等：《奏请将布鲁克巴住藏为质之车凌旺沁遣回折》，中国第一历史档案馆清代档案朱批满文奏折外交类——中不（丹）关系，第430—1号。

② 乾隆二年四月二十七日（1737年5月26日），总理事务和硕庄亲王允禄等《议奏住藏为质之车凌旺沁请令遣回折》，中国第一历史档案馆清代档案朱批满文奏折外交类——中不（丹）关系，第430—2号。

③ 乾隆二年十月十七日（1737年12月8日），工部左侍郎杭奕禄等《奏为布鲁克巴头目因将车凌旺沁遣回谢恩折》，中国第一历史档案馆清代档案朱批满文奏折外交类——中不（丹）关系，第430—3号。

宗藩体制中一些较为温和的原则、策略正在融入西藏与布鲁克巴关系中，[①] 西藏地方传统中针对布鲁克巴略显强悍的措施策略，正在逐步放弃。

二　德布王喜饶旺秋执政时期

1744 年，布鲁克巴第十三任德布王喜饶旺秋（1744—1763 年在位）即位。喜饶旺秋是布鲁克巴历任德布王中在位时间最长、被认为是最有成就的德布王之一。喜饶旺秋 1697 年出生在廷布旺喀萨卡（Wang mkhar-sa-kha）地方，初名喜图（sri-thub），14 岁出家为僧，由嘉色·贡噶坚赞起名为喜饶旺秋（清代档案中称为 "博鲁斯热如"）。他曾在布鲁克巴国家寺院——"札仓"学习 18 年，之后出任终萨宗、旺堆颇章宗、帕罗宗宗本等职，后在米旁旺布时期任政府卓尼。1744 年出任德布王。在他举行隆重的即位庆典时，西藏第七世达赖喇嘛、驻藏大臣、颇罗鼐父子、第七世竹钦·噶举成列辛达、萨迦法王等或派代表、或赠贺礼，表示祝贺。[②] 喜饶旺秋从执政之初，就致力于改善与西藏的关系。他在最初维修扎西曲宗佛殿时，就新建松赞干布、文成公主、赤尊公主、吐弥桑布扎及禄东赞等的塑像，并从西藏迎请《大藏经》，表现出促进友好关系的姿态。他的这些示好之举在迎请夏仲活佛转世时得到回报。

喜饶旺秋针对夏仲活佛转世问题上的混乱局面，根据竹巴噶举派的特殊教义，创造性地提出，在布鲁克巴、哲孟雄、西藏寻找到的三个转世分别是夏仲·阿旺南杰 "身"、"语"、"意" 的化身，宣布都是合法的转世。在他的积极要求下，竹旺活佛恳请达颡喇嘛、颇罗鼐同意布鲁克巴将晋美扎巴迎回。1746 年，在各方努力之下喜饶旺秋终于成功迎回晋美扎巴。

米旁旺布西藏之行启动的双方共同维修热龙寺的举措，开创了 "寺院

---

① 清朝初年，对其他属国也有纳质的要求，比如朝鲜，后来逐渐停止此俗。
② ［不丹］云丹塔耶：《喜饶旺秋传——珍珠宝串》，新德里 1970 年藏文本，第 25 叶。

外交"① 的先河，此后，这一方式被多次运用，成为改善双方关系的特殊途径。喜饶旺秋时期最具影响的寺院维修活动，包括对西藏热龙寺和布鲁克巴普纳卡邦塘德钦（spungs-thang bde-chen）宫的维修。

1. 维修西藏热龙寺

自 1736 年上半年，米旁旺布在西藏时确定由双方共同维修热龙寺的计划之后，工程的进度似乎很慢。当年八月，第七世达赖喇嘛前往后藏，路经热龙邦顶（spang-steng）时，专门接见热龙寺僧众，还派专人去向热龙寺主要佛像敬献哈达。② 表明第七世达赖喇嘛已对热龙寺有着特殊的关注。根据史料记载，热龙寺维修的经费主要由西藏政府承担，不仅资助黄金、颜料，还负责遣派工匠、差夫等。竹钦活佛也捐助造像用的黄金及其大批顺缘。来自布鲁克巴的捐助也相当可观。《喜饶旺秋传——珍珠宝串》记载，往昔，在维修热龙寺金刚持巨像及佛殿时，布鲁克巴公私都未捐助。如今"在遍知噶举成列辛达的监督下，佛殿维修、金刚萨埵装藏无误，在临近加持开光之时，当地需要大量工匠"，为此，喜饶旺秋于 1749 年派遣许多工匠到热龙寺，同时，还向达赖喇嘛贡献纯银 2000 两，以及各种礼品；向竹钦·噶举成列辛达捐助维修费用银 2000 两，并随函赠 1000 章喀。③ 因此，后来在热龙寺佛殿墙面上所写的施主名单中也有喜饶旺秋。到"水鸡年（1753 年），达赖喇嘛派近侍琼结雪康巴噶桑坚赞（zhol-khang-pa bskal-bzang rgyal-mtshan）和白朗桑色布拉旺朋措（pa-rnam srang-sbug lha-dbang phun-tshogs）前去管理维修"，最后"按照竹钦活佛的方案，建成经堂、回廊，主供的镀金金刚萨埵铜像，像身高大，

---

① John A. Ardussi, "Tha Rapprochement between Bhutan and Tibet under the Enlightened Rule of sde-srid XIII shes-rab-dbang-phyug（R. 1744 – 63）", *Journal of Bhutan Studies*, 1999, Vol. 1.

② 章嘉·若贝多杰：《第七世达赖喇嘛传》，蒲文成译，西藏人民出版社 1989 年版，第 210 页。

③ ［不丹］云丹塔耶：《喜饶旺秋传——珍珠宝串》，新德里 1970 年藏文版，第 49 叶 A、B 面。

六灵捧座，装藏物有佛陀舍利子多颗及吉祥那若巴等印藏许多得道者的舍利"，[①] 维修工程于 1754 年竣工。这项历时 18 年的寺院维修工程对于西藏与布鲁克巴关系的修补、恢复具有重要的象征意义。

竹巴噶举派以苦修立宗，多数寺院选址极为偏僻，远离村庄人群。这导致寺院难以获得足够的布施，加之 17 世纪中叶后，格鲁派一枝独秀，曾经盛极一时的竹巴噶举派日渐衰落，该派祖寺竹寺（'brug se-wa-la）已经完全破败。[②] 作为该派最重要的寺院热龙寺也同样供养稀少，处境艰难。然而，热龙寺的命运不可避免地事关西藏与布鲁克巴的关系，因此，为了改变这种状况，西藏地方必须与布鲁克巴一起做出努力。我们有一份很难确定时间的档案，其内容涉及西藏摄政王允许布鲁克巴德布王为筹集维修热龙寺经费在西藏经商筹资，并要求各地给予协助的布告：

　　　　天下众生，特别是错那、恰、聂、帕里、日喀则、江孜等卫藏、洛扎、羊卓等在商道两边之宗谿、税卡，政府、贵族、寺院之下属人等一体知照：竹巴热龙寺乃西藏古老的圣地，后藏娘曲河之渊薮，财富之主岗瓦桑布（雪山）之官殿，怙主林热巴、藏巴嘉热意希多杰等成就者加持过的道场，是卫、藏两地交界之处，福德之源。故历代达赖喇嘛、摄政之时，藏地、洛扎宗等为其提供修缮、管理、顺缘、用具等，为外房、内供寻找供养，建成庄严佛殿 20 余座。该寺坐落在岩石雪山之巅，施主供养稀少，佛殿多数香火不旺，呈黑暗状。为此，竹巴活佛、布鲁克巴第司为神佛、上师之经义（lung-don），为世尊及众生之福祉，以殊胜之心，为长明灯提供资金银 1000 两。为此：上述贸易集市，竹巴活佛之商人在按例交完茶、氆氇、羊毛、牛尾等之税赋后，皮筏、过桥、税六等处及税站之大小贸易税均可免除。往来行走平安之道，需为自行之 40 匹马骡提供非新割之青草并喂饲。在驿站提供饲料、一灶之燃料，喂马和做饭之仆人 2 人。如果竹巴活佛不能租马骡，则驿站须组织 15 只驮畜，尽快运送，不得拖

　　① 章嘉·若贝多杰：《第七世达赖喇嘛传》，蒲文成译，西藏人民出版社 1989 年版，第 420 页。

　　② 丹津班珠尔（bstan-'dzin-dpal-'byor）：《多仁班智达传》（dga'-bzhi-ba'i mi-rābs kyi byung-ba brjod-pa zol med gtam gyi rol-mo），西藏人民出版社 1988 年藏文版，第 365 页。

延。为此，众人必须极力相助。贸易之时应顺利无碍，不允许任何人有囤积居奇、肆意压价等不正当行为，对此应正确取舍。众商家除成本外，在利润中须抽出部分贡献给寺院燃灯之用。道路两旁之人，不许有扰民，以次充好，强买强卖等不法行为，此乃根本法律，不得违背。木鸡年（1825 年?），摄政策墨林做了规定。土马年，普查时，就各地之驮差中之减免额度作了规定，今应如前遵照执行。土羊年。[①]

回顾历史可以看到，17 世纪以后以格鲁派为基础的西藏地方政府对待竹巴噶举派的态度，很大程度上反映出西藏与布鲁克巴关系的动向。在 17 世纪西藏与布鲁克巴关系紧张之时，西藏的政治领袖无论是藏巴汗还是第五世达赖喇嘛，都对竹巴噶举派采取了高压政策。为此，信奉竹巴噶举并支持布鲁克巴的拉达克王德丹南杰（bde-ldan rnam-rgyal）曾就此派使者到拉萨提出抗议。后来西藏与拉达克就各自管辖范围内平等对待格鲁派和竹巴噶举派达成协议。热龙寺作为竹巴噶举派的主寺，是包括绝大多数布鲁克巴人在内的竹巴噶举派信徒心目中的圣地，具有极其重要的象征意义。布鲁克巴政治上层关注并资助热龙寺的维修，表明了对历史传统的重视，以及力图改善与西藏关系的愿望。而噶厦政府维修热龙寺则是通过支持竹巴噶举派而体现对布鲁克巴的友好。因此，这一举措具有非常广泛的社会影响。

2. 维修布鲁克巴普纳卡邦塘德钦宫

第十三任德布王喜饶旺秋对佛事活动的捐助和对宗教设施的建设似乎充满热情，其传记内容就如一部他毕生的捐助清单。通过这些捐助、维修活动，喜饶旺秋不仅树立、巩固其在布鲁克巴的政治地位，他还充分利用

---

① 土羊年，《摄政就布鲁克巴活佛和布鲁克巴第司为筹建热龙寺的香火基金前往外地经商，为此要求驮畜、住宿上给予协助一事的函》（'brug ra-lung gnas-dgon bskyar-bzhengs kyi thebs rtsa'i dngul-don du 'brug sprul-sku dang 'brug sde-srid kyi tshong-par khral-chag yang gtong dgos skor rgyal-tshab nes gdams-pa'i rtsa-tshig），西藏自治区档案馆藏噶厦档案外交类——中不（丹）关系，卷宗号略。

这些活动改善与西藏的关系。在喜饶旺秋主持下最著名的维修活动是对普纳卡邦塘德钦宫观世音锦缎像的缝制以及该宫金顶的建造。在这些活动中，喜饶旺秋不断地与西藏取得联系，并提出各种要求，而西藏的政教领袖也总是尽力给予满意的答复。《第七世达赖喇嘛传》留下了诸多此类记载：

> （1751 年）布鲁克巴德布派仲佑班玛坚（padma can）主仆前来祈寿，祈赐缝制锦缎佛像用的上等锦缎……回信赐大批锦缎及其他礼物。①
>
> （1753 年）布鲁克巴德布王派使者僧格南杰（seng-ge rnam-rgyal）前来请示新建普纳卡邦塘经堂金顶的金、铜、银水的规格，喇嘛应请示明规格，并赐赠金铜等顺缘。②
>
> （1754 年）为邦塘经堂金顶，（第七世达赖喇嘛）又应请赠金，并由政府捐助。③

《喜饶旺秋传——珍珠宝串》也称：

> 往昔绣制锦缎佛像（gos-sku chen-mo）时，达赖喇嘛格桑嘉措赠送了昂贵的库缎二十多匹，以及陈药、大批内库哈达等。④

1755 年，喜饶旺秋派索本主仆献上用布瓦尔德（bi-war-ta）文写成的语义圆满的诗体信札。称："往昔为绣制锦缎佛像和新建殿顶，喇嘛惠赐所需顺缘，仰此恩德，大型锦缎像绣成，邦塘经堂金顶亦将竣工，开光喜宴于鼠年（即 1756 年）神变月（一月）内可行，感此恩德，今特来献礼……供物丰厚，价值无量。"⑤ 同时喜饶旺秋还供养（布达拉宫）南杰札仓寺 50 名僧人，为达赖喇嘛诵经祈祷。同年十一月，第七世达赖喇嘛

---

① 章嘉·若贝多杰：《第七世达赖喇嘛传》，蒲文成译，西藏人民出版社 1989 年版，第 390 页。

② 同上书，第 410 页。

③ 同上书，第 438 页。

④ ［不丹］云丹塔耶：《喜饶旺秋传——珍珠宝串》，新德里 1970 年藏文版，第 49 叶 A、B 面。

⑤ 章嘉·若贝多杰：《第七世达赖喇嘛传》，蒲文成译，西藏人民出版社 1989 年版，第 451 页。

派孜仲扎垂巴希德诺布嘉措（rtse-drung gral-'phros-pa bzhi-sde nor-bu rgya-mtsho）前往布鲁克巴参加开光典礼，并"送去贺信一封、锦缎佛陀像、上好十地锦缎唐卡 23 幅、金银、绸缎、茶叶等礼品，向二大上师、总上师、宗本等各按地位赐赠信札礼品，向主要僧团散发布施供养"①。

　　与此同时，第七世达赖喇嘛还特别资助吐蕃时代建于布鲁克巴的两座佛殿，即本姆塘的强巴拉康和帕罗的吉曲拉康。早在 1743 年，布鲁克巴德布王阿旺坚赞（ngag-dbang-rgyal-mtshan）建成帕罗达仓吉祥窟（stag-tshang dpal-phug）和吉曲拉康殿时，送来信札礼物，称大悲观音像顶端安立宝瓶，需上等黄金，祈请达赖喇嘛捐助。第七世达赖喇嘛满足了要求。② 1751 年，第七世达赖喇嘛在执掌政教权力后，也热衷于修建寺庙。他曾资助维修吐蕃时代的 108 座镇魔寺，在耗资 38800 两白银的系列工程中也包括布鲁克巴的上述两座佛殿。这些举措与喜饶旺秋的政策遥相呼应。从此，布鲁克巴新建的寺庙奠基时经常向西藏申请资助，由西藏出资在吐蕃时代的两座寺院定期举行佛事活动也成为惯例，直到 20 世纪初。③

　　喜饶旺秋时期西藏与布鲁克巴关系的改善不仅表现在宗教领域，后来也表现在政治领域，布鲁克巴遣使调停西藏珠尔墨特那木扎勒（'gyur-med-rnam-rgyal）兄弟纠纷即是一例。

　　1747 年颇罗鼐去世，随后乾隆皇帝敕封其子达赖巴图尔珠尔墨特那木扎勒为郡王，准袭父职，总理卫藏事务。其兄益喜次丹（yi-shes-tshe-brtan）被封为阿里公。后来，珠尔墨特那木扎勒以益喜次丹谋反为名，出兵征讨，引起西藏各界恐慌。《喜饶旺秋传——珍珠宝串》称，"强烈恐惧之中的汉藏蒙等民众需要救护，面临损伤的雪域佛法需要护持。于是，（喜饶旺秋）产生调停（战争）之心念"，他派达噶本洛、噶隆次仁（bka'-blon tshe-ring）及随从 300 人，携带 4017 玛章（布鲁克巴货币）于（土蛇年）十一月二十五日（1750 年 1 月 3 日）从普纳卡出发，十二

　　① 章嘉·若贝多杰：《第七世达赖喇嘛传》，蒲文成译，西藏人民出版社 1989 年版，第 459 页。

　　② 同上书，第 289 页。

　　③ John A. Ardussi, "Tha Rapprochement between Bhutan and Tibet under the Enlightened Rule of sde-srid XIII shes-rab-dbang-phyug（R. 1744 - 63）", *Journal of Bhutan Studies*, 1999, Vol. 1.

月二十五日（2月1日）到达拉萨。在拉萨期间，广泛拜谒各方，先后为达赖喇嘛敬献超过 300 玛章的礼物，为班禅大师奉献超过 326 玛章的礼物，为萨迦法王奉献 100 玛章，竹旺活佛 27 玛章，珠尔墨特那木扎勒金章卡 1 个，汉地章卡 100，及各种礼品超过玛章 500，阿里公与此等同。色拉寺、哲蚌寺、甘丹寺共 320 玛章。公主（即颇罗鼐之女）德丹卓玛 100 玛章，四位噶伦共 257 玛章。二月二十三日（3月29日）回到普纳卡。① 喜绕旺秋虽然做出了努力，但效果并不理想，1750 年珠尔墨特那木扎勒试图发动叛乱，被驻藏大臣诛杀。

三　18 世纪西藏与布鲁克巴之间的商业贸易

清代西藏与布鲁克巴之间关系的改善，不仅反映在政治、宗教领域，同样也反映在经济领域，两地之间的商业贸易也获得了新的生机。但是，由于藏文史料更多地关注宗教、政治等问题，而忽略经济方面的内容，因此，要详细描绘当时两地之间的经济交流是困难的。我们只能根据相关资料勾勒当时的大概情形。

历史文献中提到西藏与布鲁克巴边界一线传统的贸易点主要有帕里（phag-ri）、拉雅（la-yag）、瓦吉（wa-skyi）、龙纳（lung-nag）、萨布（sa-sbug）、参巴（'tshams-pa）、拉康（lha-khang）、多卡尔（mdo-mkhar）、贡拉、错那（mtsho-sna）等。实际上由于两地气候迥然不同，出产物品也具有明显的差异性、互补性。因此，自古以来人们在高山隘口、深邃峡谷中开辟了许多贸易通道。由于喜马拉雅山南北两侧的气候差异，夏季贸易多在西藏一侧，而冬季多在布鲁克巴一侧，故而有"夏商（dbyar-tshong）"、"冬商（dgun-tshong）"之分。据相关调查，仅西藏亚东就有 8 条通往布鲁克巴西部的商道（分别经过多勒桥、普松山口、帮噶曲登山口、索杰拉山口、上亚东经古布宗、下司马经丁青岗、阿桑、汤拉山口）。帕里有 7 条通往布鲁克巴的商道（哲姆拉山口、纠龙山口、西隆山口、曲梅岗拉山口、岭昔山口、雅拉山口、错惹山口）。在拉康也有 5

---

① ［不丹］云丹塔耶：《喜饶旺秋传——珍珠宝串》，新德里 1970 年藏文版，第 51 叶 A 面。

个山口可通布鲁克巴。①

　　关于双方之间的贸易形式及征税等情况，我们知道的极其有限。下文是一封发布于土马年或土羊年的布告，涉及西藏山南地区萨布与布鲁克巴参巴之间的贸易问题，通过这封档案我们可以掌握有关贸易的一些细节。

　　布告指出，洛扎夺波宗（do-bo）下属之萨布集市与布鲁克巴所属参巴（'tshams-pa）之间往昔以来就设有贸易关卡。两地之间进行自由贸易，无任何税收。火鸡年，政府规范此处贸易，对萨布集市的开放进行了时间限定，参巴牧民与布鲁克巴商人一年可前来四次进行贸易。规定当地政府应赏给布鲁克巴商主（"聪本/tshong-dpon"）糌粑 3 驮，肉 1/4 腔，酒 2 升（tshod）。布鲁克巴商人（不包括门巴等其他人）的货物由萨布人负责运送至参巴地方，只需按人头付给食物。与此相同，西藏夺波宗萨布人（主要是曲恰人/chus-'khyer）也需一年四次到参巴集市进行贸易。藏方商人的货物，无论多少，由参巴牧民负责运送到萨布，需付给食物。征税额度一般是一盐袋中抽取一合（phul-stag）。战争期间边境贸易经常终止。土马年，应萨布和参巴商人的要求，西藏夺波宗之代表、布鲁克巴之代表、门巴之代表在察佩（gra-phal）会晤达成协议，每年双方各举行四次集市。若因供货不足而不能前往四次，则须由政府适当投放茶、绸缎、盐、羊毛、皮张等物资，以丰富供应。如果政府不能够增加供货，为避免违约中断贸易，应使藏人愿去参巴贸易者全部放行。总之，需多方努力使年度四次之贸易集市不得中断。②

　　可以看出，边境贸易一直处在政府的控制和管理之下，相对而言布鲁克巴方面对西藏商品的需求较为刚性，例如食盐等商品属于生活必需品。布鲁克巴所产大米（红米）对于驻藏内地军人来说极为重要，因为他们不习惯糌粑等当地食物，因此地方政府每年从帕里和错那购买布鲁克巴大米

---

　　① 李坚尚：《西藏的商业和贸易》，载中国社会科学院民族研究所、中国藏学研究中心社会经济研究所合编《西藏的商业与手工业调查研究》，中国藏学出版社 1999 年版，第 91、106、124页。

　　②《在洛扎夺波宗萨布地方门巴人、布鲁克巴人和藏人一起进行商品贸易的市场每年开放四次的布告抄件》（lho-brag do-bo rdzong gi sa-sbug tu mon-pa dang 'brug-pa bod-bcas kyis lo-rer tshong-zog brje-res kyi tshong-'dus thengs-bzhi re gtong-skor gyi rtsa-tshig），西藏自治区档案馆藏噶厦政府档案外交类——中不（丹）关系，卷宗号略。

作为专供。

　　相对于藏文史籍，英国人乔治·博格尔（George Bogle）和塞缪尔·特纳（Samuel Turner）有关西藏与布鲁克巴贸易的记述显得较为全面而细致。他们都是英国东印度公司分别于 1774 年和 1780 年派往西藏扎什伦布寺的使臣，他们虽然打着向班禅活佛表示友好的旗号，但其实质目的在于探询开通孟加拉与西藏贸易通道的可能性，并收集商业情报。他们在从西藏回到印度后都著有出使报告，其中就有诸多关于西藏与布鲁克巴之间贸易往来的信息。

　　首先，他们都调查了西藏与布鲁克巴之间贸易的主要商品。乔治·博格尔指出布鲁克巴本地输入西藏的主要产品有大米、锻铁、粗制羊毛呢子和少量茜草根，而西藏输出的主要是茶叶和其他中国内地商品以及岩盐、羊毛、绵羊皮以及用于家庭消费的窄幅起绒粗呢。① 塞缪尔·特纳的信息更为详尽，他指出，布鲁克巴出口至西藏的货物有：英国宽幅布、皮革、烟叶、棉花、大米、檀香木、靛蓝、茜草根。而西藏出口至布鲁克巴的商品主要是：金粉、茶、西藏羊毛布及盐。西藏和孟加拉之间当时没有直接通过布鲁克巴的贸易，但是通过转手贸易，西藏出产的金粉、麝香、粗硼砂等销往孟加拉，孟加拉的劣质宽幅布、鼻烟盒、嗅盐瓶、刀、剪刀、眼镜、三叶草、肉豆蔻、檀香木、珍珠、绿宝石、蓝宝石、青金石、珊瑚、黑色大理石、琥珀、海螺壳、棉花、皮革、烟叶、靛蓝、水獭皮销往西藏。② 他们都指出，当时在西藏最受欢迎的商品是欧洲厚呢。

　　其次，关于贸易形式，他们了解到因为西藏人害怕喜马拉雅山南部的酷热和瘴气，因此一般都不越过喜马拉雅山而进入布鲁克巴或南下到孟加拉。第六世班禅曾告诉乔治·博格尔，按照惯例，"他治下的商人，只把货物运到帕里宗，在那里由布鲁克巴商人买下再运入孟加拉地区；孟加拉地区的货物也是以同样的方式输入西藏的"。③ 但实质问题是孟加拉与西

---

　　①　C. Markham，*Narratives of the Mission of George Bogle to Tibet，and of the Journey of Thomas Manning to lhasa*，London：Trübner and Co.，Ludgate Hill，1879，p. 126.

　　②　Samuel Turner，*An Account of an Embassy to the Court of the Teshoo Lama，in Tibet*，London：W. Bulmer and Co. Cleveland－Row，1806，pp. 382－383.

　　③　C. Markham，*Narratives of the Mission of George Bogle to Tibet，and of the Journey of Thomas Manning to lhasa*，London：Trübner and Co.，Ludgate Hill，1879，p. 141.

藏之间通过布鲁克巴的贸易是被布鲁克巴政府垄断着的。乔治·博格尔发现德布王及其官员垄断了布鲁克巴所有高价值货物的贸易，事实上，他们才是布鲁克巴的商人。乔治·博格尔说：

> 每年从布鲁克巴到（孟加拉）朗布尔（Rangpur）去的商队，主要是为德布王及其大臣和宗本官员的投机行为而服务的。他们每人派一名代理人带着坦甘矮种马（Tangun）、麝香、牛尾、粗糙的红色毛毯和有条纹的半码宽的毛料；其他布鲁克巴人则在他们的保护下去朗布尔。他们把换回的东西，主要是厚呢、香料、染料、马尔达布（Malda cloths，马尔达是西孟加拉著名的纺织品中心）等——要么作为进贡品送给札什喇嘛（即班禅额尔德尼），要么作为商品同西藏进行贸易，通过贸易换回披隆（pelong）手帕、哈达、有花案的缎子、茶叶、盐、动物毛等。①

少数到帕罗的西藏商人也只被允许用西藏的盐和动物毛交换布鲁克巴的大米。

此外，乔治·博格尔还对布鲁克巴与西藏之间的贸易做过一些生动、细致的描写，以说明这些贸易对普通百姓生活的意义。他说：

> 在一个季节里，（布鲁克巴）农民和他的儿子带着地里长出的农产品，从班禅喇嘛管辖的地方交换回畜毛，由他的妻子和女儿纺织、染色、织成布；这样，这个家庭就有了穿的，剩下的要么卖给邻居，要么在另一个季节里与麝香、马一起运到朗布尔去换回小猪、咸鱼和粗亚麻，或者换回染料、调味品、厚呢和其他货物，使他能带到西藏去交易以获得更大的利润。②

总之，西藏与布鲁克巴关系改善带来的贸易发展，不仅增加了布鲁克

---

① C. Markham, *Narratives of the Mission of George Bogle to Tibet*, *and of the Journey of Thomas Manning to lhasa*, London: Trübner and Co., Ludgate Hill, 1879, p. 51.

② Ibid., p. 34.

巴政府的财政收入，而且由于西藏对布鲁克巴实行贸易自由政策，因而布鲁克巴普通百姓也从中获益。

综上所述，在 18 世纪 40—60 年代，中国西藏与布鲁克巴的政治领袖们通过政治、宗教等多种形式，积极改善双方关系，取得了良好的效果。特别是双方对共同信奉的藏传佛教这一传统文化资源的充分利用，展示了西藏与布鲁克巴关系中极具特色的一面。这是中国西藏与喜马拉雅山地区国家交往关系中特有的内涵。

第五章 第一次英布战争与
第六世班禅的调停

18 世纪中叶，正当西藏与布鲁克巴还沉浸在中世纪的社会状态之时，远在西欧的英国已经揭开了工业革命的序幕，工业生产的迅猛发展迫切需要寻找新的原料产地和销售市场。英国首先在南亚次大陆建立了殖民统治，随后试图向喜马拉雅山地区扩张，以打开通往中国内陆的贸易通道。18 世纪 70 年代，英国以印度为基地向北扩张，侵入布鲁克巴领土。布鲁克巴作为清朝西藏的藩属向当时西藏的政教领袖第六世班禅洛桑贝丹意希（blo-bzang dpal-ldan yi-shes，1738—1780 年）求援。第六世班禅致信英国东印度公司督办沃伦·黑斯廷斯（Warren Hastings，1732—1818 年），制止英国对布鲁克巴的侵略行径。这一事件至少反映了两个事实：1. 清朝西藏对布鲁克巴的国际安全负有责任；2. 随着英国向喜马拉雅山地区的扩张，从此，英印势力成为影响清朝西藏与布鲁克巴关系的一个重要因素。

一 英国东印度公司向喜马拉雅山地区的扩张

1. 18 世纪清朝西藏与南亚的贸易

由于高海拔、严寒、多山等自然条件的限制，西藏本身出产的物品很难满足人们的消费需求，因此对外贸易就成为西藏经济生活中不可或缺的组成部分。与中国中原地区的贸易一直是西藏贸易中的最主要部分，通过西宁和打箭炉（康定），中原的产品如茶叶、各种花色的锦缎织品、各种器皿以及刀具等运往西藏。而由西藏返销内地的除了西藏出产的黄金、皮毛等产品外，还有大量从喜马拉雅山南麓运进西藏的南亚、中亚和欧洲的商品。

西藏与南亚的贸易同样具有悠久的历史，但是，由于资料缺乏，我们还无法对 18 世纪之前的贸易做详细的描绘。根据 18 世纪的汉文史书和欧洲人的记述，我们对跨越喜马拉雅山的商业贸易可有大致的了解。

与 1792 年之后的情形不同，在 18 世纪的多数时期，西藏在喜马拉雅山一线并不对外封闭，当时来自南亚、中亚甚至欧洲的商人，如尼泊尔人、克什米尔人、亚美尼亚人、俄罗斯人等都前往拉萨从事贸易活动，有些人甚至在拉萨长期居住。他们向西藏销售大米、铁器、羊毛织品，特别是英国的绒面呢（后来到西藏的英国人特纳指出，黄色或鲜红色的英国呢子更受藏人的喜爱）。此外，还有皮货（特别是孟加拉水獭皮）、珍珠、珊瑚、海螺（供宗教仪轨用）、烟、糖、香料、刀、剪、透明玻璃、鼻烟壶、宝石、檀香木、布鲁克巴纸、尼泊尔铜器等。而西藏用以交易的货物除了自产的黄金、羊毛、金属银、麝香、牦牛尾、硼砂、盐外，还有中原的各种织物，以及蒙古皮货、中原茶叶和药物等。

西藏与内地的贸易，无论是到青海西宁还是到四川打箭炉都与拉萨相距近 2000 公里，与之相比，南亚的贸易线路则要短得多。在 18 世纪的西藏与南亚贸易中，尼泊尔和布鲁克巴不仅是主要的贸易主体，还是更远地区如孟加拉、比哈尔以及海外商人等进藏从事贸易的主要交通渠道。其中经过藏尼（泊尔）边界上的聂拉木（gnya'-lam，尼泊尔称库迪）和济咙（skyid-grong，今西藏吉隆县）的道路是当时最重要的贸易线路。早在 1645—1650 年，尼泊尔加德满都国王就与西藏达成协议，获准西藏与印度的贸易必须全部经由加德满都河川。① 对于希望从北印度前往西藏的人来说，经由尼泊尔的通道，在便利和安全方面，都胜过所有其他通道。因此，包括西部的克什米尔人、亚美尼亚人也喜欢从喜马拉雅山南部东行，

---

① ［尼］I. R. 阿里亚尔、T. P. 顿格亚尔：《新编尼泊尔史》，四川外语学院《新编尼泊尔史》翻译组译，四川人民出版社 1973 年版，第 94 页。

到尼泊尔再北上到达拉萨，而不是从西部直接进入西藏，面对阿里的荒漠和雪山。① 西藏与布鲁克巴在帕里的贸易也是西藏外贸的重要关口，但是。与尼泊尔的情况不同，通过布鲁克巴的贸易主要被布鲁克巴政府和贵族所垄断，他们不允许外国商人在这条商道上穿行。其他的贸易线路还有门隅达旺、卓木（今亚东）、木斯塘等，也是沟通南亚的贸易通道。

当时人们认为西藏地方政府是保护贸易的，到西藏做生意是有利可图的，因为：1. 关税较轻。据《卫藏通志》记载，凡商人在聂拉木与济咙出售大米者，每一包米抽取一木碗，西藏商人出售食盐也是每包抽取一碗。其他货物如纸张、果品、缎匹、珍珠、珊瑚等，一律每包缴纳银钱一元，只有红花每一"克（khal）"纳银钱一元。② 凡在边界缴纳了关税的人，其后在西藏境内就被免除了一切税收。那些不经聂拉木、济咙入境的商人，则在拉萨缴纳关税。2. 无论内贸还是外贸，西藏使用黄金作为流通货币，它包括两种，一是在尼泊尔铸造的金币，一是沙金袋，每袋重约5.6—5.8 克，也因此使许多人认为西藏是一个富产黄金的地方。西藏的黄金价格相对比较低廉，比如在 18 世纪中叶，在西藏黄金与白银的比价是 1：9，而在欧洲是 1：14 到 1：15，③ 通过转手倒卖黄金这种体积小而昂贵的商品以获取巨额差价利润，对所有的商人来说都充满诱惑。

通过穿越喜马拉雅山的贸易古道，西藏不仅与尼泊尔、布鲁克巴进行交易，而且还与整个北印度进行交易，并经由那里或通过孟加拉的媒介而与海外国家进行贸易。当英国东印度公司在印度迅速发展之时，这种贸易的额度也迅速地扩大。

2. 英国东印度公司向喜马拉雅山地区的扩张

1600 年，英国伊丽莎白女王颁发特许状，授予"在东印度群岛贸易的伦敦商人的总裁和公司"在未来 15 年间垄断从好望角到麦哲伦海峡间的英国商业，从此，这个被人们简称为"东印度公司"的商业机构揭开了

---

① ［法］布尔努瓦：《西藏的黄金和银币》，耿升译，中国藏学出版社 1999 年版，第 185 页。
② 《卫藏通志》卷 11《贸易》。
③ ［法］布尔努瓦：《西藏的黄金和银币》，耿升译，中国藏学出版社 1999 年版，第 153 页。

英国在亚洲殖民侵略事业的序幕。在此后的 150 年间，东印度公司虽然经历了艰难的阶段，但他们在印度还是先后挤掉了荷兰、葡萄牙等竞争对手。1757 年的普拉西（Plaosey）战役，英国人彻底战胜了最强劲的对手法国，并兼并了富庶的孟加拉。当时的印度莫卧儿帝国，日渐衰落，几近分崩离析。1765 年东印度公司从莫卧儿皇帝那里得到了控制孟加拉、比哈尔和奥里萨等地财政大权的"地华尼（Dewani）"称号，条件是由东印度公司每年付给皇室 260 万卢比。从此，英匿东印度公司逐渐成为一个不仅拥有商业特权，还拥有军事和领土的政治强权组织。

　　然而，东印度公司在南亚"春风得意"之时，它在中国却面临着一个巨大的难题，即清朝的"门户关闭"政策对贸易的限制以及多年的对华贸易逆差。从 18 世纪初，清朝对中西贸易一直施加限制，来华商船只准在广州与官办的商行进行贸易，禁止私人与外商贸易，实行"以官制商，以商制夷"的管理策略。这种贸易限制措施对于急需打开中国市场以销售其工业产品的英国商人来说极其不利。英国在多年的对华贸易后，已在英国国内打开了中国茶叶和丝绸的销售市场，但是运抵中国的毛料、布匹等却找不到销路，对华贸易已形成巨额入超。据统计，1760—1764 年，英国对华贸易入超 50 万两白银；1765—1769 年，增为 99 万两；1770—1774 年为 65 万两。如此巨额的贸易逆差，已成为东印度公司沉重的负担。为了解决这一问题，公司董事会希望能扩大原有的通过尼泊尔到中国西藏的贸易通道，走迂回路线进入中国西部，以打开中国内陆的市场。

　　在英国人看来，这条贸易线路就像中国的"后门"，巩固和扩大通过这条线路的贸易额，至少具有两方面的意义：1. 虽然西藏的物产总体上十分贫乏，但是，他们在西藏发现了 3 种重要原料：在制造瓷器和玻璃制品时用作除垢剂的硼砂、生长在喜马拉雅山区的山羊那闪光的羊毛制成的产品以及沙金。另外，由于传统上西藏与南亚诸国的贸易多用黄金、白银支付，一些英国官员认为，如果成功地使用出自孟加拉的商品来交换西藏的黄金，那么，东印度公司就可以"进口数量可观的黄金和其他有价值的商品"，以增加其购买中国茶叶所必需的贵重金属，弥补与中国的贸易逆差。2. 更重要的是，东印度公司知道从南亚运抵西藏的许多商品并不只是在西藏销售，其中部分将通过四川、青海销往更远的地方。因此，扩大与西藏的贸易，有可能打开中国西部这个潜在的巨大市场。

　　然而，正当英国人寄厚望于穿越喜马拉雅山的贸易之时，尼泊尔廓尔喀王朝的崛起，使英国人的计划遭到了挫折。喜马拉雅山南麓的尼泊尔是一个多民族的国家，长期处于分裂状态。自公元 9 世纪以来，虽然加德满都河谷尼瓦尔人（Newars）建立的马拉王朝（880—1768 年）盛极一时，但也未能统一尼泊尔全境。15 世纪时，马拉王朝分裂为加德满都（kath-mandu，藏文史书称 yam-bu/阳布）、巴特冈（Bhatgaon，藏文史书称 kho-khom/库库木）及帕坦（Patan，藏文史书称 ye-ran/叶楞）三个王国，其后三个国王之间彼此不和，互相争斗。尼瓦尔人之间的矛盾给新兴的廓尔喀人以可乘之机。廓尔喀本是尼泊尔西部一个土邦，14 世纪伊斯兰教侵入印度时，印度北部乌台浦尔（Udaipur）地方的拉奇普特族（Rajput）因不愿受伊斯兰教统治者的压迫而逃到尼泊尔，占领了廓尔喀土邦。18 世纪中叶，廓尔喀王朝在普里特维纳拉扬（Prithvinarayan，1722—1774 年）统治时期，凭借英勇善战的军队而迅速崛起，并利用尼瓦尔人三国之间的矛盾，各个击破，吞并了加德满都河谷，还一度控制了西藏境内的贸易重镇聂拉木和济咙。尼瓦尔人信奉佛教，因而几个世纪以来，一直与西藏保持着良好的经济、文化关系，通过尼泊尔到西藏的贸易线路吸引着南亚和中东的商人远道而来。而廓尔喀人信奉印度教，他们对尼瓦尔人的兼并、对贸易通道的控制，以及与西藏之间复杂的货币问题等，迅速导致尼泊尔与西藏关系的恶化以及贸易额的衰减。普里特维纳拉扬驱逐住在尼泊尔的外国商人，同时为了供养庞大的军队又加重对商人的征税，致使几乎所有的商人纷纷离开尼泊尔转寻其他商道。

　　18 世纪 60 年代，当廓尔喀向尼瓦尔人三国扩张时，帕坦王向东印度公司求援。为保持对藏贸易线路的畅通，东印度公司于 1767 年派金洛奇（Kinloch）上尉率领一小支军队前往援助。但是英国军队由于后勤供应短缺和疟疾蔓延，在尼泊尔东南部的泰莱（Tarei）地区病毙过半，不得不停止前进，无功而返。1769 年，詹姆士·洛根（James Logan）毛遂自荐，再次前往支援尼瓦尔人三国抵抗廓尔喀的兼并，结果当他赶到尼泊尔边境时，尼瓦尔人三国已被廓尔喀完全征服。英国人不仅未能实现扩大贸易的目的，甚至连原先的贸易利益也丧失了，于是东印度公司开始寻找其他通往西藏的商路。"公司董事会在标明时间为 1771 年 4 月 10 日、5 月 3 日的信中，指示孟加拉总督探索通过布鲁克巴或邻接国家领土（到西藏的道路），以扩展孟加拉的贸易。"① 正当东印度公司将视线从尼泊尔向布鲁克巴方向转移时，布鲁克巴与库赤·比哈尔的纠纷恰好给英国人提供一个绝好的机会。

二　第一次英布战争

1. 布鲁克巴与库赤·比哈尔的传统关系

库赤·比哈尔（Cooch Bihar）本是东孟加拉的一个小王国，"比哈尔（Bihar）"一词意为"居所"，因其统治者是库赤族而得名。16 世纪末，库赤·比哈尔被莫卧儿帝国征服，成为莫卧儿帝国的一个省，但是两者的关系较为松散，库赤·比哈尔屡次反抗欲以自立。布鲁克巴很早就与比哈尔有来往关系，布鲁克巴文献《白龙》记述了有关比哈尔的早期传说：库赤·比哈尔地方，最初有名为果贤（go-shan）之王族 18 兄弟，其时，诸王之一妃子到森林中去煨桑，与大自在天之化身相遇，二人结合，后足月出生二子，长者名为西学（shi-shu）、幼者为毕学（bi-shu），二人长大后，因谁为王而前往拉萨卜卦，结果毕学之神旗先立起，因而以他为比哈尔王。在该王之时，东起丹日（dem-ri）西到宗曲河（tsong-chu）之间皆归比哈尔管辖，成为力量强大的王国。② 17 世纪初，夏仲·阿旺南杰之父亲丹贝尼玛与库赤·比哈尔王白玛纳拉扬（padma na-ran）就有联系。夏仲·阿旺南杰流亡布鲁克巴时，有嘉布恰（skyabs-khya）地方之富豪达秋坚赞（dar-phyug rgyal-mtshan）邀请夏仲·阿旺南杰到该地传法。达秋坚赞同时告知其友白玛纳拉扬，称西藏热龙寺丹贝尼玛之子前来传法，白玛纳拉扬于是派使臣送来礼物，包括大食马一匹、银杖、银大号、金锭、象牙及布匹数驮。夏仲·阿旺南杰回赠绸缎及马鞍等。③ 随后白玛纳

---

① Home Department, Public Consultation, 9 December 1771, No. I. See Kapileshwar Labh, *India and Bhutan*, New Delhi: Sindhu Publication Ltd. , 1974, p. 16.

② ［不丹］那多克上师：《布鲁克巴政教史——白龙》，塔尔巴林寺 1986 年藏文版，第 96 页。

③ ［不丹］色瓦拉·阿旺白噶：《嘉色世系传记》（rgyal-sras gdung-'dzin sprul-sku'i rnam-thar），不丹研究中心 2004 年藏文版，第 36—37 页。

拉扬还赠送贝叶书写的《般若八千颂》等。总之，当时夏仲·阿旺南杰与比哈尔关系甚密。后来继任的扎那纳拉扬（pra-na narayan，1633—1666年在位）因为莫卧儿帝国一度占领库赤·比哈尔而流亡布鲁克巴寻求避难。① 1680 年，在丹增热杰出任布鲁克巴第四任德布王时，扎那纳拉扬之王子木古纳拉扬（mo-ghu narayan）向德布王献金锭 500、银锭 1000、地方特产 100 驮，派哈日协达尔（ha-ri-shab-dar）前来，此人在夏仲·阿旺南杰及第二任德布王丹增竹扎在位时也曾来过布鲁克巴。后来丹增热杰在为马头金刚寺（rta-mgo）竣工而举行庆祝仪式，扎那纳拉扬之后裔热布纳拉扬（rub narayan）也亲自莅临，丹增热杰盛情款待，并赠送金马鞍、铁、氆氇、麝香、盐、绸缎等多种物品。②

库赤·比哈尔频频向布鲁克巴示好，其根本原因在于自阿旺南杰逐步统一布鲁克巴之后，布鲁克巴便成为喜马拉雅山地区一股强劲的政治、军事力量，库赤·比哈尔试图借布鲁克巴的军事力量抗击莫卧儿帝国的统治。而布鲁克巴在军事上的援助，实际上伴随着其对库赤·比哈尔内政事务的介入，以至于有人认为"大约在 1695 年布鲁克巴占领了库赤·比哈尔并控制其政府"，③ 其后布鲁克巴对库赤·比哈尔的控制随着莫卧儿帝国的衰落而日益强化，并于 1765—1773 年即布鲁克巴第十五任德布王竹丹增（'brug bstan-'dzin，1765—1768 年在位）和第十六任德布王希达尔（gzhi-dar，1768—1773 年在位）时达到顶峰。

2. 第一次英布战争

布鲁克巴第十六任德布王希达尔，原名索南伦珠（bsod-nams lhun-grub），曾任终萨宗本洛，1768 年出任德布王，按惯例从清朝皇帝（乾隆）那里获得了"额尔德尼第巴"名号。④ 希达尔（乔治·博格尔称之为

---

① Nicholas Rhodes, *Coinage in Bhutan*, Journal of Bhutan studies, 1999, Vol. , Ⅰ.

② ［不丹］那多堪上师：《布鲁克巴政教史——白龙》，塔尔巴林寺 1986 年藏文版，第 98 页。

③ J. Claude White, *Sikkim and Bhutan*, New Delhi: Cosmo Publications, 1984, p. 292.

④ 土鼠年（1768 年）摄政王第穆：《大皇帝任命布鲁克巴第司封给"额尔德尼第巴"称号一事给布鲁克巴第司公函》，载西藏自治区地方志编纂委员会编《西藏自治区外事志》，中国藏学出版社 2005 年版，第 328 页。

Deb Judhar）有着"胆大而不满足的精神"①，尽管他必须获得僧侣集团的认可才能成为德布王，但各种资料显示他与僧侣集团的关系非常紧张，②他想方设法摆脱僧侣集团的控制，在处理政务时不像他的前任们那样征求僧侣集团的意见，甚至很少任用僧人担任政庶部门主管。他就任德布王后的一个重要举措是从西藏迎回第二世夏仲活佛"意"的转世却吉坚赞（chos-kyi rgyal-mtshan，1762—1788 年，出生于西藏琼结地方并由第六世班禅认定），夏仲活佛在布鲁克巴具有至高无上的宗教地位，希达尔显然试图通过控制却吉坚赞这样一位重要的宗教人物达到与僧侣集团相抗衡的目的，这就使他与僧侣集团的实际领袖赤仁波切·晋美僧格（'jigs-med seng-ge，1742—1789 年，乔治·博格尔称之为 Lama-Rimboché）之间的矛盾日趋尖锐。同时，他对僧侣集团的态度还使他与自己的性相学（哲学）上师贡噶仁钦（kun-dga' rin-chen）也关系紧张。

希达尔在内政管理上强调严刑峻法。1772 年首府扎西曲宗城失火，希达尔强令百姓一年之内完成重建工程，他"违背诸护法意愿，故宫殿失火……在新建时，赋税沉重，对民众实行如挖眼、刹手、投水等暴行"。③他还以自己的名字将新宫命名为"索南颇章（bsod-nams pho-brang）"，这些做法引起了百姓的不满。连清朝乾隆皇帝也觉得他"不安本分，苛待所属之人，任意而行"④，"使僧俗人等遭受兵马、土石工程等难以忍受的折磨和摧残"⑤。

---

① C. Markham, *Narratives of the Mission of George Bogle to Tibet*, *and of the Journey of Thomas Manning to lhasa*, London: Trübner and Co., Ludgate Hill, 1879, p. 37.

② 乔治·博格尔指出："他获得推举，与其说是僧侣集团的自由选择，倒不如说是由于他的诡计和僧侣集团对他的权势的恐惧。" C. Markham, *Narratives of the Mission of George Bogle to Tibet*, *and of the Journey of Thomas Manning to lhasa*, London: Trübner and Co., Ludgate Hill, 1879, p. 37.

③ 《木马年三月二十三日布鲁克巴第司等呈摄政王的信函》（shing-rta zla 3 tshes 22 nyin 'brug spung-thang nas skyabs-mgon rgyal-chab rin-po-cher phul-ba'i snyan-zhu'i ngo-shul），西藏自治区档案馆藏噶厦档案外交类——中不（丹）关系，卷宗号略。

④ 《土狗年皇帝赐封布鲁克巴转世佛爷为布鲁克巴德布王的金字文告抄件》（sa-khyi lor 'brug sku-skye nas 'brug sde-srid du mnga'-gsol par gong nas 'ja'-sa gser-yig bstsal- ba'i 'dra-zin ngo-bshus），西藏自治区档案馆藏噶厦档案外交类——中不（丹）关系，卷宗号略。

⑤ 《摄政王致布鲁克巴新任德布王之信函》（rgyal-tshab rin-po-che nas 'brug sde-srid khri-gsar la phul-ba'i yi-ge），西藏自治区档案馆藏噶厦档案外交类——中不（丹）关系，卷宗号略。

希达尔在对外关系上表现非常活跃。正是因为在内部与僧侣集团矛盾尖锐，他非常重视与清朝西藏的关系。第七世达赖喇嘛圆寂后，虽然任命第穆活佛出任摄政，但是第六世班禅凭借其在政教两方面的卓越能力，成为当时在西藏最具影响力的人物。因此，希达尔在上任之初，便与第六世班禅建立了密切的联系，向第六世班禅贡献大量的财物（为前任德布王超度仪式献礼白银 1000 两）。① 他照例获得了皇帝封赐的"额尔德尼第巴"名号，"并在全国传播中国皇帝的封印，竭力想获得中国皇帝的友谊和保护"。② 希达尔同时也是一个扩张主义者，他曾一度将势力扩展到哲孟雄。③ 对南部地区，他采取了两项重要措施：1. 加强了对库赤·比哈尔的控制。当时布鲁克巴掌握着库赤·比哈尔高层官员（kingly office）的任免权，在其首府驻有一个被称为"嘉噶尔吉恰喇嘛（rgya-gar spyi-khyab-bla-ma，印度总管喇嘛）"的官员，"未经他的批准，（库赤·比哈尔）任何重要的措施都不能实行"，④ 库赤·比哈尔土王每年要携官员北上到布华山口（buxa duar）⑤ 南部的契恰科塔（Chechakhata）迎接并宴请南来的布鲁克巴官员（包括布华山口管理者及布鲁克巴政府代表），以表示对布鲁克巴的尊敬。由此可见，在 1773 年之前库赤·比哈尔实际上已成为布鲁克巴的附属国，而英国东印度公司所属孟加拉政府虽然已经开始积极北扩，觊觎库赤·比哈尔，但还不能对其内政施加影响。2. 对英国人采取防范措施。当时东印度公司在南亚到处扩张，残酷剥削、压榨印度农民，给印度人民带来深重苦难。英国人对孟加拉的占领，已经引起与之毗邻的喜马拉雅山地区诸国如廓尔喀、布鲁克巴以及孙尼亚西人（Sannyasi）的拜昆特普儿（Baikunthapur）土邦的警觉，于是，他们为抵抗英国人的侵略而结成互助联盟。

当时，库赤·比哈尔的内政权力被一分为三：土王"罗阇"（Raja）是

---

① 嘉木样·久麦旺波：《第六世班禅洛桑贝丹益希传》，中国藏学出版社 2002 年藏文版，上册，第 464 页。

② C. Markham, *Narratives of the Mission of George Bogle to Tibet, and of the Journey of Thomas Manning to lhasa*, London: Trübner and Co., Ludgate Hill, 1879, pp. 37 - 38.

③ ［锡金］吐道南杰（mthu-stobs-rnam-rgyal）、益喜卓玛（ye-shes-sgrol-ma）：《哲孟雄王统史》（'bras-ljongs-rgyal-rabs），岗托克祖拉康（Tsuklakhang）出版社 2003 年藏文版，第 111 页。

④ ［印度］拉姆·拉合尔：《现代不丹》，四川外语学院《现代不丹》翻译组译，四川人民出版社 1976 年版，第 37 页。

⑤ 布华山口，藏语称 dpag-bsam-kha。

最高统治者，"纳则尔德布"（Nazir Dev，或译为总司令）主管军队，"德完德布"（Dewan Dev，或译为首相）主管民事。这种制度设计导致了库赤·比哈尔内部的长期斗争。18 世纪时，库赤·比哈尔土王乌彭德拉纳拉扬（Upendranarayan，1714—1765 年在位）及其子德文德拉纳拉扬（Devendra Narayan，1763—1765 年在位）的即位都直接得到布鲁克巴的扶持。1765年，当时的"纳则尔德布"鲁德拉纳拉扬（Rudranarayan）的属下拉马南德·高萨因（Ramanand Gosain）唆使人杀害了德文德拉纳拉扬，布鲁克巴德布王竹丹增（'brug bstan-'dzin，1765—1768 年在位）处死了拉马南德·高萨因，任命戴尔因德拉纳拉扬（Dhairyendra Narayan，1766—1783 年在位）为土王。然而，1770 年戴尔因德拉纳拉扬杀害了其兄长、与布鲁克巴关系密切的"德完德布"拉姆纳拉扬（Ram Narayan），任命其弟苏伦德拉纳拉扬（Surendra Narayan）为"德完德布"，这引起了布鲁克巴新任德布王希达尔的强烈不满，随后在一年一度的契恰科塔招待宴会上布鲁克巴逮捕了戴尔因德拉纳拉扬、苏伦德拉纳拉扬等，任命戴尔因德拉纳拉扬之弟拉金德拉纳拉扬（Rajendra Narayan）为土王。根据西藏文献记载，后来经第六世班禅劝导，布鲁克巴于 1771 年释放了戴尔因德拉纳拉扬等人。[①]

1772 年拉金德拉纳拉扬去世，布鲁克巴与库赤·比哈尔就土王的继位问题再次发生纠纷。当时的"纳则尔德布"卡金德拉纳拉扬（Khage-ndra Narayan）推举戴尔因德拉纳拉扬的儿子大仁扎纳拉扬（Dharendra Narayan）为土王，对此布鲁克巴德布王希达尔表示反对，而卡金德拉纳拉扬坚持己见，于是布鲁克巴发兵两万南征，占领了库赤·比哈尔的首府，立拉姆纳拉扬的儿子比金德拉纳拉扬（Bijendra Narayan）为土王，并逮捕了大仁扎纳拉扬和他的兄弟。[②]卡金德拉纳拉扬在抵抗被击溃后，

---

① 嘉木样·久麦旺波：《第六世班禅洛桑贝丹益希传》，中国藏学出版社 2002 年藏文版，上册，第 525 页。

② 笔者所见多种著述中有关当时库赤·比哈尔政局的描述并不一致，其中多数论著都提到布鲁克巴曾经逮捕戴尔因德拉那拉扬，但是否逮捕大仁扎纳拉扬记述不一，本书从怀特（J. Claude White）《锡金与不丹》（*Sikkim and Bhutan*）一书中的说法。但仍有疑问，因为在 1774 年东印度公司与布鲁克巴签署的和平条约中提到要释放的库赤·比哈尔土王的名字是 "Dhujinder Narain" 而不是 "Dharendra Narayan"，不知是否是拼写差异所致。根据 A. B. Majumdar，*Britain and the Himalayan Kingdom of Bhutan*（Patna：Bharati Bhawan，1984）中列出的库赤·比哈尔土王世系表，并无称为 "Dhujinder Narain" 者。

便逃亡英国东印度公司所属的朗布尔（Rangpur），以被废土王的名义向东印度公司在该地的税务官普尔林（Purling）求援。而此时的东印度公司正试图寻找机会向孟加拉北部及喜马拉雅山地区扩张势力并寻求通过布鲁克巴到西藏的商路，于是出兵与布鲁克巴交战。

早在库赤·比哈尔战乱纷扰之始，普尔林就在靠近库赤·比哈尔的朗布尔时刻观察着局势的变化，并随时向在加尔各答的东印度公司督办沃伦·黑斯廷斯（Warren Hastings）汇报。在他们的通信中，沃伦·黑斯廷斯指出他期望将库赤·比哈尔"正式兼并为孟加拉的一个省"①，而普尔林则建议沃伦·黑斯廷斯将布鲁克巴人赶回北部山区，使北部山区成为"我们的边界"②。沃伦·黑斯廷斯根据普尔林的建议于 1772 年 10 月在加尔各答与卡金德拉纳拉扬的代表签订了包括九个条款的条约：东印度公司同意出兵驱逐布鲁克巴人，但作为战争开销卡金德拉纳拉扬方面应立即付给公司在朗布尔的税务官 5 万卢比，战后库赤·比哈尔将并入孟加拉，并永久性地将库赤·比哈尔每年税收的一半交给东印度公司。③

在达成上述协议后，沃伦·黑斯廷斯派琼斯（Jones）上尉率领四支英军于 1772 年年底进入库赤·比哈尔。12 月 22 日，英军以死亡 16 人的代价占领库赤·比哈尔首府，而布鲁克巴方面死亡 600 人，④ 仍在使用弓、箭的布鲁克巴军队无法与英军抗衡，很快就退回到距山脚 8 公里的契恰科塔这个传统的边界市镇，希望以此为界进行停战谈判，但是遭到沃伦·黑斯廷斯的拒绝，他命令军队把孟加拉的边界延伸到山脚下。

由迪克森（Dickson）中尉指挥的一支英军在占领契恰科塔后，一直向布鲁克巴境内挺进，于 1773 年 2 月 23 日占领布华山口。但是，在那儿他们只坚持了 3 天，持续的大雨和布鲁克巴军队不断地骚扰使他们无法立足，为了避免布鲁克巴军队对英军形成包围，迪克森决定后撤到契恰科

---

① Letter from Warren Hastings to Purling in Rangpur on 27 Oct. 1772. See A. B. Majumdar, *Britain and the Himalayan Kingdom of Bhotan*, Patna：Bharati Bhawan, 1984, p. 32.

② Letter from Purling to Warren Hastings on 2 Aug. 1772. See A. B. Majumdar, *Britain and the Himalayan Kingdom of Bhotan*, Patna：Bharati Bhawan, 1984, p. 32.

③ A. B. Majumdar, *Britain and the Himalayan Kingdom of Bhotan* (Patna：Bharati Bhawan), 1984, p. 35.

④ Ibid.

塔，但在途中有一支英军还是遭到布鲁克巴军队巨石和滚木的袭击，14
名英军被击毙。其后，布鲁克巴人再次袭击契恰科塔的英军，却遭到惨重
失败。1773 年 4 月 2 日，布鲁克巴德布王希达尔致信沃伦·黑斯廷斯要
求和谈，沃伦·黑斯廷斯置之不理。

与此同时，在西面由琼斯上尉和斯图尔特（Stuart）上尉指挥的英军
占领了孙尼亚西人的拜昆特普儿土邦，并于 1773 年 4 月北上占领了布鲁
克巴的达岭喀（Dalimkot，藏语称 brda-ling-kha）山口。

布鲁克巴在战争中的失利，激化了国内矛盾，英国人乘机而动，秘密
派人与德布王希达尔的哲学上师贡噶仁钦联系，挑动僧侣集团对抗希达
尔。于是，在德布王希达尔领兵驻扎布华山口之时，贡噶仁钦得到赤仁波
切·晋美僧格的支持，发动政变，自己登上德布王宝座（1773—1776 年
在位），并宣布希达尔不得回布鲁克巴，否则格杀勿论。[①] 希达尔只好逃
亡西藏寻求第六世班禅的帮助。

三　第六世班禅制止英国对布鲁克巴的侵略

英军的长驱北上在喜马拉雅山诸国引起很大震动。廓尔喀王普里特维
纳拉扬看到布鲁克巴的失败后，意识到他将可能成为英国人的下一个打击
目标。因此，他不顾与第六世班禅的紧张关系，派出使者请求他"调解布
鲁克巴与披楞（phe-reng，即英国）之间的冲突"。[②] 布鲁克巴德布王希达
尔因为战事不利，求和又屡遭英国人拒绝，也屡次派人请第六世班禅出面
调停。通过来自各方面的信息（包括当时正与东印度公司相抗衡的贝拿勒
斯王公的代表），第六世班禅对东印度公司过去在印度的侵略历史及其对
喜马拉雅山地区的野心已有所知，为了制止这种侵略行径，他写信给沃
伦·黑斯廷斯。[③] 信函由藏人白玛（padma）和印度托钵僧普南吉

---

① ［不丹］白玛次旺：《布鲁克巴王统世系明鉴》，不丹国家图书馆 1994 年藏文版，第
373—374 页。

② 嘉木样·久麦旺波：《第六世班禅洛桑贝丹益希传》，中国藏学出版社 2002 年藏文版上
册，第 555 页。

③ 同上书，第 578 页。

(Purangir Gosain) 于 1774 年 3 月 29 日送达加尔各答交给沃伦·黑斯廷斯。《第六世班禅致沃伦·黑斯廷斯信函》译文如下:

　　此间诸事顺遂，予昼夜讽经，祈祷阁下芳祉纳福，日盛月新。兹因贵方来客，得闻令名，方寸之内，如春华敷荣，欢悦曷胜。敬维阁下福星高悬，予左右眷属安宁清吉为颂。窃以为侵犯邻境，凌辱他人，均韪予之本意。揆诸本宗宗风，倘若加害一人，虽眠息颐养，均在禁例，惟素稔阁下，公正仁爱，且远胜吾人，敬企台绥倍增，荣华骈臻，亿万庶民，均叨福庇。承蒙雅许，予任此方之喇嘛法王 (Ra-ja-Lama)，① 统御臣属，阁下亦必自此间旅客闻知此事矣。迩来屡屡获悉：阁下大兴戎行，挞伐布鲁克巴，据云布鲁克巴德布希达尔②侵掠蹂躏贵方边境，其罪实为启衅之由。盖此王出身凡愚，妄知礼义 (往昔不乏如此过失，实因贪欲诱引，不能自已)，近日故态复萌，殆在意料之中，彼于孟加拉、比哈尔诸省边境必犯蹂躏抢掠之罪行，以故阁下震怒，遣军报复。然而其党徒败北，多民受戮，三城③易手，本人亦已膺严惩矣。阁下军旅大胜，已昭然如日光焜耀，阁下有意，则二日之内，剿绝布鲁克巴德布本非难事，盖彼已无力抵御矣。于今之时，不揣冒昧，代为缓颊，愿进一二言于阁下之前：盖此布鲁克巴大君，乃达赖喇嘛之一臣属，达赖喇嘛驭御此方，具无限权威 (惟因年甫冲龄，现今政务委托眇身)，若阁下仍麾军深入布鲁克巴境内不已，势将激怒达赖喇嘛并其属民悉与阁下为敌，以故，俯念我方佛法民情，敢望阁下即此息争言和，是诚贶予以莫大之恩惠。至于布鲁克巴德布，予已谴责其已往之罪行，权谕其日后之迁善，勉励彼遇事毋得违抗阁下，窃以为彼必将顺从予之劝导，而阁下亦应待之以怜悯宽宥之心也。予一介寒僧，依本教清规，惟知手持数珠，念佛祝祷，利益众生，祈求此方居人得享升平而已。今谨释僧冠，恳请阁下可否从此辍兵。敬肃寸楮，馀言不赘，信使行脚僧人，将代陈详情，惟祈俯

---

① 原文 "the Rajah and Lama"，可译为 "国王及上师"。
② 原文为 "Deb Judhur"，塞缪尔·特纳作 "Deh Terria"。
③ 原文为 "fort"，实指布鲁克巴南部的山口，当地人称为 "垛尔 (Duar)"。

允。此方人众唯以敬奉天神为务，我辈寒素，未敢与足下比伦。附呈薄仪数色，聊表心意，统希哂纳。[1]

班禅信函内容"明智、谦虚，质朴无华，情文并茂，在委婉说情的词句间隐含恫吓之意"[2]。班禅信函的核心内容有三：1. 申明布鲁克巴德布王希达尔侵扰库赤·比哈尔实属错谬，现已受到英国军队打击，不仅丢失南部三个山口，且人员伤亡惨重。布鲁克巴虽属自食苦果，但已经虚弱不堪，无力兴兵，对它的惩罚已经足够了，应适可而止。2. 申明布鲁克巴乃清朝西藏藩属，达赖喇嘛管理布鲁克巴，"具无限权威"，但是，目前达赖喇嘛因为年幼，有关布鲁克巴管理事宜委托第六世班禅负责，为此，请求英国停止与布鲁克巴的战争，"以怜悯宽宥之心"待之。3. 警告英国人，如果继续"麾军深入布鲁克巴境内不已，势将激怒达赖喇嘛并其属民悉与阁下为敌"，表达了西藏将不惜与英国发生战争也要捍卫藩属安全的坚定态度。

事实上，正如第六世班禅在信中所提到的那样，英国人对第六世班禅也较为了解。他不仅极具内政、外交方面的个人能力，还由于第八世达赖喇嘛尚在幼年，因而他是当时在西藏地位最为崇高的宗教领袖，在内陆亚洲具有广泛的影响。另外，西藏与南亚地区贸易的交通要道几乎都在他所管辖的后藏地区，因此，他与来自各地的商人保持着密切的联系。后来东印度公司派往西藏的使者乔治·博格尔还发现寄居在第六世班禅门下的印度教托钵僧达 150 人之多，穆斯林托钵僧（dervish）有 30 多名，第六世班禅通过这些来自各地的流浪者获取南亚各国的信息，也通过他们传扬自己的美名。正是这些托钵僧，使第六世班禅注意到 18 世纪中期以来东印度公司在印度的强权扩张。人们告诉他"东印度公司就像一个强暴的国王，喜欢发动战争和征服他人"，他们是"诡诈、有野心的民族"，他们打着贸易的幌子，设法潜入一个国家，首先侦探这个国家的地理和居民情

---

① Translation of a Letter from Teshoo Lama to Warren Hastings. See Samuel Turner, *An Account of an Embassy to the Counf of the Teshoo Lama*, *in Tibet*, London: W. Bulmer and Co. Cleveland—Row, 1806, p. 5. 译文见柳升祺、邓锐龄《第六世班禅额尔德尼洛桑贝丹意希生平事迹述评》，载《民族史论丛》（第一辑），中华书局 1985 年版。

② Samuel Turner, *An Account of an Embassy to the Court of the Teshoo Lama*, *in Tibet*, London: W. Bulmer and Co. Cleveland—Row, 1806, p. 5.

况，然后就企图侵略这个国家，使之成为殖民地。① 因此，当布鲁克巴面临着被英国人侵吞的危险时，第六世班禅不能漠然视之。

当时英军在布鲁克巴南部的森林地带深受疾病困扰，"部队大半因病死亡，琼斯上尉和其他军官亦染上了致命的疟疾"②，进退维谷。沃伦·黑斯廷斯在收到信函后，借机停战，同意与布鲁克巴谈判，并最终于1774 年 4 月 25 日在孟加拉首府加尔各答的威廉堡（Fort William）签订了《东印度公司与布鲁克巴之间的和平条约》10 条。条约规定：英国归还所占领的布鲁克巴领土，而布鲁克巴每年向东印度公司进贡五匹坦甘马（Tangun，一种布鲁克巴特产的矮种马），这是过去布鲁克巴为占有契恰科塔而付给库赤·比哈尔王的酬礼。布鲁克巴释放库赤·比哈尔王。条约要求布鲁克巴人不得允许孙尼西亚人到布鲁克巴避难，还要求布鲁克巴允许英国人在布鲁克巴南部的山坡地带免税砍伐森林。条约鼓励布鲁克巴人前往朗布尔进行贸易等。

有关《班禅信函》对于停战的作用人们评价不一，无论如何，过多地侵占布鲁克巴的土地从而引起中国西藏的敌视，将使沃伦·黑斯廷斯无法实现其既定的通商目标，因此，英军的军事行动只能适可而止。此外，东印度公司为实现这一目的也需要一些好的借口，因此他宣称做出停战的决定，完全出于对第六世班禅的尊敬。这样才使他有了期待已久的与西藏直接发生联系的借口，乔治·博格尔出使西藏才得以实现。

四　卸任德布王希达尔在西藏

当德布王希达尔在南部的布华山口指挥军队与英国军队鏖战之时，在后方却发生僧侣集团领导下的政变事件。贡噶仁钦在赤仁波切·晋美僧格的支持下荣登德布王宝座，并发布命令希达尔不得回国，否则在任何地方都可将他杀死。希达尔似乎是在布华山口与第六世班禅的信使（前往孟加

---

① C. Markham, *Narratives of the Mission of George Bogle to Tibet*, *and of the Journey of Thomas Manning to lhasa*, London: Trübner and Co., Ludgate Hill, 1879, pp. 137 – 138.

② Ibid., p. 1.

拉的白玛、普南吉?）会见时才得到这个消息。于是，在帕罗做短暂停留后逃往西藏寻求保护。

　　得知布鲁克巴内部政局动荡，噶厦政府推测有可能发生大规模冲突，于是立即派遣达赖喇嘛之卓尔尼堪布曲旺（chos-dbang）及第巴加果巴（rgyal-skor-ba）前往开展和解调停。"此二人尚未到边界之时，希达尔已逃亡来到西藏地界，向达赖喇嘛、班禅额尔德尼请求庇护生命，于是答应保护其生命而收留之，在后藏赏给糊口地方，使之居住。"① 史料未提供希达尔进入西藏的确切时间，推测应该在 5 月之前，因为（木马年）三月二十九日（1774 年 5 月 9 日），新任德布王贡噶仁钦致西藏摄政王的信中提到希达尔已在西藏。

　　因希达尔已逃亡来到西藏，无和解调停之对象，卓尔尼堪布曲旺、第巴加果巴等准备从边界返回，然而布鲁克巴僧俗人等请求前往了解详情，以便向噶厦政府报告。希达尔与第六世班禅等西藏政教领袖关系密切，因此新任德布王对第六世班禅"并不十分尊重"，但他必须顾及噶厦政府及清朝皇帝的反应，要成为布鲁克巴毫无异议的统治者尚须得到他们的承认，并获得"额尔德尼第巴"名号。因此，让西藏官员了解情况并做出于己有利的汇报是非常重要的。于是堪布曲旺等应邀进入布鲁克巴进行调查，并如其所愿地报告称：

　　　　看得索南伦珠（即希达尔）逃走后，众人安宁，动乱之因已除。其内部人等推举参尼（mtshan-nyid）喇嘛强巴贝（byams-ba-dpal，即贡噶仁钦）为首领，该人学问好，人稳当，众人信任。②

　　他显然也提到了请求噶厦政府帮助获得"额尔德尼第巴"名号的事宜，卓尔尼等要求交回从前颁给希达尔之"额尔德尼第巴"敕书，答曰：

---

　　① 《摄政第穆请皇帝敕封布鲁克巴贡噶仁钦为第巴事给驻藏大臣的文书》（'brug kun-dga'-rin-chen er-ti-ni sde-pa'i go-sar bsko-gzhag gong-ma bdag-ᵱo chen-por cho-lo'i bka'-shog zhu-grogs am-ban lhan-rgyas su phul-ba'i no-min-han de-mo ho-thog-ᵵhu'i yi-ge），西藏自治区档案馆藏噶厦档案外交类——中不（丹）关系，卷宗号略。

　　② 《摄政第穆请皇帝敕封布鲁克巴贡噶仁钦为第巴事给驻藏大臣的文书》，西藏自治区档案馆藏噶厦档案外交类——中不（丹）关系，卷宗号略。

扎西曲宗失火时，敕书被焚，无可交回。印章保存完好，可以还回。

　　希达尔遭遇政变被迫流亡西藏，他的亲信悉数遭到贡噶仁钦和赤仁波切·晋美僧格的排挤，反抗和暴乱时有发生。当乔治·博格尔一行在廷布之时就亲眼目睹了一场叛乱。[①] 贡噶仁钦感觉得到西藏庇护的希达尔仍然威胁着布鲁克巴政局的稳定。于是，就如何处理希达尔向摄政王写信称：

　　　　主管雪域佛教事业之怙主摄政活佛莲足之前：微末谨奏，目下想必贵体安康，如常护佑佛法及众生。因三宝之慈悲、历代怙主活佛恩德之庇护，地方人众之安乐，在下为此勤谨效力。谨启者，如前所奏，此方众生因思希达尔能于佛法众生造福，扶其升登宝座，不想，其随后即压制喇嘛僧伽等上流人物，损害佛教，抢夺供养，加之行为欺诈暴虐，为此，诸世间护法心意恼怒，故而发生旧宫（gdan-sa rnying-pa，失火，随即又与阿杂热（A-tsa-ra，指孟加拉）方面发生冲突，而此前圣主法王（指夏仲活佛）与罗阇白玛纳拉扬（ra-dza padma na-ran）福田施主和睦相处，情谊融洽。如今贪求别人之富贵，废黜罗阇，引起纷乱。荼毒无辜双方人众，原有圣地印度之似如意珍瓶之关口（las-sgo），亦只遗留虚名，种种行为，于生死两界皆有害无利。重建新宫时，为迅速完工，心怀叵测，使许多苦力遭到挖眼、断臂、投河等种种残不忍睹之折磨。因之，此地大小僧俗人等同心掀其下台。其所属之人会聚仁钦绷（rin-chen-spangs，即帕罗宗），据守险要宗堡，久之，暂不论他人，其亲属亦弃之而去。因无法留驻而逃亡。想来，他因自己的恶行而无法前往门（mon）地，如果逃到贵处，从格鲁派和竹巴派教法合一考虑，必会将其遣回，我等静候。今从前来调停之宗本处得知：希达尔现在扎什伦布寺所属一处�卡，怙主遍知（指六世班禅额尔德尼）因思若置别处或将引起纷乱，故令其住于寺内，赐生活之资，订立了不得前往他处之规。尊者虽知其行为乖张，但思投奔自己而来，故给予庇护。如前往拉萨等处，因其行为恶劣，不便给予支持，故限制其住于寺内。有如此等言。佛菩萨唯

---

　　① C. Markham, *The Narratives of the Mission of George Bogle to Tibet and of the Journey of Thomas Manning to Lhasa*, London: Trübner and Co. Ludgate Hill, 1879, p. 69.

思利他善行，给予庇护，吾不敢有（将其）交回之言。但思不仅先后种种苦难皆因他起，想必他还将喊冤叫屈，左右欺瞒，不可能心口一致，实言相告。贵处如不详查其所为，不可能知其底细，而开给予庇护之先例。日后，如寻得时机，必使狡诈，扰乱众生，使甘丹颇章与布鲁克巴产生嫌隙。为一人而荼毒众多生灵，非菩萨之道，不仅如此，将来还会做违背贵处佛法、政令之情事。为此，毫无隐晦，坦言相告。在下亦不忍伤及哪怕是蚁类之生命，毋论对暇满人身进行伤害，此理吾亦知之。此其必遭之果报，如您所知，吾从未加害无辜。故此，最好遣回为感；次则，如有定予庇护之心，若有把握使之不再成为动乱纷扰之因，吾亦不敢开变动您之法令之先例，唯望在偏僻之地，予其微量生活之资，外人不得与之接触，不使其为众人制造苦难。……不久，吾将依惯例求驻藏大臣帮助向大皇帝乞求颁发敕书，本人虚加法名贡噶仁钦，现众僧俗一致称我为萨旺强巴贝吉德（sa-dbang byams-pa'i-dpal gyi sde），欲具名敬呈。往后，常赐密意良言。押稟氆氇一匹，阿萨姆绸缎，红氆氇等，吉日具。①

　　驻藏大臣和摄政王显然并不想处死一个落难的求助者，但是考虑到他为重建扎西曲宗城而蹂躏百姓，在边境上发生战争，使许多人因暑热至死等引起广泛的不满，因此，决定革去希达尔"额尔德尼第巴"名号，这似乎也是唯一一被革去该名号的德布王。应贡噶仁钦之请求，皇帝同意并指示礼部颁发新的"额尔德尼第巴"敕书，换发的敕书由自京城返回西藏之第六世班禅的使臣喀木巴丹增桑布（bstan-'dzin bzang-po）带回，再转发新任德布王。为此，贡噶仁钦上表谢恩，称：

　　　　卑喇嘛我一介末疆虫蚁样的人，文殊师利大圣主施以逾格天恩，将小的扎木巴巴勒补放额尔德尼第巴，赏额尔德尼第巴名号，给予印信。而且适才又赏我敕书，实为非分殊恩。我惟有恭谨办理我布鲁克

---

① 《木马年三月二十二日，布鲁克巴德布王强巴贝自邦塘呈给西藏摄政活佛的呈文抄件》(shing-rta zla 3 tshes 22 nyin 'brug spung-thang nas skyabs-mgon rgyal-chab rin-po-cher phul-ba'i snyan-zhu'i ngo-shul)，西藏自治区档案馆藏噶厦档案外交类——中不（丹）关系，卷宗号略。

巴事务，以图尽力报答文殊师利大圣主鸿恩。①

乔治·博格尔在其西藏行记中多处提到新任德布王对中华帝国印信在布鲁克巴国内使用极为反感，显然与历史事实大有出入。

希达尔被安排在江孜的朵旁（'do-phang，扎什伦布寺的一处庄园，在今江孜县境内）地方，由后藏戴本江洛坚（lcang-lo-can）负责看管。他的追随者多数都在帕里居住。希达尔曾向摄政王第穆活佛详细报告了他的个人想法：

> 吾护持南国政教时，一心强固西藏与布鲁克巴政教关系之金桥，尽力为天授甘丹颇章服务，即使身处逆境，仍愿依凭良心，尽心竭力。现今，无论因前世之命运，还是临时之因缘，无论如何，与印度噶赤卡（gha-khra-kha，即孟加拉）发生战争，对方以野蛮披楞（phi-li，即英国）军队为后盾前来，如果置之不闻，野蛮军队不仅将夺占腹心地方，危及佛法，且将侵占神圣布鲁克巴领土。为此，鼓足勇气，为天授甘丹颇章之佛法、中原大皇帝之法令效力，欲拼死一战而去。但是，一二不法之徒，不顾佛法，只谋私利，反叛倒行，背弃王法。自己有心投靠别处，或可往西方诸国，也可往阿辛（A-shem）等东方各国，定会收留，不遭背弃。现战事得利，亦可往印度东部并前往汉地阿瓦（A-wa'）地方或经南噶扎（nam-ga-ta）从海上前往汉地，面见大皇帝，呈报实情。然而，思量投靠今生、来世之皈依处甘丹颇章不会有误，于是身随心动前来。（敬求者）其善者以严厉之法令护送我回去；次则要求分辨黑白，追查到底。虽再再发出如此之令，但因未能面谒，仍有未了之心愿。如今，承蒙班禅活佛之慈悲，衣食无愁，但是，吾生长与南方，无长久滞留的愿望，故请贵处向布鲁克巴发布命令，最好将首府及下属两、三个宗给我作为食邑；如果如此亦觉不便，则吾宁愿失去生命也不愿无罪蹲守监牢之中，请赏给路票，让我前往愿去之地，除您之外我无可依靠。您向来体恤投靠之

---

①　乾隆四十年十月二十九日（1775 年 11 月 21 日），《奏为喇嘛扎木巴巴勒因赏额尔德尼第巴名号颁给印信谢恩折》，中国第一历史档案馆军机处录副满文奏折，未注卷宗号。

人，危机之时，请予护养。为此，请抚恩保佑，不要离弃，切，切，切，切！最后，您贵体平安无恙，诸事随顺，于我不抛弃，常赐教言，再再感谢，切，切，切！具押禀哈达。①

　　西藏方面似乎无法满足他的要求，否则将与新任德布王为敌。希达尔希望能与摄政王直接讨论此问题。木马年九月五日（1774 年 10 月 10 日），他到达扎什伦布寺，与第六世班禅讨论会见摄政王第穆活佛事宜，随后前往桑耶寺与第穆活佛会晤。② 25 天后他的属下回到扎什伦布寺报告第六世班禅他准备回到江孜。③ 显然与第穆活佛的会见并未取得期望的结果。

　　关于希达尔在西藏的生活，负责看管他的戴本江洛坚报告称：他虽在此地得到了很好的招待，但看起来似无长久滞留之心。经常说待天气转暖，将去朝拜圣地。这使戴本江洛坚感到棘手，既不好违背他这样的要求，但又担心若放行后逃逸不归。希达尔又曾言，卓木（亚东）地方与自己生长的地方气候相似，期望能在那里驻留。④

　　然而，到（1775 年?）八月五日傍晚，希达尔从江孜逃跑，江洛坚主仆立即追赶，但因布鲁克巴离江孜地方距离较近，未能赶上。八月八日，希达尔及随从被布鲁克巴人捕获，随即被杀害。贡噶仁钦特地来信向噶厦通报。噶厦政府因为江洛坚未能恪尽职守，对其进行了处罚。⑤ 对于希达尔自己做出的选择及悲剧性的归宿，第六世班禅似乎也表示了默认，并未追究责任。

----

① 《索南伦珠致摄政王之信函》（gus-phran bsod-nams lhun-grub kyis phul-ba'i snyan-zhu），西藏自治区档案馆藏噶厦档案外交类——中不（丹）关系，卷宗号略。

② 嘉木样・久麦旺波：《第六世班禅洛桑贝丹益希传》，中国藏学出版社 2002 年藏文版，上册，第 585 页。

③ 同上书，第 588 页。

④ 《后藏戴本江洛坚就布鲁克巴前任第司索南伦珠给诺门汗的信函》（'brug khri-zur bsod-nams lhun-grub kyi skor gtsang mda'-dpon lcang-lo-can nas rgyal-tshab no-min-han la phul-ba'i zhu-yig），西藏自治区档案馆藏噶厦档案外交类——中不（丹）关系，卷宗号略。

⑤ 《噶厦就布鲁克巴旧王索南伦珠（希达尔）因与臣民不睦逃亡来拉萨问题等给驻藏大臣的文书》（'brug sde-srid rnying-pa bsod-nams lhun-grub ser-skya byings dang ma-mthun par rgyal-rtse rdzong du bros-phyin pa sogs skor bka'-shag nas bod-bzhugs am-ban lhan-rgyas la phul-ba'i yi-ge），西藏自治区档案馆藏噶厦档案外交类——中不（丹）关系，卷宗号略。

　　总之，第六世班禅写信给东印度公司督办沃伦·黑斯廷斯制止英国对布鲁克巴的侵略，保护藩属的安全，是清代宗藩制度中"以大字小"（字，爱也。即体恤、保护藩属）原则中关于帮助属国靖乱御侮思想的具体体现。《班禅信函》不仅清楚地向沃伦·黑斯廷斯表明西藏与布鲁克巴之间的宗藩关系，还表达了对藩属安全不可推卸的责任。《班禅信函》同时也表明当时西藏的政治领袖对于南亚局势的变化有着较为清晰的认识和准确的把握，这有助于他们选择合理、恰当的对外政策。在那个时代他们常常将自己的命运和喜马拉雅山诸藩属联系在一起，休戚与共，这与1792年之后日渐封闭、保守的对外政策形成鲜明对比。第一次英布（鲁克巴）战争预示着英国势力已经开始插足喜马拉雅山区，从此成为清朝西藏与布鲁克巴关系发展中一个不可忽视的重要因素。

第六章 18—19世纪之交西藏与
布鲁克巴关系的演变

　　18—19世纪之交，西藏与布鲁克巴关系的发展总体上比较平稳。期间也发生一些小的摩擦和纠纷，比如：在清军反击廓尔喀侵藏战争中，布鲁克巴借故推脱清军协助围剿廓尔喀的指令；嘉庆初年，驻藏大臣两次拒绝布鲁克巴德布王加封"王爵"、"诺门罕"的请求；而后，布鲁克巴来藏进贡贸易使团在帕里为偷漏关税而与西藏边境官员发生斗殴事件等。这些事件反映出宗藩体制下双方关系的真实状态，即双方经常从各自利益角度出发，对相互之间的权利与义务有不同的认知，由此而引起的矛盾与纠纷不可避免。但是，这些局部事件对清代西藏与布鲁克巴宗藩关系的发展并未产生重大影响。

　　值得关注的是，清军入藏反击廓尔喀侵藏战争之后，颁布的《钦定藏内善后章程二十九条》，对于西藏与布鲁克巴关系的发展具有里程碑意义，从此驻藏大臣取代西藏地方政府首脑成为处理与布鲁克巴关系的主宰，西藏与布鲁克巴的关系进一步规范化，但严格的制度化也使传统上西藏地方处理与布鲁克巴关系中那种积极主动的政策逐渐转向保守和被动。

一 福康安命布鲁克巴协剿廓尔喀事件

　　廓尔喀王朝普里特维纳拉扬自1769年占领加德满都河谷，成为尼泊尔的统治者以后，与西藏的关系持续恶化。1771 年普里特维纳拉扬去世，其子普拉特普辛哈（Pratapasimha）继位。1775 年拉纳巴哈都尔（Rana Bahadur）掌政，在他统治期间，廓尔喀凭借强大的军事力量，逐步统一尼泊尔各部，并先后占领了作为西藏藩属的哲孟雄、洛敏汤、作木朗（'dzum-lang/Jumla）等地方。随后就发生了廓尔喀与西藏之间有关银币（章卡）的纠纷。在 18 世纪，西藏并不铸造货币，而是使用来自尼泊尔的银币。后来由于清军入藏驱逐准噶尔势力等事件，致使大量白银（银锭）输入西藏，由于西藏人不习惯用这种银锭，便将之输出到尼泊尔三国，铸成同样重量的银币运回。但是，尼泊尔三国在铸造银币的时候，私自在银币中掺入铜，降低了银币的成色。这种不平等的贸易持续了数十年。到了廓尔喀王朝时，鉴于原先的银币质量过于低劣，便重新铸造了纯银的章卡，要求西藏也停止使用原先的银币，改用新币，要求以 1：2 的兑率以新兑旧。由于这种兑换方法将造成西藏商民的巨大损失，加之当时西藏与廓尔喀之间关系紧张等原因，西藏拒绝了廓尔喀的要求。

与此同时，已故第六世班禅之弟噶玛噶举派沙玛尔巴（zhwa-dmar-pa）活佛因为与其胞兄扎什伦布寺仲巴（drung-pa）堪布在分割第六世班禅财产时出现矛盾。第六世班禅于 1780 年进京陛见乾隆皇帝时沿途蒙古王公布施许多珍宝财物，后来，第六世班禅圆寂于北京，随行的仲巴堪布将财物带回扎什伦布寺，在向寺院上缴部分财物后，剩余的都被私吞，此事引起沙玛尔巴的不满，便借朝拜尼泊尔圣地恰戎卡雪（bya-rung-kha-shor）佛塔之名，前往尼泊尔，投靠廓尔喀，煽惑廓尔喀劫掠扎什伦布寺。

1788 年，廓尔喀以西藏边境官员"妄增税课"、"盐掺杂质"为借口，突然出兵，占领藏尼边界地带的济咙、聂拉木、宗卡（rdzong-dga'）三宗。清廷得到驻藏大臣奏报后，派遣理藩院侍郎巴忠、成都将军鄂辉率军入藏。但是，巴忠、鄂辉等未与廓尔喀交战，便赔款议和，廓尔喀归还所占三宗，但西藏每年许给廓尔喀元宝 300 个（合银 15000 两），三年交清。1791 年，当廓尔喀在收取第二年的"地租"时，遭到第八世达赖喇嘛拒绝。于是，廓尔喀发动第二次侵略西藏的战争，先后占领聂拉木、济咙、定日等地，并长驱直入，直扑扎什伦布寺，仲巴呼图克图等只顾携财潜逃，将扎什伦布寺弃于廓尔喀人之手，廓尔喀人大肆抢掠而归。乾隆皇帝得到奏报后，知驻藏大臣保泰、雅满泰等"竟是无用之物"，随命令四川总督鄂辉、成都将军成德带领军队入藏驱逐廓尔喀。然而，鄂辉、成德等"每日只行一站，并不趱程进发"，濡滞不前，坐失良机。乾隆皇帝以鄂辉、成德"二人不足恃"，决定派嘉勇公福康安为大将军、超勇公海兰察为参赞大臣率清军进藏驱逐廓尔喀。

根据此前派兵进藏的经验，西藏地方物产匮乏，大军进藏后，军需补给难以充足供应，而入藏兵员过少又恐难以克敌制胜，如何解决兵力不足的问题始终困扰着决策者。福康安等还在进藏途中时，接到乾隆皇帝欲利用尼泊尔三国（"巴勒布三部落"）以进剿廓尔喀的上谕：

> （乾隆五十六年十一月十五日）朕已恩得一计，从前巴勒布本有三部落，俱为科（廓）尔喀兼并，并闻将其三罕幽禁地牢，巴勒布人等虽一时畏其强横，俯首听从，决不甘心从服，福康安到藏后，即设法晓谕巴勒布人等，以尔等本各有部落，与科尔喀不相统属，因科尔喀恃强逞暴，将尔等部落并吞，恣意欺虐，尔等力屈受制，任其鱼肉，已非一日。今科尔喀于上年得受天朝封号，胆敢反覆无常，侵扰卫藏，实为叛逆不法，自速灭亡。现在本将军统率官兵声罪致讨，即日擒渠捣穴，自当歼戮无疑，玉石俱焚。尔等素受欺凌，遭其荼毒，若趁此大兵压境贼匪穷促之时，尔等为我先驱，奋勉引导，乘机截杀，既可泄平日受欺忿恨，将来剿灭科尔喀后，又可复尔等旧有部落，并又得科尔喀疆土，转祸为福之大机会。如此明白宣谕，晓以利害，巴勒布等人心思旧，自必踊跃乐从，争先助剿，此以贼攻贼之策，于进剿机宜实为事半功倍。[①]

随后获得的信息更强化了乾隆皇帝借助周边藩属力量以进剿廓尔喀的想法。他在上谕中称：

> 孙士毅奏询据都司徐南鹏称廓尔喀滋事原由及贼匪大概情形……

---

① 吴燕绍辑补，吴丰培校订：《廓尔喀纪略辑补》卷八，中国社会科学院民族研究所历史室 1977 年油印本。

称：廓尔喀所居阳布（即加德满都）巢穴，系占据巴勒布别蚌子（即尼泊尔）地方，该处向被廓尔喀荼毒，心怀怨恨。又有宗郎（即作木朗）部落，亦被廓尔喀侵占边界，时常争闹等语，是附近廓尔喀部落俱与贼匪为仇，众畔（叛）亲离，绝无依附，其势甚孤。今闻大兵进剿，自必人人称快，不但不为贼匪煽惑，且可为我前驱，借以攻贼……至廓尔喀附近部落既与贼匪为仇，自应设法晓谕，俾为我用。著福康安即行檄谕别蚌子及宗郎等部落，以尔等向被廓尔喀侵占，恃其强横，肆意凌虐，以至尔等土地皆非己有。今廓尔喀侵扰卫藏，自取灭亡，现在本将军统领大兵声罪致讨，即荡平贼境，悉数歼侵。尔等若不乘此时为我先驱，乘机剿杀，留此余孽，将来尔等更受其鱼肉，莫若趁大兵压境、贼匪穷促，帮同剿杀，报尔宿仇。平定廓尔喀后，大皇帝并不利其土地，即将尔等被占之地，按照部落各行给还，是尔等既可报复仇仇，又可复还侵地，永享升平，于尔等大有裨益，即尔等力量不足，不能协同剿敌，亦当各守地界，俟贼匪窘促时，不拘逃至何部落地方，即行缚献军营，本将军自必奏闻大皇帝另加奖赏。如此明白晓示，该部落等自必志切同仇，争先效命，即不能帮助官兵，亦断不能为贼用，于剿捕更为有益。[1]

福康安于乾隆五十七年（1792 年）正月二十日（2 月 12 日）抵达拉萨。他一面调查廓尔喀两次侵夺西藏的原委，一面根据皇帝的上谕了解周边部落与廓尔喀的关系，得知"科尔喀（即廓尔喀）贼匪自吞并巴勒布后欺凌附近部落，各部落多与不睦"。查访还得知"廓尔喀邻近部落作木朗、[2] 披楞（即在印度之英国人）、布鲁克巴三部落，俱曾在达赖喇嘛、班禅额尔德尼二处呈递布施，素相往来"。如果这些藩属遵谕围剿廓尔喀，则于战事大为有利。当时入藏清军不过数千人，大批清军尚在进藏途中，

---

[1] 乾隆五十七年正月二十九日（1792 年 2 月 21 日）上谕，《大学士公阿桂等字寄协办大学士将军福康安等奉上谕据都司徐南鹏称廓尔喀所居阳布巢穴系占据巴勒布别蚌子地方，又有宗郎部落亦被廓尔喀侵占边界，著福康安即行檄谕别蚌子宗朗等部落为我效命既可复仇，又可复还侵地于官兵剿捕更为有益》，载冯明珠主编《国立故宫博物院典藏专案档暨方略丛编：廓尔喀档》第二册，台北沉香亭企业社 2007 年版，第 639 页。

[2] 《卫藏通志》卷 15《部落》载："作木郎，后藏边外西北，一小部落。"

还难以从正面给盘踞在聂拉木、济咙、定日等地的廓尔喀军队以致命打击。恰在此时，哲孟雄、宗木（即林布儿）等处部落闻听清军入藏，主动出击，“即同帕克哩营官鼐珑定喀斡等率领番众与贼打仗，攻取地方”，他们“在莽协尔遇贼打仗，乘胜将哲孟雄各地方收复，又同宗木番兵在果托（札）毕滋布等处打仗杀贼，收复宗木所属各寨落，俱仍归藏内管辖”。[①]这件事使福康安感到借用喜马拉雅山各藩属的力量，完全可以对廓尔喀形成合围攻势，于是，福康安就以达赖喇嘛、班禅额尔德尼的名义向作木朗、披楞、布鲁克巴等三处行文，檄谕围攻廓尔喀。

在福康安的围攻计划中，布鲁克巴被寄予厚望。他在乾隆五十七年二月二十七日（1792年3月19日）的奏折中言：

> 布鲁克巴部落于雍正年间内附，得有额尔德尼第巴名号。乾隆四十二年（1777年）、五十年（1785年）更换部长时蒙恩两次换给敕书，该处部长系属喇嘛，番民俱重佛法。臣拟令达赖喇嘛、班禅额尔德尼密行寄字……布鲁克巴等三处，臣亦檄行各该处，宣谕天威，令其各处发多兵攻击廓尔喀，以分其力，将来大兵进剿，贼目穷窜逃逸事亦可借资堵截，不致远遁。[②]
>
> 布鲁克巴赴廓尔喀边界剿贼，须由哲孟雄、宗木经过。不日布鲁克巴兵丁到境，即令该营官各自带兵，会同前进，攻围贼匪东北一带地方，以分贼势。[③]

乾隆皇帝虽是这一战略的提出者，但是，在时机的把握上，与福康安檄有不同的看法，认为大兵尚未齐集之时便发出围剿檄谕过于仓促。上谕中称：

> 布鲁克巴等部落，既与廓尔喀不睦，经福康安檄谕，令其攻剿。

---

① 乾隆五十七年二月初五日（1792年2月26日），福康安等《筹办剿贼情形》，中国第一历史档案馆清代档案军机处录副奏折民族类，缩微胶片：第572卷，第2031—2038拍。

② 乾隆五十七年二月二十七日（1792年3月19日），福康安等《筹办贼匪各缘由》，军机处录副奏折外交类，缩微胶片：第2卷，第1960拍。

③ 清方略馆：《钦定廓尔喀纪略》卷23，中国藏学出版社2006年版，第380页。

不过如治病偏方，借以牵缀贼势，原非仗其兵力为捣穴擒渠之计。即欲用以攻剿贼匪，亦必俟大兵深入贼境，预约各部落同时进攻，使贼匪促不及防，方为得力。乃福康安于大兵未集之前，即檄谕前往剿杀，实属失之太早。①

当福康安等正准备给布鲁克巴发送檄谕时，恰逢布鲁克巴"额尔德尼第巴"弥盘格尔那木扎尔（藏文史籍中称扎西南杰/bkra-shis rnam-rgyal，1792—1799 年、1803—1805 年两次出任德布王）派来为达赖喇嘛等请安的代表扎克巴等到达西藏，听到福康安等率军抵藏，即来谒见。福康安指出，"廓尔喀贼匪滋扰西藏佛地，尔处闻之，谅已同深愤恨。仰蒙大皇帝特派大兵进剿保护佛教，尔部落久受天朝厚恩，亦当发兵击贼"，布鲁克巴代表扎克巴称，"廓尔喀强横不法，与我部落并非一教，今敢作践佛地（指西藏），额尔德尼第巴及我部落番众闻知实深愤恨，今天朝大兵剿贼敌部落，额尔德尼第巴若奉到檄谕必愿发兵攻击，勉力报效"。② 于是，福康安派使臣"飞檄"布鲁克巴德布王，宣示皇帝谕旨，令其即日发兵，听候调遣。福康安寄希望于布鲁克巴，不仅因为布鲁克巴曾获得清朝的正式册封，在过去的几十年中与朝廷和西藏地方一直保持着密切的关系，还因为布鲁克巴人英勇强悍的作战能力，既然哲孟雄、宗木都能与廓尔喀交战获胜，布鲁克巴人的参战更可重创廓尔喀。

到三月十五日（4 月 6 日），福康安奏道："哲孟雄、宗木两处部落业已打仗杀贼，攻取地方，复据补仁营官洞牒布禀报，探得作木朗现在纠约拉保等五处部落进攻贼匪边界，如布鲁克巴、披楞等处亦遵奉檄谕并力夹攻则廓尔喀东西南三路皆有番兵截杀，我兵从聂拉木、济咙进剿，贼匪四面受敌，势必难支。"③ 为了能够派遣合适的代表前往檄谕并督促布鲁克巴发兵协剿，福康安对派往布鲁克巴的使臣人选亦十分慎重，"派员赴布

---

① 张其勤原稿，吴丰培增辑：《清代藏事辑要》（一），西藏人民出版社 1983 年版，第 276 页。

② 乾隆五十七年二月二十七日（1792 年 3 月 19 日），福康安等《筹办贼匪各原由》，军机处录副奏折外交类，缩微胶片：第 2 卷，第 1960 拍。

③ 张其勤原稿，吴丰培增辑：《清代藏事辑要》（一），西藏人民出版社 1983 年版，第 276 页。

鲁克巴部落晓谕督令发兵必须干练大员方能妥协，现在川省营将中实无堪以派委之人，查有安泰至藏之甘肃永固协副将达音泰曾经出兵，打仗奋勇，人亦体面，此次随臣来藏堪为出力"①，因此，委派达音泰赍檄前往。

　　然而，福康安的协剿指令却遭到布鲁克巴的变相拒绝。福康安在奏折中道：

　　　　闻布鲁克巴部落与哲孟雄、宗木俱接贼境，前经臣等发给檄谕令其发兵协剿并令副将达音泰前往察看，如该部落果能发兵该副将即就近带领前赴贼境。兹据布鲁克巴额尔德尼第巴禀称，布鲁克巴地方与廓尔喀接壤隘口甚多，其西南一带要隘地方介在南甲噶尔（即印度）及廓尔喀之间，贼匪一过该处即可向南甲噶尔逃逸。我部落久受大皇帝重恩，常思报效，又恨廓尔喀不奉黄教。一闻大兵进剿即派所有番兵分布各处交界隘口，堵御贼匪逸窜之路。此时现存番兵有限，难以再派出征，若贼首贼目逃来即当尽数拿送，断不敢容留隐匿。②

　　与此同时，其他各部也"各守地界逗留不进"。福康安以周边部落牵制廓尔喀的计划因各部借故推脱而宣告失败。福康安无奈，称"今布鲁克巴只派兵堵截隘口，未即越境攻贼，若再强令助兵，恐外夷以天朝赖伊兵力，转致启轻视之心"，为了保住上国的脸面，福康安不便强令布鲁克巴出兵。于是，只好"发檄谕知布鲁克巴，以尔部落地方偏小，除添兵守隘之外，兵力自属不敷，大兵声威壮盛，灭贼即在指日，毋须尔等发兵协剿。惟当严守要隘，堵拿贼匪，以邀重赏"，同时警告布鲁克巴，"若贼匪由尔处逃窜，定将尔部落一并剿灭"。③ 派往督令发兵的副将达音泰，行至帕里地方遇到大雪封山，无法进入布鲁克巴。既然已令布鲁克巴只事守御隘口，无须进兵，于是将达音泰调回。

---

　　①　乾隆五十七年三月十五日（1792 年 4 月 6 日），福康安等《酌筹进剿机宜》，中国第一历史档案馆清代档案军机处录副奏折外交类，缩微胶片：第 2 卷．第 1917 拍。
　　②　乾隆五十七年闰四月初七日（1792 年 5 月 27 日），福康安等《覆奏酌筹剿贼机宜》，中国第一历史档案馆清代档案军机处录副奏折外交类，缩微胶片：第 2 卷，第 1989 拍。
　　③　上引文献，俱见乾隆五十七年闰四月初七日，福康安等《覆奏酌筹剿贼机宜》，中国第一历史档案馆清代档案军机处录副奏折外交类，缩微胶片：第 2 卷，第 1989 拍。

福康安围剿计划的失败，是其反击廓尔喀侵略战争中的一个败笔。对此乾隆认为主要是选择时机有误所致。他在上谕中评道：

> 此事据福康安奏到时，朕即以办理失之太早，节经降旨饬谕。今福康安查看各部落情形，大率观望迟疑，莫能先发，各处番兵，恐不能恃以集事，果不出朕之所料，此等附近廓尔喀各部落，素被贼匪欺凌，若见大兵进捣巢穴，声势壮盛，自比乘贼匪穷蹙，协力攻剿，借以报复私仇。乃福康安大兵尚未齐集之时，檄谕各部落发兵协剿，则该部落等谁肯先与贼匪为难。其观望不前，心持两端，自系必然之理。①

客观地说，乾隆皇帝对于此事有准确的预见，且事后的分析也是切中肯綮。但是，对布鲁克巴、披楞之违命不遵，仅仅从时机的把握上分析还远远不够，因为布鲁克巴政府的行动取舍与当时布鲁克巴与廓尔喀之间的政治利益关系密切相关。

廓尔喀原处尼泊尔三国之西，喜马拉雅山南麓，与西藏毗邻，素来与西藏关系不睦。但廓尔喀与布鲁克巴却关系亲睦。早在 17 世纪初期阿旺南杰流亡布鲁克巴之时，布鲁克巴即与廓尔喀有一定的联系。当时，第悉藏巴、第五世达赖喇嘛等先后征伐布鲁克巴，皆被布鲁克巴所败，这使布鲁克巴在喜马拉雅山地区声名鹊起，周边许多国家和部落纷纷向布鲁克巴示好。布鲁克巴与廓尔喀关系的实质性发展是在布鲁克巴第三任德布王米居丹巴时期。米居丹巴在布鲁克巴历史上以开疆拓土而著名，他不仅将布鲁克巴领土扩展到东部扎西岗地区，还向西扩张，一度占领哲孟雄。据《布鲁克巴王统世系明鉴》记载，当时，廓尔喀国王拉姆萨野（ram sa-yab）由于王族兄弟之间不和，内战频仍，加上由于没有子嗣，心中忧虑。后来王后在梦中得到指点，认为应该皈依布鲁克巴达玛罗阇（Dharma Raja，即夏仲·阿旺南杰），延请一位喇嘛镇伏怨敌鬼（dgra-sras）。于是，拉姆萨野便派使者到布鲁克巴，德布王米居丹巴便愉快地于 1673 年

---

① 张其勤原稿，吴丰培增辑：《清代藏事辑要》（一），西藏人民出版社 1983 年版，第 278 页。

派丹曲白噶（dam-chos pad-dkar）前往廓尔喀。丹曲白噶不负所望，不仅平息了纷争，还使国王如愿获得三位子嗣。① 为感谢布鲁克巴的帮助，拉姆萨野之子将以孜让咱（tsi-rang-rtsa）寺庙为主的西部寺庙，及热齐纳萨如都（ra-khyi-na-sa-ru-to）地方赠与布鲁克巴。从此，布鲁克巴在廓尔喀常驻有僧侣代表，被称为"尼泊尔喇嘛（bal-po lama）"。②

在廓尔喀王纳拉布帕尔巴萨野（na-ran-phug-pa sa-yab，1716—1742年）时期，廓尔喀与西藏在济咙、阿里等地发生战争，藏军包围廓尔喀军队，欲歼灭廓军迪林卡巴（ti-ling-kha-pa，疑为军队首领）等，时布鲁克巴驻廓尔喀代表阿旺竹杰（ngag-dbang 'brug-rgyal）出面调停，声称布鲁克巴与廓尔喀已结为联盟，如果西藏不释放廓尔喀军队，西藏军队将为此付出沉重代价，最后西藏同意释放廓尔喀军队。为此，廓尔喀又赠恰噶（bya-dga'）、纳噶塔哩（na-ga-tha-li）等"六土两地"（yul drug zhing gnyis）的寺院及其庶民等给予布鲁克巴，并将此前赠予的土地以铭文形式加以确认。③

此后在喇嘛曲央（chos-dbyangs）驻廓尔喀时，尼瓦尔人库库木

---

① 桑杰诺布（sangs-rgyas-nor-bu）：《廓尔喀与布鲁克巴供施关系史》（bal-po'i bla-ma sangs-rgyas nor-bus bris-pa ghor-kha dang 'brug-pa mchod-yon 'brel-ba'i gtam-rgyud）。转引自［不丹］白玛次旺《布鲁克巴王统世系明鉴》，不丹国家图书馆 1994 年藏文版，第 233 页。S. K. Sharma and Usha Sharma（eds.），*Documents on Sikkim and Bhutan*，New Dahli：Anmol Publications Pvt. Ltd.，1998，pp. 159 – 161.［不丹］阿旺贡噶坚赞（ngag-dbang kun-dga' rgyal-mtshan）：《丹曲白噶传》（mtshungs-med chos-kyi rgyal-po rje-btshun dam-chos pad-dkar gyi rnam-par thar-pa thugs-rje chen-po'i dri-bsung），新德里（未著出版社）1970 年版，第 35—50 叶。其中记述了丹曲白噶在尼泊尔的活动，虽然曾到达西部的宗木朗（'dzum-lang）等地，但并未记述在廓尔喀的活动。

② ［不丹］白玛次旺：《布鲁克巴王统世系明鉴》（不丹国家图书馆 1994 年藏文版，第233—239 页）提供了历任布鲁克巴"尼泊尔喇嘛"的名号及其与之同代的廓尔喀国王。

③ ［不丹］白玛次旺：《布鲁克巴王统世系明鉴》，不丹国家图书馆 1994 年藏文版，第 234页。一份未标明日期的铭文记载："从前赐予布鲁克巴（lho-pa）喇嘛纳噶塔哩的古苏布日迪（ku-su-pir-ti）寺院，诸施主须尽力侍奉，赐该喇嘛为尔等地方之根本上师，自今日始所有施主赐予该喇嘛，通敏（mthon-mon）、郭宗（rgol-rdzong）、杰林玛（lcil-ling-ma）、巴宗（spa-rd-zong）等地及贡巴岗（dgon-pa-sgangs）、噶德朗（dga'-bde-blang）两地，此六地之人无论喇嘛有何指示都必须尽力完成，此外，如布告中所言，上述地方除了纳噶塔哩的喇嘛之外，其他喇嘛一概不得在该地敲法鼓、摇法铃，纳噶塔哩之地界为从前喇嘛白玛多杰（padma-rdo-rje）之后裔丹增多杰（bstan-'dzin-rdo-rje）管辖的范围，全部归布鲁克巴喇嘛所有"。见［不丹］白玛次旺《布鲁克巴王统世系明鉴》，不丹国家图书馆 1994 年藏文版，第 240 页。

(kho-khom，即巴特岗）王身患麻风病，被喇嘛曲央医治痊愈，国王因此赐予查古（khra-dgu）、波古德瓦（bho-gu-bde-ba）等地，后来廓尔喀征服加德满都谷地三国后，承认了这项赠与，并颁铭文予以确认。①

此后，比拉邦达萨野（Balabhadra shah）时，喇嘛却扎贡却（chos-grags-dkon-mchog，此人三次在廓尔喀任职）驻廓尔喀，"那时福田施主关系非常纯洁而密切"，"国王想：我从前获得的一切都是由于布鲁克巴达玛罗阁的喇嘛以及佛法护佑的结果，今后，还计划兼并以阳布三国（指帕坦、巴特冈、加德满都）为主的其他国家，须喇嘛全力支持方可。故而言道：征服阳布三国后，在家俗人等归国王管辖，寺院削发为僧者归喇嘛管理"。后来在征服加德满都河谷后，虽未完全兑现承诺，但还是赐予布鲁克巴6座寺院。②

布鲁克巴德布王希达尔时，普里特维纳拉扬与之以朋友相称，他们为抵御英国东印度公司的侵略结成同盟。

到廓尔喀王拉纳巴哈都尔时，廓尔喀王对布鲁克巴驻廓尔喀喇嘛丹增竹杰（bstan-'dzin 'brug-rgyal）说，"昔日因为藏王撑腰，哲孟雄王背叛布鲁克巴国王，现在我以廓尔喀与布鲁克巴实为一家之故，准备占领哲孟雄，希望布鲁克巴不要支持哲孟雄。如果日后哲孟雄为我所属，从这里（指廓尔喀——引者注）将通敏（mthon-smon）和噶拉日（ka-la-ri）两地赠于阁下"③。结果廓尔喀在1888—1889年的东征中大获全胜，夺取哲孟雄共12个宗中的10个。布鲁克巴如诺未助哲孟雄，战后得到廓尔喀所赠地产。④后来通敏地方因故交还给了廓尔喀，代之以喇嘛岗（bla-ma-sgang）、札札岗（'dra-'dra-sgang）、塘辛（thang-zhing）等地。

其后，廓尔喀占领西藏所属济咙（skyid-grong）嘉措古（rgya-mtsho-dgu）地方，当地人反抗，廓尔喀准备杀害反抗者，布鲁克巴喇嘛参姆巴（mtshams-pa）前往说情，免除了众人死刑，据说从此济咙嘉措古

---

①　［不丹］白玛次旺：《布鲁克巴王统世系明鉴》，不丹国家图书馆1994年藏文版，第241页。

②　同上书，第234页。

③　同上书，第237页。

④　同上。

地方民众立有每年向布鲁克巴喇嘛贡献鲜花的甘结。①

随后（约在 1789 年）廓尔喀王召见布鲁克巴喇嘛参姆巴说，廓尔喀欲征服西藏，布鲁克巴勿要支持西藏，并赠送章卡 5 驮。② 布鲁克巴为此派喇嘛前往，称：西藏乃佛法及众生幸福之渊源，出兵西藏不会给你带来善果。但是，拉纳巴哈都尔一意而行。乾隆皇帝派福康安率军入藏，所向披靡，深入廓尔喀境内，廓尔喀君臣纷纷准备逃亡他国，而此时布鲁克巴第二十任德布王扎西南杰（bkra-shes rnam-rgyal）"迅速派出德布王之秘书喜饶扎贵曲吉（shes-rab brag-mgo chos-rje）等二人前往调停，最终使廓尔喀君臣不必流亡他乡"③。

由此可见，在 17—18 世纪时，布鲁克巴与廓尔喀关系一直非常亲睦。起初他们共同与西藏抗衡，后来又联手抵御英国的扩张。加之布鲁克巴在廓尔喀有不少飞地，④ 如果清朝彻底打败并占领廓尔喀，对于布鲁克巴来说也是利害攸关，因此，寻找借口逡巡不前自在情理之中。

按照中国传统的宗藩体制，"出兵勤王"即藩属为中央王朝、皇帝提供军事协助，配合军事作战是最为重要的义务之一。乾隆皇帝、福康安等正是根据这一传统观念，认为出兵协剿是布鲁克巴作为藩属应尽的义务，故对布鲁克巴有此要求。宗藩体制本质上不平等的国际关系性质，使他们不可能虑及布鲁克巴的切身利益。布鲁克巴之借故推脱，使福康安三面围剿计划受挫，从福康安警告布鲁克巴可以看出他的恼怒，但是，战后廓尔喀进贡象、马，途经布鲁克巴领土，使布鲁克巴有了一个弥补效忠的机会。

反击廓尔喀战争以清朝和西藏地方军队的胜利结束，廓尔喀被迫称臣纳贡，清朝在喜马拉雅山地区威望大增。乾隆五十七年（1793 年）冬，廓尔喀派出朝贡使团，向清朝进贡大象、马匹等，但是，因为济咙、聂拉

---

① ［不丹］白玛次旺：《布鲁克巴王统世系明鉴》，不丹国家图书馆 1994 年藏文版，第 237 页。

② 同上书，第 387 页。

③ ［不丹］白玛次旺：《布鲁克巴王统世系明鉴》，不丹国家图书馆 1994 年藏文版，第 238 页。关于布鲁克巴代表喜饶扎贵曲吉（shes rab brag-mgo chos-rje），白玛次旺在同书另一处写作"sher-brag mgo'i chos-rje（夏尔查郭的曲吉）"。见该书第 287 页。

④ 廓尔喀王历次赠与布鲁克巴喇嘛的封地界址，见［不丹］白玛次旺《布鲁克巴王统世系明鉴》，不丹国家图书馆 1994 年藏文版，第 239—244 页。

木等处大雪封山，大象无法翻越喜马拉雅山，因而绕道东行。至哲孟雄、宗木等处，同样由于道路难行，未曾修整，无法穿越北部雪山，加之该部落等生计贫窘，亦难备办米料。因此，继续东行，进入英国控制的巴尔底萨杂哩部落。乾隆五十七年十二月十二日（1793 年 1 月 23 日）始，朝贡使团进入布鲁克巴境内，准备从布鲁克巴北上进入西藏。"十五日（1 月 26 日）启程前进，所过（布鲁克巴）各部落，无不钦仰天朝威德远临，预备米石草料，每到一处，添人护送，逐站喂饲象马。及经过布噜克巴乌堆崖一带地方，山路逼窄，经额尔德尼第巴派人修理道路，护送前进，现于（乾隆五十八年）正月十二日（1793 年 2 月 22 日），行抵帕克里，已达藏界。"① 福康安对布鲁克巴为廓尔喀朝贡使团所经之处，即"派人护送，修垫道路，伺备米石草料，极为恭顺"，并专差给福康安、驻藏大臣和琳等递送禀帖、毡片、番绸、卡契缎等物品，表示满意，于是，也"抚慰奖励，酌赏银两、缎匹"。② 乾隆皇帝一直以为此次围剿计划流产，完全是福康安把握时机有误，因此，对布鲁克巴也不予追究。当听到布鲁克巴殷勤护送象马时，即着赏给锦二匹、大彩二匹、闪锻二匹、漳绒二匹、大荷包一对、小荷包四个，③ 并特颁敕谕以示嘉奖。但是，驻藏大臣和琳认为，布鲁克巴于福康安檄令出兵协剿廓尔喀时，托言天热而未出兵，因此，恩赏荷包等只需发给谕贴，毋庸颁与敕书。可见，对于在藏办事的官员来说，一时还难以抹去此事所造成的阴影。

战争结束后，清朝为加强对西藏地方的管理而制定了《钦定藏内善后章程二十九条》，其中的第十四条对西藏与包括布鲁克巴在内的喜马拉雅山国家的关系做出了一系列全新的规定：

> 西藏地方与廓尔喀、布鲁克巴、哲孟雄、宗木等接壤。此前外番人等前来拉萨拜见达赖喇嘛、呈进贡物、办理公务时，达赖喇嘛每予

---

① 乾隆五十八年二月二十九日，福康安等：《奏廓尔喀进贡象马已到藏界》，中国第一历史档案馆清代档案军机处录副奏折外交类，缩微胶片：第 572 卷，第 958—960 拍。

② 同上。

③ 《大学士公阿桂等字寄大学士公福康安等办理善后事宜均为妥协特颁端阳节赏纱扇等项以示优眷，附：军机大臣拟赏布鲁克巴等部落头人物件清单》，载冯明珠主编《国立故宫博物院典藏专案档暨方略丛编：廓尔喀档》第 4 册，台北沉香亭企业社 2007 年版，第 2305 页。

回函，但常因立言不能得体，易为外番所轻。如章卡币值一案，廓尔喀曾致书达赖喇嘛，因未予慎重处理，终致战乱。现廓尔喀虽归降称臣，但嗣后凡文书往来，均应由驻藏大臣会同达赖喇嘛协商处理。凡有廓尔喀遣使来藏拜会达赖喇嘛与驻藏大臣，其回文须照驻藏大臣旨意缮写。凡涉及边界事务等要事，亦须照驻藏大臣旨意办理。外番所献贡物，须经驻藏大臣过目。布鲁克巴王乃皇帝加封，虽其教为宁玛派（应为噶举派——引者注），然每岁遣专使进贡达赖喇嘛等；哲孟雄、宗木、洛敏达等小部落似双重辖属，常有使臣来藏进贡达赖喇嘛并班禅额尔德尼，虽不应加阻，仍需严加稽查。嗣后外番人员来藏，由边界营官查明人数，禀报驻藏大臣，尹由江孜、定日汉官验放后，方可前来拉萨。外番致书驻藏大臣，应由驻藏大臣给谕；致达赖喇嘛等文书，须译呈驻藏大臣，由驻藏大臣阅后，酌拟回文交来使带回。至噶伦，为达赖喇嘛管事之人，不准与外番各部落私行通信，如有外番部落寄信给噶伦者，亦令呈送驻藏大臣与达赖喇嘛商同给谕，噶伦不准私行发信，庶内外之防盖照严密。上述规定，务必遵行。①

该章程第二条还规定：

　　嗣后近邻诸国来藏商旅人等，凡安分守己者，准其照旧经商。……以往商贾往来，并无稽查之法。兹特定章程，嗣后凡外番和克什米尔之商人均需造具名册，呈报驻藏大臣衙门存案。巴勒布商人每年准其来藏三次，克什米尔商人每年准其来藏一次，各该商人不论前往何地，须由该商人头目事先呈明经商路线，报请驻藏大臣衙门发给印照。……从布鲁克巴、哲孟雄、宗木等地来拉萨瞻礼者，均应一体

---

　　① 乾隆五十八年（1793 年），《钦定藏内善后章程二十九条》，载中国藏学研究中心等合编《元以来西藏地方与中央政府关系档案史料汇编》（3），中国藏学出版社 1994 年版，第 830—831页。汉文原文见《阿桂等遵旨议奏藏内善后事宜应行办理章程》，载冯明珠主编《国立故宫博物院典藏专案档暨方略丛编：廓尔喀档》第 4 册，台北沉香亭企业社 2007 年版，第 2177—2180页。

办理。①

《钦定藏内善后章程二十九条》的制定，对于西藏与布鲁克巴关系有两个方面的重要影响：1. 西藏与布鲁克巴的交往从此主要受驻藏大臣宰制。此前，布鲁克巴与西藏交往，一般惯例是布鲁克巴行文西藏地方政府，而后由地方政府首脑与驻藏大臣协商，多数情况下都是依照地方政府的思路办理。而此后布鲁克巴虽依旧行文噶厦政府，但是，所有西藏对外事务的最终决定权都统归驻藏大臣。2. 加强对布鲁克巴商民及朝佛信徒的登记审查制度，客观上限制了西藏与布鲁克巴之间的民间贸易往来、宗教文化交流，标志着颇罗鼐时代以来那种自由贸易政策的终结。从此，驻藏大臣秉承朝廷统一规制，处理与布鲁克巴交往事宜。而清朝宗藩体制所具有的被动、保守的特点（特别是清中期之后），使驻藏大臣很少积极地与喜马拉雅山地区各藩属及英印政府开展主动交往，久而久之，其对南亚各国的情况日渐陌生，偶有急办事件，则难免举措失当。直到 19 世纪后半期，由于英印政府加紧对西藏的侵略，使清朝部分官员认识到有必要加强与布鲁克巴等藩属的联系，对外政策才开始有所改变。

二　德布王请赐"王爵"、"诺门罕"封号事件

1792 年布鲁克巴借故推脱、未能遵谕协助清军围剿廓尔喀，虽然令福康安、和琳等官员不悦，但此事并未对西藏与布鲁克巴关系产生明显的不良后果，布鲁克巴依然如前就其内部的重大事件向西藏汇报，新任德布王照例通过噶厦政府"自行禀恳"驻藏大臣向清朝皇帝请封"额尔德尼第巴"名号。1803 年，布鲁克巴第二十二任德布王索南坚赞（亦即第二十任德布王扎西南杰），上书请封，即得嘉庆皇帝封赐，并颁诏教导德布王

---

① 《钦定藏内善后章程二十九条》，载中国藏学研究中心等合编《元以来西藏地方与中央政府关系档案史料汇编》(3)，中国藏学出版社 1994 年版，第 826 页。

"务须爱养属民，勤求治理，振兴佛教，抚绥生灵，以期勿负朕意"①。然而，此后布鲁克巴进入了一个在政治上极度混乱的时代，东部的终萨宗本洛、西部的帕罗宗本洛及僧侣集团作为最具实力的政治集团，展开了激烈的权力斗争。其标志之一就是频繁更换德布王，各德布王为了使自己能在政坛上稳定立足，积极寻求各种政治势力的支持。第二十五任德布王曲扎（chos-grags，1808—1809 年在位）、第二十八任德布王曲勒（phyogs-las yi-shes rgyal-mtshan，1811—1815 年在位）即试图通过请求清朝颁赐更高层级的名号以增加自己的政治威望。

清宫档案载：

嘉庆十三（1808）年十二月内，准济咙呼图克图译咨据布鲁克巴僧俗人等禀称部长第巴索诺木坚赞现已因病辞退，所遗部长之缺，又经阖部人等公举喇嘛曲扎承当，本应遵照从前历任部长禀恩奏请大皇帝天恩赏赐额尔德尼第巴名号、饬书。惟查第巴名号与西藏栋科尔（即世家贵族）职分相同。现在部长喇嘛曲扎经典尚好，爱惜百姓，恳祈奏请加恩赏赐王爵、宝石顶花翎、敕书、印信等情。又据该部长自行具禀陈请，并备有哈达、释迦佛尊、红片子一版、珊瑚珠子一串、金钱一个。如蒙代为转奏即请连贡物一并呈进，并将原领饬书呈徼前来等因。彼时……（驻藏大臣）文弼以布鲁克巴历任部长均系仰沐大皇帝圣恩赏赐"额尔德尼第巴"名号、敕书，今该部落禀请赏赐王爵翎顶，不但与例不符，且该部长身为喇嘛，不应戴用翎顶，况王爵非蒙特恩锡封不敢妄行奏请等语，当面告知济咙呼图克图转行驳饬并将贡物及徼来敕书发还去后，嗣于嘉庆十五（1810）年十月内复准济咙呼图克图译咨，据称该部落僧俗人等禀称：前次部长曲扎曾经请奏赏赐王爵翎顶，嗣接驳饬回信时，部长曲扎已经病故，未能禀复，今将部长事务又经阖部人等公举喇嘛曲勒接管，仍恳照前禀转奏，如果不蒙允准改请奏诺门罕名号、饬书、印信，仍请将贡物及原领敕书一并呈奏，等情。又据该部长另具禀恳前来，当经文弼奴才阳春等复以该部长向无请赏诺门罕之例，未便代为陈奏等因咨覆济咙呼图克图

———————————

① 马吉符：《藏族劫余》，北京宣武门大街进化书局印（不撰年），第 16—19 页。

转驳，仍将贡物及敕来敕书发还。①

前后两任德布王都请求拔升封赐名号实为此前未有之事，原因何在？颁赐名号是建立宗藩关系的正式象征，而名号层级的高低体现清朝对相互关系的亲疏以及对方实力状况的认识，是一件极其严肃的事情。正如阳春、庆惠等所言：

> 国家锡命封藩乃非常之旷典，各外番部落非有超著劳绩岂得上邀异数，今布鲁克巴部长喇嘛不过一部落头人，类此者不可胜举。王爵乃极等崇封，固非该部长无故所得希冀，即诺门罕名号亦是惟大呼图克图，经典深沉，久为僧俗敬信，始蒙特恩赏赐，亦不得妄自讨请，况边外部落甚多，若俱纷纷效尤，越分妄请封典，不特不成事体，而于边务亦殊有关系。②

其实，驻藏大臣阳春、庆惠等只提及布鲁克巴德布王僭越妄求，不合规矩，却忽略了德布王再再请求的政治背景和动机。

1799 年，布鲁克巴第二十任德布王扎西南杰在执政 7 年后卸任，第二十一任德布王竹南杰（'brug rnam-rgyal，1799—1803 年在位）即位，但不久竹南杰与扎西南杰发生内讧，1803 年竹南杰被害。随后，扎西南杰改名索南坚赞再次出任德布王。在他任德布王期间，竹南杰的支持者纵火烧毁首府普纳卡的邦塘德钦宫。1805 年，德布王索南坚赞去世，其侄桑杰丹增（sangs-rgyas bstan-'dzin，1805—1806 年在位）出任第二十三任德布王。在他执政期间，终萨本洛擦普巴·多杰（tsha-phug-pa rdo-rje）发动叛乱，率军占领廷布，试图废黜桑杰丹增取而代之。1806 年，僧侣集团扶持翁则巴卓巴（spa-gro-pa，1806—1808 年在位）出任第二十四任德布王。终萨本洛擦普巴·多杰未能如愿获得德布王之位，转而扶持喇嘛曲扎为德布王，于是，出现了两个德布王同时并存的局面，因为曲扎

---

① 嘉庆十六年十一月初九日（1811 年 12 月 24 日），阳春、庆惠等《奏为布鲁克巴部长请封王爵缘由》，中国第一历史档案馆清代档案朱批奏折外交类——布鲁克巴，缩微胶片：第 4—21—1 号。

② 同上。

任职晚于巴卓巴，故布鲁克巴史家在排序时，将他排在第二十五任。

喇嘛曲扎，本名白玛曲扎（padma chos-grags），原籍西藏，属 18 世纪 30 年代布鲁克巴驻西藏人质次仁旺钦的后裔。约在 1801 年，夏仲活佛"语"的化身却列·意喜坚赞（phyogs-las ye-shes rgyal-mtshan，1781—1830 年）与赤仁波切·次程扎巴（tshul-khrims grags-pa，1790—1820 年）前往西藏拉萨、桑耶等地朝佛时，将其作为赤仁波且·次程扎巴之家臣带到布鲁克巴。他被终萨本洛擦普巴·多杰推举为德布王后，与巴卓巴同时执政。但是，很快两位德布王之间出现矛盾，内战再起，巴卓巴被迫辞职。曲扎在任时，有一名叫诺布仁青（nor-bu rin-chen）的人，与曲扎不睦，便向夏仲·晋美扎巴进献谗言，挑拨离间，而晋美扎巴作为夏仲·阿旺南杰第三辈"意"的化身转世，在布鲁克巴享有很高的威望。因此，曲扎虽然迫使巴卓巴辞职，但自己的处境也岌岌可危，其求"王爵"封号之举，就是希望通过清朝的超规格册封来稳固自己的地位。然而，却遭到驻藏大臣的拒绝。在任仅一年，就被诺布仁青谋杀。

在喇嘛曲扎之后，赤仁波切·次程扎巴得到"伦基大会"的推举于 1809 年出任第二十六任德布王。而夏仲·晋美扎巴得到僧侣集团的推举也于 1810 年出任德布王，再次出现两位德布王共同执政的局面。但他们都先后辞职。1811 年，夏仲却列·意喜坚赞（即汉文史料中之"喇嘛曲勒/phyogs-las"）得到僧侣集团的推举，成为第二十九任德布王。但在他执政期间，属于夏仲·晋美扎巴一派的普纳卡宗本噶扎贝巴（ka-ta dpal-'bar）杀害了却列·意喜坚赞之森本（gzim-dɔon，侍寝官），从而又起纷争。却列·意喜坚赞之求"诺门罕"名号，不过是见喇嘛曲扎求"王爵"名号不成后降低请封层级而已，其动机实与喇嘛曲扎类似。

从这一事件我们可以看到两个事实：1. 1792 年之后，当布鲁克巴内部纷争不绝时，西藏的政治领袖特别是驻藏大臣一般采取不干预的态度，除非布鲁克巴方面提出要求，因此，史料中很少提及西藏对这些纷争的介入。这与颇罗鼐时代的那种积极介入的政策已经迥然不同。2. 对于布鲁克巴的政治领袖来说，获得清朝颁赐的名号仍然是增加自己威望的有效方法，说明布鲁克巴社会普遍认同清朝这个"上国"的权威。

三　布鲁克巴商人帕里漏税斗殴事件

自 1730 年后，布鲁克巴德布王每年为达赖喇嘛、驻藏大臣等致送年礼，称"洛恰巴（lo-phyag-pa）"。后来西藏对布鲁克巴的年礼也按照清朝的朝贡贸易形式进行了改造，规定布鲁克巴德布王在腊月送年礼时，允许顺便带适量贸易货物从帕里入关，以 120 驮为定数，所有年礼及顺带货物必须盖章并开具清单，因为致送年礼被视为布鲁克巴德布王等与西藏通好的象征，因此，不仅免税，帕里宗本还要组织"乌拉"负责运送。① 除此之外，其他头人百姓随年礼使团入藏贸易之人，其货物没有盖章记号，按例以"每二十个抽税一个"的标准缴纳关税。② 也就是说，布鲁克巴德布王的年礼使团前往西藏时所带货物包括三个部分，一部分是年礼，主要是一些土特产品；一部分是特许的贸易货物，这两项都由西藏负责免费运送；还有一部分是头人百姓前往西藏进行贸易的货物，须得查验上税并自行雇用驮畜付费运送。可见，年礼使团具有一定的商业贸易性质，因此其负责人多为布鲁克巴各地方如竹杰宗、哈宗（had，汉文档案中或译为"海郎"）、贡夏、仲巴等地之头人。为了偷逃关税并享受免费运输，布鲁克巴商人常常将私货与年礼混杂，或多盖印信，或俱不盖章，企图蒙混过关。有鉴于此，帕里宗本等于乾隆四十八年（1783 年）上报摄政诺门罕萨玛第巴克什（sa-ma-ti-pakshi），立定章程，对不盖用记号者，"用针探验，分别货物收税"，其所用乌拉等自行雇备。③ 但是，嘉庆十六年（1811 年）再次发生了布鲁克巴商人利用致送年礼偷逃关税事件。

---

① 从帕里到拉萨途中的许多村庄承担此项义务，比如 M. 戈尔斯坦曾经调查过的江孜县萨达（sa mda）村便是其中的一个。M. Goldstein，"Taxation and the Structure of a Tibetan Village"，*Central Asiatic Journal*，1971，Vol.，Ⅰ.

② 嘉庆十七年六月初十（1812 年 7 月 18 日），瑚图礼、丰绅：《查明达赖喇嘛征收外番货税缘由》，中国第一历史档案馆清代档案朱批奏折外交类——布鲁克巴，缩微胶片：第 4—23—3 号。

③ 嘉庆十七年正月二十七日（1812 年 3 月 10 日），阳春、庆惠：《奏为布鲁克巴差来送达赖喇嘛年礼番民抗税殴伤帕克哩正副营官审明定拟缘由》，中国第一历史档案馆清代档案朱批奏折外交类——布鲁克巴，缩微胶片：第 4—23—1 号。

据清宫档案记载：

嘉庆十六年十二月十七日（1812 年 1 月 30 日），据江孜守备岳
廷椿禀报：转据帕克哩（即帕里）营官报称，现在布鲁克巴部长差派
头人致送商上（指噶厦政府）年礼带来驮只共三百余驮，该头人等并
不遵照旧定章程，分别上税，竟将所有礼驮、私驮掺杂一处，不准查
验，强令营官等一律应付乌拉。及该营官等前赴上税处查点验看之
时，适应口角被头人跟役人等将正副营官殴伤等情。

……

此次布鲁克巴部长差来头人郭勒（mgo-legs）带领跟役人等押送
年礼驮只到帕克哩，该头人等因私带货物驮只甚多，意欲全充部长官
驮，希图免税又可多要乌拉，不必自己雇备，因将礼驮、私驮掺杂一
处，使营官无从识辨，而该营官等以该部长送礼驮只系有定数，并要
验明路票查清应备乌拉实数方肯应付前进，且看驮只并无记号，只可
问明，除该部长送年礼驮只外，其余私驮俱按包用针探验分别，货物
照例上税等。

该部落番民等无可施其狡诈，遂以布匹毡片等包不可用针探验等
词，向营官争论，又适有乌拉背夫人等乘空将未经点过皮包偷拿行
走，即被正营官看见，一时气怒，随口骂言：你们想要做贼么？当有
小头人策忍敦柱（tshe-ring don-grub）挺身上前，与正营官不依，互
相扭结，一时乌拉背夫人等争闹起来，后有小娃子郭结手执斧柄，先
将副营官脑后殴打一下，又见正营官挤落台下，亦用斧柄将正营官头
上殴打一下，又有小娃子卜琼（bu-chung）见众人围着副营官撕闹，
随拿木棒上前将副营官头上殴打一下。正副营官被殴打均已昏倒在
地，布鲁克巴番众具各跑回住处。并询得该头人郭勒当众人争闹时，
尚在寨内，并无在场主使赫令情事。①

---

① 嘉庆十七年正月二十七日（1812 年 3 月 10 日），阳春、庆惠《奏为布鲁克巴差来送达赖
喇嘛年礼番民抗税殴伤帕克哩正副营官审明定拟缘由》，中国第一历史档案馆清代档案朱批奏折
外交类——布鲁克巴，缩微胶片：第 4—23—1 号。

　　驻藏大臣阳春、庆惠接到报告后，对事件进行调查并上报皇帝，认为，"营官等不敢滥给乌拉，且因礼驮、私驮掺杂一处，无从查验，欲照向例用针探验，以便分别上税，办理尚无不合"，而"头人郭勒等并不小心恭顺遵照向定章程，分别纳税。策忍敦柱胆敢挺身上前，首先与营官揪扭，而郭结、卜琼又敢恃身逞凶，竟将带有天朝顶戴之官殴打成伤，实系目无法纪，殊与天朝体制有乖"。进而认为"卫藏地方为各部落番民聚集之所，若不明正典刑，无以儆凶番而彰国宪，更易长外夷刁风，于边务有关系"。驻藏大臣等指出，按照原先法令，西藏"刁民因事逞凶殴官、聚众至四五十人者，为首斩决枭示，其下手殴官者虽属为从，但同恶相济，与首犯无异，亦拟斩决"。并援引大清律例规定，"凡化外人犯罪者，并依律拟断"，因此，布鲁克巴凶犯也应比照治罪。驻藏大臣等同时还援引先前的判例，"乾隆三十二年（1767年）乍丫噶噶地方番民扎什衮等聚众掷石打伤钦差侍卫台布一案，其凶犯人等系奉饬交四川总督阿尔泰审明定拟具奏后，饬部议，覆奉旨将该犯等分别正法"。比照先例驻藏大臣阳春、庆惠等认为"此案情节似属相符"，因此，奏请"策忍敦柱首先与营官扭结，系为首之犯，应照例斩枭，郭结、卜琼二犯虽为从下手共，同恶相济，与为首无异，应照例拟斩立决"。其余人等驱逐出境，不准在藏属地方留驻生事。"至头人郭勒虽无在场主使赫令情事，但不能管束跟役人等，至酿成重案，实有应得之罪，姑念系该部长差来与商上通好送礼头目，免其治罪，由奴才等饬交该部长自行惩办，不准再令来藏滋事"。与此同时，阳春、庆惠等决定：1. 缮写檄谕寄知布鲁克巴德布王，"并通行晓谕阖藏内外番民，俾知天朝法律森严，不得稍有违犯。庶使各处番众共知，奉公受法，不敢恣横生事，得以永靖边陲"。2. "现存帕克里未经上税之私驮，俟来藏后另行确查实数，仍令照例补税。其济咙、聂拉木等处边口均系征税课之所，今各处来藏番民闻知此事，亦可不敢效尤抗税。"①

　　需要指出的是，藏大臣阳春、庆惠等的报告内容存在明显的失误。一是有关货物盖用印信问题，称"百姓及贸易人等货物驮只，由该部长盖用

---

① 以上引文俱见嘉庆十七年正月二十七日，阳春、庆惠：《奏为布鲁克巴差来送达赖喇嘛年礼番民抗税殴伤帕克哩正副营官审明定拟缘由》，中国第一历史档案馆清代档案朱批奏折外交类——布鲁克巴，缩微胶片：第4—23—1号。

记号，并有另给营官执照、信字，以便查验上税。后该部落番民希冀偷漏税课，其私货驮只每有不盖用记号，无从查验"①。后来经过再三调查发现，例规与他们的叙述正好相反，即官驮盖用记号，私驮并无记号。

阳春等将处理意见通知布鲁克巴德布王却列·意喜坚赞，然而却列·意喜坚赞已经因病卸任，政务由终萨本洛擦普巴·多杰（tsha-phug-pa rdo-rje，即汉文史料中之"曲孜本洛"，1815 年在位仅一年）负责。② 二月初七日（3 月 19 日）阳春等接到擦普巴·多杰来禀，质疑断案不公，请免治罪。称布鲁克巴商人打伤帕里营官，其因在于"营官用刀子向戳，以至该番民用木棒格抵，始把营官些微打伤"，请求通过赔偿以"息营官之气"。阳春、庆惠等因为当初"督同委员噶布伦审讯时，策忍敦柱等三犯并未供有是语。另有生噶之跟役干扎喜虽有营官用刀戳伊之供，及询之戳伤何处，又称并未受伤，止在木碗上有刀戳痕迹，当令干扎喜当堂指认营官，并质对实在有无刀戳情事，干扎喜与营官见面时，彼此并不认识，即经营官坚供并无动刀之事。又将木碗细加验看，其痕迹均系早年所有，已为油渍污染"。故而认为，干扎喜系受人指使，凭空诬赖，不值究理，③而布鲁克巴新任德布王"率敢强词夺理，实属糊涂胆大"，并未向皇帝呈报此一情节。只令摄政王第穆呼图克图详加驳斥，指出如果德布王畏惧伏罪，静候办理，尚可姑容。同时，为了防止布鲁克巴人到帕里"滋生事端"，密札邻近帕里之江孜守备等沿边营官小心防范。④

事态的发展令嘉庆皇帝感到不快，嘉庆十七年（1812 年）三月庚寅（4 月 28 日）谕内阁，"阳春等初次奏折，并未将营官持刀一节声叙，似有意偏袒营官，办理不公"。随即召见曾任驻藏大臣的松筠，询问西藏与

①　嘉庆十七年正月二十七日，阳春、庆惠：《奏为布鲁克巴差来送达赖喇嘛年礼番民抗税殴伤帕克哩正副营官审明定拟缘由》，中国第一历史档案馆清代档案朱批奏折外交类——布鲁克巴，缩微胶片：第 4—23—1 号。

②　根据汉文史料，却列·意喜坚赞于 1812 年时已经因病卸任，但是，根据布鲁克巴文献，擦普巴·多杰扎巴直到 1815 年才正式成为德布王，因此，笔者推测期间或以代理身份处理政务。

③　嘉庆十七年二月初十日（1812 年 3 月 22 日），阳春、庆惠：《奏为接据布鲁克巴新部长来禀严谕驳斥原由》，中国第一历史档案馆清代档案朱批奏折外交类——布鲁克巴，缩微胶片：第 4—23—2 号。

④　嘉庆十七年二月初十日，阳春、庆惠：《奏为接据布鲁克巴新部长来禀严谕驳斥原由》，中国第一历史档案馆清代档案朱批奏折外交类——布鲁克巴，缩微胶片：第 4—23—2 号。

布鲁克巴之间的边情旧例。松筠奏称，"向来布鲁克巴进藏货物例不上税，节经禁革有案。并称营官等均系唐古特充当，向来外夷人等与边地营官唐古特等斗殴致毙，均依各部落土俗治理，并准收赎罚付死者之家等语"。嘉庆皇帝由此而认为，"此案系因漏税而起，若向来既不收税，岂能加以漏税之咎。竟是该营官等勒索肇衅"。遂斥责称：

> 阳春不将营官滋事之处，据实查办，以服夷情。转称该头人抗税起衅，且彼时既据跟役干扎喜有营官先用刀向戳之供，折内全不叙及，其檄谕该部长文内亦不叙明，以致该部长具禀申辩。再，营官被殴之伤亦未验明轻重，案内紧要情节，伊等均一味含糊，不加详讯，显系偏听妄断，案情多不确实，至外夷与唐古特斗殴之案，既有旧例可据，伊等又何以不行查明，辄将策忍敦柱等三人问拟重辟。①

认为阳春、庆惠二人办理此事欺隐舛谬，糊涂不堪、厥咎甚重。着交部严加议处，即来京听候部议。随后又将阳春、庆惠均照溺职例革职。同时任命瑚图礼为驻藏大臣，再行详查起衅根由。

新任驻藏大臣瑚图礼、丰绅等，对事件重新进行了调查。有关关税问题，帕里两位宗本报告"我等在木龙年（1784 年）协议中清楚看到，如驮子加盖印信则如逢年节之特例免除关税，如无加盖印信则无论公驮私驮必须缴纳关税，规定清楚"。关于税收惯例，称：

> 闻知，前任宗本时布鲁克巴政府之货驮与帕里之私驮皆有加盖印信和不加盖印信之分，难以一概而论。我二人根据喇嘛官员之文书例规，尽力执行，但不知未来利弊如何。前任宗本时，相机行事，并无一定之规。未来之规，已根据西藏与布鲁克巴间之协议，给布鲁克巴政府写信，言明必须加盖印信，对方回信称：已向仁绷巴（帕罗）之代表为主的（贸易人等）发出通告，公私人等之货驮必须加盖印信，命令已发。去年，（布鲁克巴）第司已有加盖印信之要求。
>
> 除政府给予路票之驮子外，其余无盖章之驮子征收 20 抽一之共

---

① 张其勤原稿，吴丰培增辑：《清代藏事辑要》，西藏人民出版社 1983 年版，第 381 页。

税，帕里洞盐（phug-tsha）须交打勒（ta'-li）税。①

年礼使团的头人郭勒（'go-legs，档案中有时称其为 'go-leg-can，他似乎多次作为年礼团的头人前往拉萨，因为在另一份档案中还称其为夏商［dbyar-tshong-pa］郭勒）也承认"西藏（格鲁派）与布鲁克巴（竹巴）之协议中，寄驮之物如无加盖印信，则收取征收 20 抽一之共税，帕里之洞盐须交'打勒'税"，而"此次之货驮并无加盖印信"，但同时又强调，此前年礼使团从未有在帕里交税之先例。至此事情的根由已经非常清楚：布鲁克巴方面官驮、私驮混杂，试图私驮也享受朝贡贸易中的优惠政策。而帕里宗本等明悉其中的伎俩，既然官驮也未加印信，索性全部收税，以示惩戒。纠纷由此而起。

应该说松筠上奏皇帝的错误信息，使事件的调查一波三折，但我们也因此有机会了解当时西藏贸易关税的基本情况。松筠所称"布鲁克巴向与达赖喇嘛通好，每年送礼，并所带货物均不上税，并乾隆五十六、五十七年经福康安等饬将唐古特凡向外夷需索等弊俱已禁革"之言并不准确。第一，经驻藏大臣等"详细溯查旧案，乾隆五十七年福康安原奏济咙、聂拉木边界抽收税课无庸酌减一条，内称今既蒙恩准贸易所有抽收税课一项，并非从前起衅根由，若将往例议减，转似示惠外番，有意裁抑唐古忒（即西藏），于体制殊有关系"，故济咙、聂拉木按包抽税向例照旧。第二，他们"复将松筠任内办过各案逐一清查，只有减免唐古忒边界穷苦番民钱粮税课之案，并无革除外番税课之案"。又询问曾经跟随松筠巡查边界之书办杜生奇，也称"只有减免唐古忒边界穷苦番民钱粮税课，并乾隆六十年松大人办理抚恤章程十四条，内有减免帕克哩所属白哩等处应交商上羊毛铁斤牛羊税银即行豁免之案"②。第三，他们"译咨第穆呼图克图详查布鲁克巴货物在帕克哩上税是否曾经禁革"，第穆呼图克图答复"帕克哩并各边界地方有各部落来藏贸易均照旧例缴纳税课，乾隆四十九年布鲁克巴不遵旧例，其时办理商上事务之噶勒丹锡勒图萨玛第巴克什回明达赖喇嘛

① 《噶厦就商税问题给驻藏大臣的文书》（'brug lo-phyag-pa'i dos la khral len-'jog skor bka'-shag nas bod-bzhugs am-ban lhan-rgyas la phul-ba'i yi-ge），西藏自治区档案馆藏噶厦档案外交类——中不（丹）关系，卷宗号略。
② 此事亦见《卫藏通志》卷 14《抚恤》。

并告知布鲁克巴部长将嗣后应纳税课立定章程，盖用达赖喇嘛印信，并布鲁克巴印信，两下永远遵行。……所收税课均照商上档案定数征收，缴纳达赖喇嘛库内"。① 其实，当时西藏地方政府收取关税主要有 6 处，在西藏与布鲁克巴边贸地点有帕里、错那、拉康（今洛扎县拉康镇），在西藏与尼泊尔边贸地点有绒辖尔（rong-shar）、聂拉木、济咙。所收税课，用于每年拉萨新年传昭大法会并支给三大寺众喇嘛作为口粮、各庙宇供献之用，并不报送驻藏大臣衙门。②

可能是鉴于阳春、庆惠等重判布鲁克巴凶犯导致获罪失官的教训，瑚图礼等拟改罪名。据布鲁克巴方面报告，干扎喜业经病故，已无可追究。"其他三人策忍敦柱、郭结、卜琼三犯仍解回布鲁克巴部落，令该部长分别责惩，择其境内极边苦地发遣。" 对此嘉庆皇帝亦觉不妥，既然 "此案起事根由尚非营官肇衅，从前阳春等原审案情尚非虚捏"，而 "该犯等殴打营官，情系凶横"，"若仍将该犯等解回本部落，其责惩发遣与否，内地无从得知，未免外番无所敬畏。于是决定将 "策忍敦柱、郭结、卜琼三犯，俱著发往云贵极边烟瘴地方充军"。③

按说，事件发展至此似可定案了结，然而在押布鲁克巴凶犯却逃脱法外。嘉庆十七年九月二十二日（1812 年 10 月 26 日）驻藏大臣瑚图礼奏：

> 瑚图礼、丰绅遵旨审明此案，改拟罪名，后察看该犯等面带病容，自系日久监禁之故。因念该犯等系属外番无知，既蒙皇上宽免死罪，若仍令其拘禁蛮狱，设致瘦毙，转非所以示柔远之仁，是以当堂宣谕恩旨，将策忍敦柱等三犯开释刑具。仍恐漫无拘束，或致潜窜之虞，复将该犯等发交噶布伦及布鲁克巴头人等管束，并面谕噶布伦等严密看守，倘有疏脱，惟尔等是问。随据噶布伦、布鲁克巴头人等各具保结在案。讵七月十五日，第穆呼图克图同噶布伦等到署面见奴才

---

① 以上引文均见嘉庆十七年六月初十日（1812 年 7 月 18 日），瑚图礼、丰绅：《奏为查明达赖喇嘛征收外番货税原由》，中国第一历史档案馆清代档案朱批奏折外交类——布鲁克巴，缩微胶片：第 4—23—3 号。

② 嘉庆十七年六月初十日，瑚图礼、丰绅：《奏为查明达赖喇嘛征收外番货税原由》，中国第一历史档案馆清代档案朱批奏折外交类——布鲁克巴，缩微胶片：第 4—23—3 号。

③ 《清世宗实录》卷 259。

等告知：布鲁克巴番犯策忍敦柱于七月十二日早期前赴色拉寺内收取账目，至晚未回，次日差噶厦卓呢尔并布鲁克巴头人等前往色拉寺找寻，岂知策忍敦柱并未赴色拉寺去，旋又差派多人分投各处隘口查访严拿。据差回称策忍敦柱已于七月十三日坐皮船逃走等语，奴才等闻之不胜骇异，当即面嘱呼图克图严饬噶布伦及布鲁克巴头人等协同督缉，趁该犯尚未远飏，飞速追踪严拿务获去后，奴才瑚图礼即于七月十五日奏报起程巡阅后藏，途次严札催缉。奴才祥保亦随时饬令查缉。据噶布伦等禀称遵奉严谕追拿当即差派管门第巴并通事人等陆续前去追赶，不分昼夜行走，直到帕克哩交接地方，总未赶上。复经第穆呼图克图并小的噶布伦等差人持信前往谕知布鲁克巴新旧部长及巴柱（帕罗）奔洛头人等，如该犯逃回本处即速拿解来藏。嗣接回信内称，策忍敦柱曾已逃回布鲁克巴地方，我们差人前去捉拿，该犯躲藏树木深密处所，现在设法找寻。俟拿获之日即行解送到藏。奴才等又复勒限严札催缉，乃事隔两月之久，尚未据该部长头人等将策忍敦柱拿解前来。……此案耽搁日久，自应先将郭结、卜琼二犯遵旨起解，现在派令官员带同兵丁沿塘接替押解出藏，由四川省解交云贵总督，定地发配。……策忍敦柱拿获时，再行发遣。[1]

嘉庆皇帝得此消息，大怒，于十七年十月乙丑（11 月 29 日）谕内阁：向来内地免死发遣之犯，一经潜逃拿获后，无不立予正法，瑚图礼曾任刑部堂官，岂不谙悉定例！今策忍敦柱胆敢乘间远飏，瑚图礼等折内尚称拿获时再行发遣，实属轻纵。随决定：1. 策忍敦柱一俟拿获到案，即行正法，以示惩儆。2. 瑚图礼、丰绅将策忍敦柱等开释刑具，不行监禁，以致逃脱。因二人疏忽之咎较重，着交部议处。3. 祥保到任在后，但未能饬令严防，亦难辞咎，着交部察议。4. 其江孜守备岳廷椿失察该犯走出境，着交部议处。5. 噶布伦多尔济、策凌敏珠尔、索诺木班珠尔、敦珠多尔济于发交管束案犯，并不严密看守，着与失察出境之帕克里营官霞喀巴·班觉伦布一并交理藩院分别议处。6. 至第穆呼图克图系总办商上

① 嘉庆十七年九月二十二日（1812 年 10 月 26 日），瑚图礼、祥保：《奏为恭折覆折》，中国第一历史档案馆清代档案朱批奏折外交类——布鲁克巴，缩微胶片：第 4—23—6 号。

事务之人，咎止不能督饬，着从宽免其置议。①

至此，布鲁克巴商人在帕里因漏税而殴打营官事件以西藏地方政府包括驻藏大臣、驻藏帮办大臣以及噶布伦、营官等一批官员受到惩处而结束。事件的发展过程明显地反映了嘉庆朝中枢官员、驻藏大臣等于西藏边务的生疏，遇到突发事件举措常有失误。但是，这些往来文件为我们展现了清朝西藏与布鲁克巴之间的经济贸易关系，特别是年礼使团这种集政治与贸易于一体的交往形式，集中反映了清朝西藏与周边藩属关系的真实状态。

18—19 世纪之交，仍然是大清王朝的鼎盛时期，随着抗击廓尔喀侵藏战争的胜利，清朝对喜马拉雅山地区的政治影响力达到了前所未有的程度，1792 年《钦定藏内善后章程二十九条》的颁布以法条的形式对这种新的政治格局加以确认。然而盛世往往伴随着危机，能否敏锐地发现潜伏的危机、正视危机，并进而寻求改进、完善之策是延续隆盛的唯一途径。抗击廓尔喀战争中福康安等以"天朝上国"之威，要求布鲁克巴等藩属"出兵勤王"，遵谕围剿廓尔喀，却未能顾及地方性的利益关系，自我中心主义的政策因此遭遇挫折。德布王等请求超规格封赐实因内部政治斗争所致，然而驻藏大臣等只知严词驳回，却似乎淡忘了上国"以大字小"、帮助靖乱的义务，丧失藩属对上国的依赖和向心力自此而始。帕里漏税斗殴事件不仅反映出西藏地方内部管理中存在的无序与懈怠，也反映了边关管理者在藩属心目中权威的滑落。尽管这些事件就当时来说并不足以改变西藏与布鲁克巴之间关系的总体状态，但一叶落而知秋至，它无疑是一种征兆。当皇帝和疆吏都开始追求"一劳永逸"，而不是随机应变、未雨绸缪时，被动保守就在所难免。繁华盛世，万国来朝，有谁体察到在喜马拉雅山之南，英国这个强大的殖民者正在为侵入中国西藏而蓄势待发呢？

① 嘉庆十七年九月二十二日（1812 年 10 月 26 日），瑚图礼、祥保：《奏为恭折覆折》，中国第一历史档案馆清代档案朱批奏折外交类——布鲁克巴，缩微胶片：第 4—23—6 号。

第七章 第二次英布战争与西藏的反应

　　布鲁克巴与英国东印度公司虽然于 1774 年签订了和平条约，但是，由于布鲁克巴与库赤·比哈尔、阿萨姆（Assam/A-shom）之间在边界地带的权属问题较为复杂，很容易引发纠纷。而英国对打通与西藏贸易通道的持久渴望，以及 19 世纪初由于茶业勃兴而对布鲁克巴南部适宜茶树种植的丘陵地带的占有欲望，使英国有意扩大这些边境纠纷，并企图借故强占布鲁克巴领土。在布鲁克巴与英国长达数十年的山口地带争端中，西藏与布鲁克巴之间的宗藩关系，一直被双方视为重要的制约因素，英国担心它对布鲁克巴的侵略招致清朝或西藏地方的干预，甚至敌对。而布鲁克巴则宣扬他们是清朝的属国，"他们发现和中国的关系在外交的讨价还价上是有用的，可以用来抵抗来自英属印度方面的压力"。[①] 但是，在清朝国力日益衰退，特别是 19 世纪中叶两次鸦片战争之后，整个中国已开始沦落为西方列强半殖民地的历史背景下，西藏地方政府虽深知布鲁克巴的存亡，与自己有唇亡齿寒之利害关系，但是，驻藏大臣、噶厦政府等却未能在第二次英布战争中向布鲁克巴提供有力的援助，使布鲁克巴不仅丧权失地，并对西藏在战争期间的观望与冷漠态度产生怨恨，布鲁克巴作为清朝的国防"藩篱"开始动摇。

---

　　① ［英］阿拉斯太尔·蓝姆：《中印边境》（内部读物），民通译，世界知识出版社 1966 年版，第 30 页。

一　英国侵占布鲁克巴南部阿萨姆山口地区

地处喜马拉雅山南麓的布鲁克巴，总体上是一个北高南低的山地国家，只有南部的部分国土延伸到阿萨姆和孟加拉平原地带。在平原与山地交汇之处是一些起伏的丘陵，其间有许多可以南北互通的山口，这些通道在印地语中称为"垛尔（Duar）"，意为门或入口，藏语则称为"勒果（las-sgo）"，意为"关口"。这些山口不仅是孟加拉、阿萨姆平原居民与北部山区包括布鲁克巴、西藏等地商人进行贸易的必经之路，而且由于这一地带土地肥沃，雨量充沛，是布鲁克巴粮食、棉花、烟草等作物的主要产区，因此，布鲁克巴在每个重要山口都设有官员——"苏布（subu）"进行管理。"苏布"不仅负责对过往商人收取关税，也对附近平原地带的农民实施管理。整个山口地区宽16—32公里，总长350多公里，共有18个重要的山口。其中在布鲁克巴与孟加拉交界处从提斯塔河（teesta）向东到玛纳斯河（manas）之间有11个山口，被称为"孟加拉垛尔"，分别是：

达岭卡（Dhalimkoto）　　　　　买那古里（Mynagoorie）

查莫切（Chamoorche）　　　　　洛齐（Luchee）

布华（Buxa）　　　　　　　　　布尔卡（Bhulka）

波拉（Bora）　　　　　　　　　古玛梯（Goomat）

里波（Reepo）　　　　　　　　齐斯让（Chesrung）

巴格（Bagh）

在布鲁克巴与阿霍姆（Ahom）人统治的阿萨姆交界地带从丹西里河（Dhansiri）向西到玛纳斯河有7个山口，被称为"阿萨姆垛尔"，分别是：

布里果玛（Boore-Gomah）　　　卡林（Kalling）

沙尔可拉（Shurkolla）　　　　　班斯卡（Bauska）

查巴古里（Chappagoorie）　　　查巴噶玛（Chappakamer）

比吉尼（Bijni）

19 世纪初期，上述 11 个孟加拉山口都归布鲁克巴管辖，而 7 个阿萨姆山口的归属则较为复杂，其中的 5 个山口归布鲁克巴管辖，而杜绒（Durrung）区的两个山口——布里果玛和卡林——每年 7 月至 10 月由阿萨姆土邦管辖，其他月份则由布鲁克巴管辖。但是，布鲁克巴每年要向阿萨姆土王缴纳价值 4875 个纳拉扬货币（narainee）零 4 阿纳斯（annas）的产品如牦牛尾、麝香、沙金、马、毯子和刀等作为津贴。虽然这种复杂的权属关系极易引发纠纷，然而长期以来布鲁克巴与阿萨姆依然能够和平相处。

19 世纪的英国正是一个在四处扩张的帝国，它对所有与它的殖民地相毗邻的国土都怀有兼并的野心，因此，当英国在第一次英布战争（1772 年）中兼并库赤·比哈尔、第一次英缅战争（1825—1826 年）中兼并阿萨姆后，其领土就与布鲁克巴接壤，从此，山口地区的平静开始被打破了。

1825—1826 年第一次英缅战争揭开了英国与布鲁克巴有关山口地区长达近 40 年争夺的序幕。英国通过《扬端波条约》兼并了缅甸所属阿萨姆地区。其实，吞并阿萨姆对英国来说实属蓄谋已久。早在 1774 年博格尔出使西藏时，就指出阿萨姆有大量耕地，人口众多，水路交通便利。金、银等贵重金属是阿萨姆主要的贸易商品，来自西藏、布鲁克巴、尼泊尔的金银都在那里交易。博格尔曾指出，因为“没有征讨山地国家时可能失败的危险”，因而该地很容易通过武力来实施兼并。[①] 英国在兼并阿萨姆的同时也继承了阿萨姆和布鲁克巴之间原有的关于山口管理的协议。但是，英国人不并满足于仅仅得到津贴，而是期望占领富庶的山口地区，因此，就设法扩大边境纠纷。

首先，英国单方面改变收取津贴的办法。原先阿萨姆土王从布鲁克巴人那里是收取等值的实物，而英国人则将布鲁克巴缴纳的实物公开拍卖，声称由于布鲁克巴人缴纳的货物质量低劣而货不抵值，要求布鲁克巴补足欠款。布鲁克巴认为英国人有意压价而表示拒绝。英国人则称布鲁克巴所

---

① C. Markham, *The Narratives of the Mission of George Bogle to Tibet and of the Journey of Thomas Manning to Lhasa*, London: Trübner and Co., Ludgate Hill, 1879, pp. 55 – 60.

欠津贴在逐年累计。

其次，英国人指责布鲁克巴官员指示劫匪到阿萨姆抢劫奴隶、财务，包庇罪犯等，因此以占领山口地区威胁布鲁克巴。布里果玛和班斯卡山口即被英国人借故占领。

英国人实际已经决定占领这些山口地带，但是，他们还缺乏对布鲁克巴及其与西藏关系的充分了解，因此希望在实施新的政策之前，能够更多地了解布鲁克巴。于是，英国人提出他们可以归还所占的山口，但要派一个代表团去布鲁克巴进行谈判，借口说此前写给德布王的信函都被山口官员截留。德布王只好勉强同意与英国代表谈判。

1837 年，英国任命擅长地理学的彭伯尔顿（Boileau Pemberton）上尉为特使访问布鲁克巴，任命植物学博士格利费斯（William Griffiths）为助手。彭伯尔顿使团的目的除了谈判之外，更为重要的是收集有关布鲁克巴内政及哲孟雄、西藏的有关信息，特别是中国与喜马拉雅山诸国的关系，为其未来的行动提供咨询。为此，彭伯尔顿不是沿着博格尔、特纳曾经走过的路线即从西面的布华山口进入布鲁克巴，直接前往布鲁克巴首府普纳卡，而是从布鲁克巴东南的班斯卡山口入境，这样不但可以横穿布鲁克巴，而且可以在进入普纳卡之前，尽可能更多地观察、了解布鲁克巴。而后，从西部的布华山口出境。

彭伯尔顿在布鲁克巴提出了包括引渡罪犯、允许英国人在布鲁克巴自由贸易、以货币交付津贴等共 12 款的条约草案。① 但是，由于负责管辖阿萨姆各山口的终萨本洛强烈反对而未取得任何结果。他准备前往西藏的要求也遭到布鲁克巴德布王和西藏方面的反对。然而，彭伯尔顿在布鲁克巴还是收集到了极为丰富的政治、经济情报，他的出使报告《不丹考察报告》不仅概括地介绍了布鲁克巴，包括其河流、道路、地理、政府、佛教职位、税收、军事资源、农业、制造业、贸易、人口和社会状况，他还专门谈及布鲁克巴与西藏的关系。他在报告中指出：

> 布鲁克巴最重要的对外关系就是把它与中国联系（unite）起来，

---

① 　Boileau Pemberton, "Report on Bootan". See H. K. Kuloy（ed.）, *Political Missions to Bootan*, New Delhi：Mañjuśrī Publishing House, 1972, pp. 250 – 251.

或者直接与北京的朝廷交往，或者间接地通过每年派往西藏首府拉萨的使节进行交往。

布鲁克巴曾经由驻扎在该地的西藏官员统治，今天由德布、达玛（即夏仲活佛）、本洛、宗本占据的官殿、城堡等，在最初都是由中国和西藏的建筑师们为了其地方政府官员而修建的居所。但是他们在管理布鲁克巴一些时候之后，发现此事总的来说并不划算，于是就撤走了，让布鲁克巴人自己管理。但是，规定布鲁克巴人每年进贡，承认中华帝国在世俗事务方面的最高权威、承认达赖喇嘛是宗教事务中的最高领袖。

（德布王）收到来自拉萨的檄谕（orders）是每年固定的一次交往，据说此时差役带来中国皇帝给布鲁克巴法王夏仲活佛和德布王以及本洛、宗本的圣旨，圣旨用大字写在上好的麻纱白葛布上，其中主要晓谕法王、德布王等勤理国政、弹压内乱、整肃法纪、抵御外敌等，并要求及时呈报国内情形。如果执行不力，便要罚款1万布鲁克巴卢比（Deba Rupees），贫困的布鲁克巴德布王只好以分期付款的方式拖延逃避。①

他还提到驻藏大臣处理布鲁克巴内政的例子：

在拉萨的驻藏大臣看起来并不直接控制布鲁克巴……（但是）1830年，终萨本洛多杰南杰（Durzee Namde/rdo-rje rnam-rgyal）叛乱反抗德布王曲吉坚赞（Sujee GasSee/chos-kyi rgyal-mtshan，1823—1830年在位）……多杰南杰请求拉萨给予帮助，（驻藏大臣）派来两位中国官员带着协助他们的士兵，他们到达后在终萨宗就问题的性质做了调查，以曲吉坚赞辞职而达成和解，在他们回到拉萨后，多杰南杰（1830—1832年在位）被任命为德布王，新的德布王在位两年后去世，由赤列（Tillé/'phrin-las，1832—1835年在位）继任。②

---

① Boileau Pemberton, "Report on Bootan". See H. K. Kuloy (ed.), *Political Missions to Bootan*, New Delhi: Mañjuśrī Publishing House, 1972, pp. 238 – 239.

② Ibid., p. 239.

正如我们在藏汉文史料中看到的那样，在 19 世纪上半期，中国西藏与布鲁克巴依然保持着密切的联系。这种关系的存在使英国对掠占布鲁克巴领土颇为忌惮。

19 世纪 30 年代，阿萨姆的经济地位突然因为茶树的发现而变得重要起来。自 1612 年荷兰东印度公司将中国茶叶介绍到欧洲后，欧洲就逐渐形成了巨大的茶叶消费市场。在英国东印度公司的贸易总额中茶叶已成为仅次于棉花的贸易项目。但是，1833 年，清朝取消了英国东印度公司的茶叶垄断专卖权，于是，公司决定成立"茶叶委员会"，在印度种植茶树。早在 1790 年，公司就曾请求印度托钵僧普南吉从西藏带去茶树种子，但是，由于廓尔喀战争，英国人被挡在喜马拉雅山外，致使该计划流产。1834 年，"茶叶委员会"报告在上阿萨姆发现了茶树。1836 年，英印总督奥克兰德（Lord Auckland）在品尝印度茶叶后对茶叶质量表示满意，于是就开始在印度大面积推广种植。上阿萨姆及喜马拉雅山南麓靠近平原的丘陵地带被认为是种植茶树的最理想地带，于是，英国开始在该地区实施"前进"政策。但是鉴于西藏的影响，英国虽然先试探性地占领了卡林和布里古玛两个山口，但对全部兼并布鲁克巴山口地带仍然心存疑虑。

1840 年，中英第一次鸦片战争爆发，英国认为清朝无力顾及喜马拉雅山南侧的局势发展。而西藏地方政府也于 1841 年 4 月在西部阿里地区爆发了抗击道格拉人（Dogra，藏文史料中称"森巴/seng-pa"）入侵的战争，同样难以顾及布鲁克巴的局势。于是，英国于 1841 年 9 月出兵占领了其余 5 个阿萨姆山口。提出如果布鲁克巴不再骚扰边界地带，每年给布鲁克巴山口地带官员 1 万卢比的津贴，以作为对阿萨姆山口税收的分享。这样英国便占领了全部阿萨姆山口，使东印度公司管辖的东北边境地区面积扩大了 1600 平方公里。从此，津贴就成为英国要挟布鲁克巴的工具，只要布鲁克巴的行为不符合英国的要求，英国就以停止付给津贴相威胁。

二　第二次英布战争

山口地带一直是布鲁克巴政府最重要的财政来源，英国强行占领阿萨姆山口使布鲁克巴政府特别是此前管理阿萨姆山口地带的终萨本洛心存不满。由于布鲁克巴国内在 19 世纪上半期一直处于割据纷争之中，很难形成统一的力量以反抗英国的侵略。布鲁克巴曾经由于最高宗教领袖夏仲活佛的三身转世方法而引发了 18 世纪中期的一系列冲突，而在 19 世纪，又由于终萨本洛与帕罗本洛的矛盾而连年内战。在夏仲·阿旺南杰时代，东部的终萨宗、南部的达噶宗、西部的帕罗宗设 "吉喇（spyi-bla，即总管，后称为本洛/dpon-slob）" 一职以管理其他各宗。后来帕罗本洛兼并达噶宗，成为西部首领，而终萨本洛则控制着东部各宗，成为东部的领袖。他们之间的竞争突出地表现在对德布王职位的争夺上。从统计看，从 1651 年第一任德布王到 1803 年的 152 年间，共有 20 位德布王，平均每位执政 7 年多。而从 1803 年到发生第二次英布战争的 1864 年的 60 年间，共有 26 位德布王，平均每位执政 2 年多，事实上有 11 位德布王执政不足一年，甚至数度出现两位德布王同时执政的局面。这种激烈的内部争夺，使英印政府有了可乘之机。同时这种长期内战使广大百姓渴望由一位强权领袖来结束混乱局面，终萨本洛晋美南杰（'jigs-med rnam-rgyal，1825—1881 年）正是在这种背景下产生的政治领袖。

晋美南杰是 19 世纪中期布鲁克巴历史上举足轻重的人物，他 1825 年出生于著名的栋噶法王（dung-dkar chos-rje）家族，据说布鲁克巴著名的伏藏大师白玛林巴（padma gling-pa，1450—1521 年）就是该家族的先辈。晋美南杰出身官僚世家，18 岁起就在终萨宗任职，为终萨本洛措吉多杰（mtsho-skyes rdo-rje）当保镖、管家等。期间曾作为 "聪本（tshon-dpon，商业官）" 带队前往西藏。在他 25 岁时（1849 年），布鲁克巴首府普纳卡宗城失火，德布王要求所有宗本都必须前往参加重建工程，晋美南杰随终萨本洛措吉多杰前往。按照当时的一种风俗，在各地首领聚会时，随从之间要举行角力比赛，结果晋美南杰在全部比赛中获得优胜，声名大振。由于布鲁克巴内部仇怨复杂，有一些首领企图乘机杀害终萨本洛措吉多杰，晋美南杰奋不顾身，拼死护卫，使措吉多杰安全回到了终萨宗。措吉多杰十分感激晋美南杰，承诺要在他退位后由晋美南杰出任终萨本洛以奖赏他的救命之恩。1853 年，措吉多杰兑现承诺让 29 岁的晋美南杰就任终萨本洛，但两人之间达成协议，3 年后晋美南杰让位于措吉多杰之子尊追坚赞（brtson-'grus rgyal-mtshan）。晋美南杰任终萨本洛之时，布鲁克巴内部依然纷争不断，晋美南杰或四处征讨或调停内乱，逐渐扩大自己的实力。特别是因为调停廷布宗本乌玛弟瓦（o-ma de-wa）与旺堆颇章宗本夏尔·衮噶贝丹（shar kun-dga' dpal-ldan）之间的冲突有功，布鲁克巴政府同意此前由英国人上缴的古玛噶查（ku-mar ka-kra）山口为数 4 驮卢比的津贴无须上缴政府，由终萨本洛留用。此外，东部各宗宗本的任免，也不必经过政府同意，终萨本洛可以做主，实际上晋美南杰已成为东布鲁克巴的真正领袖。① 1856 年晋美南杰任终萨本洛三年期满，但他不愿交出权力，为此与尊追坚赞发生战争，但是晋美南杰依然地位稳固。晋美南杰脸色黝黑，喜欢穿着黑色的外衣、骑着黑色的马，后来他成为德布王后，人们称他为"黑德布（sde-pa nag-po）"。随着势力日益壮大，晋美南杰对英国人的咄咄逼人表现出强烈的不满。

1855 年，布鲁克巴德布王丹曲伦珠（dam-chos lhun-grub，1852—1856 年在位）的叔叔和德万吉利（de-wang gu-ru）山口官员与英国人会晤，要求提高阿萨姆山口的津贴，被英国人拒绝。随后发生了几起布鲁克巴人抢劫阿萨姆人的事件。英印政府东北边境官员简肯（Jenkins）建议关闭山口，切断平原与丘陵地带的来往，并写信威胁德布王。为此，德布王撤换德万吉利宗本，要求终萨本洛赔付东印度公司。简肯给德布王的信件激怒了晋美南杰，他写信给简肯要求东印度公司赔偿德布王对他罚款的一半，还说，公司一些庶民在布鲁克巴烧杀抢掠，要求公司交由他惩办。1855 年 11 月 13 日，简肯建议占领孟加拉山口，认为这是"除了侵略该国以外唯一能够起效的措施"，因为布鲁克巴为了能够获得津贴而不得不与英国搞好关系。

此后，发生了"阿荣·辛格（Arung Singh）事件"。阿荣·辛格本是布鲁克巴古玛山口世袭的柴明达尔（Zemindar，收税官），1856 年 4 月，他为了逃避布鲁克巴德布王的惩罚逃往印度，布鲁克巴强行将其抓回。简肯建议印度总督②，阿荣·辛格可以被视为是印度的属民，建议借此占领山口。1856 年 8 月，简肯写信给德布王要求惩治罪犯，交还阿荣·辛格，而德布王则认为阿荣·辛格是他的臣民。1959 年简肯得到消息阿荣·辛

---

①　［不丹］那多克上师：《布鲁克巴政教史——白龙》，塔尔巴林寺 1986 年藏文版，第 179 页。

②　1857 年印度人民大起义后，英国政府收回东印度公司对印度的管辖权，改由英国政府直接管辖，设印度总督管理英属印度，简称英印政府（the Government of British India）。

格在押期间已经病死。于是，简肯于 1860 年武力兼并了安巴里·法拉卡塔（Ambari Falakata），扣留了英印政府原本应该付给布鲁克巴的租金。该地在 1784 年时沃伦·黑斯廷斯曾割还给布鲁克巴，自 1842 年，印度政府每年以 2000 卢比从布鲁克巴政府手中租用。英印政府强扣安巴里·法拉卡塔的租金引起布鲁克巴的强烈不满。

1861 年，霍普金森（Henry Hopkinson）接替简肯成为东北边境官员。当时，英印已经控制了哲孟雄，驻哲孟雄官员坎贝尔（Campbell）也支持占领山口地带。他认为，应该派一个使团去布鲁克巴，让布鲁克巴选择是英国占领山口，还是布鲁克巴对"从前的罪行"进行补偿。他还建议应该派代表驻扎布鲁克巴，不仅直接与德布王联系，而且希望以此建立与西藏的关系，他指出"这一代表也许是为与拉萨建立友好交往铺平道路的最好措施"①。英印政府也认为这是获取信息的好机会，决定派阿什里·艾登（Ashley Eden）出使布鲁克巴，并先期派莫昆窦·辛格（Mokundo singh）前往布鲁克巴就使团的路线、基本的要求等问题与布鲁克巴沟通。

阿什里·艾登使团的使命是以"清晰明白而又友好安抚"的精神向布鲁克巴政府解释英印扣留安巴里·法拉卡塔租金实属"形势使然"，并设法与布鲁克巴签署一个正式条约。使团包括朗斯上尉（W. H. J. Lance）、哲孟雄的齐波喇嘛（chi-pu lama，阿什里·艾登的报告中写为 cheeboo la-ma.）以及由 50 名廓尔喀、锡克兵组成的护卫队等。1864 年 1 月 4 日，使团在未经布鲁克巴同意的情况下进入布鲁克巴境内，经过达姆桑、达岭卡、哈宗、帕罗宗等地，由于沿途地方官员拒绝为艾登一行提供乌拉，使团行程极为艰难，经过哈宗时又逢暴雪，成员中有人冻死途中。但是，艾登一意孤行，终于在 3 月 15 日到达首府普纳卡。艾登提出了包括 10 个条款的条约草案，其主要内容包括 4 个方面：1. 英印占领法拉卡塔、拒绝付给佣金是因为布鲁克巴屡次劫掠英印地方属民并拒绝归还；2. 如果布鲁克巴停止在边界上的劫掠行为并释放所有在押人员及归还所抢财物，英印可以归还法拉卡塔；3. 英印要在布鲁克巴派驻代表；4. 英印属民可以

---

① Kapileshwar Labh, *India and Bhutan*, New Delhi: Sindhu Publication Ltd., 1974, p. 57.

自由地到布鲁克巴从事贸易活动。① 然而，晋美南杰不仅反对后两项（在艾登草约条款中的第8、9条）要求，还提出反要求，认为英印应归还阿萨姆山口，否则他宁愿与英国人交战。1864年3月24日，当最后一次讨论条款时，艾登拒绝了晋美南杰的要求，晋美南杰怒不可遏。艾登记述了当时的情景，"（晋美南杰）手拿一大块生面，开始用它在我的面颊上揉磨，他拽我的头发，拍打我的后背"②，艾登因为所带的护卫人数少而不敢反抗。3月25日，布鲁克巴要求签订包括归还阿萨姆山口在内的条约，晋美南杰告诉负责翻译的齐波喇嘛，如果不签，他将把艾登和齐波喇嘛关进监狱。1864年3月29日，布鲁克巴与英印政府代表艾登签署了包括：1. 英国东印度公司所占布鲁克巴的山口及其他土地一律归还布鲁克巴；2. 今后互不侵犯；3. 布鲁克巴、哲孟雄、库赤·比哈尔和东印度公司相约，若有其中一方侵犯任何一方时，其他三方则可占领侵犯者的领土。③但是，在签署条约时，艾登利用布鲁克巴人不懂英文，便在两份条约稿上签上了"被迫（under compulsion）"字样。之后，便狼狈逃回印度。

艾登回来后提交了出使报告《关于布鲁克巴（Bootan）以及1863—1864年使团情况的报告》，他在报告中分析了当时布鲁克巴与西藏的关系：

> 在西藏看来，布鲁克巴是西藏名义上的属国（subject），但是西藏在避免与这个粗野的朝贡者进行全面的交往，每年一次正式的朝贡包括一些布匹、丝绸和大米。但是，如果布鲁克巴人忽略了年礼，西藏人也懒得提醒。进贡为（布鲁克巴）护卫队在西藏进行一系列的抢掠行为提供了借口。因此，过去让这些进贡者解除武装才进入拉萨成为一种习俗，在最近几年，西藏就让布鲁克巴将年礼送到边境上为止。没有西藏商人穿过边界进入布鲁克巴，他们的关系总的来说是在

---

① ［不丹］白玛次旺：《布鲁克巴王统世系明鉴》，不丹国家图书馆1994年藏文版，第476页。

② Kapileshwar Labh, *India and Bhutan*, New Delhi: Sindhu Publication Ltd., 1974, pp. 69 - 70.

③ 杨公素：《中国反对外国侵略干涉西藏地方斗争史》，中国藏学出版社2001年版，第54页。

一个并不令人满意的基础之上。

西藏总是拒绝在历次战争中帮助布鲁克巴。1774 年我们侵入 (invade) 布鲁克巴时，他们为给布鲁克巴求情给我们写来友好的信函。目前，除非我们试图越过西藏边界，我认为他们甚至不会为了属国的利益而写信。现在拉萨的政府正陷入纠纷之中，难以顾及外国的事务。①

艾登在布鲁克巴获得的有关西藏与布鲁克巴关系现状的信息是大体准确的。首先，自 1792 年驻藏大臣全面管理西藏的对外交往后，西藏与布鲁克巴关系总的来说受到僵化礼仪的影响。一般情况下，驻藏大臣对布鲁克巴内部事务采取不予干涉的态度。渐渐地，西藏对布鲁克巴的权威就仅限于文件往来与礼仪方面了，与此同时，各种不和谐的现象时有发生，帕里漏税斗殴事件就是其中之一。其次，虽然艾登所谓"西藏总是拒绝在历次战争中帮助布鲁克巴"的结论是站不住脚的，把 1774 年班禅就布鲁克巴与库赤·比哈尔的纠纷致沃伦·黑斯廷斯的信函内容理解为单纯的"求情"显然也是不准确的。历史上布鲁克巴虽然有过与周边国家如哲孟雄、英国（披楞）等国的战争，但是，这些国家在清朝看来具有同类性质，即他们都是西藏的藩属，对此，清朝历来都采用"一视同仁"和"公平"原则，因此，不可能偏向帮助布鲁克巴。但是，艾登的确了解到 18 世纪 60 年代前后，西藏政局处于矛盾丛生的状态：连续三位达赖喇嘛幼年早逝；1841 年抗击道格拉人侵略的战争和 1856 年抵御廓尔喀侵略的战争使西藏地方政府经济负担沉重；随后又发生了摄政热振活佛与噶伦夏扎·旺秋结波（bshad sgra dbang-phyug-rgyal-po）之间的权力纠纷；从 1863 年开始，西藏又开始用兵瞻对，真可谓内外交困。因此，艾登得出结论认为"拉萨的政府正陷入纠纷之中，难以顾及外国的事务"，也就是说如果英国侵占布鲁克巴领土并由此而掀起战争，作为布鲁克巴之依靠的西藏地方政府可能无力给予援助。艾登在布鲁克巴受到了极不体面的待遇，但是，对

① Ashley Eden, "Report on the State of Bootan and on the Progress of the Mission of 1863 – 64". See H. K. Kuloy（ed.）, *Political Missions to Bootan*, New Delhi: Mañjuśrī Publishing House, 1972. p. 131.

于英印政府来说，他的这个结论才是最重要的。

此外，艾登还摸清了布鲁克巴的军事实力和政治现状：在帕罗和普纳卡有 400 名士兵、终萨本洛有 600 名士兵，但是军队的装备非常落后。布鲁克巴内部纠纷不断，终萨本洛晋美南杰的粗暴使布鲁克巴内部并不团结，夏仲活佛是一个 18 岁的青年，晋美南杰是事实上的统治者，三年前他控制了英国给布鲁克巴的津贴。他与旺堆颇章宗本以及他的养子廷布宗本结成一个集团，但是，他们的联盟也并不牢固，养子说他是奸诈的。①其他宗本也与他不和，而帕罗本洛几乎独立于布鲁克巴政府之外。

最后，艾登还就惩罚布鲁克巴提出三条可供选择的建议：1. 永久占领整个布鲁克巴；2. 临时占领布鲁克巴，破坏所有的城堡，使布鲁克巴人感觉到英国的强大，之后选择有利时机退出；3. 永久占领山口地区。他分析认为，第一项建议是最佳的，因为这样英国人可以控制整个布鲁克巴，操纵与中国西北部和中亚的商业贸易。第二项建议次之。第三项措施应该是最低限度的惩罚措施。最后，英印政府选择了占领山口地区的方案。

英印政府在经过数月的战争准备后，1864 年 9 月底正式出动 5000 人的军队北上发动对布鲁克巴的战争。英军在休·罗斯（Hugh Rose）的指挥下，主要攻击布鲁克巴的四个具有重要战略地位的地点：德万几里（Dewangiri/ de-wang gu-ru）、斯德里（Sidlee）、布华山口和达岭卡。

战争伊始，布鲁克巴军队虽能利用坚固的城堡作为据点，但仍在使用弓、箭等传统兵器的军队，很难持久抵挡装备有 5.5 英寸口径迫击炮的英印军队，许多山口很快就陷落。只有东部的栋桑（gdung-bsam）一线有终萨本洛晋美南杰、恰噶（bya-dkar）宗本尊追坚赞、森本索南顿珠等的顽强抵抗，德万几里等地一直坚持到 1865 年 1 月才陷落。到 1865 年 1 月底，几乎所有的孟加拉山口已被英军占领。

英军在占领山口之后，准备撤出军队，安排民事人员接管山口地带。但是，布鲁克巴人决定反击，终萨本洛晋美南杰写信警告德万几里的英军，如果英军不撤退他将发起进攻，但是，没有引起英军的重视。1865

---

① Ashley Eden, "Report on the State of Bootan and on the Progress of the Mission of 1863 - 64". See H. K. Kuloy (ed.), *Political Missions to Bootan*, New Delhi: Mañjuśrī Publishing House, 1972. p. 101.

年 1 月 30 日，布鲁克巴军队在东西两路发动反攻，西路帕罗宗的军队从布华山口反击，东部终萨本洛的军队由栋桑反击，英军猝不及防。在德万几里，布鲁克巴军队截断了英军与平原地带的联系，英军冒险突围，损失惨重，布鲁克巴军队夺回德万几里，还缴获两门大炮。在西部，帕罗的军队夺回波拉山口。后来英军虽然于 3—4 月份重新夺回上述地区，由于进入雨季，英军不得不放弃上述地区。到 1865 年 10 月，随着湿热气候的结束，英军再次北上，于 10 月 23 日再度占领德万几里。

战争伊始，布鲁克巴就自知实力悬殊，积极寻求停战议和，除了终萨本洛晋美南杰等少数领导人之外，德布王、帕罗本洛等人主张与英军和解。双方边谈边打，当时英印政府考虑战争花费巨大，加之气候恶劣，非战斗减员较多，因此密谋派一支远征军直插普纳卡，考虑要"以最经济的方法使布鲁克巴屈服"，但是，到 1865 年 11 月 6 日，布鲁克巴同意了英印提出的条款，15 日，双方在布鲁克巴南部的辛楚拉（shing-cu-la）正式签订条约。当时，英国舆论要求兼并全部布鲁克巴，认为布鲁克巴是种茶的理想场所，但是英印总督劳伦斯（John Lawrence）认为全部占领布鲁克巴等于向西藏发出警告，实际上布鲁克巴的经济潜力如果减去山口地带几乎可以忽略不计。[①]

《辛楚拉条约》共 10 款，主要内容为：英国（the British Govern-ment）与布鲁克巴保持友好；英国割占布鲁克巴与阿萨姆、孟加拉交接的 18 个山口地带及安巴里—法拉卡塔的塔卢克（Talook）以及提斯塔河左岸的土地，作为补偿英国每年付给布鲁克巴政府 5 万卢比的津贴，但是，付款采取逐年增加的方式。如果布鲁克巴不能履行条约条款，英国有权扣留津贴；英国仲裁布鲁克巴与哲孟雄、库赤·比哈尔之间的纠纷；布鲁克巴释放在押的英属印度的臣民；两国之间进行自由贸易，互相免征关税。[②]

当布鲁克巴与英印签订条约后，终萨本洛晋美南杰依然拥有两门在战争中缴获的大炮，英军多次交涉也未能取回大炮。当时，晋美南杰不愿意

---

① Kapileshwar Labh, *India and Bhutan*, New Delhi: Sindhu Publication Ltd., 1974, p. 97.

② ［印度］拉姆·拉合尔著：《现代不丹》，四川外语学院《现代不丹》翻译组译，四川人民出版社 1976 年版，第 156—160 页。

参加德布王与英国签订的条约，而是期望与英国单独签订条约，以获得英国的津贴，[①] 但遭英印政府反对，劳伦司总督以德布王盟友的身份反对终萨本洛晋美南杰。1866 年 2 月 4 日，劳伦斯派探险队到终萨宗攻击晋美南杰，并于 2 月 23 日夺回大炮。

《辛楚拉条约》使布鲁克巴丧失了最富庶的南部山口地区，还给英国留下了干预内政的权力。从此，英印政府的津贴就成为布鲁克巴政府主要的财政来源，深谙此道的英印政府则每每利用津贴要挟布鲁克巴，以此来控制布鲁克巴。

三　西藏对英布战争的反应

在英布战争爆发之初，布鲁克巴军队全线败退，布鲁克巴不得不考虑寻求外援。当时分别向西藏和尼泊尔发出救援请求。尼泊尔在英尼战争失利之后，已经完全倒向英国，首相钟·巴哈都尔（Jung Bahadur）不仅不帮助布鲁克巴，反而回信劝降，说："我所能说的是：英国足以击败中国皇帝的军队，对我们来说，与英国军队作战得不到任何利益。对抗占据优势的强国军队将一无事成，我劝告你，去恳求宽恕吧，接受至高无上的君主所要求的一切吧。"[②]

而派往西藏的代表也未得到积极的反应。其实，西藏方面早在同治三年（1864 年）十二月十六日（1865 年 1 月 13 日）就得到了英布战争的消息。当时，达赖喇嘛就已经告诉驻藏大臣满庆，"江孜值班戴本禀：据帕克哩营官递到哲孟雄部长来禀：披楞（英国）已将布鲁克巴所属甲昔地方占夺，布鲁克巴拟即备兵追取甲昔"，后来，布鲁克巴德布王派代表"格隆墨躲仁青及业巴之老小娃（原文如此——引者注）等赴藏，始终好歹一

① Kapileshwar Labh, *India and Bhutan*, New Delhi: Sindhu Publication Ltd., 1974, p. 98.

② 印度外交部文件，政治调查咨询及报告 A，1865 年 3 月，第 246 号，转引自吕昭义《英属印度与中国西南边疆——1774—1911 年》，中国社会科学出版社 1996 年版，第 86 页。

切苦楚情形禀明商上诺们罕、噶布伦等"①，要求西藏"于兵、财、帛三项内须帮助一项，以好堵御披楞"。随后终萨本洛晋美南杰又派曲卡巴朗结前来，禀报英军又夺去布鲁克巴所属巴桑卡及栋桑等处地方。但是，驻藏大臣满庆在同治四年（1865 年）四月的奏折中才第一次上奏有关战争的情况。

当时清朝在经历两次鸦片战争的失败之后，国力大衰。喜马拉雅山地区西藏的藩属如廓尔喀、哲孟雄等地实际已经被英印政府所控制，虽然上述藩属都曾请求驻藏大臣、西藏地方政府等给予支援，但驻藏大臣等秉承皇帝旨意，以"大皇帝抚有万国，天朝皆一视同仁，从无因外藩被兵赏赐金银之事"为辞，驳回请求。从 19 世纪 60 年代，英国在相继控制了喜马拉雅山诸国后，多次提出进藏通商问题，侵吞西藏之心昭然若揭。因此，驻藏大臣满庆等在得到英布战争的消息后，深感"非寻常蛮触相争可以置之不理"，因为布鲁克巴为"西藏南方屏藩，设或事出意外，藏属边界人民竟成束手待毙"。② 因此首先采取自保措施，"即以派兵赴瞻对为名（当时正在平定瞻对之乱——引者注），责成江孜戴本，并附近边界各营官，及时调集土兵，认真操练，庶内可以固藩篱，外可以免疑忌"。这一举措得到了同治皇帝的同意。

满庆根据："披楞边界，自西藏东南隅连接之野番珞巴及白马贵（pad-ma 'kod）边界起，绕之正南之布鲁克巴，西南之哲孟雄，及廓尔喀正西之拉达克各外番边界止，其间可通西藏路道颇多"③ 的情况，要求达赖喇嘛、摄政诺门罕德柱活佛等调派土兵，认真操练。于是，整个西藏南部紧急调动土兵：

　　　　西藏东南面由布鲁克巴境内，可通披楞边界之打隆寺、打旺寺

---

　　① 同治四年四月辛（应为丁或己之误，因为四月无辛丑日）丑（1865 年 5 月 7 日或 5 月 19 日），满庆：《布鲁克巴已与披楞交战藏地已于边境妥为防御折》，见吴丰培编辑《清代藏事奏牍》上册，中国藏学出版社 1994 年版，第 330 页。

　　② 同治四年四月辛（应为丁或己之误）丑，满庆：《布鲁克巴已与披楞交战藏地已于边境妥为防御折》，见吴丰培编辑《清代藏事奏牍》上册，中国藏学出版社 1994 年版，第 330 页。

　　③ 同治四年九月戊子（1865 年 11 月 14 日），满庆：《藏军三分布各边防御折》，见吴丰培编辑《清代藏事奏牍》上册，中国藏学出版社 1994 年版，第 331 页。

（今达旺——引者注，下同），已饬错拉（错那）营官、仑仔（隆子）营官，并打隆、打旺二寺所属百姓，共派土兵一千二十名保守打旺寺，扼其险要。又西南面由哲孟雄境内，可通披楞边界之帕克哩营官地方，已饬该处营官并江孜、巴朗（白朗）、堆冲（白朗县境）、汪垫（白朗县境）、甲错（南木林县境）、纳布（南木林县境）、岭（朗县）、噶尔、拉噶孜（浪卡孜）十处营官，各拣精壮百姓，共派土兵六百八十六名，保守帕克哩，扼其险要。仍责成江孜戴本，稽查各处操练事宜，设有不虞，再以江孜留营番兵三百五十名专为接应帕克里。复饬夺宗（洛扎县）、僧宗（申格宗）、岭、仁本（仁布）、聂木、夺（隆子县境）、贡噶尔、曲水、达尔玛（措美县境）、拉康（洛扎县境）、琼结、扎溪（扎囊县境）、直谷（措美县境）、颇章、乃东、文扎卡、沃卡（桑日县境）、桑叶（桑耶）、琼科尔结（加查县境）十九处营官，共派土兵二千五十八名，以备接应打旺及帕克哩之用。其西南隅邻近拉达克、廓尔喀、披楞边界，且有路道可以往来，为藏属通商总区之堆噶尔地方要路。德格桥隘口各山，即责成堆噶尔、宗喀、聂拉木、济咙、绒辖尔、杂仁、达坝噶尔、补仁、茹妥九处营官，称打绒琼两处庄头，各按向来所备土兵，守望相助。复饬后藏戴本、管带如本、甲本、定本、番兵四百四十四名，会同定结、仁孜（仁庆孜，谢通门县境）、协噶尔、昔孜（日喀则）四处营官，所派土兵四百七十二名，防范定结一带，以备接应堆噶尔及宗喀（宗噶，吉隆县境）等处之用。其定日汛戴本、如本、甲本、定本并存营番兵，仍照常驻扎，认真操练，非有紧急，不准擅离汛地。以上各处新派土兵应用刀枪弓箭长矛器械，皆已一律备办齐全。仍委派妥实番目，不时潜赴各处巡查操练，免致疏懈。[①]

如果说驻藏大臣等对于西藏的边防还算是部署有方的话，那么对于帮助布鲁克巴抵抗英军之事，则首先想到的是"推辞"，这是因为交战一方是英国，连皇帝也认为英国与中国历来友好相处，因此不便得罪。称"披

---

① 同治四年九月戊子（1865 年 11 月 14 日），满庆：《藏军已分布各边防御折》，见吴丰培编辑《清代藏事奏牍》上册，中国藏学出版社 1994 年版，第 331—332 页。

楞既系英国，虽与中国相安，而唐古特番众又不愿彼国之人至藏贸易传教，是巴（应为布？）属求助，披楞赴藏，两事均属窒碍"。满庆无应对良方，故求助于皇帝，而皇帝更是犹豫，泛泛言及"细心斟酌，妥筹至善"，也无良谋善策。无奈之下，满庆想出了"暗助"的办法。满庆指出"至推辞帮助布鲁克巴一节，只照平时往来信函应答，所有馈送金两，仍以请诵经典为名，亦未言明助彼军需"①。藏文档案详细记录了"暗助"的具体行动：

　　法王竹巴与披楞发生军事冲突，上年布鲁克巴政府和终萨本洛给地方政府来信，要求藏政府从甘丹颇章与布鲁克巴佛教合一考虑，次第给予援军和物资援助。干涉外国之间之纠纷，是严重违背大皇帝法令的行为。作为政教运转之顺缘援助了少量金、银、茶叶等，其余则未能给予支援和明确的指示。最近布鲁克巴政府通过驻拉萨的商业代表（lta-sdod tshong-ba）旺秋（dbang-phyug）转达了云丹坚赞（yun-tan rgyal-mtshan，曾于 1851—1858 年间任杰堪布）尊者和德布王的愿望，呈报内部实情：从前为维护政教事业之尊严，实行自土自保（ring-sa ring-bsrung）的政策，进行了顽强的抵抗，然而披楞军力强大，无论如何，手握笤帚是难以抵挡的。从前，因披楞要布鲁克巴派代表前去谈判，故派人前去，但是，双方缺乏信任难以达成和解。为现在和将来考虑，请给予明确指示。如此递信前来。思量此事之损益，布鲁克巴必将败于披楞，如果弃置不理，最终将寡不敌众，布鲁克巴不仅土地、人民将落入披楞之手，而且佛法、政教俱将遭到巨大损害。为此，对外派遣竹巴活佛（'brug-sprul-pa'i- sku）、洛扎拉隆寺松智活佛（lha- lung gsung-sprul）及门达旺之僧俗代表前去调停布鲁克巴与披楞之间的冲突。对内因为此事关系到政教之根本，又不能违背大皇帝之规，亦不便开以贸易方式给予援助等前所未有之例，除此之外，虽有"在内、外、密三法中如何行事"之言，地方政府亦不得不做适当之考虑：此事已在给佐巴（mdzod-pa，即恰色贡

　　① 同治四年九月戊子，满庆：《藏军已分布各边防御折》，见吴丰培编辑《清代藏事奏牍》上册，中国藏学出版社 1994 年版，第 331—332 页。

桑吐夺/khyabs-sras kun-bzang-mthu-stobs）的备忘录中嘱托清楚，为了佛法之昌盛、寻找到合适的借口、为了双方的和解之事能够顺利进行，在门地达仓（stag-tshang）卡尔居（mkhar-bcu）、顿仓（don-tshang）之色喀尔（sres-mkhar）由活佛主持祈祷法会，为了法会之资具及僧众供养，从这里运送粮食 400 驮、茶叶包（phor-drug）30个，并负责驮马运送，加盖达赖喇嘛私人之印，顺利通行。请活佛迅速赶赴上述两地，提前准备，有关法事活动之规划、给布鲁克巴政府之手写信件，俱由佐巴带去。①

　　驻藏大臣、噶厦政府试图以此"借布鲁克巴之力以御披楞，又能免披楞妄生猜疑"。但是，这样微小的资助对于布鲁克巴抗击英国侵略的战争来说真可谓杯水车薪，而布鲁克巴所期望的兵力、军火支持，则以大皇帝法令为借口加以推脱。

　　同治四年（1865 年）八月，在赴任途中因为"瞻对事件"而在打箭炉耽搁 4 年之久的驻藏大臣景纹终于到达拉萨。九月初一日（10 月 20日），景纹发回在拉萨就职后的第一批奏折，其中奏道：

　　　　唐古特所属布鲁克巴部落，去藏十余站之程，紧与披楞地界接壤。今春二月两造擅启衅端，杀伤披楞人数甚重。嗣经该商上拣派番官前往办理，而披楞人众业已退回。查藏属边界各隘口，东南两面，紧接披楞地面极大，人烟稠密，虽一时暂行退去，将来必图报复。奴才查知此情，当饬诺门罕暨噶布伦等凡靠近披楞隘口之处，调派士兵严密防范，万勿令其入境。②

　　应该说景纹此折基本准确地反映了当时的战况。随后，英印政府与布

---

　　① 《噶厦关于英国部队侵略了布鲁克巴，对此西藏地方政府支援了布鲁克巴粮食等事给布鲁克巴喇嘛等的信稿》（chos-rje 'brug-par phyi-gling-ba'i dmag-byung bar bod-gzhung sa-mchogs nas 'bru-rigs kyis rgyab-gnyir mdzad-skor bka'-shag nas 'brug sprul-sku rin-po-cher phul-ba'i yi-ge），西藏自治区档案馆藏噶厦档案外交类——中不（丹）关系，卷宗号略。

　　② 同治四年九月初一日（1865 年 10 月 20 日），景纹：《布鲁克巴与披楞启衅东南藏边严密防范片》，见吴丰培编辑《清代藏事奏牍》上册，中国藏学出版社 1994 年版，第 339—340 页。

鲁克巴于 1865 年 11 月签订停战条约，但是景纹并未追踪事态发展并及时上奏朝廷。

然而，自同治五年（1866 年）三月起，景纹却上奏一系列有关布鲁克巴与英国交战的奏折。

他在奏折中称，由于英国与布鲁克巴再次开战，布鲁克巴不能敌，故派人求援。于是他决定：第一，亲自带队以巡阅春操为名前往边境隘口相机办理；第二，派噶布伦白玛结布、署守备秦玉贵等带同汉藏办事人员，前往布鲁克巴交战前线，调停办理；第三，他自己"自行捐买青稞一千五百石，茶叶一千件，酥油五十包，大缎四件，天锦袍料四十件，小刀火镰各四十件，并五色布匹哈达等物，共计银三千两。暗中发交商上，专差解交噶布伦白玛结布处，仍做商上所给，既于军需稍有小补，并可使布鲁克巴始终感戴商上究竟有顾惜之意"①。

根据《景纹驻藏奏稿》可以看出，景纹有关英布战争的几份奏折，内容详尽生动、细致入微，充分表现出他在整个事件的处理过程中急公体国的优良德行与能力，因而深得皇帝的嘉许，其事迹亦见于《清实录》、《东华录》中。然而，详加考证就会发现这些奏折内容的真实性是值得怀疑的。

首先，从时间上看，上文已经提及，英国与布鲁克巴于 1865 年 11 月 15 日签订《辛楚拉条约》，只是由于终萨本洛晋美南杰拒不交还在战争中缴获的两门大炮，因此，英国依然保持军事压力，1866 年 2 月 4 日，劳伦司派探险队到终萨宗攻击终萨本洛，并于 2 月 23 日夺回大炮，之后英军开始撤退。而景纹却报，同治五年二月（1866 年 3 月 17 日—4 月 14 日）底英军"大股出动"，四月（5 月 14 日—6 月 12 日）英军与布鲁克巴军队在甲昔地方形成对峙，到七月（8 月 10 日—9 月 8 日）才交还英军两门大炮，并达成和解。从时间上看，景纹所报与英文档案记载大相径庭。

其次，从内容上看，景纹奏折突出两点，一是他派西藏汉番官员深入英国与布鲁克巴战争前线进行调停，并在他们的努力之下最后达成协议；

---

① 同治五年四月二十六日（1866 年 6 月 8 日），景纹：《查办披布两造大概情形并报起程日期及捐廉赏给布番物件片》，见吴丰培编辑《清代藏事奏牍》上册，中国藏学出版社 1994 年版，第 360 页。

一是由于"藏库空虚",景纹自己认捐茶叶、酥油等价值白银 3000 两的物资解往布鲁克巴。但是,这一说法不见于英国和布鲁克巴的记载之中,噶厦政府档案中亦未发现相关记载。相反布鲁克巴德王后来在回顾英布战争时,称布鲁克巴曾两次派员请求西藏给予援助时,西藏仅"赏给金子数包及缎匹等项,以作念经之资"、"稍为赏给念经财资,并未理事",派来调停冲突的竹巴活佛等也只到帕里,并未深入交战前线。① 为此,布鲁克巴表达了强烈的不满。根本未提到西藏派官员前往英布战争前线进行调停之事。更有甚者,同治六年(1867 年),还在景纹不断向皇帝上奏"亲历隘口",办理英布战争事宜之时,布鲁克巴派到西藏的使臣到拉萨后"无人照料,即行饬回",② 此情此景与景纹奏折中那个为了边疆安宁殚精竭虑的驻藏大臣形象,形成鲜明反差。

再次,从奏折内容的一些细节看,景纹对战争过程及其结局的描述多有失误。

比如,他在同治五年(1866 年)三月初七日(1866 年 4 月 20 日)的《布鲁克巴与披楞构衅披楞大股压境边界震动景纹仍巡阅春操亲到隘口相机筹办折》中说,"二月二十八、九日(4 月 13 日、14 日),帕克哩、江孜及后藏各隘口营官等告急夷禀雪片而至。据称披楞乘此冰雪消化之际,大股业已出巢,诈称数十余万,大约三月中旬可以齐抵布鲁克巴隘口"③。这说明他对布鲁克巴南部气候的描述完全是错误的,山口地带靠近孟加拉平原,终年无雪。因为夏季湿热多雨,瘴气弥漫,英国军队经常为各种疾病所困,因此,英军两次大规模的进军北上都是选择在秋、冬季节,而非春季。

此外,景纹根本没有提到英布签订的《辛楚拉条约》,对于布鲁克巴割地失权之事也记载混乱。在他七月二十六日(1866 年 9 月 4 日)所奏

---

① 只有一份英文文献提到 1965 年 1—2 月在德万几里战役时,有近 1500 名康巴(Kamba)士兵在布鲁克巴军队中,但记载较为模糊,在该文献中的"Kamba"指的是西藏南部地区。See David Field Rennie, *Bhotan and the Story of the Doar War*, New Delhi: Mañjuśrī Publishing House, 1970, pp. 202 – 203.

② 光绪二年,《布鲁克巴部长具禀西藏办事各位噶布伦披楞修路事件经过详情》,见吴丰培整理《光绪朝布鲁克巴秘档》,中国藏学出版社(不撰年)《西藏学文献丛书别辑》第十四函,第一册,第 33—34 页。

③ 吴丰培编辑:《清代藏事奏牍》上册,中国藏学出版社 1994 年版,第 353—355 页。

《亲赴帕克里地查办披楞与布鲁克巴构衅与犒赏两造息兵回牧并请奖出力人员折》中称："至披楞所占布属地土，除此次打仗新占之地退出，其以前租佃布属之地，仍照前按年缴纳租价，披楞连年尚应补交布属租价一项，既免布属犒兵之礼，亦当免披楞找补租价。"[①] 所谓"前租佃布（鲁克巴）属之地"，应该指安巴里—法拉卡塔，或者还包括阿萨姆山口，所谓"此次打仗新占之地"应指各孟加拉山口。实际情况是英国在战争中的主要收获就是侵占了孟加拉山口，从未有"退出"之事，景纹所奏与事实相距甚远。

由此可知，景纹的一系列奏折大有虚构之嫌。如果说这些奏折"完全是一派编造出来的胡言乱语"[②]，那么这种虚构如何可能？其目的又何在呢？

景纹到藏一个月之后，前任驻藏大臣满庆于同治四年十月（1865年11月）离藏，而帮办大臣恩庆于景纹就任4个月后即同治四年十二月（1866年1月）病死于任上，而接任帮办大臣恩麟到同治八年（1869年）中才到任。因此，从同治四年十二月到同治八年，在西藏能够向皇帝上奏边情的其实只有景纹一人，这就为他的作假提供了便利条件。

如果联系到景纹后来的所作所为，我们可以推测景纹虚构奏折内容的目的在于邀功。然而，他的"苦心"并未奏效。于是，后来他又借"瞻对事件"公开为自己邀功。同治七年十二月十八日（1869年1月30日）他在《西藏僧俗为瞻对案内于藏臣及办理出力请奖据情代奏折》内，借达赖喇嘛等僧俗官员之名，为自己请赏，称：

> 荷大皇帝论功行赏……我商上僧俗及在事汉番各员，无不仰蒙鸿恩奖励。惟驻藏大臣、副都统衔景纹至今尚未奉到恩旨，我达赖喇嘛溯查咸丰五年办理廓尔喀夷务完竣后，前任驻藏大臣赫特贺、满庆均蒙商给军功花翎副都统，此次瞻对军务，情形既殊，任事亦难，数月之内，得以攻破坚巢，擒获元恶，皆由驻藏大臣不辞艰险，调度有

---

① 吴丰培编辑：《清代藏事奏牍》上册，中国藏学出版社1994年版，第361—364页。

② 吕昭义：《英属印度与中国西南边疆——1774—1911年》，中国社会科学出版社1996年版，第88页。

方，始能迅速成此大功。……大皇帝圣聪，可否仿照廓尔喀之案，给
以奖励，抑或另行优奖。……我商属大众，感念前功，并思在藏三年
之久，办理藏务，日夜辛勤，查西藏自乳征（即热振）滋事后，僧俗
各怀疑惧，汉番皆不相安，大人至藏接事之日，正值地方鼎沸之时，
皆赖一力维持判断僧俗控案三十余条，莫不一秉大公，地方得以安静
无事，皆由措置得宜，实属不忍没其微劳。况道员史致康等均系随营
当差之员，均得仰蒙恩奖……务求据实奏请大皇帝优奖。①

对于景纹的这种自我表功行为，皇帝也感到"甚为诧异"，指出"景
纹身为驻藏大臣，办理藏务，本属分内之事，乃以俯顺番情为词，自行乞
恩，向来无此体制。……（景纹）于交卸之先，自行陈请，实属卑鄙无
耻"，将景纹"杖八十私罪"，"以降四级调用，不准抵销"。② 可见，同治
皇帝对景纹德能品行之低劣也有所认知。

四　布鲁克巴不满西藏在战争中的观望态度

第二次英布战争，是英印政府蓄谋已久的侵略战争。交战双方的实力
悬殊决定了布鲁克巴的失败不可避免。西藏虽然并未参战，但它始终是交
战双方制定战略战术时的考虑因素，英国军队选择在西藏内外交困的时机
发动战争，并尽力将战争控制在一定的限度之内，以确保西藏不会参战。
而布鲁克巴则期望清朝与西藏地方作为"宗主"能给予直接、明确的帮
助，以使英军知难而退。然而，驻藏大臣和噶厦政府却采取了观望的态
度，并未能尽到帮助藩属"御侮"的责任，也正因为这种观望、冷漠的态
度，使布鲁克巴产生了抱怨。

光绪二年（1876 年），布鲁克巴德布王欧柱汪曲（dngos-grub dbang-
phyug，亦称多杰南杰）曾经全面回顾了布鲁克巴与英国之间的冲突，以

---

① 吴丰培编辑：《清代藏事奏牍》上册，中国藏学出版社 1994 年版，第 398—399 页。
② 张其勤原稿，吴丰培增辑：《清代藏事辑要》（一），西藏人民出版社 1983 年版，第 540
页。

及西藏地方政府对布鲁克巴求助表现出的冷漠。报告称：

> 从前布鲁克巴之佛沙布隆阿旺朗结在生时，大海外补度卡地方之披楞女王派来之人三名及从役等渡海由披属一带来至布鲁克巴补汤（普纳卡——引者注，下同）地方，与佛爷递送礼物，言及佛爷如有仇患，我们地方兵广自能相助等语。佛爷因思披楞之人若到藏地实属不好，当即与伊等重送礼物，劝阻回籍。起至十五辈历任部长止，不但并无来往，且无一语，至部长昔打尔（希达尔）任内时，披楞人等即到噶里噶达（加尔各答）成业，彼因争论交界巴桑卡地方，部长吉美森根任内，差派甲仲洛布白噶前往噶里噶达理说，该萨海三四人带兵来会布鲁克巴头目，行抵布地水岸时，当经布鲁克巴官员会商，言外番披楞之人来至布地不好，备送缎匹等物以抚他心，仍行阻回噶里噶达地方。至十六辈部长止，亦无言语。所有我们布鲁克巴边界地方初失披楞之根缘，自有布鲁克巴终萨地方以来，东有七处地方与乌翁热咱（阿萨姆）国毗连，稍须给租，边界地土人民等自行管束之，时东边棒噶纳热咱（孟加拉）国欺负乌翁热咱，将边界地方全行劫夺，该伊驱逐别地，该乌翁热咱实心不服，前往噶里噶达投与披楞，带领披兵夺去东边七处地方，即到相近曲木陆的水之外岸有葛尔哈朱（Guwahati?）地方栖住，此系布民所作，将东边各处地土暂且该伊霸占，当时部长吩谕迤东各官员派兵攻打时，只能冬间进剿，为致夏天暑大，我布鲁克巴实难驻扎，因此，其间专人备财说合，将边界地方仍复退还，之后部长普结（phur-rgyal/chos-kyi rgyal-mtshan，1823—1831年，1835—1838年两次出任德布王）任内，该葛尔哈朱人等云及披楞萨海等欲往会晤布鲁克巴官员之面等语，若外藩之人由布地入藏，实属不宜，嘱伊勿庸前来，去后亦不依从，恐伊滋事，尚难阻挡，该萨海数人名及兵丁等由东方巴桑卡尔（原文如此，应在西南方）前来，行抵布地会见部长，随经宽行赏号，由西阻回噶里噶达本地，又，部长夺吉洛布（rdo-rje nor-bu，1838—1847年在位）任内，因查我属边界百姓作乱投与披楞，将东方七处地方被葛尔哈朱属下披楞占据，我们意欲夺回，奈仅可冬间争战，如到夏天，暑热正大，实难受暑，是以不得不设法说合，专派替身古咱闵柱朗结及噶旺

噶冲、噶旺噶多驮带缎匹财帛等项，前赴葛尔哈朱处理说，该伊不能了结等语，自东方葛尔哈朱转赴西方噶里噶达，经过四十站之路，并受水暑之苦，即到噶里噶达，住坐一年，面晤纳尔萨海，说其此番情形，伊言我们披楞之规，所夺地方不能退还，令取地租钱三十吊，奈该葛尔哈朱将东边七处地方之租只给洋钱十吊，已收取二十五年之久。至部长彭错朗结（phun-tshogs rnam-rgyal/don-grub/gnag-rdzi pa-sangs，1861—1864 年在位）任内布鲁克巴终萨奔洛每年例收西边布属界地帕纳噶札（即法拉卡塔）地方地差洋钱二千元，借因披楞战夺，将地差亦不缴纳，至本布属边界并迤西各处界地若派布鲁克巴之人前往办事，不服暑热，势难派往，而边界毗连外地方，办事之人不得不靠能受暑热边外之人经理，该披属不肖之徒等在彼抢劫财帛，贻祸于布鲁克巴，因此纷争，于甲子年（1864 年）部长噶举（dkar-brgyud dbang-phug，1864 年在位）任内时，由西边夺令卡一带有哲孟雄之牙巴仔把勾引披楞倚珍萨海（Eden）及同行萨海二名，随带披兵数人等前来，该伊背夫均系哲孟雄之人，我们随即带信就在布属西边督令卡住候，我处派人前去理说，去后该伊不肯住彼，尚且不在海（哈宗）地及巴竹、札西曲宗等处地方守候，直至布鲁克巴绷汤（普纳卡）地方时，布鲁克巴各上司商议，虽设法开导劝回，惟因布鲁克巴之人从前未曾与披楞交涉，且又不识规礼，因此，该番心中不遂，仍行转回噶里噶达，之后于乙丑年（1865 年）部长策旺斯吐（tshe-dbang sri-thub，1864—1866 年在位）任内时，外番进兵寻衅，将本布属边界及巴竹所属边界等八处地方夺去，并达令卡营官寨攻破，僧人俱皆败散，仍将营官寨拆毁，属下众民伊自行管束，各处地土概行霸占，随进布鲁克巴山沟，该番系有东面山沟前来，布鲁克巴上司众皆会商，查外番不但边界各地夺取，难免复欲进攻本布地方，是以不得不堵剿一次，曾经本部由栋浪及巴桑卡两路进兵，又仁绷（帕罗）之兵由桑孜前进，又东终萨之官兵由栋桑进兵，官兵等各自战敌，该披楞萨海兵丁等不能抵敌，我们布鲁克巴追剿得胜，抢夺炮位二尊，将伊所带器具物件多半弃掷。该番退至平坝，扎营数处堵敌，而布鲁克巴各兵因由山沟行走十四五天之程，亦不能两相帮助合攻。到至热天不服暑热，身故甚多，只得寻觅凉地，支下帐房住歇，到寒天九月内欲行派兵复攻，他处派有萨海纳冬由巴桑卡前来，云及说和，议给地租等语，我们布鲁克巴此一次依从该番之意和息，将来不睦之时，自必争兢，那时无悔，暂且说和。我处噶厦内拣派森玮及卓尼尔二人赴巴桑卡酥赛浪热邦之地，披布会集理论，据云该番派来商议拟给地租，本年初立和约议给地租洋钱六十吊，以后每年拟给洋钱五十吊之说。暂时不能不从，该森玮卓尼二人转回之后，该外番提说前曾东面你们夺去大炮二尊，仍复退交等情前来，我们布鲁克巴言及战夺之炮，不能退还，互相纷争，因此借口随时未退，短交地租洋钱四十五吊，第二年又短交洋钱十吊，第三年短少五吊，以至如此未提，我们布鲁克巴官员会商，揆思我们布鲁克巴与披楞两相争闹，倘再过界恐无该外番之人贻害佛国修经之地，殊难逆料，譬如一处不安百处难安一般，且我布唐（古忒）两家教同一体，与唐古忒商上不得不禀明，至将来有何好歹，以便禀知之意，曾于乙丑年（1865年）披布争闹时，我处专派替身格隆墨躲仁青及业巴之老小娃等赴藏，始终好歹一切苦楚情形禀明商上诺门罕、噶布伦等，并未提叙后事如何举行，赏给金子数包及缎匹等项，以作念经之资等语，此外亦无此事作何办理回覆。嗣由终萨地方复派曲卡巴朗结赴藏即向诺门罕、噶布伦等处禀诉披楞情形，稍为赏给念经财资，并未理事，亦无寄到如何办法回信。之后，又由藏中派委柱巴汤结青巴（竹巴活佛）及拉隆喇嘛等前来，但思布鲁克巴与披楞互争之事，即如布唐不睦一般商议，令部长及终萨奔洛来至唐古特边界会晤该喇嘛等语，因此拖延，嗣于丁卯年（1867年）老部长充当副终萨本洛时，部长及众喇嘛等公同与藏中钦宪大人暨诺门罕、噶布伦等处修禀交副本洛赴藏申诉一切情形，实因布唐两家佛教务要协同振兴之事，但将来布鲁克巴地方不安之时，唐古忒地方尚难安静，此次我们地方皆被该番侵占，应收地租不能按照从前该伊议定之数全收，若唐古忒帮助布鲁克巴时，岂有不能抵敌外番之人等各情形，派令副第巴本洛前往与达赖佛爷及诺门罕并钦宪二位大人以及噶厦等处，递具夷禀，而副本洛敬送礼物去后，不但此事未蒙办理，亦且该差到彼无人照料，即行饬回，该差由东转回，其应覆回信虽由西路远道寄到，彼时事未成就，复思以后我处再如何具禀实难按章定准覆谕之想，自彼起至乙亥年（1875年）止，并未奏渎。①

　　一个特别值得注意的问题是，布鲁克巴新任德布王已不再如过去那样请求皇帝颁赐"额尔德尼第巴"名号。根据我们掌握的资料直到 19 世纪30 年代，请封之规仍在延续，但随后档案中再也未见有相关记载，显然已经终止。我们没有可靠的资料对此做出解释。只有成书于光绪朝的《小方壶斋舆地丛抄》指出"（布鲁克巴）百数十年源源而来，按时朝贡，而我朝亦恩赐有加，优礼款待。至咸丰年间（1851—1861 年）……朝贡中辍。朝廷亦大度含容，未加斧钺。盖蕞尔小部，往不追而来不拒，本无足介怀也"②。实际上，根据上述的史实不难发现，布鲁克巴政局动荡，德布王频繁更换，使他们根本无暇顾及对外关系。而驻藏大臣秉承"一视同仁"原则，不支持任何一方。没有实质性帮助的上国"名号"对竞争中的任何一方都失去意义，停止上表请封自在情理之中。但是，英布战争之时，驻藏大臣和西藏地方政府仍以有违皇帝法令为名推脱责任，致使布鲁克巴明确指出就是因为西藏地方政府不再如从前那样在其面临危机时给予帮助，因此不愿再依旧例奏报国内情况。

　　第二次英布战争是英印政府一系列武装入侵喜马拉雅山国家军事行动的组成部分，此前英国已先后在拉达克、尼泊尔和哲孟雄用兵，占地夺权，已从根本上动摇了清朝的喜马拉雅山"藩篱"。当时的清朝中央虽然已经开始部分地改革旧有体制，以挽救颓局，进入所谓"同治中兴"时代。但是，从根本上看清朝在经历了两次鸦片战争的失败和太平天国运动的震荡后，仍在向崩溃的边缘滑落，"似乎已经失魂落魄、陷于绝望"③，还没有找到任何走出困境的途径。在这种情况下，从皇帝到驻藏大臣都十分清楚，效仿历史先例军事介入各藩属国与英国的军事冲突，不仅在财力上是不能承担的，而且有可能因此而再度引发与英国的战争。一系列的失

---

　　①　光绪六年二月（1880 年 3 月），《布鲁克巴部长具禀西藏办事各位噶布伦披楞修路事件经过详情》，见吴丰培整理《光绪朝布鲁克巴秘档》，中国藏学出版社《西藏学文献丛书别辑》（不撰年）第十四函，第一册，第 30—35 页。

　　②　龚柴：《廓尔喀不丹合考》，载《小方壶斋舆地丛抄》第三帙。

　　③　［美］芮玛丽：《同治中兴——中国保守主义的最后抵抗》，房德邻等译，中国社会科学出版社 2002 年版，第 8 页。

败所带来的对英国的军事恐惧使他们认识到争取和平以待复兴是最好的选择，因而妥协退让自然就成为不可避免的选择。于是，我们看到喜马拉雅山各藩属国在遭受英国军事侵略时，虽然纷纷向驻藏大臣、噶厦政府寻求援助，但驻藏大臣等或以"蛮触相争、与我无干"相推脱，或以"大皇帝扶有万邦，从来一视同仁，无有偏袒之理"做借口。自身尚且难保，藩属国的安全更无力顾及。更有甚者，驻藏大臣还经常单方面强调藩属守卫边疆的义务，而全然回避自身对藩属的保护之责，致使藩属对清朝及西藏地方政府产生怨恨，并进而产生不足依赖之感。

　　然而，清朝的妥协退让、苟安偷生，不仅未能消弭英国的扩张野心，相反却激起了更为严重的后果：1. 西藏地方政府与朝廷及驻藏大臣在对外政策上意见不合，特别是自《烟台条约》后就是否允许外国人入藏游历问题上产生了严重的意见分歧，并逐渐演变成为一种对抗情绪；2. 由于布鲁克巴对清朝和西藏地方政府在战争中的观望态度表示不满，此后近十年间布鲁克巴终止了向西藏禀报内情的传统，使西藏在喜马拉雅山地区的威信大打折扣。直到19世纪70年代之后，由于西藏与布鲁克巴再度共同面临英印侵略的危险，特别是清朝中央开始推行一系列自强运动的背景下，西藏与布鲁克巴的关系才开始有所恢复。

第八章 19 世纪后期西藏强化与布鲁克巴宗藩关系的努力

　　第二次英布战争不仅使英国获得了大片优良的茶叶种植园，同时也再次试探了清朝中央与西藏地方对其喜马拉雅山藩属面临危机时的反应能力。英国人清楚地知道在这些藩属国中布鲁克巴最有可能在他们侵略西藏时成为西藏的盟友，因为在喜马拉雅山各藩属国中，尼泊尔虽然最具实力，但是他们与西藏的关系并不十分亲睦，就在 1856 年双方还发生了战争。哲孟雄素来与西藏亲密，然而国小民寡，且已为英国所控制。唯有布鲁克巴，不仅具有一定的实力，且民风强悍，他们与西藏在政治、宗教、经济上的联系从未间断过。因此，对布鲁克巴战争的胜利并强占作为布鲁克巴经济命脉的南部山口地带，使英国觉得对西藏采取行动的条件已经渐趋成熟。于是，英国开始加紧侵略西藏的准备活动，比如准备修筑进藏道路等，同时于 1876 年利用"马嘉理事件"在签订《烟台条约》时迫使清廷增加允许英国人前往西藏"探路"、"考察"的附加专条。各种迹象表明清朝西南边疆的危机正在加剧。而此时的清朝政府已经逐渐摆脱了最初由兵败打击所带来的慌乱和沉沦，开始在"中学为体，西学为用"理念的指导下，通过"洋务运动"求新自强，挽救危局。对于边疆危机也开始将宗藩体制与现代国际关系结合起来，探寻新的解决之道，许多对待藩属的传统手段被赋予新的内容。宗藩体制的政策重心从朝贡和王化逐步向国家安全方面转化。正是在这样的背景下清朝统治集团内部开展了一场有关强化与包括布鲁克巴在内的喜马拉雅山诸国宗藩关系的讨论，多数人主张以藩属为国防"藩篱"是抵御列强侵略的有效途径。在这种思想的指导下，19世纪后半期，驻藏大臣、噶厦政府积极介入布鲁克巴内乱，试图履行宗主的义务，重新树立上国权威。但是，由于对布鲁克巴的情况缺乏深入的了解，积极介入的政策虽取得一时效果，却也留下了隐患。

一　清朝中央、西藏地方关于强化与布鲁克巴宗藩关系的讨论

　　清朝军队在第二次鸦片战争中的失败，暴露出帝国的虚骄与脆弱，西方列强纷纷加紧侵夺中国的边疆。英国感觉到将其势力扩展到西藏的条件已经成熟，于是，采取了两项积极措施：一是英国欲借布鲁克巴之地修筑进藏之路；二是《烟台条约》之后要求进藏"探路"、"考察"。

　　光绪二年（1876 年）二月二十一日（3 月 16 日），布鲁克巴德布王欧柱汪曲（dngos-grub dbang-phyug）① 派总管（gnyer-pa）策忍朋错（tshe-ring phun-tshogs）前来禀报：上年（1875 年）秋间，英国"纳尔萨海"② 从大吉岭前来布华山口，要求与布鲁克巴德布王会晤，否则将进入布鲁克巴谋求会晤。德布王无奈，于藏历九月前往布华山口与之会面。纳尔萨海称："（布鲁克巴）噶尔萨、岭昔一带地方离藏尚近，就道欲往西藏通商营做买卖。若能开修道路，你们纵要若干工价商项，并应用器具，概能付给。至于每年例给地租银钱五十千元而外，今添给银钱三十千元，务要开修路道。"③ 德布王答复："我们布（鲁克巴）属地僻山险、路运

① 根据［不丹］白玛次旺《布鲁克巴王统世系明鉴》等布鲁克巴文献中所列德布王世系表中没有称"欧柱汪曲"者，根据时间推断汉文史料中的欧柱汪曲应与第五十任德布王多杰南杰（rdo-rje rnam-rgyal，1873—1879 年在位）为同一人。

② 清代汉文文献未提供这位英国官员的准确姓名。根据 Kapileshwar Labh, *India and Bhutan*，（New Delhi: Sindhu Publication Ltd., 1974），此人应为理查德·坦普尔（Richard Temple），见该书 118 页。而根据 J. Claude White, *Sikkim and Bhutan*（New Delhi: Cosmo Publications, 1984），此人可能是兰姆披尼（Rampini），见该书 288 页。存疑待考。

③ 光绪二年，《驻藏大臣松溎译行代办商上事务济咙呼图克图布鲁克巴来禀披楞欲在该地修路和贸易务设法派员阻止》，见吴丰培整理《光绪朝布鲁克巴秘档》，中国藏学出版社《西藏学文献丛书别辑》（不撰年）第十四函，第一册，第 1 页。

（径）丛集，夏来涨水，冬间复火，以至各路岩桥尽被火烧，虽随时修整，难逾一二年之久”，“布鲁克巴之人，素性刁恶，往往出头生事，栖住深山，如同畜类，难期教约”①，因此称“布鲁克巴地方狭窄，民力稀少，更无胆略……开道通商一事，你处纵能发给工资赏项并有工匠器用等件可出，我们实不敢开修此路”。纳尔萨海称：现急于前往加尔各答议事，翌年春天二月，或德布王亲自到巴桑卡（布华山口）地方，或在半路一会，或者英国派一名代表到布鲁克巴讨论有关事项，届时必得确切答复。德布王等又听说“披楞人等已将器械鸟枪等物预备齐全，并将大吉岭各处河道添设浮桥，以便行走。所有哲孟雄前往卓木（西藏亚东）之路，业经披楞给予哲孟雄价值赏需，现在修路、交易来往，暗中引进”。德布王认为应将相关事宜（“始终好歹”）向西藏禀报“均系从前旧规”。之前庚申年（1800 年，时间似乎有误）廓尔喀与西藏冲突时，大皇帝以布鲁克巴系属下子民，谕旨协剿，但布鲁克巴借故推脱，“于事毫无益损”，遭到皇帝申斥，后来布鲁克巴差派代表前往为双方说和，才得到皇帝的原谅。故称“小部长等系天朝百姓，又与唐古忒同教”，自应禀明。②并请求西藏迅速派员前来处理。

　　驻藏大臣松溎等对此非常重视，要求摄政济咙呼图克图以及噶厦召开会议，共同讨论，三日之内呈报具体对策。噶厦认为“披楞屡欲修路来藏通商，有碍佛教”，应迅速派员禁阻，以期绥靖边疆。松溎赞成噶厦的建议，于是派“熟悉边务、精明谙练”的粮务周溱、戴本扎西达结（bkra-shis dar-rgyas）等前往。同时，致函布鲁克巴德布王立即起程先往布华山口（巴桑卡尔），与英国人会晤，“申明披楞向无来藏贸易之章，各守疆界”。起初，西藏代表等到达帕里，按照以往惯例，并未进入布鲁克巴，只令布鲁克巴派得力官员前来帕里商办。后经布鲁克巴方面再三要求才进入布鲁克巴，到达扎西曲宗。此时，德布王已前赴朋档地方会见英国官员，西藏代表等与总管策忍朋错会晤，指出“通商交易原为以其所有易其所无，今唐古忒地方并不产奇珍异宝，番官百姓等斌性俭啬，不识浮华，

---

　　①　光绪二年（1876 年），《驻藏大臣松溎译行代办商上事务济咙呼图克图布鲁克巴来禀披楞欲在该地修路和贸易务设法派员阻止》，见吴丰培整理《光绪朝布鲁克巴秘档》，中国藏学出版社《西藏学文献丛书别辑》（不撰年）第十四函，第一册，第 2 页。

　　②　同上书，第 1—5 页。

纵有美物亦难销售，徒劳往返，毋庸前来通商，况山路仄远，未奉明文，不得擅自开禁，任意修理"，于是策忍朋错前往边界地方将西藏官员的意见禀报德布王。英国人称："我们出地租工资修路讲通商和好，并无坏心。各处均可行走西藏地方，你部长屡次阻挡是何情弊？"德布王答复："从前有例不准外番过界，你国定要修路通商，我万不敢应承，现有（西藏）委员在此办理，你们不早为转回就怪不得我了。"英国人称："从来未闻有（西藏）委员到你属之事，你不必胡言，三日后定要回话。"① 于是，周溎派戴本扎西达结、教习书识马光荣、张得恩等速往德布王等会晤的朋档地方，赠送德布王缎匹、茶叶、哈达等物品，同时要求德布王以三个方面的理由设法劝阻：

> 披属天气春夏秋炎热，冬亦温暖，人民衣皆单薄，西藏冬令严寒，朔风凛冽，雪厚冰坚，比户围炉热火尚不能避寒；夏间风劲，偶遭阴雨，即须夹矿披裘，水土恶劣，疾病丛生，非内地各省可比，一不便也。自噶萨、岭昔至藏须过大雪山十数处，路径崎岖，人迹罕到，积雪终年不化，纵有工资赏项，亦非经年累月所能开修，与多吉岭（大吉岭）地面不同，兼之野兽出没无常，防范稍疏，即被其害，得不偿失，二不便也。披楞供奉天主，西藏崇信佛教，各不相侔，由来已久，如披楞来藏通商，日久必建造房屋，传布教道，商上查察虽周，设有一二番民乐从其教，被唐古忒访闻，必严加究办，而披楞欲广招徕，亦必力为袒护，小则口角怨争，大则逞凶聚众，南磴之案，前鉴不远，是初意欲为通商和好，日后反生无限烦恼，如谓仅止通商，不图传教，则日前业已详言，唐古忒地方既不产奇珍，亦难销美货，枉费修路工资，乘兴而来，败兴而返，且违朝廷定章，有何益处，三不便也。②

① 上述引文俱见光绪二年四月，《西藏粮务周溎披楞在布鲁克巴修路案暂同代本等设法办理完竣及赴哲孟雄查看禀》，见吴丰培整理《光绪朝布鲁克巴秘挡》，中国藏学出版社《西藏学文献丛书别辑》（不撰年）第十四函，第一册，第13—20页。

② 光绪二年四月，《西藏粮务周溎披楞在布鲁克巴修路案暂同代本等设法办理完竣及赴哲孟雄查看禀》，见吴丰培整理《光绪朝布鲁克巴秘档》，中国藏学出版社《西藏学文献丛书别辑》（不撰年）第十四函，第一册，第13—20页。

　　同时警告德布王，如果允许英国人修路进藏，"将来披楞沿途节次安站，来往人多，恐有假道伐虢之虞，全归他有"。于是，德布王等"又劝解十余日，赠送银钱礼物"。英国人在得知确有西藏汉藏官员前来阻止后方才撤回。①

　　德布王虽然对过去西藏方面在布鲁克巴与英国的战争期间坐视观望心怀抱怨，但是，面对强大的敌人——英国的侵略威胁仍然对驻藏大臣和噶厦政府抱有深深的依赖感，希望能在危急时刻相互帮助，他向汉藏官员提出建议：

　　　　布属地方偏小，势孤力单。倘若到万分危机之际，务要唐古忒设法帮助前来救援，方可永久。如上宪（指驻藏大臣）作主，唐古忒能应允有事互相帮助，我即能永远保守边界，断不敢借势横行，向披楞寻衅滋事。譬如椅子一样，有个靠背方觉稳当，并无歹心。倘上宪不能作主，唐古忒不允互相帮助，将来披楞阻挡不住，窜入藏地，大皇帝降罪之时，唐古忒屡次坐视不理，不与布鲁克巴相涉，有二位委员见证。②

　　周溎、扎西达结等奉命深入布鲁克巴，不仅成功阻止了英国从布鲁克巴修路进藏的企图，随后又前往哲孟雄调查，要求哲孟雄国王阻止英国修路进藏。他们在布鲁克巴和哲孟雄经过深入的调查，了解了英国对这些国家的侵略过程，以及这些国家的现状。他们在考察报告中指出，英国已侵夺布鲁克巴十分之三四的地方，且为富庶膏腴之地，布鲁克巴只好每年收取地租以作各项用度。但同时，布鲁克巴仍要求与西藏共同抵御英国的侵略。他们的报告得到了皇帝和驻藏大臣的重视。驻藏大臣松溎因布鲁克巴德布王欧柱汪曲、哲孟雄国王吐道南杰（mthu-stobs rnam-rgyal）"诸事

---

　　① 光绪二年四月，《西藏粮务周溎披楞在布鲁克巴修路案暂同代本等设法办理完竣及赴哲孟雄查看禀》，见吴丰培整理《光绪朝布鲁克巴秘档》，中国藏学出版社《西藏学文献丛书别辑》（不撰年）第十四函，第一册，第13—20页。

　　② 同上。

明悉，颇知大义"，一并赏给虚衔——"总堪布"名号，① 以示嘉勉。

英国向布鲁克巴借地修路进藏的企图虽未实现，但是，英国要求进藏的图谋并未因此而停止。

1776年9月，英国借口"马嘉理事件"，在签订《烟台条约》时，增加《另议专条》要求允许英国人前往西藏"探路"、"游历"。该条款称：

> 现因英国酌议，约在明年派员由中国京师启行，前往遍历甘肃、青海一带地方或由内地四川等处入藏以抵印度为探访路程之意。所有应发护照并知会各处地方大吏暨驻藏大臣公文，届时当由总理衙门察酌情形，妥为办给。倘所派之员，不由此路行走，另由印度与西藏交界地方派员前往，俟中国接准英国大臣知会后，即行文驻藏大臣查度情形，派员妥为照料，并由总理衙门发给护照，以免阻碍。

《烟台条约》的签订，在西藏产生了深远的影响。第一，此前清朝中央与西藏僧俗百姓在阻止外国人入藏的问题上态度基本是一致的，但是，条约签订之后，西藏僧俗百姓拒不服从朝廷命令，甚至以僧俗大众盟誓的形式，表示以死拒绝。

> 洋人入藏游历一案，屡接驻藏大臣译文内称，立定条约准其入藏……惟查洋人之性，实非善良之辈，侮灭佛教，欺哄愚人，实为冰炭，断难相处。兹据阖藏僧俗共立誓辞，不准放入，出具切结，从此世世不顾生死，永远不准入境。如有来者，各路派兵阻挡，善言劝阻，相安无事。如或逞强，即以唐古忒之众，拼命相抵。②

清廷既知"洋人"入藏为藏人所不愿，便只好"婉词劝阻"洋人，阻之不听，则设法保护，以免发生恶性事件。这样就造成清朝中央与西藏地

---

① 光绪二年闰五月，《驻藏大臣松溎奏委员阻回披楞欲赴布修路边界安堵请奖出力人员折》，见吴丰培整理《光绪朝布鲁克巴秘档》，中国藏学出版社《西藏学文献丛书别辑》（不撰年）第十四函，第一册，第25页。

② 光绪五年七月，松溎：《商上通善济咙等请阻洋人入藏游历禀》，见吴丰培编辑《清代藏事奏牍》上册，中国藏学出版社1994年版，第463页。

方之间的不和，使驻藏大臣与噶厦政府在抗击外来侵略时，往往不能同心协力。第二，由于英、法等西方国家纷纷要求派人入藏游历，在藏区与藏人发生冲突，涉外纠纷急剧增加。面对此种状况，许多主管西藏问题的官员们开始思考如何改变这种被动的局面，期望能够采取妥善措施，稳定西南边疆。于是，就如何"筹办"西藏及喜马拉雅山地区各藩属国的问题，在统治集团内部展开了一场讨论，其发端者为四川总督丁保桢。

丁保桢，贵州平远人，因征剿捻军有功而升至山东巡抚，1877 年出任四川总督。丁保桢出任四川总督之时，正是签订《烟台条约》之后，准许英人入藏游历之际。1877 年即有英国人吉为哩（Gill. W. J.）、贝德禄（Baber. E. C.）等入藏游历，他们沿途或"密绘地图"，或"查看道路形势，探明风土人情"，这一切引起了丁保桢的警惕。他根据西藏边疆危机情形以及中英有关西藏交涉的历史，认为英国谋藏，目的在于四川及中国西南、西北地方，因而必须加紧筹办西藏、经营喜马拉雅山各藩属国。他在密折中称：

> 英人前有西藏探路之请，其用意狡谲……臣窃揣英人之意，从前专注意海疆，今则二十余年，船炮既极坚利，而沿海之地势人情亦经熟悉，自以为经营就绪。惟不通海疆之四川、云南、贵州、湖南、广西、甘肃、陕西、山西、河南数省，未能水路相通。彼就目前视之，实觉毫无可恃，故又欲以向之致力于海疆者，转而用之于西南各省。然必择其与该国最近之省先为入手，徐图推广，而与该国最近者，莫近于蜀，滇次之。而蜀又为数省中菁华聚集之所，故英人此时用意在蜀。蜀得而滇黔归其囊括矣。此实英人目前肺腑之谋也。且查川省门户在前后藏，而后藏外接披楞……英既占东、南、中三印度之半，窥伺后藏久矣。从前为布鲁克巴、廓尔喀之中界哲孟雄部大山所阻，山极险峻，中通一线。道光年间，哲孟雄属于英，此山已为英所据。前二十余年海道未甚通，印洋烟入川，即由此路。彼若此时将山开凿，即可长驱入藏。幸尚有布鲁克巴、廓尔喀界连前后藏，足为我藩篱。查布鲁克巴全境不属印度，廓尔喀兵力颇强。前此英人并吞印度，未能侵其寸土，至今惮之。现在英人通藏，必由此道，此二国足与为难。若将该两国极力羁縻，绝英人近交之计，则两藏不失要隘，我得

自固其藩篱。且查英人从前于北印度取赛哥属部加治弥尔，即有欲赴藏通商之意，是其蓄谋已久。今若不将布廓两国极力笼络，英人必设法相与连合，则西藏一无屏蔽，而川省门户遂失。……愚臣以为欲图内地之安，则境外之藩篱必先自固。蜀之门户在西藏，而西藏之藩篱在布鲁克巴、廓尔喀。今廓尔喀本遵例入贡，臣服维虔。惟布鲁克巴久未贡献。此时若将廓尔喀厚为羁縻，而密饬驻藏大臣，设法修好于布鲁克巴，阴为外助，则自可以伐英人入藏之谋，此必然之势。况布鲁克巴本于雍正年间准其内附，今若殊恩远沛，准令联旧日之情，该国必将感激效顺。夫此举因利乘便，在我第行所固然，非同创局，他人即不能借生异议。细审前后形势，似应早为酌办，勿令彼族得以拨弄，暗中撤我藩篱也。①

　　我们对丁保桢此议可做如下分析：1. 这是自鸦片战争之后，清朝官员第一次就西藏与喜马拉雅山各藩属关系所做的系统论述，说明清朝已经从一系列打击中逐步苏醒过来，开始设法应对边疆地区出现的危机；2. 认识到喜马拉雅山藩属特别是布鲁克巴与廓尔喀对西藏及川滇等地安全至关重要。它们不独为西藏之屏蔽，亦是川滇之门户，门户失则堂奥开，欲保川滇之安全，必先经营布鲁克巴、廓尔喀等藩属；3. 面对英国的狡谲用意，丁保桢秉承"中学为体"的思想，依然坚持在传统的宗藩体制内寻求解决危机之法。具体的方法则是"厚为羁縻"、"设法修好"，恢复传统的朝贡制度，建立以藩属国家为前沿的战略防御体系。

　　应该看到，丁保桢的观念虽仍局限于传统的宗藩体制，但其内涵已根据时局的变化而有所调整了，重在强调国家安全，与历史上那种以强调"王化"的思想殊异有别。其实，前代驻藏大臣也已提出过"唇亡齿寒"的警告，只是并未引起朝廷重视。19 世纪 70—80 年代正是洋务派在朝廷得势，强调自强救国之时，因此，丁保桢的奏议得到光绪皇帝的赞同与重视，并要求总理衙门及驻藏大臣等讨论此议。

---

　　①　光绪三年十月十一日（1877 年 11 月 15 日），丁保桢：《英人入藏探路用意狡谲请密饬驻藏大臣修好布鲁克巴以固藩篱片》，吴丰培编辑：《清代藏事奏牍》上册，中国藏学出版社 1994 年版，第 490—491 页。

　　光绪三年十二月二十一日（1878 年 1 月 23 日），总理衙门以藏属藩部事务归理藩院管辖，让理藩院查"布鲁克巴、廓尔喀于何年始行入贡，所贡系何方物，由何路行走，入贡有无定例常期，每届贡期有无赏用何物，现在是否照旧按期入贡，检查案例。并将布鲁克巴、廓尔喀源流逐细声复"①。然而，理藩院却对布鲁克巴所知甚少，称："道光三十年（1850年）间，本院典属司科房不戒于火，将道光年间以前档案烧毁不齐，无凭查考。至布鲁克巴部落，本院向无源流，亦无办过进贡之案"，只是根据理藩院《西藏通判则例》知道"布鲁克巴本西梵国属，皆皈依红教，崇佛诵经，雍正十年始归诚内附，入贡迄今年久"，"每年遣人来藏，向达赖喇嘛呈递布施，由边界官查明人数，禀驻藏大臣验放进口"。② 总理衙门虽然未能从理藩院获得更多的历史依据，但对丁保桢提出的经营喜马拉雅山各藩属国的意见也表示赞同，指出：

　　　　布鲁克巴、哲孟雄、廓尔喀三部落，屏列藏地西南边界，与向设鄂博（之）宗喀、聂拉木、绒辖、定结等处皆中隔大山，哲孟雄界布鲁克巴、廓尔喀之中，与江孜相去较近，中有径路可通。道光年间哲孟雄为英所属，藩属已自不完。若得布鲁克巴、廓尔喀一心效顺中朝，则于哲孟雄境界左右有所牵制，于英必有所顾及。在我亦尚得屏蔽之资。该督所筹自系深虑远谋，亦目前之要策。③

　　与此同时，总理衙门又对"筹办"行动有所顾忌，害怕引起英国的怀疑，予人口实。既想巩固"藩篱"，又欲使英国人"抵隙无由"、"无事可以借口"，踯躅徘徊，难以两全，最终也只能泛泛地建议驻藏大臣等"不动声色"、"安密筹维"、"相机斟酌办理"。可见不仅主管外交事务之总理衙门对于布鲁克巴、廓尔喀等国的情况非常陌生，就是主管西藏及其藩属事务的理藩院也对布鲁克巴情况一知半解，更何谈良谋善策、经营筹办。

---

　　① 光绪三年十二月二十一日（1878 年 1 月 23 日），恭亲王奕䜣等：《总署议复丁保桢奏英人西藏探路用意狡谲情形折》，吴丰培编辑：《清代藏事奏牍》上册，中国藏学出版社 1994 年版，第 491—492 页。
　　② 同上书，第 492 页。
　　③ 同上。

光绪四年三月三日（1878 年 4 月 5 日），驻藏大臣松溎、帮办大臣桂丰等也复议丁保桢密奏，称：

> 查布鲁克巴、哲孟雄、廓尔喀三部落，本为卫藏西南门户，各处贸易番民均集前藏，与唐古忒有唇齿之依，理应守望相助。自哲孟雄大吉岭为英人所据以后，该处部长乞唐古忒援兵，商上不允，哲孟雄借为口实，致生嫌怨。布鲁克巴亦因强邻附近，叠次来信与唐古忒会商借助兵力以固边围。而商上（指噶厦政府）饰词推委，该部长大为忿恨，故有披楞租地之事。①

松溎将藩篱不整的责任推卸给噶厦政府，同时不忘自我标榜，说他上任后即遇披楞租地修路之事，于是派员深入布鲁克巴，"该部长等以百余年未见汉官到彼，喜惧交集"。劝阻英人成功后，又嘱咐布鲁克巴"外拒强邻，内保边界"，并给予该属头目等翎顶执照，使布鲁克巴"驻藏头人感激天恩，每逢万寿日期，自愿附入唐古忒番官之末，随班叩贺，其心悦诚服已有明验"。最后提出建议：

> 欲引三处为外助，亟宜固结其心。英人以富饵彼，我则以贵动人；英人以兵威挟彼，我则以礼貌加之；英人以诡诈诱彼，我则以诚信待之。
> 各处头人来藏，或给予翎顶虚衔，或重赏银两缎匹。②

客观地说，这些讨论在当时具有一定的积极意义，通过讨论，清朝中央和封疆大吏们加深了对日益加剧的西南边疆危机的认识，欲要保证西藏及西南边疆的安宁，必须加紧经营喜马拉雅山藩属各国，以便自固藩篱。同时，通过各自观察视角提出解决危机的办法，集中集体智慧，更便于做出合理判断和正确决策。事实上，讨论形成的一些共识成为此后一个时期

---

① 光绪四年三月三日（1878 年 4 月 5 日），松溎、桂丰：《驭远防边情形折》，吴丰培编辑：《清代藏事奏牍》上册，中国藏学出版社 1994 年版，第 444 页。

② 同上书，第 444—445 页。

强化与布鲁克巴宗藩关系的原则与措施。

在此之后，随着英国侵占缅甸，法国图谋侵吞越南，日本谋夺朝鲜，清朝的边疆危机日趋加重。统治集团内部就如何处理与藩属各国的关系进行了深入的讨论，形成了诸如"固藩自保"、"弃藩自保"以及"区别对待"等多种意见，但是主张强化与藩属国的关系，扶持属国自强，使之成为牢固的国防"藩篱"的观点仍然占据主流。正如李鸿章所言"昔之虑其桀骜者，今且忧其孱弱；昔之意存制裁者，今宜力为扶持"。①

但是，这些讨论所体现出来的思想和所提出的具体措施，仍具有明显的历史局限性：1. 其思想仍然是中国旧有的宗藩体制下的天朝中心思想（即所谓"守在四夷"），面对西方殖民主义、帝国主义体系的冲击仍然试图以旧有的等级制国际秩序加以应对，显然已经不符合时代的潮流；2. 这些讨论总体来说流于空泛，没有结合喜马拉雅山藩属各国的实际情况，没有根据藩属各国内部的具体政治格局而区别对待，这就决定了其后的实际操作中难免失当；3. 受到宗藩体制思想的影响，清朝和西藏地方能够采取的针对性措施极其有限。正如费正清（John King Fairbank）所指出的，宗藩体制在军事弱势下保证权威的方法大致包括停止交往、灌输儒家观念、物质诱惑或封官收买等。② 驻藏大臣正是试图运用"给予翎顶虚衔，或重赏银两缎匹"这样的收买手段。所谓"以贵动人"、"以礼貌加之"，也只是在宗藩体制的等级制框架之下，与西方世界早就奉行的以国家为主体的所谓平等外交有实质性的差别。当上述两种外交体系在同一时空会集，以争取布鲁克巴的外交取向时，其优劣高下已经十分分明了。实事上，就在清朝官员们清谈阔论之时，英国已经加紧了拉拢布鲁克巴的步伐。除了上述"纳尔萨海"与布鲁克巴德布王的会晤之外，1867 年，驻库赤·比哈尔委员霍顿（J. C. Haughton）上校售给廷布宗本枪支，以获取他的"友谊"；1868 年，霍顿还建议孟加拉政府鼓励布鲁克巴送年轻人到英国领土上学习英文，后来又建议布鲁克巴送三个孩子到大吉岭学习，每人月给 6 卢比补贴；1883 年当喇嘛次旺（bla-ma tshe-dbang，1882—

---

① 李鸿章：《请准越南由海道告哀》（光绪九年八月初五日），载《李文忠公全书》译署函稿卷 14，第 30 页。

② John King Fairbank, *The Chinese World Order*, *Traditional China's Foreign Relations*, Boston：Harvard University Press, 1968, pp. 11 – 12.

1884 年在位）出任德布王后，孟加拉官员汤普森（River Thompson）赠送望远镜作为礼物；到 1894 年大吉岭副专员保罗（A. W. Paul）送终萨本洛乌金旺秋带有刺刀的枪支以及 50 发子弹等。① 通过这些具体的行动，英国在逐渐获得布鲁克巴部分上层人物的好感，保罗即在此时与后来成为布鲁克巴国王的乌金旺秋建立了良好的个人关系。

二　19世纪后期的布鲁克巴内战与西藏的干预

　　布鲁克巴在第二次英布战争中的失败，加剧了其内部原已十分尖锐的各种矛盾，而《辛楚拉条约》规定支付给布鲁克巴的津贴则成为新的矛盾之源。该条约规定英国割占孟加拉山口地带，作为对该地税收的分享，每年付给布鲁克巴 5 万卢比的津贴。对于失去了山口地带税收收入的布鲁克巴政府特别是终萨本洛和帕罗本洛来说，控制对这 5 万卢比的分配权，就意味着掌握了布鲁克巴的经济命脉。这种争夺日趋激烈，不时演化成为大规模的内战。在第二次英布战争结束后的 20 年中，布鲁克巴就经历了三次较大规模的内战。持续的内战产生了两个后果：1. 政治力量经历了调整和重组，逐渐形成了新的政治格局，终萨本洛随着在内战中的胜利而成为国家政治的主宰；2. 布鲁克巴内战为西藏介入其内政、强化宗藩关系提供了机会。

　　1867 年，旺堆颇章宗本达隆朵布杰（dar-lung stobs-rgyas）与普纳卡宗本章扎西（brang bkra-shis）因纠纷而爆发内战。战争中达隆朵布杰被终萨本洛晋美南杰所杀。战后章扎西等拥戴晋美南杰成为德布王（1870—1873 年在位）。

　　1872 年普纳卡宗本俄珠（dngos-grub）、旺堆颇章宗卓尼阿竹（A-'brug）、帕罗本洛次旺诺布（tshe-dbang nor-bu）等联合反对德布王晋美南杰而发生内战。战争最终以俄珠、次旺诺布等逃亡印度而结束。这样，晋美南杰在原先控制东部地区的基础上，又控制了西布鲁克巴。他任命自

---

① Kapileshwar Labh, *India and Bhutan*, New Delhi：Sindhu Publication Ltd. , 1974, p. 104.

己的亲属和亲信担任各大宗的宗本，使布鲁克巴重新归于安定。1873 年他卸任德布王后，先后扶持堂兄多杰南杰（rdo-rje rnam-rgyal，1873—1879 年在位）、亲信曲杰桑布（chos-rgyal bzang-bo，1879—1882 在位）为德布王，自己在幕后掌控政局。1881 年晋美南杰去世，此后布鲁克巴统治集团内部很快又出现矛盾。克劳德·怀特（J. Claude White）认为矛盾源于对英国人支付的津贴的分配。当时曾受晋美南杰扶持的廷布宗本阿洛多杰（A-lo rdo-rje）、普纳卡宗本朋措多杰（phun-tshogs rdo-rje）等会同德布王格娃桑布（dga'-ba bzang-po，1884—1886 年在位）欺晋美南杰之子 24 岁的终萨本洛乌金旺秋（o-rgyan dbang-phyug，1862—1926 年）年幼软弱，便扣留了 3 年本该给他的津贴分成。作为反抗回应，乌金旺秋拒绝付给本该由 5 个宗负担的给达仓（stag-tshang）寺僧人的赡养费，矛盾因此而日益激化。[1] 后来阿洛多杰、朋措多杰给终萨本洛的卓尼强罗（'chang-lo）寄去 400 卢比（rub），要他杀死乌金旺秋，然而被强罗告发。乌金旺秋谴责阿洛多杰、朋措多杰等背弃晋美南杰要求他们团结和睦的遗嘱，建议到夏尔日塘（shar-ri-thang）地方会晤，但是阿洛多杰、朋措多杰等并未赴约。于是，乌金旺秋于（木鸡年）一月初五日（1885 年 2 月 19 日）率领 2140 名终萨宗的军队西征，当时其叔叔帕罗宗本达瓦班觉（zla-ba dpal-'byor）、舅舅旺堆颇章宗本强巴（byams-ba）前来支援。美达岗（me-mda'-sgang）一战，阿洛多杰、朋措多杰等失利撤回廷布坚守。随后乌金旺秋率军进驻廷布鲁仲（klu-grong）地方。在僧侣集团和帕罗本洛的安排下双方举行会谈，乌金旺秋的代表是达瓦班觉，阿洛多杰的代表是朋措多杰，会晤结束时，乌金旺秋突然发起进攻，朋措多杰被杀。廷布宗本阿洛多杰携带挡曲仁青、其弟森本丹真俄珠（rta-mgrin dngos-grub）、噶尔萨宗本布索（spu-sog）、噶旺多杰（ka-wang rdo-rje）等逃亡西藏。[2]

就在阿洛多杰、朋措多杰等兵败之后，德布王格娃桑布紧急向西藏驻藏大臣和达赖喇嘛发出求救信。请求支援"军器蛮枪二百杆，火药铅子各三百包"，并请迅速派"汉番能事大员"于五月十五日（6 月 27 日）以前

---

① J. Claude White, *Sikkim and Bhutan*, New Delhi: Cosmo Publications, 1984, pp. 131 - 134.

② ［不丹］那多克上师：《布鲁克巴政教史——白龙》，塔尔巴林寺 1986 年藏文版，第190—192 页。

抵达帕里查办此案，“委员未到期间迅速妥札严饬终萨尔、汪宗（即旺堆颇章宗——引者注，下同）、巴竹（即帕罗宗）等处布番，断不准苛索百姓，自相争闹”。[①] 值得注意的是格娃桑布并未禀明内战的真实原因，而是历数晋美南杰、乌金旺秋等过去种种违害西藏地方政府和百姓的行为，以及勾结廓尔喀、英国欲与西藏构衅等事，意在挑拨西藏惩罚乌金旺秋等。

光绪十一年（1885年）五月，驻藏大臣色楞额委派后藏粮员刘韩文、噶伦扎西达结前往帕里处理布鲁克巴内战事宜。正在此时，江孜守备报告，布鲁克巴内部自相仇杀，有百余人带牛马帐房逃入江孜境内避难，“欲赴藏叩见驻藏大人及办理藏务济咙佛爷泣诉一切”。刘韩文、扎西达结等在江孜会见阿洛多杰等人，阿洛多杰禀称：

> 小的等与终萨奔洛、巴竹奔洛等均充部落中头目，随同部长办事，不料伊等渐怀异志，不服部长管束，经部长屡次劝诫，致成仇隙，起意欲把部长及小的等尽行戕害，部落土地献于披楞，以自为部长。嗣为部长及小的等查知，伊等益无忌惮，竟自兴兵围攻部长营寨，抢掠良民，地方大受其害。[②]

格娃桑布和阿洛多杰对事件起因的陈述，多少对西藏官员产生了先入为主的影响，并影响到对事件的公正判断和处理方式。

刘韩文、扎西达结等到达帕里后，分头札调布鲁克巴内战两造前来帕里，听候办理。但是，终萨本洛乌金旺秋等“不惟抗不遵调，尤敢扬言挡曲仁青、吞布多杰（即阿洛多杰）等系布鲁克巴逃亡罪犯，西藏不应容留，如不早交出，即带兵前来搜捕”。当时，边界地带百姓闻听此事，惶

---

① 光绪十一年五月，色楞额：《檄谕布鲁克巴部长已派员办理你部不靖情况静候公断》，见吴丰培整理《光绪朝布鲁克巴秘档》，中国藏学出版社《西藏学文献丛书别辑》（不撰年）第十四函，第一册，第51页。

② 光绪十一年五月十四日（1885年6月26日），色楞额：《扎后藏粮务委办布鲁克巴夷务委员等布鲁克巴禀称内部生乱请求派员安抚兹派汉番官兵驰赴帕克哩边界遵檄罢兵以安边圉》，见吴丰培整理《光绪朝布鲁克巴秘档》，中国藏学出版社《西藏学文献丛书别辑》（不撰年）第十四函，第一册，第44—50页。

恐不安，纷纷迁避。于是，刘韩文请噶厦迅速派兵赶赴边境，驻藏大臣色楞额等迅速调遣后藏戴本、候选布照磨王琢章等率兵前往。刘韩文等在帕里查明"此次滋事，夷酋巴竹奔洛系属首谋，终萨奔洛仅被胁附和"。于是，派员执持檄谕，令其前来归案。有关查办断案的具体过程刘韩文在报告中作了详细介绍：

> 此次滋事，夷酋巴竹奔洛系属首谋，终萨奔洛仅被胁附和。叠次拣派员弁执持檄谕宣布恩威，诱令前来归案，以分其势。终萨本洛闻藏境兵势日集，部落中人心渐离，颇知畏惧，欲来投审，惟巴竹本洛恃披楞以为外援，仍复负固，抗拒不前。若不慑以兵威，深入查办，断难就我范围。且该部长告急请兵，非只一次，未便稍形观望，致失外藩款服之心。该员等先将沿边要隘，分防周妥，即拔队前行，声言往攻巴竹奔洛营寨，又复密派员弁，酌带番兵扼札甲当地方，断彼往审披楞之道，该夷酋见我师已入彼境，其所胁从人众或闻风远飏，或倒戈相向，人皆携二，势力孤危，遂率其死党百余人遁归巢穴盘踞坚守。适值部长已出重围，人心益壮，亦率其精强番目前来助我声威，直逼巴竹奔洛巢穴，为营围困十余日之久，巴竹奔洛自知行为悖逆，法所不容，畏罪自尽。①

帕罗本洛自杀后，终萨本洛主动率众"入营投诚，哀词乞命"，西藏官员等"始则数其附逆之罪，佯欲加诛，继则许其悔过之诚"。然后召集

---

① 光绪十二年七月，色楞额：《布鲁克巴夷务查办了结请奖出力人员折》，见吴丰培整理《光绪朝布鲁克巴秘档》，中国藏学出版社《西藏学文献丛书别辑》（不撰年）第十四函，第二册，第 73 页。关于帕罗本洛畏罪自尽之事清朝官员的记述和当代不丹学者的描述有分歧，汉文史料记载，帕罗本洛自尽后，由四朗汪堆新任帕罗本洛，光绪十七年升泰再次提到帕罗本洛为四朗汪堆，但是，[不丹]白玛次旺《布鲁克巴政教史——白龙》给出的帕罗本洛世系表中并无称四朗汪堆之人。而 A. Lamb, *Britain and Central Asia*, *The Road to Lhasa*, *1767 to 1905*（London: Boutlege and Kegan Paul, 1960）也认为帕罗本洛属于自杀，但并未提供资料出处。见第 178 页。根据[不丹]白玛次旺《布鲁克巴王统世系明鉴》，1885 年时乌金旺秋之叔达瓦班觉（zla-ba dpal-'byor）任帕罗本洛，前任帕罗本洛是乌金旺秋之兄赤列朵结（phrin-las stobs-rgyas），他因坠马而死，而达瓦班觉任帕罗本洛很长时间，直到 20 世纪初。因此，汉文史料中所谓帕罗本洛自杀事很可能是指赤列朵结死亡事件，但所指帕罗本洛为冲突主谋，显然是不准确的。

德布王格娃桑布、廷布宗本阿洛多杰、终萨本洛乌金旺秋、旺堆颇章宗本强巴等齐集帕里所属噶林（dga'-gling/Galing）地方，[①] 调查内战原委。乌金旺秋推卸责任，"供称概系巴竹奔洛所为"，刘韩文等或者在调查过程中受到蒙蔽，或者因为某种原因隐瞒真相，总之，他们也把事件的责任推究于已经"死亡"的帕罗本洛。经过协商，拟订了处理善后事宜的章程，分为十条，以"断牌（双方各执一半的契约或协定）"形式令布鲁克巴各官员承领，并令德布王、终萨本洛乌金旺秋以及布鲁克巴夏仲活佛等出具遵依甘结。

"断牌"内容继承了150年前颇罗鼐处理布鲁克巴内战时的许多政策。首先，为了妥善安置内战两造，再次采用了将布鲁克巴一分为二的策略，将西布鲁克巴的六处地方（英国档案认为是四处地方）划给原廷布宗本阿洛多杰管辖。"断牌"第二条规定：

> 吞布（即廷布——引者注，下同）、补纳（即普纳卡）及雄（即布鲁克巴政府）噶伦等原有产业均宜给还，并经本汉番委员断定于巴竹（帕罗）、吞布、补纳各缺属下割给岭昔、噶萨、拉雅、海仲巴（即哈宗）、洞朗、浪工朗（疑为浪工 lam-gong）六处营官缺，划清疆界，由吞布（指阿洛多杰）等自行管理，至一切差赋数目多少及应在何处上纳，仍照旧章，勿许借词争执，尔两造更宜解释仇怨修好联和，该终萨等不得倚势欺陵（凌），该吞布等，亦不得寻衅报复。

于是，阿洛多杰出任洞朗（gdung-nag）宗本、丹真俄珠出任哈宗宗本、挡曲仁青出任噶尔萨宗本、噶旺多杰任岭昔宗本、噶伦阿旺喜饶出任浪工宗本。[②] 英文档案指出，布鲁克巴西部的这些地区名义上由阿洛多杰管理，实际上各个宗本是由西藏任命的，这些宗的税收也由西藏使用，但这些宗下属地区的税收仍然交给布鲁克巴政府（表述不清，原文如此）。

---

① 根据英国档案，乌金旺秋只是派了一名代表前往。See June. 8，1904，*Mr. Walsh to Colonel Younghusband*，F. O. 535，Vol. Ⅳ. Inclosure 1 in No. 22.

② ［不丹］白玛次旺：《布鲁克巴王统世系明鉴》，不丹国家图书馆1994年藏文版，第530—531页。

1903 年阿洛多杰在西藏亚东去世，噶萨、岭昔、果卡那（gokhana）等三个宗的税收从此上缴给布鲁克巴政府，只有哈宗仍然不向布鲁克巴缴纳税收而是留做自用，该宗宗本仍然自行选举，"他们多视自己为西藏官员"①。

其次，重新确立了西藏对布鲁克巴新任德布王的推举以及任命包括终萨宗、帕罗宗等 8 处重要地方官员的最后审定任命权。并重新就强化宗藩关系的礼仪体制做了规定。

"断牌"第三条规定：

新任部长（即德布王——引者注，下同）不得由尔等擅立，宜与尔部落中头目人等公同保举禀请钦宪（指驻藏大臣）、藏王点放，方准充当，尔等必须几事禀承，切勿弄权跋扈，此后每逢部长缺出皆宜如此办理。

第四条规定：

尔部落中部长以下惟终萨奔洛等八项大缺，职司较重，今以终萨奔洛兼第巴森本之缺，禀请赏给三品顶戴，并戴花翎，辅助部长办理该部落中事务。再，以达噶奔洛兼拉森缺，雄卓尼兼噶伦缺，以及巴竹、汪宗（即旺堆颇章宗——引者注）并新放吞布、补纳营官等均禀请赏给三品顶戴，分理政务，此后每有前八项缺出，宜由部长秉公保举，开具名单禀请钦宪、藏王补放，以昭慎重，而示优异。其有罪应斥革者亦将斥革，缘由禀明存案备查，其余小头目即由部长自作主张，无庸禀请。

第七条规定：

尔部落向派洛冶娃一名常川驻藏，每逢年节呈送土宜礼物，以效悃忱，此后必须按照向章勿稍懈怠，其商上等处回赏物件，亦皆照常

---

①　June. 8, 1904, *Mr. Walsh to Colonel Younghusband*, F. O. 535, Vol. Ⅳ. Inclosure 1 in No. 22.

赏给，则彼此情谊浃洽，可以历久不渝。至吞布等受汉番厚恩，如果报效情殷，亦准其备办土宜，派人赴藏呈送。①

由于德布王格娃桑布已年过六旬，屡次提出自己年纪高迈，难以胜任，请求辞退，因此，"断牌"规定他"事权不属，而分位仍尊，宜择宽大寺院使之安居，更宜隆以礼貌仿照从前辞退部长之例，优给养赡银两，俾得终其天年"，格娃桑布后来退居扎贡寺（brag-dgon）颐养天年。

"断牌"除了强调内战两造和好相处之外，重申了德布王必须定期呈进年礼，西藏照章提供乌拉的旧例，但同时也准许廷布宗本阿洛多杰派人呈进礼物。此外，"断牌"还肯定了布鲁克巴曾经阻止英人租地修路进藏之功，指出"此后两造各有土地，人民均宜发奋自强，修明武备，倘值边界有事，尤宜协同，互相救应，以固疆圉，而御外侮，允为卫藏藩篱"。

布鲁克巴内战双方以及其他官员在承领"断牌"的同时，还出具甘结，遵守"断牌"规定的相关内容，现抄录如下：

1. 小的部长格娃桑布今于王法主子台前为出具甘结事，情缘巴竹、终萨、汪宗等与吞布营官自相争闹一案，自去年四月起，该吞布营官属下专差他琫阶炯即与汉番处，以小的部长格娃桑布所递夷禀为名，兹有汉番委员已到巴竹地方查询是否小的具禀等情。今小的亲身及终萨替身、仁绷（即帕罗——引者注）森琫并吞布营官替身老业巴摆噶曲批、洛直噶躲等会集之处，查询小旳一节。惟自去岁四月起至今并未由吞布营官主仆向汉番递具有禀，且前岁奉汉番之谕，曾由终萨奔洛呈递夷禀，复令仍就充当部长等谕，接奉之时，将年纪高迈，不堪胜任，准其辞退等情，并去岁尚无具禀情形以及亦无估令辞退部长职任各情即与汉番委员处所具甘结夷禀，均系小的亲自呈递禀结，

① "断牌"引文俱见光绪十二年八月，刘韩文等：《查办布鲁克巴情形并订断牌十条又附夷结三张请赏该部官员翎戴单》，见吴丰培整理《光绪朝布鲁克巴秘档》，中国藏学出版社《西藏学文献丛书别辑》（不撰年）第十四函，第二册，第65—66页。

为此小的部长格娃桑布出具图记甘结是实。①

2. 小的终萨本洛乌坚汪曲（乌金旺秋）及各头目人等今于王法主子台前为出具甘愿无悔切结事，情因布内吞布营官等与巴竹、终萨、汪宗等自相争闹一案，该吞布营官等禀控汉番大宪，蒙派汉番各位委员驾临帕克里地方，将此案情形查明剖断，饬令两造永远遵守，缮发断牌事宜，自愿永远恪遵亦不敢怀嫌，互相贻害争竞，倘若两造是谁如有违谕者，即与违犯之人应当如何究办，自当按照汉番上宪吩谕遵示坐罪，为此小的兼任第巴森本之缺终萨本洛乌坚汪曲出具图记、新放巴竹奔洛四朗汪堆出具图记、汪宗营官降巴顿柱出具图记、兼任达噶之缺喇嘛森琫工却汪堆出具图记、兼任噶伦之缺雄卓尼尔宜玛顿柱出具图记、署理吞布营官滚桑称勒出具图记、署理补纳营官札西边觉出具图记、旧任吞布营官夺吉出具图记、旧任补纳营官挡曲仁青出具图记、旧任噶伦阿汪协饶出具图记、旧任第巴森琫丹珍欧柱出具图记甘结是实。②

3. 小的喇嘛阿旺朗结、堪布、寺僧人等今于王法主子台前为出具甘结事，情因吞布营官等各员与巴竹、终萨、汪宗等互争一案，已蒙汉番各位委员抚恤两造，查明情形，妥为剖断，以资永远遵守。缮给断牌内开事宜均各出具遵依甘结，两造人等必能永远遵守。小的沙布咙及札仓堪布领袖寺僧等情愿从中做保，嗣后亦不敢违谕生端，倘有聚众滋事不能约束情形即将违犯之首据实禀明汉番上宪，亦不徇情朦哄违误，倘有故违情事自甘遵示坐罪。为此喇嘛阿旺朗结出具图记、札仓堪布称勒坚参出具图记、布中寺院众僧公同出具图记甘结是实。③

最后，由于布鲁克巴各官员"到案听断，颇知恭顺"，因此，分别赏给终萨本洛乌金旺秋等三、四、五品顶戴，以示怀柔羁縻。

---

① 光绪十二年八月，刘韩文等：《查办布鲁克巴情形并订断牌十条又附夷结三张请赏该部官员翎戴单》，见吴丰培整理《光绪朝布鲁克巴秘档》，中国藏学出版社《西藏学文献丛书别辑》（不撰年）第十四函，第二册，第65—66页。
② 同上书，第66页。
③ 同上书，第66—67页。

西藏地方政府对 1885 年布鲁克巴内战的调停和处理，实际上秉承了 10 年前丁保桢等有关筹办喜马拉雅山各藩属国以抵御外侮的思想，通过强力介入、发给断牌、出具甘结、封官戴翎等这些宗藩体制中常用的手段，重新明确了布鲁克巴对于清朝中央和西藏地方的臣服和义务，其目的是利用布鲁克巴以御英国于"域外"。从西藏代表在处理过程中的所作所为和善后条款来看，他们试图恢复颇罗鼐时代那种积极的对外政策，这是自 18 世纪后期以来所少见的。这一政策的实施对于遏制英国吞并布鲁克巴并进而侵略西藏的野心有起积极的意义。

但同时我们也应该看到西藏汉藏官员不仅在处理过程中失之粗简，其善后政策也有失当之处。首先，他们对于布鲁克巴情况的了解不够充分，比如对于内战的起因听信一面之词，因而从一开始就站在阿洛多杰一方。同时，为了邀功他们在上呈的报告中也隐瞒真相，比如前来帕里会晤的布鲁克巴官员许多只派代表参加，但是他们在报告却称"德布王格娃桑布、廷布宗本阿洛多杰、终萨本洛乌金旺秋、旺堆颇章宗本强巴等齐集帕里"。其次，信息掌握不够全面，多少影响到善后政策的合理性。他们只顾及要维护布鲁克巴德布王的权威，而没有采取现实主义的即更为务实灵活的方针，压制在实力上已经绝对占优的终萨本洛乌金旺秋一方，这就必然使乌金旺秋对西藏心存不满，甚至抵触相对。乌金旺秋后来逐渐倾向英国，不仅因为英国的威逼利诱，也与西藏的政策失误密不可分。而西藏允许阿洛多杰一直住在西藏亚东一带，控制着西布鲁克巴的一些地方，这也使乌金旺秋对其一直心存防范。在此后一个时期，帕罗所属哈宗等地民人经常前往亚东一带抢掠西藏村庄，多少说明乌金旺秋一方对噶林协议的某种不满。1900 年双方还就处理频繁发生的抢劫事件签订了协议。[①]

总之，通过调停布鲁克巴内乱，表面上看西藏重新树立了对布鲁克巴的权威，但实质上布鲁克巴历史随后即进入乌金旺秋掌政的时代，因而这

---

① Feb. 1906, *Agreement between Bhutan and the Chumbi Valley as to the Prevention of Robberies from being Committed by the People of the One Country on the People of the Other*, F. O. 535, Vol. Ⅶ. Inclosure 2 in No. 39. 有关布鲁克巴劫匪在亚东一带的抢掠，参见中国第二历史档案馆、中国藏学研究中心合编《西藏亚东关档案选编》（上、下），中国藏学出版社 1996 年版。

种权威只维持了短暂的时期之后便开始衰落。事实上，整个喜马拉雅山地区的力量格局已与颇罗鼐时代不可同日而语，与英印政府的步步紧逼相比，西藏在该地区的综合实力比较中已是相形见绌，江河日下，难以真正成为各藩属抵御英国侵略的坚强后盾。

三　布鲁克巴对 1888 年英国侵藏战争的态度以及战后清朝对布鲁克巴的册封

　　《烟台条约》签订之后，虽然英国多次努力试图进入西藏探路通商，但是遭到西藏僧俗大众的强烈反对。于是，英国企图通过武装入侵来达到目的。1885 年，英印政府任命孟加拉省财政秘书马科蕾（Mucaulay）在取得清朝总理衙门颁发的护照后，组织"商务考察团"准备由印入藏。考察团包括测绘、绘图、医务、翻译等人员，以及武装卫队 300 余人，加上马帮、象队组成的运输队，规模十分庞大。考察团于 1886 年在大吉岭集中，准备于 4 月入藏，扬言如果西藏阻挡，将调集 3000 人的部队，"自行保护前进"，试图武装闯关。这一消息引起了西藏僧俗百姓的高度警惕。虽然，马科蕾使团最终由于中英关于缅甸问题的交涉而中止，但是，次年英军又潜入哲孟雄日纳（ri-nag）宗隆吐（lung-thur）至捻纳山一带，将"崎岖险仄处，平垫开宽"，并加紧修路、架桥，建立驿站，步步为营。面对英国从哲孟雄方向对西藏边境的进逼，噶厦政府召开全藏会议，签订《抗英卫教守土神圣誓言》，紧急动员征兵，并调集粮草，并决定委派江洛金多吉仁增为隆吐文武总管，在隆吐山扎营驻守。1888 年 3 月 20 日，英国军队向隆吐藏军发动进攻，藏军虽然武器落后，但是凭借地势优势，击退英军。3 月 24 日，英军调集重型武器，炮轰隆吐哨卡，藏军不敌，只好突围退往捻纳附近。隆吐失败并没有打击藏军的信心，噶厦政府召开全藏会议，决定扩大征兵范围，坚持抗英，在此期间，噶厦政府也给布鲁克巴德布王及掌握布鲁克巴实权的终萨本洛乌金旺秋写信，通报有关情况，并要求布鲁克巴守卫自己的领土。

　　噶厦政府写给布鲁克巴德布王的信函全文如下：

　　佛教之敌披楞英国在帕里前方之隆吐发兵来犯，民众大会向各地发布征兵等机密文件之时，由噶厦发给布鲁克巴第巴及终萨本洛之信函副本（共两封）：

　　南方护持利乐之第司仁波且（即德布王——引者注）：称为披楞之外邦不能容忍他人之安乐，以欺诈和暴力征服周边国家，掠夺土地人民。他们是广为人知的骗子，决无那些大国所具有的知足、廉耻、谦逊、谨慎等品行。特别是因为对吾等之佛教颠倒仇恨，故自咸丰（gzhan-hong）年间始到现在不断鼓噪要前来西藏佛教之地。去年西藏民众大会商定"自土自保"，派孜本江坚色（lcang-can-sras）前往隆吐检查新建工事壁垒，然而，贼盗之敌无故偷袭，当时在边界之官兵过少，战争力量悬殊而被敌人占领。无论后果如何，对此不做回应是我们所无法忍受的，阖藏全体决定以战争将敌人驱逐出去。

　　汝南方那若达巴教法之地与佛教同为一宗，施主大皇帝对历辈德布王爱护赐赠，从无间断。竹隅（即布鲁克巴——引者注）政府和百姓先后为圣教事业或民政军务勤谨服务之事在汉藏文献中亦记载颇详。特别是木鸡年（即 1885 年）内乱之时，不仅汉藏人等商议此事，大皇帝还饬谕前来命布鲁克巴及汉藏官员调查。通过他们的调停和裁决达成了协议，并将调查意见上报给达赖喇嘛和皇帝，但是，当时正值安班（即驻藏大臣——引者注）换班（即色楞额与崇纲）之时，我等尚未能向您告知最后情形。其后，如你等所知，各自出具甘结以守信用，遵照达赖喇嘛及皇帝的命令达成最后的协议。

　　甘丹颇章与竹巴政府同奉一教，如果圣神的教法、利乐之基被外道破坏，这不仅对世间众生无益，在未来我们也难逃皇帝之责难，这是我们无法承受的。

　　第巴阁下及您的下属，包括政府总管终萨本洛乌金旺秋都倾心向佛，清楚地知道当前西藏和披楞之间的纠纷。为得到和平解决，民众大会曾分别致函第巴和终萨本洛详细说明情况，并请自己保卫布鲁克巴的领土等，以及完全按照佛教行事。我们要求您与终萨本洛商量，以及您必须牢记向各地——官员、管理者、土地主、头人、百姓——

颁布你严格的命令。①

给乌金旺秋的信件内容也大致与此相符，只是较为简短。

查尔斯·贝尔曾指出，在 1888 年藏英战争中，西藏向布鲁克巴求援，被布鲁克巴拒绝。② 但是，通过上述信件我们看到，西藏在信中主要介绍了战争进程，以及重申了 1885 年对布鲁克巴内战的调停。但是，作为对布鲁克巴的要求仅提到"自土自保"和共同对皇帝的责任。这是否就包含着请求布鲁克巴参与对英战争呢？我们看到这种要求在文中并不明确。

对于布鲁克巴在藏英战争中的态度，英文和汉文材料的记载截然不同。英文材料都指出虽然西藏期望布鲁克巴根据噶林（Galing）会议的协议，出兵帮助自己，但是，布鲁克巴方面由于害怕失去英国人的津贴而没有做出反应。③ 兰姆也认为乌金旺秋因为害怕失去英国人的津贴而没有配合西藏的请求。④ 多数的英文著作认为布鲁克巴在战争期间保持了中立。

然而，汉文史料的记载与英文并不相同。当时，藏英数次交战，西藏兵败，节节后退。驻藏大臣升泰前赴亚东，劝退藏军，后又进入哲孟雄境内与英国人谈判，当时，布鲁克巴军队曾前来协助。升泰在奏折中言道：

> 布鲁克巴地大物博，民俗强悍，其地数倍哲孟雄，实为前藏屏蔽，西人呼为布丹国。该部上年曾经入贡，既而免去。其部长向无印信亦无封号（此说有误——引者注），此番奴才到边，该部长派千七百人来营效力。奴才正饬藏兵遣撤，岂可留此多人，致贻藏洋口实，是以重给赏需，勉以大义，饬其速回。许以事后当为之代恳天恩。该

---

①　N. L. Nornang, and L. Epatein, "Correspondence Relating to the Anglo-Tibetan War of 1888", *The Journal of the Tibet Society*, 1982, Vol. 2. 该文抄录了据说是由噶仲诺囊旺堆次仁（bka'-drung nor-nang dbang-'dus tshe-ring，1850—1910 年）所撰写的三份信函。这三份信都标明时间为土鼠年（sa-byi，即 1888 年），但是，夏嘎巴《西藏政治史》中却误将之作为 1904 年藏英第二次战争中的文件加以引用。

②　［英］柏尔：《西藏之过去与现在》，宫廷璋译，商务印书馆 1931 年版，第 66 页。

③　N. L. Nornang, and L. Epatein, "Correspondence Relating to the Anglo-Tibetan War of 1888", *The Journal of the Tibet Society*, 1982, Vol. 2.

④　Alastair Lamb, *Britain and Central Asia*, *The Road to Lhasa*, *1767 to 1905*, London: Boutlege and Kegan Paul, 1960, p. 187.

部长欢欣鼓舞，仍留头目数人在此听候，并以其部逼近印度，若无印信，难昭信守。①

虽然，升泰关于清朝与布鲁克巴关系史的论述是不准确的，但是，他作为当事人记录了布鲁克巴德布王派兵前来"效力"、请封的历史事实，随后发生的事件也与升泰的记载逻辑相连。升泰当时急于平息冲突，忠实执行清朝中央的妥协投降路线，不敢正面抵抗英国的侵略，故而"饬其速回"了。但是，第二年，德布王、帕罗本洛等为军官等请功，要求赏给顶戴。升泰奏道："布鲁克巴部长专差巴竹（即帕罗）奔洛来营禀称属下头目营官等均有微劳，恳请给予顶戴、执照，以资观感。"并开具名单，请求赏给终萨本洛替身森琫三品顶戴、帕罗森琫索巴摆噶四品顶戴、内务森本仑珠赏给四品顶戴，管兵头目普皆汪曲赏给五品顶戴，其他竹杰宗营官滚桑丹增、洛洽娃党曲策忍、浪栋仲巴洛布策丹等也请赏给六品顶戴。这些人都是当时主动前来协助升泰的布鲁克巴官员，自认为有功于清，故而请封。后来清朝照请分别赏给四、五、六品顶戴。

另外，英文材料也指出，当时居住在亚东的布鲁克巴原廷布宗本阿洛多杰在战争中一直都积极协助藏军，是抵抗英军的领袖之一。②

战争结束后（光绪十五年正月）布鲁克巴德布王桑杰多吉又专门呈递夷禀，请求转奏给予册封：

> 布鲁克巴自从前以来原归大皇帝属下子民，小部落之人曾有呈进贡物夷禀之例。近来系因微末部落地方甚小，以致不能呈进贡物夷禀，兼以本地黄教不免之灾，披（披楞，即英国）布两相不睦，故将布属边境甲昔各地方失守之时，屡次与藏中具禀，虽属未蒙作主，曾经本属现在之人亦无附和他方有坏佛教重务情事。……今恳者……务求邀恩圣恩，赏给盖用宝印敕书一道、从优奖赏顶戴职分并赐办事钤用印信一颗，务望大人转邀天恩俯赐允准，小的自应仰体大皇帝鸿

---

① 光绪十四年十二月二十八日（1889年1月29日），升泰：《布鲁克巴内附片》，见吴丰培编辑《清代藏事奏牍》下册，中国藏学出版社1994年版，第754—755页。

② See June 8, 1904, *Mr. Walsh to Colonel Younghusband*, F. O. 535, Vol. Ⅳ. Inclosure 1 in No. 22.

恩，诚心顾念黄教，保守边疆，将来可无他患。设恐不免之灾，倘有他虞，随时准其具禀，此项例规，请于大皇帝案卷内注明，务恳准如所请，则沾恩典。伏思小的若得此项赏赐敕书印信仅足威镇外敌，因地处极边，复恳请与东面曲仔本洛（即终萨本洛——引者注）及西面仁绷本洛（帕罗本洛）等各赏赐敕书印信。①

在正月六日（1889年2月5日）的信函中又称：

（布鲁克巴）本系大皇帝属下边藩，雍正年间曾经附驿奏书，进献方物，阖部均奉佛教。上年披布不睦之时，布鲁克巴实属财力不及，只得两相和息，披楞占我布属甲昔地方，按年拨给地租，至今仍然交收，彼此并无异议。我布鲁克巴亦未有他向之心。惟我布鲁克巴部长及办事之人向未得蒙赏印信，不能见重于人。今求驻藏大臣邀恳圣恩，赏给部长及东西两路办理部务之人敕书各一道，并办事印信各一颗。如蒙转邀天恩，俯赐允准，小的布属官民自应仰体鸿恩，诚心顾念黄教，力守边疆，可无他患。如外洋人之心，但有不法，即当力为堵御，飞速具禀。倘蒙代为奏请，我阖部人等必能拼力效命，为大皇帝力守南荒。②

理藩院调查发现，"（布鲁克巴）地处遐荒，仅止羁縻弗绝，未尝列于职方。历年既远，从前所颁敕印，后来传于何人，亦已无可稽考"。③

升泰在亚东与英国人交涉哲孟雄事宜，深感布鲁克巴对于西藏安全的重要性。他先后分析指出，布鲁克巴民俗强悍、林密山深，毗邻西藏、哲

---

　① 光绪十五年正月（1889年2月），升泰：《扎复布鲁克巴请赏印信已代奏请折》，见吴丰培整理《光绪朝布鲁克巴秘档》，中国藏学出版社《西藏学文献丛书别辑》（不撰年）第十四函，第二册，第82—83页。

　② 光绪十五年正月，《驻藏大臣升泰奏布鲁克巴倾诚向化恳请颁给敕书折、附上谕及移咨川督文》，见吴丰培整理《光绪朝布鲁克巴秘档》，中国藏学出版社《西藏学文献丛书别辑》（不撰年）第十四函，第二册，第85页。

　③ 《总理衙门、理藩院等遵旨议复布鲁克巴倾诚向化恳请赏给印信折》，见吴丰培整理《光绪朝布鲁克巴秘档》，中国藏学出版社《西藏学文献丛书别辑》（不撰年）第十四函，第二册，第90页。

孟雄、印度，地理位置十分重要。从布鲁克巴北上到拉萨"不及十站"，实为西藏紧要屏藩。哲孟雄已失，布鲁克巴距藏甚近，不可一误再误。设法羁縻，也可做亡羊补牢之计。[①] 后来他又指出：

> 布鲁克巴地大物博，南通印度隘口其路共十有三条，其尤为紧要者乃东南隅之札西岗，与印度相连，中隔布坦（即布鲁克巴）之界仅一日，即系藏南之翠南（即错那——引者注）营官地面，而翠南乃藏属贸易繁茂之所，是以英人亟欲求通此道，假言进藏礼佛，屡向布鲁克巴借径，布人弗允。有布属之叠瓦塘地方，气候温和，地道平坦，在白栋之东，英人拟租此地为埠头，又欲将火车铁路接修至此，曾以重赀赂布酋，布人亦不之许，此独脊岭（即大吉岭——引者注）汉番之所共知也。……布坦一地实为藏地第一紧要屏藩，亟宜加意羁縻，使彼心知感激，日后可期大为我用。[②]

升泰建议，赏封布鲁克巴德布王喇嘛桑杰多吉（sangs-rgyas rdo-rje，1886—1903 年在位）"布坦部长诺门罕"名号，准其世代承袭，颁给"防守边疆敕书"一道。分别赏封终萨本洛和帕罗本洛"办理布鲁克巴事务东路奔洛札萨克"、"办理布鲁克巴事务西路奔洛札萨克"，各给敕书一道，"责令管辖部众，绥靖边防"。

依据西藏旧制，"佐理黄教事务向设有诺门罕名目，至办藏务之番官亦有授为札萨克一、二等台吉者"。布鲁克巴乃西藏属部，名号自应低于西藏。显然，升泰试图通过册封德布王为"诺门罕"、终萨本洛和帕罗本洛为"扎萨克"，这样超规格的名号起到笼络人心的作用。

总理衙门、理藩院等称虽未办过似此成案，"但察看现在西藏局势未

---

① 光绪十五年正月（1889 年 2 月），升泰：《布鲁克巴倾诚向化恳请颁给敕书折》，见吴丰培整理《光绪朝布鲁克巴秘档》，中国藏学出版社《西藏学文献丛书别辑》（不撰年）第十四函，第二册，第 85—88 页。

② 光绪十六年三月（1890 年 4—5 月），升泰：《以赏封布鲁克巴部长名号及敕印务使该部心知感藏力回南藩折》，见吴丰培整理《光绪朝布鲁克巴秘档》，中国藏学出版社《西藏学文献丛书别辑》（不撰年）第十四函，第二册，第 93 页。

定，似宜扩广皇仁，以抚其众"，同时，为了"绥靖边疆"，① 同意授予德
布王桑杰多吉"诺门罕"名号，而终萨本洛和帕罗本洛分别授予二等台
吉。但是，由于当时升泰与英国之间谈判尚未结束，故而决定等西藏"局
势大定"之后再行册封。

光绪十六年（1890 年）三月，升泰又奏"奴才在边两载，节次查询
布夷情形，始知该处地方大小事宜悉由东路中萨奔洛（终萨本洛）办理，
布夷亦极信服，西路之巴竹奔洛只能帮同料理，向在该处与中萨稍有等
差"，因而再次建议在颁给印信、敕书时分别正、副字样，"以符该处旧
章，而免有侵权争竞之弊"。② 可见，此前升泰等起初对布鲁克巴内部的
政治状况并没有清晰的认识。

光绪十六年九月初十（1890 年 10 月 23 日），皇帝审定印文，指示用
满、汉、藏三体篆文缮写。然而到光绪十七年（1891 年）七月，理藩院
准备发敕书时，才发现尚不知终萨本洛、帕罗本洛之名，只好尽快让升泰
报来。光绪十七年十月升泰报终萨本洛名乌金旺秋，帕罗本洛名四朗
旺堆。

光绪十七年十月，在经过两年多的拖延后，清朝终于将颁给布鲁克巴
德布王等的印信、敕书由驿站递送西藏，十一月初三（12 月 3 日）驻
防前藏把总张文元及戈什哈、周克先、郝渡云等率领译员及兵丁五名，护
送"木匣三个内装印三颗、竹筒三筒内装饬谕三道"由拉萨起程，取道江
孜前往布鲁克巴，十一月二十日（12 月 20 日）到布鲁克巴边境，布鲁克
巴德布王根据驻藏大臣要求派头目在边境迎接，一同于十二月初六（1892
年 1 月 5 日）③ 抵首府普纳卡，德布王桑结多吉、终萨本洛乌金旺秋、帕
罗本洛四朗旺堆等出郊外迎接。

---

① 总理衙门、理藩院等：《遵旨议复布鲁克巴倾诚向化恳请赏给印信折》，见吴丰培整理
《光绪朝布鲁克巴秘档》，中国藏学出版社《西藏学文献丛书别辑》（不撰年）第十四函，第二册，
第 89—91 页。

② 光绪十六年三月，升泰：《以赏封布鲁克巴部长名号及敕印务使该部心知感藏力回南藩
折》，见吴丰培整理《光绪朝布鲁克巴秘档》，中国藏学出版社《西藏学文献丛书别辑》（不撰年）
第十四函，第二册，第 93—94 页。

③ J. Claude White, *Sikkim and Bhutan*（New Delhi: Cosmo Publications, 1984, p. 288）
称，帕罗本洛告诉英人保罗（Paul），1891 年 11 月 21 日，驻藏大臣属下官员访问他，并颁发金
字敕书、印信。无论时间、颁发印信地点皆与汉文记载有异。

英人怀特在《锡金与不丹》一书中录有颁给德布王和终萨本洛的印信印文，我们看到，赐布鲁克巴德布王桑结多吉之印，汉文为"布坦部长诺门罕印"，藏文为"'brug bu'u-than sde-srid no-min-han gyi tham-ka"，满文为"burukbutan aiman i nomun han i doron"。赐终萨本洛乌金旺秋之印，汉文为"办理布鲁克巴事务东路奔洛正札萨克印"，藏文为"'brug-khul spyi-khyab las-don byed-po sprod-gsar dpon-slob tsa-sag che-bo'i tham-ka"，满文为"burukba i baita be icihiyara dergi ergi jugūn i jingkini jasak i doron"。[①] 赐帕罗本洛四朗旺堆之印，汉文为"帮办布鲁克巴事务西路奔洛副札萨克印"。满文、藏文不详。文献记载，颁给帕罗本洛的印信后来毁于帕罗宗火灾。[②] 印皆为方形，左为篆写汉字，中间楷体藏文，右为满文。敕书皆用汉藏文合璧。

19世纪70—80年代，随着英国加紧对中国西藏的侵略，西藏与布鲁克巴的命运再次紧紧地联系在一起。而清朝高层有关西藏与喜马拉雅藩属关系的讨论，也使他们认识到藩属的命运关系到自己的安危，因此，在处理与布鲁克巴关系时显得更为积极。在各方共同努力之下，西藏与布鲁克巴关系也迎来了"中兴"，经历了一个亲睦和谐的密切交往期。说明传统的宗藩体制在经过适当的调整后，仍然具有一定的适应性和生命力。然而，就像西藏在强化与布鲁克巴的宗藩关系时潜埋了许多随时可能凸显的问题一样，古老的宗藩体制也已是疮痍满目，它不可能真正开创一个新的纪元，因而也不可能从根本上解决所面临的各种危机。面对西方列强的威逼和渗透，清朝周边的藩属均出现脱离倾向，清朝外交体系中的宗藩体制行将崩溃，在这样的宏观背景下，布鲁克巴自难例外，西藏与布鲁克巴延续了180年的宗藩关系的终结也只是一个时间问题。

---

① 　J. Claude White, *Sikkim and Bhutan*, New Delhi: Cosmo Publications, 1984, p. 287. 此印文满文转写承中国社会科学院民族学与人类学研究所江桥研究员帮助，特此致谢。

② 　马吉符：《入布调查复文》，见吴丰培整理《入布调查复文、布鲁克巴史料摘抄》，中国藏学出版社《西藏学文献丛书别辑》（不撰年）第十四函，第四册，第5页。

第九章 英国第二次侵藏战争与
布鲁克巴的角色变化

　　19 世纪末 20 世纪初，世界各资本主义大国再次掀起瓜分殖民地的狂潮，其中英国和俄国在中亚展开了所谓的"大争夺"（Great Game），在这场争夺中中国西藏被认为具有重要的地缘战略价值，因此双方都企图将自己的势力向西藏渗透，甚至直接占领西藏。英印政府总督寇松（Curzon）为了实现在尽可能远的地方挡住俄国进攻的目的，积极推行所谓的"前进政策"，而控制或占领西藏就是这一政策的目标之一。于是，英印政府借口英国与驻藏大臣先后签订的《中英藏印条约》（1890 年）和《中英续订藏印条约》（1893 年）未能得到西藏人民的遵守，而制造舆论认为清朝政府不能有效约束西藏人民，说"所谓中国在西藏的宗主权，乃是一种章程上的虚构，一种政治上的矫饰"，声称要谋求与西藏地方政府的"直接交往"。与此同时，俄国间谍、第十三世达赖喇嘛的侍读德尔智喇嘛（ngag-dbang blo-bzang/rdo-rje yib）于 1900 年、1901 年作为西藏"特使"两次出现在俄国首都彼得堡，使英印政府大为惊慌。1903 年寇松向英国政府建议应该"派一个英国代表团赴拉萨"，与西藏谈判缔约，并派英国外交代表或领事常驻拉萨。尽管英国政府考虑到俄国对西藏的关注而有所忌惮，但寇松最终还是决定派荣赫朋（F. Younghusband）、麦克唐纳（Macdonald）率领英国军队武装侵略西藏。第二次英国侵藏战争就这样揭开了序幕。

　　布鲁克巴因为其特殊的地理位置成为英印政府和西藏噶厦政府双方争

取的目标。布鲁克巴与西藏有着上千年的历史关系，自 1730 年以来一直是西藏的藩属，百数十年来，双方在宗藩关系框架下，保持着密切关系。1885 年，布鲁克巴发生内乱，驻藏大臣、西藏地方政府再派官员前往主持调停，颁发了规范两造行为的"断牌"事宜十条，其中特别规定布鲁克巴与西藏"同遵黄教，和好有年"，[①] 倘若边界遭到英国等外国侵略，应该相互协同救应。因此，西藏与布鲁克巴在喜马拉雅山地区理所当然地被视为"兄弟"和盟友。然而，在英国侵略西藏的战争中，布鲁克巴并未与西藏站在一起。尽管当代的布鲁克巴文献中认为该国首领终萨本洛乌金旺秋（krong-gsar dpon-slob o-rgyan dbang-phyug）始终"爱怜西藏"，坚持履行了中立调停的任务，[②] 然而，面对更为强大的英国的威逼利诱，布鲁克巴不得不向英国屈服。乌金旺秋从一个试图扮演调停人角色，逐步转变成为了英国人的"传声筒（mouth-piece）"[③] 和向西藏施压的工具，扮演了侵略者"帮凶"的角色。[④] 1903—1904 年的英国第二次侵藏战争成为西藏与布鲁克巴关系的一个重要转折点。

一　布鲁克巴在第二次英国侵藏战争中的战略地位

英国侵略西藏必须要翻越高耸的喜马拉雅山脉，因此选择最有利的进藏路线是军事行动取得胜利的重要保证。荣赫朋等在多方调查后获知从印度平原有数条进入西藏的道路，最为便捷的是穿越布鲁克巴西部沿阿姆曲

---

①　光绪十二年八月，《后藏粮务刘韩文等禀查办布鲁克巴情形并订断牌十条又附夷结三张请赏该部官员翎戴单》，载吴丰培整理《清光绪朝布鲁克巴秘档》，中国藏学出版社《西藏学文献丛书别辑》（不撰年）第十四函，第二册，第 64 页。

②　［不丹］不丹研究中心《布鲁克巴国王乌金旺秋传》（'brug brgyud-'dzin gyi rgyal-mchog dang-pa mi-dbang o-rgyan dbang-phyug mchog gi rtogs-brjod bzhugs-so）（不丹研究中心 2008 年藏文版）、［不丹］白玛次旺《布鲁克巴王统世系明鉴》（不丹国家图书馆 1994 年藏文版）等都持相同观点。

③　Parshotam Mehra, *The Younghusband Expeditior（to Lhasa）: An Interpretation*, New Delhi: Gyan Publishing House, 2005, p. 330.

④　周伟洲主编：《英国、俄国与中国西藏》，中国藏学出版社 2000 年版，第 209 页。

（A-mo chu，即亚东河下游）河的路线。但是布鲁克巴属于西藏的藩属，传统上西藏地方政府对布鲁克巴有着强大的影响力，因此很难期望从布鲁克巴获得使用该路线的许可。这样对于英军来说在可供选择的路线中从哲孟雄经亚东（英人称春丕谷/Chumbi Valley，因亚东河谷春丕村而得名）、帕里的线路是最好的，但是，这条线路对于英国人来说仍然存在两个重大隐患，即翻越则利拉（rdza-leb-la/Jelap La）、乃堆拉（sna-thod-la/Nathu La）山口对后勤保障带来的巨大困难和布鲁克巴可能协助西藏参战对英军造成的致命威胁。

首先，英国军队前往哲孟雄必须从大本营大吉岭（rdo-rje gling）出发沿提斯塔（teesta）河逆流而上，最后在藏哲交界的则利拉山口或乃堆拉山口翻越喜马拉雅山进入西藏亚东。虽然这一条线路优于其他线路，但仍然极其艰险。1903 年荣赫朋接受任务从西姆拉前往哲孟雄的途中，经过提斯塔河谷，就充分感受到这条道路的艰险将成为远征军给养保障的重大威胁。他看到海拔仅七百尺的提斯塔河谷，宽 30 多米，乱石嶙峋，水流湍急。而气候则如温室，热气蒸腾，瘴毒弥漫。英军第三十二工兵队正在河谷中修路，他在所著《印度与西藏》中记述了见到的情景：

> 其郁闷凄惨之状，诚余生平所仅见。营帐、衣物、陈设总总一切用具悉为潮水浸渍。暑气郁抑，虫毒酷不可忍，生命殆为热毒摧毁殆尽，在此情状下之不幸生涯，吾人试一悬想，当为之不寒而栗。……方其工作时，全身为雨水汗液所浸透；殆退归营幕，则幕中一切衣物其潮湿并不稍减；毒虫之困扰，则无分昼夜，亦无论在工作时抑或在营幕时也。[1]

而筑路始竣，又为激流冲毁，卷入河水。在山谷中前行，"沿途经数处危崖，下有奔流怒放之溪流，旁无足防颠覆之障壁与栅栏。余从未见道路险峻更甚于此者"[2]。荣赫朋正确地预见到使用惯于高寒气候、性情桀

---

① ［英］荣赫朋：《英国侵略西藏史》（原书名《印度与西藏》），孙熙初译，西藏社会科学院资料情报研究所 1983 年版，第 82 页。

② 同上。

骛易惊的牦牛在这样湿热狭窄的河谷中运输军需，必定会发生诸如口脚疱疹等疾病，互相挤顶坠崖也在所难免。① 从哲孟雄进入亚东河谷，必须翻越海拔4000米以上之则利拉、乃堆拉山口，这些山口道路崎岖，极度严寒，一到冬季经常大雪封山，无法通过。荣赫朋感叹以此种道路承担为英军提供给养的任务，实不堪信任。因此，他向英印政府提出建议，希望能与布鲁克巴政府达成协议，修筑一条通过布鲁克巴领土上的沿阿姆曲河、迪曲河河谷的道路，直接进入亚东，这条路线直接与孟加拉平原相连，途中没有高大的雪山和海拔高度的剧烈起伏，且大大缩短了后勤补给的距离。

其次，英军从狭窄的亚东河谷北上到帕里、江孜的前进道路，一直紧靠着布鲁克巴的西部边界，如果布鲁克巴军队在战争中与西藏军队结成联盟，或遵从于西藏的命令，从英军右侧居高临下实施攻击，则会使英军面临极大的威胁。荣赫朋在经过亚东河谷时曾言，"此间倘伏有壮士三数人，即能大足阻遏我军前进"②。英国《每日邮报》记者埃德蒙·堪德勒（Edmund Candler）在《拉萨真面目》中也表达了英军对布鲁克巴的担心：

在与西藏交战的情况下，不丹人保持中立这是最重要的。如果不丹人持不友好态度，或者他们有意将自己的命运与他们的西藏宗教兄弟绑在一块，那我们的运输线在沿着堆纳平原的一线就会暴露在侧翼的攻击之下，因为堆纳平原与不丹边界接壤，而且在春丕谷的任何地方以至到南边仁青岗地段也会暴露在后背袭击的威胁之下。……如果

---

① ［英］埃德蒙·堪德勒（Edmund Candler）在《拉萨真面目》（The Unveiling of Lhasa）中作过更为详细的记载："运输队在低海拔地区租用了二百头水牛，但幸存下来的只有三头"，"（在尼泊尔）一开始买了四五千头牦牛，还未到达边境，就有一千多头死于炭疽病"。第一支、第二支牦牛队的2300头牦牛在到达春丕时只剩80多头。见尹建新、苏平汉译本，西藏人民出版社1989年版，第65—66页。

② ［英］荣赫朋：《英国侵略西藏史》，孙熙初译，西藏社会科学院资料情报研究所1983年版，第119页。埃德蒙·堪德勒也认为"这种地方只要掌握在具有基本的科学知识和尚武精神的人手中，就会变成坚不可摧的军事阵地。上面的悬崖上只要布置几个狙击手，就可以安然无恙地消灭进攻的一个纵队"，见［英］埃德蒙·堪德勒《拉萨真面目》，西藏人民出版社1989年版，第21页。

他们对我们持敌对态度，那就会要另派一支部队，而且力量要与派往西藏的远征军相仿才行。①

事实上，当时英国得到的情报显示，布鲁克巴有可能在战争中支持西藏。1903 年 9 月英国派往西藏的间谍在帕里听到消息，布鲁克巴西部的政治领袖帕罗本洛送信给西藏，说布鲁克巴将在 9 月（藏历）讨论加入西藏抵抗英军的事宜，信中说"菩提亚人准备这样（支持西藏），因为英国人在布华山口（dpa'-bsam-kha/Buxa）和达岭山口（Daling）占领了他们的地方，不丹询问他们如何加入西藏一方——在布华山口、噶伦堡（实施攻击）或怎样"②。1903 年 10 月 18 日，英国驻大吉岭副高级专员查尔斯·贝尔（Charles Bell）派出的情报人员在亚东仁青岗听到消息：终萨本罗乌金旺秋于 8 月间给拉萨写信，说他可以帮助西藏，停止英国修建穿过布鲁克巴领土的道路，以及抵抗英国，但是要求西藏把亚东割让给布鲁克巴。他还要求布鲁克巴每一户村民制造 200 支箭。当西藏拒绝了他的要求后，他即要求停止造箭，但又要求收集铁器。③ 这些情报并不十分明确，但是，假如布鲁克巴决定支持西藏，那么将给英军造成巨大的困难，因为对布鲁克巴军队英勇强悍的战斗精神英国人在 1864—1865 年的英布战争中已有领教。因此，荣赫朋说"关于不丹，吾人此日常怀极大之忧虑"，因为"不（丹）藏两国同一信仰，关系密切。故不（丹）人左袒藏方大有可能，而吾人最低限度须使不（丹）人中立，其关系殊非浅鲜"。④

要保证英军侵略西藏行动的顺利就必须改善与布鲁克巴的关系，否则上述两大隐患都有可能使英军面临巨大困难。于是，英印政府开始对布鲁克巴实施利诱与威逼相结合的策略。

---

　　① ［英］埃德蒙·堪德勒：《拉萨真面目》，尹建新、苏平译，西藏人民出版社 1996 年版，第 77 页。

　　② Sept. 23, 1903, *Note by Mr. H. C. Williams, Commissioner of Rajshahi*, F. O. 535, Vol. Ⅰ. Inclosure 6 in No. 7.

　　③ Dec. 18, 1903, *Deputy Commissioner Bell to Government of Bengal*, F. O. 535, Vol. Ⅱ. Inclosure 3 in No. 13.

　　④ ［英］荣赫朋：《英国侵略西藏史》，孙熙初译，西藏社会科学院资料情报研究所 1983 年版，第 130 页。

二　英印政府对布鲁克巴的威逼利诱

　　起初英印政府建议藏英双方在哲孟雄北方的藏属岗巴（kam-pa）宗就双边关系举行谈判，荣赫朋等人也于 1903 年 7 月越界进驻岗巴宗，但是，其真实意图仍然是想通过亚东进入西藏，因此，英印政府非常关注布鲁克巴的动向。由于英国情报机构不断获得有关布鲁克巴可能支持西藏的信息，当时孟加拉政府中有人认为有必要关闭与布鲁克巴领导人的通信往来，以示警告。但是，荣赫朋却认为"我们应该有能力让他们（即布鲁克巴）转向我们一方，因为他们害怕我们停止仃给津贴，以及利用集结在锡金的军队攻击他们"，他说给予布鲁克巴优厚的经济补助，不仅有可能使英军使用通过布鲁克巴的道路，"如果操作得好，这也许是使他们投向我方的机会——就像尼泊尔"。[①] 荣赫朋提到的"津贴"是指 1864—1865 年第二次英布战争之后签订的《辛楚拉条约》第四款的内容，即英国占领布鲁克巴南部的山口地带（当地语称为"垛尔/Dour"），作为补偿每年向布鲁克巴政府提供 5 万卢比的津贴。南部山口地带是布鲁克巴最富庶的地区，也是布鲁克巴与印度阿萨姆地区的贸易通道，该地区是布鲁克巴政府的经济命脉，英国人在 1865 年的一项调查指出，如果兼并南部山口地带，布鲁克巴国内的经济潜力可以忽略不计。[②] 1865 年英国兼并山口地带，布鲁克巴政府失去了主要的财政收入来源，从比，英印政府的津贴就成为布鲁克巴政府最重要的财政收入，同时也成为国内各政治势力争夺的目标。[③] 1885 年布鲁克巴内战与这笔津贴的分配争议有关，1888 年第一次

---

　　①　Sept. 26，1903，*Colonel Younghusband to Government of India*，F. O. 535，Vol. Ⅰ. Inclosure 1 in No. 7.

　　②　Kapileshwar Labh，*India and Bhutan*，New Delhi：Sindhu Publication Ltd.，1974，p. 97.

　　③　依照当时在西藏、布鲁克巴、哲孟雄边界地带的价格，一只绵羊为 4 卢比，一袋大米（Maunt）为 6 卢比。(See Feb. 16，1904，*Walsh to Colonel Younghusband*，F. O. 535，Vol. Ⅱ. Inclosure 4 in No. 45.)，以此推算，50000 卢比的购买力为 12500 只绵羊，8333 袋大米。这又相当于 100 位布鲁克巴驻亚东代表这样高级官员的年薪（约 80 袋大米），而这一级别的官员整个布鲁克巴也不会超过几十个。

藏英战争中布鲁克巴未公开支持西藏也与害怕英国终止支付津贴有关。事实上，这笔津贴已成为英国对布鲁克巴施加政治影响的有力工具，英国人对此极为明了。侵略西藏的战争蓄谋已久，而布鲁克巴政府的态度仍未明朗，为了迫使布鲁克巴政府屈服，英国人决定再次利用津贴向布鲁克巴政府施压。

荣赫朋建议英印政府主管布鲁克巴事务的孟加拉政府高级专员玛林丁（C. R. Marindin）尽快在天气寒冷之前与帕罗本洛达瓦班觉（zla-ba-dpal-'byor）或终萨本洛乌金旺秋在布华山口或噶伦堡会晤，并特别指出会谈中一是要求布鲁克巴同意英国官员前往阿姆曲河、迪曲河探寻、勘测通往亚东的道路；二是要求布鲁克巴同意像尼泊尔一样提供牦牛或其他运输工具帮助英军运输军需，① 因为尼泊尔提供的牦牛在提斯塔河谷运输军需时，不能经受湿热的气候而患口脚疱疹大量死亡。

1903 年 10 月 9 日，英印政府正式写信通过布鲁克巴驻噶伦堡的代表乌金卡基（o-rgyan Kazi）邀请终萨本洛乌金旺秋与玛林丁会晤。但是，信中并没有道出其真实的企图，只说为了使英国与西藏之间的谈判求得圆满的解决，希望布鲁克巴能像尼泊尔为英印政府所做的那样为解决所有的困难而努力。② 随信还送去金表、金链作为礼物。当时尼泊尔已经与英印政府合作，不仅承诺提供 8000 头牦牛负责运送军需，③ 还负责为英印政府提供情报，劝告第十三世达赖喇嘛放弃抵抗等。终萨本洛似乎未能很好地理解信件中所暗示的内容，他一面写信给达赖喇嘛表示西藏与英国和谈为好，④ 一面回信称愿意与玛林丁会晤，但实际上采取了拖延的策略，仍在观望之中。英国为逼迫布鲁克巴就范，以等到布鲁克巴政府代表与英印

---

① Sept. 24, 1903, *Government of Bengal to Government of India*，F. O. 535，Vol. Ⅰ. Inclosure 5 in No. 7.

② Manorama Kohli, *India and Bhutan: A Study in Interrelations 1772 − 1910*，New Delhi: Munshiram Manoharlal Publishers Pvt. Ltd.，1982，p. 158.

③ 根据 Oct. 7, 1903，*Resident in Nepal to Government of India*，F. O. 535，Vol. Ⅰ. Inclosure 5 in No. 13，英国人实际需要 3500 头牛。

④ 《十三世达赖喇嘛年谱》载："1903 年：不丹终萨本洛与乌金卡基来函称：眼下英人拟采取重大军事行动，藏方若以武力还击，武器装备不如对方，故双方和谈为好。故此，我二人将前来从中调停。此乃我等管见，望请考虑。为感。"见西藏自治区政协文史资料委员会编《十三世达赖喇嘛年谱》，民族出版社 1989 年版，第 69 页。

政府代表会晤时交付 1903 年度的津贴为借口，拒绝按惯例于 11 月 1 日在噶伦堡或布华山口交付。

就在玛林丁等待与乌金旺秋会晤之时，孟加拉政府向英印政府提出了一系列利诱布鲁克巴的建议，主要包括三个方面：1. 鉴于布鲁克巴在开辟通过阿姆曲河道路中的重要性，英印政府付给布鲁克巴的年度津贴应当提高（孟加拉总督建议增加 25000 卢比）；2. 为了刺激布鲁克巴对修筑道路的兴趣，建议可让布鲁克巴政府征收合理的货物税，以改变 1865 年条约中免税的条款；3. 英印政府"转交"大吉岭西部 70—80 平方公里土地给布鲁克巴，据说当时查尔斯·贝尔在 1903 年 9 月检阅旧文献时发现本应该属于英国的该处领土在 1866 年时错划给了布鲁克巴。此外孟加拉地方官员还答应将布鲁克巴南部从玛纳斯河（Manas）到达让噶（Daranga）之间的一块细长的领土割让给布鲁克巴。[①] 英印政府虽然没有批准上述建议，但指示孟加拉政府只要布鲁克巴同意帮助运输军需，可以暗示英印政府将满足他们的任何要求。后来又指示谈判即使不能获得布鲁克巴的友谊，但最重要的是让布鲁克巴保持中立，因为布鲁克巴的中立不仅使英军在亚东河谷的行动保持自由，更重要的在喜马拉雅山地区孤立西藏，使达赖喇嘛在精神上受到压力。[②]

1903 年 12 月 15 日英军占领亚东，得到情报说布鲁克巴在组织军队准备袭击英军。12 月 19 日，玛林丁再次写信给终萨本洛，威胁说如果布鲁克巴首脑不与他会晤，他不能保证他的政府继续按照 1865 年条约对布鲁克巴保持友好，[③] 包括停止付给布鲁克巴每年 5 万卢比的津贴。明确表达了威胁之意。12 月 22 日，英军占领帕里。随后，有关布鲁克巴的政治事务转交由荣赫朋负责。25 日，荣赫朋写信给终萨本洛和帕罗本洛，要他们到亚东去会晤，他指出自从"危机"发生以来布鲁克巴代表还从未与英国官员会晤，同时他急切地希望能与布鲁克巴政府达成协议以修筑通过布鲁克巴到亚东的道路。[④] 事实上，因为已到隆冬季节，"在通往锡金

---

① Kapileshwar Labh, *India and Bhutan*, New Delhi: Sindhu Publication Ltd. 1974, pp. 135 – 136.

② Ibid. , pp. 136 – 137.

③ Ibid. , p. 137.

④ Ibid. , p. 139.

（哲孟雄）之界岭地带，积雪较多，每经一次迥异寻常之大雪，关隘常为之封锁"①。英军的后勤补给屡屡告急。

英军轻易占领亚东、帕里等边境重镇，帕里属藏布交通要隘，进出布鲁克巴极为便利，这给仍在观望之中的布鲁克巴政府以巨大压力。英国人的情报指出，此时布鲁克巴不仅不会发起进攻，更可能的倒是布鲁克巴人害怕英军向他们发起进攻。② 1903 年 12 月 30 日终萨本洛终于对英国人做出反应，致函玛林丁。他在信中写道：

> 您的信，我从施主处于 11 月 10 日即 1903 年 12 月 29 日得到，非常高兴您的安康。您曾在信中说我未能理解孟加拉政府的要求，其实是我未能确定我们会面的时间和地点。另一方面，您说您曾得到消息说我们正在集结军队和弹药，准备进行战争。我们的尼泊尔（族）居民正在卖掉他们的牛、绵羊、山羊，准备逃亡。我可以向您保证这些都是虚妄的和恶毒的报告。其目的是要在英国和布鲁克巴政府之间引起不快。
>
> 信中谈及，根据《辛楚拉条约》，当英国与外国发生战争，不丹应该作为调停者；如果布鲁克巴与外国发生战争或任何纠纷，英国同样应该如此。我们真的感觉到您没有做错任何事情，还经常给我们以帮助。我们也同样，至少对邻国没有任何的不良愿望，没有任何引起贵政府不快或怀疑的行为。我敢说您一定感到那些讯息说我们准备战争是完全虚假的，是恶毒地在两国政府之间制造误会和不快。但是，如果您仍然对我的话存有任何怀疑，您可以派人来检查我们的城堡。我很希望消除您的怀疑。因此，我请求您不要听从那些虚假恶毒和诽谤的报告。我再次向您保证迄今为止我们一直（对贵政府）抱有友好纯洁的感情，就如同一条未受到玷污的洁白哈达。
>
> 至于您在信中提到的年度津贴的支付，我请求根据您在上封信中（1904 年 1 月 10 日，木猴年 11 月 30 日）提到的那样在指定的时间

---

① ［英］荣赫朋：《英国侵略西藏史》，孙熙初译，西藏社会科学院资料情报研究所 1983 年版，第 130 页。

② Jan. 15，1904，*Younghusband*：*Political Diary of the Thibet Frontier Commission*，F. O. 535，Vol. Ⅱ. Inclosure 1 in No. 45.

支付。

另外，对于西藏事务，我认为在双方之间作为调停者是我的义务，首先根据上面已提到的我们两国之间的条约，当英国与其他国家发生战争时，布鲁克巴政府应该作为调停者，其二，作为与西藏邻近、领土相连以及关系密切的实际状况，我们从一开始就有介入以作为两国之间的调停人的愿望。

因此，我希望在动身之前确定事情的真相，了解双方的意向，否则是无用的。承蒙孟加拉政府和您本人的抬爱、通过我们的代表乌金卡基送来信函和口信，其中很明确——讨论了许多涉及西藏和英国政府的重要事情，您希望与我亲自会晤。您表达了我应该引导西藏和英国政府趋向和平的愿望和希望，以及我自己应该到布华山口或噶伦堡或其他合适的地点。我也已经表达要答应您的要求，愿意如你希望的那样做，以便不辜负您的期望。但是，同样恶毒的消息就像您前面听说的，也在西藏传播，说布鲁克巴准备秘密帮助英国人以打击西藏，这使他们对我们产生怀疑，它产生的不幸后果是他们推迟答复我们给西藏的信件，使他们撤销了任何与我们的交流，因此发生了长时间的拖延，最终，西藏给予我们答复，说："我们得到了来自尼泊尔和哲孟雄政府的和平调停，我们派了两名官员去处理边界事务，但是还未能从那里获得任何报告，我们一旦收到报告，就会让你知道，你可以给予帮助和协助。"

这是我们得到的唯一的消息，没有更多的。你可以从中看到我不能做任何超过此点的事情，因此，我又写了另一封信，还没有收到回复。另外，根据我们的固定习惯，11 月要向扎仓贡献年度的布施，这也造成了一些推延。另外，中国的驻藏大臣将从西藏前来，他是帝国的官员，我想他肯定会对西藏和英国之间的条约起到积极的影响，我想我们微不足道的努力对于两国政府谈判的帮助是微小的。但是除了作为两国政府调停者的功用之外，如果您在英国和布鲁克巴政府之间有任何其他的或重要的事务需要商议，我很乐意在布华山口举行会谈。另外，如果考虑驻藏大臣将成为西藏利益的代表，因此您愿意让我在谈判中代表您的一方，就像您在通过乌金卡其寄来、坚持要我前往的那封与孟加拉政府的信件一同寄来的信中暗示的那样，我现在准备这样做。现在我愉悦地等待您的尽快答复。我计划从此时起大约十二月五日（公历 1904 年 1 月 20 日）或最晚七日，我能够到达普纳卡，我将进呈这一计划给德布王考虑以及"内阁"讨论，这将花费 5 天，然后我将在帕罗停留 3 天，这将不会耽搁很长时间，然后我将直接前往，我希望会谈能在安排在亚东附近的某个地方。①

从乌金旺秋的信中我们看到，虽然信中对英国人充满了尊敬的语言，但当时布鲁克巴政府还只是期望在英藏冲突中扮演一个调停者的角色。1865 年《辛楚拉条约》只规定了英国有权仲裁布鲁克巴与哲孟雄、库赤·比哈尔之间的纠纷，而乌金旺秋声称布鲁克巴对英国也有这种义务。从布鲁克巴与西藏关系的角度来看，乌金旺秋对西藏地方政府处理 1885 年布鲁克巴内战的方式存有怨言，当时驻藏大臣和噶厦政府派出的官员对布鲁克巴内战双方采取了隔离分治的策略，这在一定程度导致了乌金旺秋的不满。② 然而，当两次与布鲁克巴发生战争并侵夺其领土的英国军队出现在边境上时，布鲁克巴难以置身事外，他必须权衡利弊。从他的回信来看，布鲁克巴并没有向英国人承诺任何的义务或帮助。

由于乌金旺秋两次至信噶厦政府，表示愿意调停与英国之间的冲突，西藏方面虽然感谢他通报情况，但是对边界问题的谈判则坚持一贯的立场。1904 年 1 月噶厦政府回复终萨本洛的信称：

> 总体来说，西藏与布鲁克巴有着共同的目标，而且你们对佛教王国有着虔诚的信仰。至于目前英国与西藏之间的纠纷，你们以巨大的德行智慧所给的情况已经报告给了达赖喇嘛，此处之情况是，我们已经收到您送来作为礼物的三种物品，并已与信件一道呈给达赖喇嘛，至于边界问题将由西藏官员解决，英国人先前挑起事端并欺骗我们，今年他们又破坏和平，在岗巴宗侵占地方，并采用威胁的态度，激怒我们。现在，英国军队又占领我们卓木（即亚东）、帕里等地方，全

---

① Oct. 30, 1903, *The Tongsa Chikyab Penlop of Bhutan to Mr. Marindin*, F. O. 535, Vol. II. Inclosure 6 in No. 36.

② 有关西藏官员刘韩文、扎西达结等调停布鲁克巴内战的详情，参见吴丰整理《光绪朝布鲁克巴秘档》，中国藏学出版社《西藏学文献丛书别辑》（不撰年）第十四函，第二册。

体藏人只有依靠佛法，不管结局是好是坏，我们只是依形势决定取舍，达赖喇嘛将遵守先前他已盖章并通过的法旨。如果布鲁克巴像先前一样真的对西藏怀有善意，尽力求善，那么，英国军队应该退回到他们自己的领土上，之后三方即中国、西藏及英国的官员可以在亚东会晤并解决边界等问题，根据达赖喇嘛先前颁布的盖有印章的法旨，这将使佛法功德得到增长。①

1904 年 1 月布鲁克巴在普纳卡召开大臣会议。根据英国人获得的情报，会议讨论了四个问题：1. 修改英印政府不久前确定的边界问题；2. 计划修筑一条从布华山口穿越布鲁克巴的道路问题；3. 英国人勘察阿莫曲河通道问题；4. 要求英印政府支付 5 万卢比的年度津贴问题。② 我们尚不清楚具体的讨论结果。不过布鲁克巴文献中指出当时驻噶伦堡的代表乌金卡基劝告终萨本洛，"从远近两个方面考虑，英国是世界上最强大的国家，西藏不可能战胜英国，如果我们支援西藏，将来布鲁克巴必为英国所征服，因此，应该与英国和睦相处，在英国和西藏之间竭力调停"③。显然会议也讨论了布鲁克巴在战争中应持何和立场的问题。无论如何，从此布鲁克巴政府的所作所为就开始偏向英国了。

乌金卡基（o-rgyan Kazi，1861—1917 年）本名乌金多杰（o-rgyan rdo-rje），"卡基（Kazi）"是印地语中对地方官员的称呼。因为他长期担任布鲁克巴政府主管南部边界地区与英印政府关系的代表，故人们习惯地称他为乌金卡基。乌金卡基 1861 年出生在帕罗南部的夏比萨（shabisa）村，与终萨本洛乌金旺秋同属布鲁克巴有名的"栋噶曲杰（gdung-dkar chos-rje）"家族的后裔，与乌金旺秋是堂兄弟关系。他的父亲夏尔巴·奔均（shar-ba spun-cung）长期在西藏和大吉岭之间从事贩货生意，在大吉岭也有住宅。夏尔巴·奔均对英国人很忠心，在 1863 年艾登（Ashly E-

---

① Jan. 19, 1904, *Letter from the Thibetan Council*（*Ka-sha*）*to the Tongsa Penlop*, F. O. 535, Vol. Ⅳ. No. 22.

② Feb. 24, 1904, *Deputy Commissioner Garrett to Government of Bangal*, F. O. 535, Vol. Ⅱ. Inclosure 5 in No. 45.

③ ［不丹］白玛次旺：《布鲁克巴王统世系明鉴》，不丹国家图书馆 1994 年藏文版，第 534—535 页。

den）使团前往布鲁克巴时曾给予重要的帮助。他利用自己的影响在 1888 年第一次英国侵略西藏的战争中阻止布鲁克巴人帮助西藏抵抗英国。

早在 1885 年布鲁克巴内战之前的某个时期，由于乌金卡基经常前往普纳卡拜谒夏仲·晋美曲杰（zhabs-drung 'jigs-med chos-rgyal，1862—1904 年），并贡献大量金银绸缎等物，乌金旺秋听说后，传令乌金卡基前来本姆塘一会。乌金卡基来到本姆塘后，两人谈机甚合，非常投缘。从那时起他们"对外以君臣相见，对内则以兄弟相称"[1]。乌金旺秋认为布鲁克巴南部边界的官员在历史上经常与英印政府发生纠纷，以至发生战争，致使布鲁克巴丧权失地，因此，选择一位合适的官员极为重要。乌金旺秋认为乌金卡基在噶伦堡生活多年，熟悉英国人的语言和行事规矩，于是任命他为管理布华山口等南方边界的代表。[2] 1888 年藏英战争之后，他被任命为布鲁克巴政府驻噶伦堡的代表，在那里他为沟通英印政府和布鲁克巴政府不遗余力，因而得到英国人的信任。

1888 年英国侵藏战争之后，先后签订了《中英藏印条约》（1890 年）和《中英续订藏印条约》（1893 年），但是，英国借口西藏不能遵守条约内容，谋求与西藏地方政府进行"直接沟通"，以扩大侵略战争取得的成果。这就需要合适的代表前往拉萨递送信函，沟通信息。乌金卡基曾多次前往拉萨料理自己的生意或为布鲁克巴政府办理公务，而他作为与西藏有着悠久历史渊源关系的布鲁克巴人，又对英国人一直表现得忠心耿耿，因此，英印政府认为他就是最合适的中介人选。1898 年，当乌金卡基前往拉萨时，英印政府抓住机会让他给西藏的统治者带去一些礼品，要求乌金卡基探听西藏统治者对英印政府的态度。1899 年，孟加拉政府再次要求乌金卡基写信给达赖喇嘛，此信使用强硬的语言，劝告达赖喇嘛"尽快解决"与英印的有关争端，还警告说"如果总督失去耐心，你将没有好结果"。据说达赖喇嘛承诺将与噶厦和驻藏大臣讨论此事。[3]

1901 年 6 月乌金卡基准备护送西藏贵族订购的两头大象、两只孔雀、

① Ashi Kesang Choden Wangchuck, *The First Meeting of the King Ugyen Wangchuk with Raja Ugyen Dorji in Kurjey Lhakhang*, The Journal of Bhutanstudies, Vol. 8.

② ［不丹］白玛次旺：《布鲁克巴王统世系明鉴》，不丹国家图书馆 1994 年藏文版，第 531 页。

③ P. L. Mehra, *Kazi U-gyen: a Paid Tibetan Spy?* Asian Soc, Vol. 51, 1964.

一只豹子再次前往拉萨。英印总督寇松决定让他再带封信给达赖喇嘛，"信中强调英国政府在与西藏的关系方面所表现出的长期忍耐，并警告说，如果他们为建立友好关系而做出的主动表示仍然受到冷遇，他们就有权采取必要的和适当的步骤，强行实施 1890 年条约的条款，并确保 1893 年续约得以遵守"①。当乌金卡基在拉萨拜会达赖喇嘛时，达赖喇嘛告诉他没有驻藏大臣的同意他不能接受这封信，他必须通过驻藏大臣才能处理涉外事务。并警告乌金卡基为了他自己的利益应该对此事保持沉默，否则驻藏大臣会严惩他。于是，乌金卡基只好原封不动地将信函带回印度。因为此事所知者甚少，在印度就此出现一些传闻，热·巴哈都尔（Rai Bahadur）以及当时在拉萨的日本人河口惠海都认为乌金卡基给达赖喇嘛呈递信件之事值得怀疑。② 寇松也认为他是个说谎者，或者是"西藏的间谍"。1902 年 9 月，西藏政府禁止乌金卡基进入拉萨。达赖喇嘛于 1902 年 8 月写信给终萨本洛谴责乌金卡基到拉萨旅行像一个英国的间谍，而不是布鲁克巴的臣民。他要求终萨本洛不要再重用他了。尽管英国政府并不信任乌金卡基，但他依然毫不动摇地效忠于英印政府。

英军侵入西藏领土后，当时布鲁克巴各地官员对于在英藏冲突中应持何立场存在分歧，但是，乌金旺秋最终还是听从了乌金卡基的意见，而一直主张支援西藏的帕罗本洛甚至没有参加大臣会议。③ 此次会议之后，乌金卡基被任命为乌金旺秋的全权代表前往大吉岭与英国官员会晤。在整个战争期间他一直为英国人服务，英国人通过他获得了有关布鲁克巴和西藏的军事实力、民众情绪等多方面的情报。

1904 年 2 月 14 日，乌金旺秋在看到英军轻易地占领亚东、帕里，并

---

① ［印度］高希：《中印关系中的西藏》，张永超译，西藏人民出版社 1987 年版，第 29 页。

② P. L. Mehre, "Kazi U-Gyen and Lord Curzon's Letter of 1901：A Footnote", *The Journal of Asian Studies*, Vol. 26. No. 4.

③ 英国人的情报显示，帕罗本洛对英国怀有敌意。查尔斯·贝尔的亲身感受证明了情报的准确性，他在《十三世达赖喇嘛画像》（*Portrait of the Dalai Lama：the Life and Times of the Great Thirteenth*）中记载，他在 1904 年负责勘测道路时，见到了帕罗本洛写给边防军官的信，内容如下："如果萨海（指英国人——引者注）所带士兵不多，你就去打他们，把他们赶走，要怎么干就怎么干。如果所带士兵很多，则从此间派一高级军官，带领兵士前往抵抗。"见冯其友等译本（名为《十三世达赖喇嘛传》），西藏社会科学院西藏学汉文文献编辑室 1985 年版，第 13 页。

对布鲁克巴形成现实威胁的情况下，派自己的侄子廷布宗本贡桑赤列（kun-bzang phrin-las）率领德布王的秘书等 150 名随从到达帕里，与荣赫朋及其助手华士（Walsh，或译位沃尔什）进行了多次会晤。

2 月 17 日，廷布宗本在堆纳（dud-sna）与荣赫朋会晤。荣赫朋在给英印政府的报告中详细描绘了他与廷布宗本的会谈情况。荣赫朋首先回顾了几年以来的英藏纠纷，把责任全部归咎于西藏，廷布宗本说，"西藏的行为是错误和愚蠢的，并愿意向西藏指出其愚蠢之处"。荣赫朋指出他不断得到消息，布鲁克巴在集结军队，准备进攻英军，比如准备进攻布鲁克巴南部的山口等。他说，"我知道不丹（布鲁克巴）整个国家在危机中，有些人期望战争，有些人期望和平，处在英国与西藏领土之间，不丹的处境十分艰难，而他们与西藏又有相同的宗教，他们很有可能倾向西藏而不是英国"，对此廷布宗本明确表示布鲁克巴不想反对英国，并愿意以盖有他印章的信字作保证。荣赫朋进一步提出，作为布鲁克巴友好的证明，是否愿意给予英国帮助，"他（廷布宗本）以为要给予军事帮助，故迟疑了一会儿"，荣赫朋解释说"使团"要进入亚东，需翻越高海拔的则利拉山口，而通过阿姆曲河或迪曲河有更便捷的通道，英国政府急于想修建这条道路，如果布鲁克巴政府能给予允准，英国政府愿意把它看成表示友好的一个证明，当然，愿意付给较为充足的津贴。廷布宗本回答，布鲁克巴是一个小国，愿意长期保持与英国的友好关系，布鲁克巴准备给予英国修筑道路的权利，但是他请求这不应该被认为是边界线。荣赫朋指出道路经过处的两边当然是布鲁克巴的领土。廷布宗本询问，英国准备付多少津贴，荣赫朋回答这要取决于道路将占据多少领土，说英国将派工程师勘察最佳路线，当政府得到勘察报告后，才能确定准备给多少津贴。荣赫朋提出需要一个盖有印章的许可证明，以使工程师在前往阿姆曲河和迪曲河进行探测时不会受到伤害。廷布宗本承诺将给予这样的许可证明。而后，荣赫朋又提出希望能尽快获得有关布鲁克巴不进攻英国的承诺，然后他会给属下命令以操作布鲁克巴接受 1903 年的 5 万卢比津贴的具体细节。会谈结束后荣赫朋送给廷布宗本一块金表和 500 卢比作为礼物。① 廷布宗本在堆纳

---

① Feb. 19, 1904, *Colonel Younghusband to Government of India*, F. O. 535, Vol. Ⅱ. Inclosure 2 in No. 45.

期间，荣赫朋特地向他展示英国的先进武器装备和物资储备。当廷布宗本前往堆纳英军营地与荣赫朋会晤时，荣赫朋将"马克沁机枪队的一些英国士兵布置在显眼的地方"，后来又带他参观了军营以及军需仓库（包括机枪、大炮等），并让他亲自用马克沁机枪射击，廷布宗本感叹道："当你们拥有马克沁机枪这样的武器时，西藏能用什么来反抗你们呢？"① 我们从上述会谈情况来看，荣赫朋以 5 万卢比的津贴作为要挟条件，通过敲诈、震慑等手段，向布鲁克巴提出了种种要求，廷布宗本秉承布鲁克巴政府之命，几乎全部答应了荣赫朋的要求。

廷布宗本与荣赫朋在堆纳的会谈充分体现出布鲁克巴政府对于英国侵藏战争的全新政策，即倒向英国而力所能及地满足其要求。他在会谈中明确指出布鲁克巴不会帮助西藏，也同意英国在其领土上修筑道路。更有甚者，在 1904 年 3 月 6 日、10 日在与华士会谈时还答应将在布鲁克巴所能找到的 300 匹骡子送到帕里，帮助英军运送军需。② 此外，还应英国的要求为其出售大米等军需，以及为英军提供其他可能的供应。他说在他们会晤之前从布鲁克巴已经征集到的 1297 扪（Maunds，一扪等于 60 斤）大米都已经由乌金卡基卖给英国军队。③ 当时英军在军需物资的运输方面面临重大困难，而布鲁克巴的帮助（尽管数量很少）对英军无疑是一个心理上的极大鼓励。廷布宗本甚至询问华士布鲁克巴每年 7 月进贡给西藏的贡品（包括 1000 Losds 大米和相当数量的布匹）今年是否还要照旧呈送，英方回答此事由布鲁克巴政府自己决定。可见布鲁克巴在自己的外交问题上开始征询英国人。

总之，廷布宗本作为终萨本洛的特使与荣赫朋会晤的结果使英印政府喜出望外。英印总督寇松说他对布鲁克巴的温顺和友好感到"又惊又喜（agreeably surprised）"。④ 荣赫朋也高度评价会谈成果：

---

① Feb. 22，1904，*Colonel Younghusband to Government of India*，F. O. 535，Vol. Ⅱ. Inclosure 8 in No. 45.

② Mar. 6，1904，*Mr. Walsh to Colonel Younghusband*，F. O. 535，Vol. Ⅲ. Inclosure 2 in No. 15.

③ Mar. 10，1904，*Mr. Walsh to Colonel Younghusband*，F. O. 535，Vol. Ⅲ. Inclosure in No. 7.

④ Mar. 10，1904，*Letter from Lord Curzon to John Brodrick*. See Kapileshwar Labh，*India and Bhutan*，New Delhi：Sindhu Publication Ltd.，1974. p. 139.

作为他（廷布宗本）出使的结果，我们已经获准避开高山多雪的山口，修建一条进入春丕谷的道路，我们同不丹人开始了更为亲密的关系。实际上我们已经得到他们在补给品方面的帮助和给予更多援助的诺言。我认为，我们大可不必顾虑不丹会对我们采取敌对行动。①

1904 年 3 月 6 日，英军收到由布鲁克巴德布王于 1904 年 2 月 27 日即木龙年一月十一日签署的关于英国人在布鲁克巴修筑道路的正式许可，其文曰：

当前，由于英国与西藏之间产生了小小的争端，英国使者荣赫朋萨海（萨海，即"先生"——引者注）已经到达帕里，由于英国与布鲁克巴从最近开始成为毫无瑕疵的哈达一样亲密的朋友，萨海友好地请求在帕罗仁绷宗的领地上开通经过桑贝（sangbe）、阿姆曲河及迪曲河等一个或几个地点的旅行道路。因而颁发这份正式许可，就是允许开通经过上述一个或其他地点的旅行道路，临近道路左右两边的人不许做诸如引起伤害等行为的事情，其他，至于停车地点，除非萨海自己修建房屋，不得做任何形式的损害。清除和修建通道的租金将有布鲁克巴和英国政府官员随时进行讨论。此令由布鲁克巴德布王所发。②

有了布鲁克巴政府的许可信，英印政府立即派查尔斯·贝尔带领工程师史蒂文斯（Stevens）等在此前由印度当地人达尔比尔（Dalbir）等秘密探测的基础上，对几条从布鲁克巴通往亚东的道路进行了全面考察。③ 虽

---

① Mar. 13，1904，*Colonel Younghusband to Government of India*，F. O. 535，Vol. Ⅲ. Inclosure 4 in No. 23.

② *Permit Granted for the Construction of a Road in Bhutan by the Dharma Raja*，F. O. 535，Vol. Ⅲ. Inclosure 5 in No. 15.

③ 查尔斯·贝尔等经过详细勘测提出了筑路建议：从阿萨姆让杂（Rang-tsa）沿阿姆曲河而上，在杜隆河（Du-lung chu）与阿姆曲河汇合处的某个地点跨过杜隆河，大约从海拔 6500 尺通过一个鞍形地带再次上升到 9500 尺的朵比达拉（Dhopi-Dara），然后下到吉提（Jiti）河谷的东岸，穿过一个小峡谷，到达甲哈特甲霍拉（Jhat-Jhora）附近的平原。See Kapileshwar Labh, *India and Bhutan*，New Delhi：Sindhu Publication Ltd.，1974，p. 139.

然，这条在当时被英军认为极具战略重要性的路线最终因为费用过高，迟迟未能开工，随着战争的很快结束，以及国际社会对英国侵略西藏行动的谴责，修筑这条道路的计划最终被放弃。但是，布鲁克巴允许英国人修筑这条路无疑对英国军事侵略西藏起到了鼓励作用，它对西藏与英国人产生的心理作用是不容忽视的。

布鲁克巴屈从于英印政府的威逼利诱而倒向英国的政策，消除了英军此前的所有担忧，荣赫朋对此十分得意，说："吾人既有尼泊尔人为左辅，而右翼复有不丹人之诚意资助，异日进兵西藏，得尼（泊尔）、不（丹）两邦左右夹辅，余之地位更巩固矣。"① 对荣赫朋来说，廷布宗本的帕里之行还带来另一个意想不到的后果，即他摸清了西藏军队的实力。廷布宗本与藏军指挥官之间的来来往往，使英国人有机会将情报人员混在前来与廷布宗本会见的西藏士兵里面，窃听了藏军戴本赖丁色（lha-ldings-sras）与廷布宗本之间的谈话，掌握了藏军装备和战斗力方面的详细情况。② 既解除了来自布鲁克巴方面的后顾之忧，又掌握了藏军的军事实力，荣赫朋对武装侵略西藏信心大增，他致信麦克唐纳，指出使团立即武装挺进是可取的。③

就在就廷布宗本离开（3 月 13 日）17 天后（3 月 31 日），英军在古如（rgu-ru）大肆屠杀西藏军民，制造了震惊国际舆论的"古如大屠杀"。尽管荣赫朋一再声称屠杀事件纯属意外，但是，我们从地区宏观政治局势的发展变化来看，英军在堆纳（dud-sna）滞留两个多月后决心武装挺进，与布鲁克巴政府对英军的态度变化有着直接的联系。从此，英军在西藏的胡作非为和残忍暴行变得毫无顾忌。而布鲁克巴的政治领袖终萨本洛、德布王等虽然声称在冲突双方之间从事调停，但是，事实上对英军的侵略行

---

① ［英］荣赫朋：《英国侵略西藏史》，孙煕初译，西藏社会科学院资料情报研究所 1983 年版，第 130 页。

② Feb. 21, 1904, *Mr. Walsh to Colonel Younghusband*, F. O. 535, Vol. Ⅱ. Inclosure 7 in No. 4. 英国人因此了解到在古如防御的藏军包括 "300 名前藏正规部队，300 名江孜士兵和 500 名日喀则的士兵，他们都是用拉萨造的后膛枪武装起来的，并都配有子弹带，还有将近 2000 名非正规部队，他们配备的武器是火绳枪、剑和弓箭"，以及西藏方面的整个布防情况和军队调动，同时还了解到西藏的军队统领缺乏军事知识和经验，而军队则是乌合之众。

③ Mar. 8, 1904, *Colonel Younghusband to Brigadier-General Macdonald*, F. O. 535, Vol. Ⅲ. Inclosure 6 in No. 15.

经毫无制约能力，相反为了讨好英国，有时还对英军的暴行表示出赞赏的态度。布鲁克巴德布王、终萨本洛、廷布宗本等在接到荣赫朋有关古如屠杀的信件后，不仅没有对英军暴行表示谴责，反而纷纷致信荣赫朋表示祝贺，德布王在信中说："听到我的朋友获得了胜利，我非常高兴。"① 终萨本洛称："许多西藏人在那里像羊群一样被杀害，西藏人被他们自己的恶劣行径出卖了。"② 廷布宗本则说："你杀死了你的全部敌人，占领了地方，我十分高兴。我还得知华士先生受了伤，我很悲伤。"③ 讨好诏媚之态一览无余。

三　乌金旺秋的调停活动

客观地说，与这场冲突的双方即英国与西藏（其背后是清朝）相比，布鲁克巴国小民贫，军力不过万人，实力显得弱小。然而，英印政府为了自己的利益，决心将布鲁克巴强行拖入这场战争。对于布鲁克巴来说，在这场冲突中他不能失掉中国西藏这个传统盟友，此前当它与英印政府发生纠纷进行交涉时，总是以西藏地方政府和清朝作为靠山的。但是，它更不敢得罪英国，英国是当时世界上最为强大的国家，喜马拉雅山地区的许多邦国都已被英国占领，与英国敌对很可能使布鲁克巴成为第二个哲孟雄，沦为英国的殖民地。权衡利弊，最终选择了调停者这一角色，虽然多少有些一相情愿，但可避免得罪任何一方，不至于成为战争的牺牲品。然而，缺乏资望、实力的调停者最终还是难免成为强者手中的工具。

当廷布宗本在帕里与华士会见时即指出布鲁克巴既是英国人的朋友，也是西藏人的朋友，因此，很愿意在双方之间进行调解。但是华士告诉他

---

① *The Dharm Rajah of Bhutan to Colonel Younghusband*. See Apr. 27, 1904, *Colonel Younghusband to Government of India*, F. O. 535, Vol. Ⅲ. Inclosure 7 in No. 79.

② *Letter from Tongsa Penlop to the Thibetan Commissioner*, *Colonel Younghusband*. See Apr. 16, 1904, *Colonel Younghusband to Government of India*, F. O. 535, Vol. Ⅲ. Inclosure 1 in No. 65.

③ Ibid.

"这是不必要的"①，对其参与调停的愿望表示冷淡。而在荣赫朋看来，布鲁克巴人愿意参与调停是一件可以利用的工具，他在会见廷布宗本后给英印政府的报告中说：

> 我对于他能起什么作用是不抱多大希望的，但我认为他试图从事调解这件事本身也许是使不丹政府和我们关系更为密切的办法。②
>
> 我已经邀请了终萨本洛访问我，不是因为他的协助将更有助于最终的谈判，而是因为高官往来不丹与我们军营之间会增加我们的声望。在我们目前的谈判中，争取喜马拉雅山这一边的国家同情我们，一直是印度政府的政策。这一点尼泊尔和不丹方面已经做到了。不管不丹的主要人物在我的营地出现对于拉萨政府会有多大的影响，无论如何，它应该给边民留下深刻印象，而且是确立我们声望的一步，须知我们目前是很缺乏这种声望的。③

由于终萨本洛两次写信他将调解英国与西藏之间的冲突。因此，1904年4月达赖喇嘛派色康活佛（ser-khong Tulku）前往布鲁克巴面晤终萨本洛。色康活佛原本是甘丹寺的僧人，后来前往布鲁克巴，并与终萨本洛结成供施关系。1903年他前往西藏拉萨，达赖喇嘛知道他与终萨本洛的密切关系，于是，派遣他带信回到布鲁克巴，请终萨本洛出面调停英国与西藏之间的危机。达赖喇嘛致终萨本洛的信（木龙年三月十三日即1904年4月28日）中称：

> 我已经收到前次和今年寄来的关于我们和英国谈判的信件，在这些信件中可以看到您纯洁的信仰，我们也尽力想有一个了断。
>
> 根据中国皇帝的命令，我们西藏应该礼貌、周到地对待英国人，

①　Feb. 15，1904，*Mr. Walsh to Colonel Younghusband*，F. O. 535，Vol. Ⅱ. Inclosure 1 in No. 45.

②　Feb. 22，1904，*Colonel Younghusband to Government of India*，F. O. 535，Vol. Ⅱ. Inclosure 8 in No. 5.

③　Mar. 13，1904，*Colonel Younghusband to Government of India*，F. O. 535，Vol. Ⅲ. Inclosure 4 in No. 23.

关于边界问题，我们认为先前已经颁布了法旨，将很好地得到遵守。但是，他们诉诸武力，并通过外交取得胜利。如果根据高级代表的商谈结果，其主要内容得到王国原则同意，则无须对生灵造成伤害，战争将远离父母子女，对双方来讲，将可以消除增加严重罪恶的负担。这很重要，因此有必要尽力调停。这次信中要求自由贸易、旅行及通邮，但是我们不能接受这些，此外，噶厦也给予了同样的答复，以及其他的事情。总之，如果那是为了和平制止我们之间的战争，将很好，具体细节色康活佛将亲自告诉你。①

终萨本洛后来将此信转交给英国人。

1904 年 4 月 11 日，英军进抵江孜。由于英军在江孜遭到西藏军民的顽强抵抗，遭遇多次夜袭，并拒绝与英国人会谈，使荣赫朋等一时陷入困局。1904 年 6 月英国侵略军头目荣赫朋和麦克唐纳等先后回到亚东为进一步侵略西藏做准备。获此消息，终萨本洛率领乌金卡基等共 200 名随员到达帕里，先后在帕里与亚东政务官华士、在亚东与麦克唐纳、在帕里与从江孜回亚东的荣赫朋等会晤。尽管乌金旺秋一再声称自己有调停的义务，但是，英国人从一开始就限定了他的角色，他不被认为是一个调停者，而只是替英国人传话并向达赖喇嘛施加压力的工具。在他与华士进行会谈（6 月 3 日）时，华士明确指出：

英印政府感谢他（终萨本洛）的调停，但是，不能接受他作为调停者，英印政府只能如多次指出的那样与西藏政府进行谈判。因此如果他愿意帮忙——英印政府乐于见到——他应该使达赖喇嘛铭记抵抗是愚蠢而无用的。他应该在回信中向达赖喇嘛指出英国政府并不想伤害西藏人、他们的国家，不干涉他们的宗教……②

6 月 6 日，乌金旺秋前往亚东会见麦克唐纳，后者让他参观了英军操

---

① Apr. 28, 1904, *Letter from the Dalai Lama to the Tongsa Penlop*, F. O. 535, Vol. Ⅳ. No. 22. 此信并未收入《第十三世达赖喇嘛的书信集》。

② Jun. 3, 1904, *Mr. Walsh to Colonel Younghusband*, F. O. 535, Vol. Ⅳ. Inclosure 1 in No. 14.

演，其目的也是向他展示英军的先进装备和强大火力。并要他转告达赖喇嘛如果 19 天内即 6 月 25 日以前不派出正式代表前来谈判，英国将再次发动战争。于是，乌金旺秋派出色康活佛和竹杰宗宗本尼玛嘉波（nyi-ma rgyal-po）赶赴拉萨，通报相关情况。8 日，他回到帕里与荣赫朋会谈。对于他所提出的藏英谈判建议，英方皆表示冷淡。荣赫朋对乌金旺秋的要求是"随时将（西藏军民）情绪方面的任何变化告诉我，并让我知道我可以依靠哪些人达成一项解决办法，我希望这项解决办法将会最后使得西藏人能像不丹人所做的那样，同英国政府建立密切的友好关系，则终萨本洛就是给我帮了大忙了"。[1] 可见，英国人对乌金旺秋的定位是，一、希望他向达赖喇嘛施加压力，使西藏放弃抵抗；二、利用特殊身份搜集情报，为英国侵略军的决策提供服务。

对于乌金旺秋的调停活动，第十三世达赖喇嘛抱有相当程度的信任。他认为"终萨本洛具有信仰，对我（指第十三世达赖喇嘛）本人敬慕，卦相也显示（他的调停活动）对现今、未来都有益处"[2]。在接到乌金旺秋的信件后，达赖喇嘛于 6 月 18 日给乌金旺秋回信，称："遵守乾隆皇帝所确定的边界是你和我们共有的义务，这一点你从我们多次寄给你的信件中已清楚了解。英国政府曾多次寄信给我们，但是根据我们古老的章程，持有或接受这样的信件都是严重的罪行，因此我们不可能接受或回复。"西藏方面已经根据要求派出噶伦喇嘛为代表前往会谈，"如今你总是给我捎话来说最好是达成一项解决办法，而英国人又规定了西藏代表应该到达的日期，说什么倘若西藏代表不来，他们就调集大军，总督已命令他们那怕要打二十年也要对西藏作战。因此，我急派噶伦喇嘛、堪仲洛桑赤列（blo-bzang phrin-las）以及拉萨三大寺代表进行谈判。当他们到达江孜时，请协助他们完成藏英之间的条约，我托付给你这项责任，同时请求你帮助西藏代表使他们不被逮捕或杀害。请将你有的任何秘密消息迅速传递

---

① June. 13, 1904, *Colonel Younghusband to Government of India*, F. O. 535, Vol. Ⅳ. Inclosure 3 in No. 22.

② 第十三世达赖喇嘛吐登嘉措：《致遍知班禅一切智等上下诸人书次第合编》（kun-gzigs ban-chen thams-cad mkhyen-pa sogs mchog-dman rnams la gnang-ba'i chab-shog gi rim-pa phyogs-gjig tu bkod-pa bzhugs-so，或译为《第十三世达赖喇嘛书信集》），见《第十三世达赖喇嘛全集》第 Ja 函，第 36 叶 B 面。

给我，我将派色康活佛携详尽指示去找你"①。

　　由于噶厦政府拒绝与英国人谈判，荣赫朋陷入进退两难境地。正如英印政府所指出的那样，"荣赫朋本人没有任何可靠的方法与渠道同达赖喇嘛联系，而终萨本洛是可以直接与达赖喇嘛通讯联系的"②。为了打破这种局面，荣赫朋要求乌金旺秋急速赶到江孜。7 月 1 日，乌金旺秋到达江孜。此后，由于他的出面，西藏代表与英军数次会谈，但是，他除了向西藏代表通报荣赫朋早已拟定的条约条款，以及催促西藏代表尽快答应英国提出的条款之外，对英国人毫无影响力。7 月 5 日，英军对江孜宗城发动攻击，乌金旺秋与荣赫朋一起在远处观战。英军攻占宗城后，他向英军祝贺战役取得胜利。③

　　此后，英军前往拉萨，乌金旺秋与达赖喇嘛数次信件往来，达赖喇嘛希望他能够利用与英国人的关系，阻止英军继续向拉萨前进：

　　　　你能否私下要求英国人不要蚕食我的土地，请你充分为英国和西藏人双方效力。
　　　　因你说情，白居寺未受到骚扰，这很好，可是其他寺庙和农民遭受到很大损失……关于建立友好关系的谈判应尽快开始，你应依据英国人所持的态度来把握自己的行为。请你在英国人和西藏人之间发生的每件事情上多多费心。④

　　藏历六月初五（7 月 18 日），在接到乌金旺秋关于英国军队将前往拉萨及英国提出的九条谈判条款后，达赖喇嘛写信给乌金旺秋，指出相

---

　　①　*Translation of a Letter from the Dalai Lama Addressed to the Tong-sa Penlop of Bhutan*，F. O. 535，Vol. Ⅳ. No. 51.

　　②　Jun. 19，1904，*Government of India to Mr. Brodrick*，F. O. 535，Vol. Ⅲ. Inclosure 2 in No. 88.

　　③　［英］荣赫朋：《英国侵略西藏史》，孙熙初译，西藏社会科学院资料情报研究所 1983 年版，第 169 页。

　　④　这是第十三世达赖喇嘛同一日发给乌金旺秋的两封信。See Sept. 8，1904，*India Office to Foreign Office*，F. O. 535，Vol. Ⅳ. Inclosure 3 - 4 in No. 76. 此信应写于藏历五月二十八日（公历 7 月 11 日），但未收入《第十三世达赖喇嘛书信集》。

关条款须经民众大会商议方能答复，请他阻止英国人前往拉萨。① 但是，英军依然于 1904 年 8 月 3 日进驻拉萨，荣赫朋并没有给乌金旺秋任何情面。

在拉萨谈判期间，乌金旺秋（住在丹吉林寺）完全成为荣赫朋手中玩弄谈判伎俩的工具。他与尼泊尔驻藏代表吉特·巴哈杜尔（Jit Bahadur）每日与荣赫朋会晤，将利用特殊身份获得的信息比如民众的情绪、藏军的调动、上层人士的思想等提供给荣赫朋。1904 年 8 月 19 日在藏英谈判中，乌金旺秋发言，称：

> 藏、不（丹）、尼（泊尔）三国信奉同一之宗教，又皆与印度毗连。此三国应推英国为共同之友人与领导者。英人无意干涉彼等之政治，亦不愿他国干涉之。以此，三国应一致团结，如唇齿之不可分离。如果三国皆能与英人携手合作，一旦有事当可依为外援也。②

可见，乌金旺秋完全受人利用，替英国人效命。当时荣赫朋要求西藏地方政府赔款，但是，西藏代表以现金缺乏为由试图拒绝强加的赔款，荣赫朋与乌金旺秋等商议认为西藏地方政府财政上确有困难，乌金旺秋向荣赫朋提出希望考虑西藏人民的苦难，是否可以把问题提交印英总督，荣赫朋回答称："乐于听取来自已经证明是英国政府如此忠实可靠的一位朋友的建议，倘若他能够想出某种办法既可把印度农民从战争花费的负担中解救出来，同时又不使西藏人负担过重，他就作出了印度政府和西藏政府均将为之感谢的贡献"，实际拒绝了他的建议。③ 随后，乌金旺秋又秉承荣赫朋之意，主动向西藏代表建议"以商埠关税交由英方主管作为抵偿赔款

---

① 第十三世达赖喇嘛吐登嘉措：《第十三世达赖喇嘛全集》第 Ja 函，《第十三世达赖喇嘛书信集》，第 40 叶 A—B 面、第 41 叶 A 面。

② ［英］荣赫朋：《英国侵略西藏史》，孙煦初译，西藏社会科学院资料情报研究所 1983 年版，第 215 页。

③ Aug. 28，1904，*Colonel Younghusband to Government of India*，F. O. 535，Vol. Ⅴ. Inclosure 17 in No. 20.

之来源"①，怂恿西藏将对外贸易的管理权交给英国人。

其实，西藏官员包括达赖喇嘛对布鲁克巴已经屈从于英国压力的情形是有所了解的，例如西藏前线官员在给达赖喇嘛的信中指出，"庄本（即终萨本洛——引者注）前去协助边境谈判，极有受外国人（即英国——引者注）诱骗的可能"②。达赖喇嘛也对他的所谓调解心存疑虑，指出他一再声称调解，但是未说明将怎样做。应该看到，在整个战争期间第十三世达赖喇嘛面临的外部环境极为不利，尼泊尔政府已完全倒向英国，③ 布鲁克巴是唯一可以寄予希望的第三方力量。

布鲁克巴文献一直在竭力树立终萨本洛在战争期间的中立形象，事实上荣赫朋也在努力改变人们对终萨本洛作为英军"助手"形象的看法。他指出在江孜攻陷宗城后，之所以未洗劫白居寺就是因为终萨本洛的劝告，并以此作为他尊重西藏宗教的表现。事实上英军在战争中已经抢劫、破坏了数座寺院，为了不激起西藏人更为强烈的反抗情绪，英印政府不得不强调应对寺院的破坏行为保持克制。而进入拉萨后荣赫朋告诉噶伦他没有占据罗布林卡作为指挥所，也是因为终萨本洛指出那里是达赖喇嘛的夏宫，被西藏人视为神圣的地方，于是他才占据了拉萨第二好的住处——拉鲁庄园。事实上，他已得到情报，在民众大会上人们对英军企图占领罗布林卡反应十分强烈。④

而在有关赔款的谈判中，英方提出西藏应支付战争赔偿 750 万卢比。由于西藏方面在英方有关签订条约的最后期限之后 2 天，再次提出新的协

---

① ［英］荣赫朋：《英国侵略西藏史》，孙熙初译，西藏社会科学院资料情报研究所 1983 年版，第 225 页。荣赫朋在给印度政府的报告中指出，印度政府有关赔款的各项建议，都是由尼泊尔人和布鲁克巴人向西藏方面提出的。Sept. 23, 1904, *Government of India to Mr. Brodrick*, F. O. 535, Vol. Ⅳ. Inclosure in No. 105.

② 西藏自治区政协文史资料委员会编：《十三世达赖喇嘛年谱》，民族出版社 1989 年版，第 71 页。

③ 第十三世达赖喇嘛和噶厦都曾写信给尼泊尔国王（见《第十三世达赖喇嘛全集》第 Ja 函，第 39 叶 A 面—40 叶 B 面），请求帮助，但是，对方却奉劝答称："现在我的忠告是立即同英国委员谈判，别惹恼他们，别坚持那些站不住脚的论点。" See Aug. 6, 1904, *The Maharajah*, *Nepal to the Podala Lama*, *Lhassa*, F. O. 535, Vol. Ⅳ. Inclosure 11 in No. 103.

④ Aug. 13, 1904, *Colonel Younghusband to Government of India*, F. O. 535, Vol. Ⅳ. Inclosure 1 in No. 87. Aug. 6, 1904, *Colonel Younghusband to Government of India*, F. O. 535, Vol. Ⅳ. Inclosure 4 in No. 103.

商要求，荣赫朋指出赔款应增加到 760 万卢比，每日增加赔款 5 万卢比。为此，乌金旺秋请求将这两日的增加款 10 万卢比予以减免，为显示终萨本洛的公正和影响力，荣赫朋"慷慨"地答应了。[1]

对于终萨本洛乌金旺秋在整个战争期间的表现，跟随英军进藏的《泰晤士报》记者兰登（Perceval Landon）的评价，使我们对他有一个较为准确的认识。他说："理论上，他（乌金旺秋）来是为了调停我们和西藏（之间的冲突），但是，他的厚颜无耻（unblushing）和公开地偏向英国，使我们也觉得并不完全舒服。""他的卫兵在浪卡孜地区的抢劫给当地居民造成了广泛的苦难。我们总是在居民家里留下足够他们过冬的粮食，并且对所有我们拿去的东西付费，但是，随后而来的不丹人，抢掠已经潦倒的农民的一切粮食和钱物"，"总体来说，他是侦团一个令人愉快，但不那么高尚的助手"。[2] 而当代英国学者帕特里克·法兰区（Patrick French）则认为"在荣赫朋远征西藏一事中获益最多的，则是两面圆滑、个性强悍的不丹国王乌金。自不丹的国家利益来看，他堪称完成了漂亮的任务。然而他纵容扈从为其个人掠夺西藏人财物的行为，贪婪的程度亦令英方惊讶"[3]。

在 1903—1904 年英国侵略西藏的战争中，布鲁克巴对西藏确切地说对英印政府态度的转变标志着西藏与布鲁克巴之间延续了 180 年之久的宗藩关系，彻底走向衰落。其原因是复杂的，最为重要的是与英国相比，清朝的综合国力完全处于劣势所致，英国凭借其强大的国力对包括布鲁克巴在内的喜马拉雅山国家进行威逼利诱，使这些国家不得不屈服于英国的压迫。反观当时的西藏，内部矛盾丛生，驻藏大臣有泰不仅一味妥协投降，甚至盼望英军打败西藏军民，以便收到"釜底抽薪"的效果，使噶厦政府听命于他。而以第十三世达赖喇嘛为代表的噶厦政府对在战争中努力创造

---

① Sept. 4，1904，*Colonel Younghusband to Government of India*，F. O. 535，Vol. Ⅴ. Inclosure 1 in No. 43.

② Perceval Landon，*Lhasa：an Account of the Country and People of Central Tibet and of the Progress of the Mission Sent There by the English Government in the Year 1903—1904*，Vol. Ⅱ. London：Hurst and Blackett，Ltd.，1905，pp. 62—63.

③ ［英］帕特里克·法兰区：《西藏追踪》（*Younghusband：the Last Great Imperial Adventuer*），郑明华译，新疆人民出版社 2000 年版，第 294 页。

有利的外部环境缺乏明确、有效的政策，未能及时揭露、制止英国对布鲁克巴的阴谋，也没有具体的措施争取与布鲁克巴等结成军事同盟，这与英印政府在处理与布鲁克巴关系时的精心策划形成鲜明对照。

　　然而对于英国人来说，让布鲁克巴倾向于自己只是整个计划的第一步，他们要利用与布鲁克巴在侵藏战争中建立的"友谊"，乘势而进，最终将布鲁克巴与西藏之间仅剩的宗藩关系之名彻底抹掉。

第十章　西藏与布鲁克巴
宗藩关系的结束

　　1904 年乌金旺秋随英国侵略军进藏，对此后布鲁克巴与西藏、英国之间的关系产生深远影响。在英印政府看来，荣赫朋侵略西藏的另一大成果是建立了与布鲁克巴的"友好"关系。在战争结束后，英国人趁热打铁，加紧了对实际上已经是布鲁克巴统治者的乌金旺秋的拉拢，扶持他建立了世俗君主王朝，企图利用乌金旺秋对英印政府的好感，彻底终结西藏与布鲁克巴之间的宗藩关系。对于布鲁克巴人来说，跟随英军进藏让他们第一次真切感受到了英国的现代化武器的巨大威力，像江孜宗城那样原以为坚不可摧的城堡都被轻易攻破，因而对英国的畏惧心理与日俱增。同时他们又害怕在逼迫之下对英军的协助会招致西藏的报复，权衡之下，乌金旺秋决定与英印政府发展更密切的关系，他甚至给英印政府总督寇松写信要求英国保护和裁决任何外国对布鲁克巴的侵犯事件。[①] 对于清朝和西藏地方政府来说，1904 年的失败以血的教训激发了他们加强边防建设的决心，清朝派张荫棠、联豫等先后查办藏事、实施新政，加强与布鲁克巴、尼泊尔等国的联系，力图重建藩篱。但是他们拘泥于传统的宗藩体制而依然以宗主上国自居的傲然姿态，不仅无补于事，反而成为英印政府进一步干涉布鲁克巴事务的借口。最终，布鲁克巴与英印政府于 1910 年签订

---

　　① Kapileshwar Labh, *India and Bhutan*, New Delhi: Sindhu Publication Ltd., 1974, p. 150.

《普纳卡条约》，布鲁克巴同意其外交受英印政府指导，从而宣告中国西藏与布鲁克巴之间宗藩关系的最终结束。

一　英印政府对乌金旺秋的拉拢

1904 年英印政府在结束对西藏的侵略远征之后，很快就开始了对布鲁克巴的拉拢计划。为了表彰乌金旺秋在 1904 年荣赫朋侵略西藏过程中做出的贡献，英印政府决定授予他"爵士（Insignia of a Knight Commander of the Indian Empire，K. C. I. E)"封号。1905 年 3 月 29 日"锡金政治专员"克劳德·怀特（J. Claude White，清代文献或译为惠德）被派前往布鲁克巴首府普纳卡为乌金旺秋授勋，同行的有印度政府情报部的代表李尼阁（Major F. W. Rennick）、曾经与乌金旺秋私交密切的保罗（A. W. Paul）以及翻译、24 名士兵等。他们从哲孟雄的甘托克出发，经乃堆拉、亚东前往布鲁克巴的哈宗，再从那里向东经过帕罗宗到达普纳卡。乌金旺秋在普纳卡为自己安排了隆重的授勋仪式，怀特在仪式上向他颁发了"爵士"勋章，并赠送了包括一支枪在内的价值 8000 卢比的大量礼品。[①] 随后，怀特前往终萨宗等地旅行，期间他广泛接触布鲁克巴上层社会，并多次与乌金旺秋长谈。怀特通过这些会谈进一步掌握了布鲁克巴内部的政治状况，他发现德布王只处理宗教事务，所有内政外交实际上都由终萨本洛乌金旺秋处理，而其他重要的地方官员都是他的亲属或亲信。在怀特离开时，乌金旺秋向英印政府总督及其他高级官员赠送了礼品。

怀特之出使布鲁克巴并封乌金旺秋为爵士，大大加强了乌金旺秋在国内的威信。而乌金卡基也"因为使自己的国家获得了安乐"而被任命为哈宗的宗本。[②]

在英印政府拉拢布鲁克巴的过程中克劳德·怀特是一个重要角色。他起初就职于孟加拉的公共事务部，1888—1889 年的英国侵藏战争中他被

---

① J. Claude White，*Sikkim and Bhutan*，New Delhi：Cosmo Publications，1984，p. 142.

② ［不丹］白玛次旺：《布鲁克巴王统世系明鉴》，不丹国家图书馆 1994 年藏文版，第 541 页。

派去担任英军的助理政治专员（Assistant Politacal Officer），在 1890 年达成和平协议后，他成为锡金政治专员（Political Officer in Sikkim）。1903 年荣赫朋侵略西藏时他随英军进藏。战争结束之后，英印政府准备成立一个包括哲孟雄、布鲁克巴及西藏的亚东在内的英国影响区的管理委员会时，荣赫朋极力推荐怀特，并最终使他如愿。

怀特主张积极介入布鲁克巴内政的政策，他在 1905 年 1 月 20 日写给英印政府的信中建议英印政府在布鲁克巴应该支持乌金旺秋而打击其他势力，他指出乌金旺秋不仅是一个有价值的盟友，他还是布鲁克巴最具实权的领袖，英印政府应该继续使他掌握权力。为此，应该向他提供适量的武器弹药，这些少量的武器可以支持他维持在布鲁克巴的权威，又不会使他在清除异己之后成为英印的威胁。建议提供武器但限制弹药的数量，使他有求于英印政府。① 同时，他还建议应设立"不丹政治专员"（Political Officer to Bhutan），以管理布鲁克巴事务。

1905 年 7 月 6 日怀特从布鲁克巴返回哲孟雄后，在递交出使报告的同时，进呈一个旨在发展英印政府与布鲁克巴关系的详尽建议书。其中包括：1. 增加年度的津贴，从过去的 5 万卢比增加到 10 万卢比。他说适度的增加津贴可以使英印政府更好地控制布鲁克巴，使布鲁克巴站在英印政府一边而不是站在清朝和噶厦政府一方。2. 他建议修改 1865 年的《辛楚拉条约》，以阻止布鲁克巴与其他外部势力如中国西藏的任何关系。3. 鼓励布鲁克巴修建道路，以发展与英印之间的贸易。4. 英印政府应该邀请德布王和乌金旺秋参加将于 1905 年年底举行的威尔士亲王（Prince of Wales）对印度的视察。认为邀请他们前来印度并安排到菩提伽亚去朝圣，肯定会在信奉佛教的布鲁克巴以及喜马拉雅山国家产生重大影响，有助于改变他们怀疑英国将危害佛教的看法。②

1905 年 7 月，英印政府最终同意了怀特关于邀请德布王和乌金旺秋的建议，但是德布王因为要参加宗教活动而未能前往，1905 年年底，乌金旺秋接受邀请作为德布王的代表、率领乌金卡基等前往加尔各答，同时

---

① Kapileshwar Labh, *India and Bhutan*, New Delhi: Sindhu Publication Ltd., 1974, p. 156.

② Manorama Kohli, *India and Bhutan: A Study in Interrelations 1772 - 1910*, New Delhi: Munshiram Manoharlal Publishers Pvt. Ltd., 1982, pp. 166 - 167.

被邀请的还有哲孟雄国王以及第九世班禅。乌金旺秋在加尔各答受到礼炮15鸣的高规格的接待，英印政府总督还对他进行回访，使乌金旺秋大为感动，他在写给总督的信中表达了这种激动心情：

> 王国的陛下与总督阁下就是太阳和月亮，我等最高政府之下的小邦之主乃是星星。就像星星和星座从来不会失去对太阳和月亮的忠心，我们全体布鲁克巴人民如此看待最高政府，希望太阳和月亮就像世界的父母，我们同样乐于祈祷他慈善的光芒永远照耀。①

怀特在加尔各答悉心照料乌金旺秋，指导他按照英国的习俗与各级官员交往、互换礼物，还答应向布鲁克巴和哲孟雄出口一定数量的武器和弹药。

怀特在 1905 年初出使布鲁克巴期间，还策划帮助乌金旺秋建立一个世俗君主制王朝。1905 年 6 月，乌金旺秋写信给英印总督，请求支持他成为世袭君主，以确保他的后代能够代代父子承袭。这封信发表在加尔各答的报纸上，由当地藏人呈报给西藏的甘丹池巴（因英军侵入拉萨，第十三世达赖喇嘛流亡中国内地，地方事务由甘丹池巴负责）：

> 治理天下署理甲噶（印度——引者注）王台前：我虽未能办事，今我蒙王怜悯，可以在普天下显扬，给予顶戴职分，实属沾恩，今我布地异获神益，惟王做主。至我只遵国家示谕，当尽心办理所有布地应办事宜，并我应诉苦情，惟有由署理王替身总官娃尔萨海（即怀特——引者注）转陈祈情鉴照。自今起终萨本洛准其父子承袭其布地，别官不准争论，尚望饬示。为此压信银葛札一个，帽一顶，斯青阿噶布莫缎一匹，恰斯邦格一个。于乙巳年（1905 年）四月十九萨朗具。②

---

① Kapileshwar Labh, *India and Bhutan*, New Delhi: Sindhu Publication Ltd., 1974, p.154.

② 光绪三十四年正月（1908 年 2 月），《布鲁克巴终萨本洛递寄署理甲噶王信函给予顶戴实属沾恩并请世袭》，见吴丰培整理《清光绪朝布鲁克巴秘档》，中国藏学出版社《西藏学文献丛书别辑》（不撰年）第十四函，第二册，第112页。

但当时的英印政府总督寇松"经常被俄国的威胁所困扰"，而对乌金旺秋并没有表现出特别的兴趣，寇松说："我认为支持或保护一个本洛以反对国王是不明智的，如果他是个强人，他可以自己支持自己。"① 然而怀特依然坚持己见。

在怀特的幕后策划之下，乌金卡基于 1906 年向当时的德布王益希俄珠（ye-shes dngos-grub，1903—1905 年在位。汉文史料中又称为桑结确歌喇嘛）和布鲁克巴各地的宗本等发出倡议，称"各处皆有王，独竹巴（即布鲁克巴）无王，不足以崇国体，亟须公举，以一事权"，要求公推终萨本洛乌金旺秋为国王，由其子孙世袭，取消德布王制度。但是乌金旺秋以"竹巴向来只有部长，未便特开新例"为词拒绝未受。1907 年，益希俄珠辞去德布王一职，乌金卡基再次发出倡议，于是，乌金旺秋同意就任国王。1907 年 11 月 25 日，怀特率领英印政府官员韦礼敦（Wilton）、李尼阁、甘波洛（Campbell）以及士兵三十名应邀前往布鲁克巴参加乌金旺秋的登基大典。随行带去了价值 14000 卢比的礼物。当他们路过亚东时，自然引起了驻地西藏官员的注意。靖西同知马吉符、游击周炳元奏报怀特一行于农历十月二十二日（11 月 27 日）进入亚东关驿站，"闻为终萨戴用宝星"事。② 可见情报不准确。两天后，驻江孜西藏官员根据商人获得的情报，再次向拉萨报告，发现亚东有"洋兵多人"，"军火口粮成堆集存，尚有络绎运来之说"，怀特、甘波洛等途经帕里（当时的情报称取道哈宗，显然是错误的）进入布鲁克巴。③ 驻藏大臣联豫对此并无切实应之策，对相关情况也知之甚少，只好密令靖西同知马吉符"密派妥差，亲赴该处，严密侦探"，以了解相关情况。

1907 年 12 月 17 日，乌金旺秋登基大典在普纳卡举行，典礼上要求布鲁克巴各地官员在公推文书上签字盖章。其文曰：

---

① KapileshwarLabh, *India and Bhutan*, New Delhi: Sindhu Publication Ltd., 1974, p. 156.

② 光绪三十三年（1907 年）十月，《同知马吉符禀驻藏大臣赴布鲁克巴竹巴地方闻竹巴终萨瑳洛曾受英赠宝星》，见吴丰培整理《清光绪朝布鲁克巴密档》，中国藏学出版社《西藏学文献丛书别辑》（不撰年）第十四函，第二册，第 107 页。

③ 光绪三十三年十月二十二日（1907 年 11 月 14 日），《江孜商务委员禀总办藏事各位噶布伦探闻洋兵军火口粮成堆并有娃尔萨海带兵已到布鲁克巴》，见吴丰培整理《清光绪朝布鲁克巴密档》，中国藏学出版社《西藏学文献丛书别辑》（不撰年）第十四函，第二册，第 107 页。

布鲁克巴地方，自昔至今，虽由部长行权，或由札仓喇嘛洛 (graw-tshang lama lho) 行事，或由公所办理，现时近代大国契友洋官等，以为各国皆有王，即哲孟雄地方虽小，亦系世代袭王，而布鲁克巴地方，比哲孟雄更大，并无布王，而布鲁克巴喇嘛洛会议，若举世袭之王与时相宜，因连接信函，经我布鲁克巴各官商议，彼等诸契友所言，委系我等紧要事件，心想近来，或有要事，布地各官以布王恳求终萨琫洛（即本洛）充当，再三祈请，惟终萨古学（阁下——引者注）处不只公恳，且彼大国（指英国——引者注）复再恳求，是以一时不能不允充布王，即于丁未十一月十三日（藏历——引者注）终萨古学乌坚汪曲（即乌金旺秋）登位，承充布王后。将来布王后嗣，亦以乌坚汪曲本身后裔充当，此外布地各官，以及属民，须属遵历辈布王示谕当差，倘有敢于腹非或妄訾国政以及起意悖逆，无论何人有犯，即由各官驱逐出境。其议已定，各官并众民出其字据图记，永远遵行。[①]

怀特扶持乌金旺秋建立世俗王朝的目的，是建立一个强有力而又听命于英印政府的布鲁克巴政府，并最终将布鲁克巴纳入英印政府的势力范围或者干脆将布鲁克巴并入印度版图。因此，怀特多次建议英印政府修订1865 年《辛楚拉条约》，他指出该条约规定印度政府可以裁决布鲁克巴与哲孟雄、库赤·比哈尔之间的纠纷，但没有涉及仲裁布鲁克巴与西藏地方、中国纠纷的内容，这使英印政府在外来势力干涉布鲁克巴内政时束手无策。他建议，乘印度政府管辖亚东以及布鲁克巴与印度关系亲密之时，修改《辛楚拉条约》，在该条约第八条的"不丹政府同意将与锡金、库赤·比哈尔王（的争议或对他们的控告交由英国政府裁决）"之后加上"以及一切邻国"这样的表述，如果布鲁克巴同意修改条约则可以把年度津贴增加到 10 万卢比。他还希望比照 1861 年英印政府与哲孟雄签订的条约，在布鲁克巴驻扎英国军队，以修筑道路及阻止任何外国侵占布鲁克巴

---

① 马吉符：《人布调查复文》，见吴丰培整理《人布调查复文、布鲁克巴史料摘抄》，中国藏学出版社《西藏文献丛书别辑》（不撰年）第十四函，第四册，第5—6页。

领土，或阻止任何敌对势力进入布鲁克巴。他一再强调中国对喜马拉雅山地区的影响，认为在英国从亚东撤退后，中国军队极有可能进驻该地并干涉布鲁克巴内政。但寇松认为英印政府有能力应付来自清朝或西藏地方的威胁，因而没有采纳他的建议。

1907 年 7 月，明托（Minto）就任英印政府总督，他因与怀特有前嫌而不信任他，准备由查尔斯·贝尔接替怀特。但怀特在退休之前，依然向英印政府提出修改条约的建议。当时，张荫棠、联豫等正在西藏举办"新政"，试图加强与廓尔喀（尼泊尔）、布鲁克巴等藩属国的旧有联系。因此，怀特向英印政府指出，修改条约是应对中国联络布鲁克巴对抗英国策略的最好办法。他建议条约第八条应改为"不丹政府特别同意由英国政府裁决一切与周边国家的纠纷，或敌对的事件，遵照英国政府的决定；英国政府特意申明处理由不丹政府请求处理的与周边国家的纠纷"①。

在怀特负责英印政府与布鲁克巴关系的 1905—1907 年，英印政府采用多种形式拉拢乌金旺秋，使布鲁克巴像一个英印政府的属邦。而当时西藏的政治领袖们虽忙于处理内部的重重矛盾，但是对布鲁克巴与英印政府关系的迅速发展还是有一些大概的了解，努力挽救并重建与布鲁克巴的宗藩关系就成为他们的当务之急。

二　张荫棠、联豫等重整西藏与布鲁克巴宗藩关系的努力

20 世纪初，随着中国社会半殖民地化进程进一步加深，民族危机日益加剧，面对内忧外患，清朝统治阶级内部有一批官员主张通过自我改良——所谓"新政"来挽救行将就木的王朝命运。他们兴办洋务、主张实业救国。为推行"新政"还在朝廷设立外务部、财政部、练兵处、商部等一系列新的机构。然而在西藏，驻藏大臣系统的官员与噶厦政府矛盾重重，不能有效抵御外敌入侵。清朝统治者认识到要解决西藏危机和西南边

---

① Kapileshwar Labh, *India and Bhutan*, New Delhi: Sindhu Publication Ltd., 1974, p. 158.

疆危机，必须在西藏进行改革。光绪皇帝曾谕军机大臣等"西藏为我朝二
百余年藩属，该处地大物博，久为外人垂涎。近日英兵入藏，迫胁番众立
约，情形叵测。亟应思患豫防，补救筹维，端在开垦实边，练兵讲武，期
挽利权而资抵御，方足自回藩篱"。① 总的来说，清朝政府在西藏的改革
可以分为两个部分，一是张荫棠、联豫等在西藏进行的"新政"，二是赵
尔丰等在川边进行的改土归流。其中在张荫棠、联豫的"新政"中，重整
与布鲁克巴的宗藩关系是其核心内容之一。

　　张荫棠早年曾就学于美国，深受欧美资产阶级思想影响。由于他熟悉
国际形势，善于处理对外交往事务，在清朝政府推行"新政"期间颇得重
用。1906 年初，他随外务部右侍郎唐绍仪前往印度，与英印政府谈判西
藏问题，在一年多的谈判过程中，他对喜马拉雅山各藩属的情形以及英印
政府对这些地区的阴谋有所认识。他根据在印度得到的消息在《致外部丞
参函详陈英谋藏阴谋及治藏政策》中称："闻有当沙巴拉（根据英文发音，
即终萨本洛——引者注）系哲孟雄（应为布鲁克巴——引者注）最有权势
官员，熟悉藏情，前年随同英兵入藏，探听藏中虚实，随时报告英军，是
以直达拉萨，及事定后英人封以王号，以旌其功。"又指出"外人于我国
藩属，纯用阴险手段，使我不觉，及事机暴发，在彼则谋画夙定，在我则
猝不及防"。由于西藏"为川滇秦陇四省屏蔽"，关系大局，因此，他建议
用强力"收回政权"，"请奏简贵胄，总制全藏，并派知兵大员统精兵二万
人，迅速由川入藏，分驻要隘，以救目前之急"。② 张荫棠在印度时的一
系列有关西藏问题的评论、建议引起清朝政府的重视。后来中英谈判事
竣，清朝派他前往西藏"查办藏事"，于是，他从印度北上经亚东于 1907
年 11 月 27 日到达拉萨。

　　张荫棠在西藏首先"查办"有泰等"媚外而乞怜"的汉藏官员，继而
提出治藏刍议十九条、西藏善后问题二十四条等。其中除了增饷练兵巩固
国防、兴办实业、发展经济等内容之外，还专门论及必须加强与廓尔喀、
布鲁克巴等国的联系，以重建屏藩。他在《致外部电陈治藏刍议》中专条

　　① 《清光绪朝实录》卷 534。
　　② 以上引文俱见光绪三十二年正月二十三日（1906 年 2 月 16 日），张荫棠：《致外部丞参
函详陈英谋藏阴谋及治藏政策》，见吴丰培编辑《清代藏事奏牍》下册，中国藏学出版社 1994 年
版，第 1305—1306 页。

谈道："布鲁克巴、廓尔喀为藏门户。布贫弱，受英笼络。廓近仿西法，兵强，英颇忌之，世修职贡，宜派专使宣布威德，谕以唇齿之义，密结廓藏攻守同盟之约。"① 他在《传谕藏众善后问题二十四条》中进一步指出，"西藏与布鲁克巴（本中国属地，英人谓之不丹国）、廓尔喀地势犬牙相错，实如唇齿之相依"，廓尔喀虽地小但兵强．西藏应该派噶伦、戴本等亲往考察，不仅仿其兵制以练新兵，同时与其结成攻守同盟，"无事相亲睦，有事相扶持"，使敌人不敢觊觎侵侮。② 在《复奏西藏情形并善后事宜折》中，他再次指出，布鲁克巴、廓尔喀为西藏屏蔽，应当"密与联络，喻以唇齿之势，结为攻守同盟之约，于藏防当有裨益"③。然而，张荫棠在藏日短，未能将其重整藩篱的计划付诸实践便被朝廷调离西藏。

在张荫棠离藏之后，联豫主持西藏"新政"。1907 年 11 月，联豫等不断获得驻扎在亚东的汉藏官员禀报，英国官员怀特携韦礼敦（Wilton）、李尼阁、甘波洛等带兵前往布鲁克巴，扶持乌金旺秋称王，并称将驻员总管布鲁克巴事务等。同时，在印度的藏人从报纸上获知乌金旺秋于 1906 年 6 月写给英印总督要求支持他称王的信件。联豫认为布鲁克巴"在拉萨之南相距仅十三站，唇齿之势已成，岂容外人觊觎，以撤我藩篱"。于是决定派靖西同知马吉符前往布鲁克巴密查。关了避免乌金旺秋等人的阻挠和恐慌，联豫发出两封信。第一封发给"考察布鲁克巴地方卸任靖西马同知"，前往布鲁克巴考察土产、道路、风俗。按照历史传统马吉符持此任命书即可进入布鲁克巴。其文曰：

本大臣自上年莅任以来，无时不以百姓富庶商务兴旺为念，其各处地方出产以及天时人事亟应详细调查，随时筹办，以图富强之基。查布鲁克巴久隶国家版图，该处部长并东西两本洛等悉皆受用朝廷封号顶戴，同是朝廷之赤子，岂容漠视。况闻该地天时暖和，土产饶

① 张荫棠：《致外部电陈治藏刍议》，见吴丰培编辑《清代藏事奏牍》下册，中国藏学出版社 1994 年版，第 1329—1330 页。
② 张荫棠：《传谕藏众善后问题二十四条》，见吴丰培编辑《清代藏事奏牍》下册，中国藏学出版社 1994 年版，第 1336 页。
③ 张荫棠：《复奏西藏情形并善后事宜折》，见吴丰培编辑《清代藏事奏牍》下册，中国藏学出版社 1994 年版，第 1402 页。

裕，且为藏南门户，值此振兴庶务之时，凡地土之肥饶、物产之多寡，以及风土人情、山川道里，自应派员考查详确，以资办理。兹查该员堪以委派前往布鲁克巴详细考查以便举行一切，除檄谕该部长外，合亟札委。为此札仰该粮务遵照交卸后，前往布鲁克巴地方会同部长及终萨本洛等详细调查，并将所历风土人情以及道路险夷、物产多寡均登入日记，纤细靡遗，归藏后送呈查核。毋稍疏懈，致负委任，并将起程日期禀报查考毋违。特札。①

由于乌金旺秋称王并未上报清朝同意，因此，联豫佯作不知，依然行文"部长（即德布王）"，要求依照惯例提供西藏官员所需的乌拉服务。称：

兹查有卸任靖西同知马吉符，堪以委派前往布鲁克巴考察，以便举办一切，除札委靖西同知外，合行檄谕，为此谕仰该部长遵照转饬，俟委员入境即将地方情形详细告知，一面派委头目妥为照料，将所需夫马照章支应。此事为力求百姓富庶、商务振兴起见，该部长尤须加意筹维，以裨地方为要。特此谕知，顺问部长好。②

马吉符（1876—1919 年），安徽怀宁（今安庆）回族。早年肄业于安庆凤鸣书院，15 岁获优附贡生，25 岁时由伯父马维聪荐于四川提督马维骐，入幕为宾。次年，驻藏大臣有泰咨情四川省举荐能胜任外交事务之得力人员入藏襄助，马吉符因之被荐入藏。1903 年 12 月抵拉萨，后任靖西（亚东）同知。③

光绪三十四年三月八日（1908 年 4 月 8 日），马吉符从亚东出发前往

① 联豫：《札饬马吉符迅行秘探布鲁克巴情况》，见吴丰培整理《光绪朝布鲁克巴秘档》，中国藏学出版社《西藏学文献丛书别辑》（不撰年）第十四函，第二册，第 109 页。
② 光绪三十四年正月，《谕布鲁克巴部长靖西同知马吉符到布境考察派员妥办照料》，见吴丰培整理《光绪朝布鲁克巴秘档》，中国藏学出版社《西藏学文献丛书别辑》（不撰年）第十四函，第二册，第 109—110 页。
③ 房建昌：《清光绪末年驻藏官员马吉符及其出使不丹记》，载《中国边疆史地研究》1994 年第 1 期。

布鲁克巴，主要调查"终萨为王、英派总管及终萨投诚印督信字"三项内容。在布鲁克巴滞留一月有余，在完成相关调查后呈交考察报告，因报告颇多细节，对于了解当时的布鲁克巴政治状况极有价值，故抄录于此：

三月初八日由靖启程，越三十里即入布境。谨遵饬查终萨为王、英派总管、及终萨投诚印督信字三大端，逐处留心访查，并派妥人分往各处密探。无如该处百姓，久不见汉官到此，无不惊疑。粮务结之以恩，厚之以赏，剀切谕明来意系为地方，始渐有父老头目罗敬酒浆，前来问讯者，日形亲热，颇称主国之恩。十一日抵巴竹（即帕罗——引者注）。十二日巴竹琫洛（即帕罗本洛——引者注）率其子移喜多结来见，语极恭顺。惟云刻下一切公事，须候终萨示遵，伊不能做主，言次意颇感慨。粮务因势利导，极力宣布朝廷德意，优待部属，为各国所无，并取譬印度哲孟雄往事，如何揖盗，如何失权，如何亡国。该琫洛颇为动听，惟问及英人去年前来之事，则以他语粉饰之。不敢吐实。粮务仔细筹画，此项重案，舍巴竹而外，恐难探出实情。乃连日与该琫洛详密谈心，并派人结其左右亲信，予以重赏，使之运动。又常传见其子，衣物惟其所欲，即以予之，以示家人父子之亲，契洽于无形之外。迟之多日，该琫洛始渐倾心，详陈一切。据云：从前噶伦铺一带，本属竹巴（即布鲁克巴——引者注），于四十五年前英人战胜而租其地，岁为卢比五万元，立有字据。光绪二十九年十月十三日，部长喇嘛桑结夺吉病故，是时英人入藏之师已到帕克里，英员惠德（即怀特）使竹巴派驻噶伦铺代表噶其乌金（乌金卡基）约终萨往见。我正备兵拟袭英后，以为藏应。事为乌金所泄，英令终萨讲息之，厥后英带终萨入藏，复调至印度见英太子，交情以此而密，往来信函及馈赠礼物日久逾繁。终萨畏英人之强，不敢拒绝，是其本意，非敢违背中国私通洋人也。乙巳年三月英员惠德等至竹巴各处游历，面见终萨琫洛，给有抵色阿以拉官衔，闻系友邦钦佩之意，此事我未亲见，只是耳闻。三十二年，英使乌金劝导接位部长桑结确歌喇嘛，并各官云，各处皆有王，独竹巴无王。不足以崇国礼。急需公举以一事权。众人不敢违拗，公请终萨为王，旋接终萨复函云：竹巴向来只有部长，未便特开新例。坚辞不允。三十二年春，桑结确歌喇嘛辞退部长，乌金又申前议往劝，终萨始允照办。十一月英员惠德、李尼阁、甘波洛等率兵二三十名为终萨贺喜，并加终萨以那尔官衔。于是月十三日合竹巴僧俗官员及寺院百姓等同在补纳卡营官寨公立字据，认终萨瑲洛乌金汪曲世袭为竹巴王，是日英员在场，时我官寨被焚以后，家产荡尽，无力敢违，曾在该字盖印，越十日英员出境，此实因竹巴甚小，不敢违抗英人，故从其劝，立终萨为王，并无英员总官之议也。粮务复将终萨投诚印督之信字，译询该瑲洛，据云名字吻合。物件系竹巴土产，送或有之，年月亦与初给官衔日期不远，论终萨平日行事未必肯作此函，只恐噶其乌金从中愚弄，则非他人所能知。第此事万难查明，因终萨与洋人书信往来已非一日。终萨果有此事，必密而又密，万不使外人得知，即询之终萨，亦未必肯认，故虚实无从查也。粮务查其所言，均极详明，当令将立王字据抄一底稿，该瑲洛云无底稿，① 只将结内大意令其中译（即秘书）讲写一张，而又将英人劝立一层，另纸撮录，驳写两次，仍有吞吐之词。粮务察其情形，是畏终萨，未便穷诘，正拟起程深入，再行查询，于二十日接到竹巴部长终萨瑲洛来文云，考察为前案所无，已经禀覆钦差，力阻粮务前往，并云伊现在有病未能见面，现饬伊兄吞布营官前来，曾同伊叔巴竹瑲洛面称一切等语。粮务查其用意，一以阻粮务前往，一以巴竹素与其宗旨不合，故使吞布前来查察，恐其泄言。至二十五日吞布行抵巴竹，气焰熏天，异常骄纵，欲令粮务先往见面。粮务适因途中触瘴，卧病在床，未予深究。迟至二十八日，经巴竹百般开导，吞布始行前来。然藐玩情形，秘密宗旨，溢于言表。粮务以奉查事大，仍以亲睦之意对待之。次日扶病答拜，同会于巴竹处，剀切开导多时，又得巴竹用语撮合，该营官始具悔机，和平谈论。然其言论一切，或是或非，捉摸不定。粮务复又密语巴竹，令其劝解，吞布将结底抄呈。初三日，复见吞布于巴竹处，该营官抄阅结底，只有终萨为王情节，而于英人一面，只字不提。粮务知其结不足凭，当饬预

---

① 　吴丰培整理：《光绪朝布鲁克巴秘档》（中国藏学出版社《西藏学文献丛书别辑》（不撰年）第十四函），第三册，《入布调查复文》缺"当令将立王字据抄一底稿，该瑲洛云无底稿"一句。

备乌拉，往见终萨，面询一切。该营官等面面相觑，不作一词。迟至初四日，该营官始将伪结底取回，允初五日会同巴竹琫洛抄呈真实结底。是日粮务前往查核结底，尚与巴竹前语及密探各节情形相同，当令巴竹琫洛吞布营官于结尾各盖公事图记一颗，以资征信。①

马吉符调查认为，乌金旺秋之称王乃是怀特、乌金卡基等一手策划操纵，"实因竹巴（即布鲁克巴——引者注）甚小，不敢违抗英人，故从其劝，立终萨为王"。至于"英派总管"，并无此事。而乌金旺秋写信给英印总督一事，按照帕罗本洛的看法，"论终萨平日行事，未必肯作此函，只是有噶其乌金（即乌金卡基——引者注）从中愚弄，则非他人所能知"。马吉符在帕罗滞留一个多月，在了解了基本情况后，经帕里返回西藏。②

在布鲁克巴期间，马吉符还先后两次走访了末代德布王益喜俄珠。益喜俄珠（桑结确歌喇嘛）在辞去德布王之后住在距帕罗数十里的山庙之中，挂锡梵修。自称"充部长时，大权即归终萨（本洛）"，自己"不过备位而已"。马吉符指出"其人秉性忠厚，办事次于开张，似因目击时艰，且为终萨（本洛）所挤，故不安于位，不能不退"。

一向与西藏关系亲睦的帕罗本洛，因官寨被焚，"朝廷颁发之敕书、印信、赏物及该琫洛财产军械一律焚完"，情形极惨，处境艰难。故而希望得到清朝的抚恤，"并因自己年老，欲为其子请袭，倾心归顺，谆托粮务转呈"。③

联豫在接到马吉符的报告后，也没有挽回局势的良策，将责任上推给朝廷，期望由朝廷进行交涉。他在上呈理藩院的报告中称："该部（即布鲁克巴——引者注）之私投英人，已实有其事，而英人兼并之心，亦昭然若揭，若不乘此之时与英政府切实交涉，恐布鲁克巴一部势难保全，而全

---

① 光绪三十四年六月二十二日（1908 年 7 月 20 日），理藩院：《驻藏大臣咨派员带兵赴布鲁克巴详细情形报部并请转商外务部》，中国第一历史档案馆清代理藩院档案：第 499—657 号。见吴丰培整理《光绪朝布鲁克巴秘档》，中国藏学出版社《西藏学文献丛书别辑》（不撰年）第十四函，第三册，第 1—4 页。

② 光绪三十四年六月二十二日，理藩院：《驻藏大臣咨派员带兵赴布鲁克巴详细情形报部并请转商外务部》，中国第一历史档案馆清代理藩院档案：第 499—657 号。

③ 同上。

藏藩篱已撤，其后患不堪设想。必须英人允不干预布鲁克巴之事，始能有所着手。"① 理藩院、外务部等似乎也一时缺乏应对良策。

马吉符入布调查，未能改变清朝中央在边疆事务上反应迟缓的作风，相反却促使布鲁克巴的亲英势力加快了投靠英国的步伐。当马吉符进入布鲁克巴，到达帕罗之时，乌金旺秋却将联豫、马吉符发给他的信函转给乌金卡基，乌金卡基持信前往岗托克向英印驻哲孟雄的政治专员、接替怀特的查尔斯·贝尔咨询。查尔斯·贝尔认为"粮务（指马吉符——引者注）的信函命令省督（指乌金旺秋）和其他不丹贵族到他们的封地边界，引导他通过他们的封地。每一站要求十五匹马和二十个夫役。粮务的信函完全没有尊敬的措辞，既不像写给要人的西藏信函或不丹信函所用的措辞，也不像我们给锡金或者大吉岭专区的村子头人写信所使用的那种措辞。粮务只不过是一个四级官员，如果继续使用这样的语言，可能激起不丹人对该使团使用暴力"②。乌金卡基与查尔斯·贝尔经过密商，建议（4 月 17 日）乌金旺秋寻找借口不与马吉符会面。他们在呈报英印政府的报告中称："四十年前，当不丹同英国作战时，中国从未向不丹提供过任何支援，在此问题上从未采取过任何步骤；不丹从来没有从中国得到过津贴，任何不丹官员也没有得到过中国的报酬。"③ "不丹从未以任何方式承认过中国的宗主权，现在的大君在他任终萨本洛时，中国政府曾经给他一枚关防，他将此关防放进一个盒子，而且从未使用过；还给过一套珊瑚顶戴（即二品顶戴），他也从未使用过，也没有精心保管，这些顶戴被蛆虫贪婪地啃食，那时的终萨本洛将此珊瑚顶送给了乌金卡基，他自己没有穿戴顶戴。"显然他们在有意地篡改西藏与布鲁克巴之间的历史关系。乌金卡基还向查尔斯·贝尔保证，乌金旺秋不会向中国承担任何义务。④ 事实上，乌金旺秋就是完全按照乌金卡基和查尔斯·贝尔商定的建议对待马吉符使团。

与此同时，西藏噶厦政府及拉萨三大寺等在得知终萨本洛称王后，也

---

① 光绪三十三年十一月（1907 年 12 月），联豫：《札饬马吉符迅行秘探布鲁克巴情况》，见吴丰培整理《光绪朝布鲁克巴秘档》，中国藏学出版社《西藏学文献丛书别辑》（不撰年）第十四函，第二册，第 109 页。

② Apr. 19，1908，*Mr. Bell to Government of India*，F. O. 535，Vol. XI. Inclosure in No. 87.

③ Ibid.

④ Ibid.

急忙通过张荫棠向朝廷上奏：

> 英人突然派员前往（布鲁克巴），任意废主，并驻员总管该部事务，似此恃强干预，恐将蹈哲孟雄覆辙。查藏布边界只隔一山，若布属他人，则藏防更难慎固，于大皇帝及达赖喇嘛疆土大有关碍。并闻布鲁克巴人倾心何向，现尚无定见，其情形万分急迫。此时若不料理，后患恐至无穷。应如何即与英人交涉之处，或遣派汉官前往布鲁克巴驻扎，以资保护而图补救……谨合词禀恳具奏大皇帝圣聪，恩予作主，于藩属边防实有裨益。①

事实上，他们也没有切实可行的对策。

总之，张荫棠、联豫在西藏推行"新政"，试图加强西藏与边外各藩属的联系，希望能密结攻守同盟以抵御英国的侵略，其巩固国防、抵御外侮的主观愿望是值得肯定的。然而，就在他们推行"新政"之时，英印政府与布鲁克巴的关系有了新的发展，而布鲁克巴内部政治格局也发生重大变化，对此清朝驻藏官员并未能及时获得相关情报，更谈不到预防措施。在布鲁克巴日益为英印政府所左右的形势下，他们也不能别出心裁，力挽狂澜，其思维方法和应对举措，仍然拘泥于传统的宗藩体制，以一种居高临下的姿态与布鲁克巴交往，这种行为方式与英印政府所推行的将施财笼络、武力威胁以及至少在表面上的平等对话相结合的外交策略相比，显得极其粗拙，所以，其种种努力终归化为泡影。

三　《普纳卡条约》的签订与藏布宗藩关系的终结

张荫棠、联豫等在西藏推行的"新政"和赵尔丰等在川边、察隅地区的改革和军事行动，表现了清朝中央政府加强在藏军事力量、坚定捍卫西藏主权的愿望，却引起了英印政府的极大恐慌。他们一面向清朝政府提出

---

① 张荫棠：《咨外部陈明布鲁克巴危机情形请先事图维》，见吴丰培编辑《清代藏事奏牍》下册，中国藏学出版社 1994 年版，第 1413 页。

照会抗议张荫棠、联豫等在西藏的改革，要求清朝政府撤换他们，同时，也在积极谋划将布鲁克巴纳入英印政府的势力范围，并试图通过正式的条约加以规定。

1907 年 3 月 23 日，英印政府给英国外交大臣莫垒（Morley）的信中称："根据张（荫棠）先生译成藏文的文件，他似乎怂恿拉萨政府派遣他们的戴本到尼泊尔去学习军事方法，并且同该国政府结成联盟。也要求西藏政府向不丹请教，该国与西藏和尼泊尔一样，在一切方面都是中国宗主权之下的同类国家，因此，要团结一致反对英国势力。"终萨本洛领导下的布鲁克巴坚定地隶属于英国，但是"对于中国试图通过在西藏的代理人，削弱西藏边境上印度属国（States in India）忠诚的意图不能漠然视之"①。随着"新政"的深入，英国人认为"中国人正在西藏利用每个机会，加强他们的地位和威信，而我们每天都在失去阵地"②。1908 年 2 月，英国军队按照条约规定从亚东撤出。但是，从西藏撤军不仅没有消除英印政府对西藏内政的干涉，反而增强了他们在西藏失势的危机感，他们对清朝在西藏的每一项改革措施都极其敏感，并开始歪曲和夸大清朝在西藏的改革对英印政府及喜马拉雅山国家的不利影响，以此挑拨中国西藏与喜马拉雅山原有各藩属的关系。1908 年春，赵尔丰被任命为驻藏大臣，同时为了加强川藏之间的相互联络与支持，将其兄赵尔巽调往四川出任总督。赵尔丰曾在康区推行移民实边政策，具有很强的军事指挥能力，早已引起英印政府的关注。

总之，对于清朝中央加强对西藏管理的政策，英印政府高度敏感。1908 年，多年在喜马拉雅山地区任职的韦礼敦、鄂康纳（O'connor）等人先后呈递备忘录，提出对策建议。

韦礼敦《关于印度东北边境关系的备忘录》中称：

> 张（荫棠）先生公开谈到中国、尼泊尔、西藏、不丹和锡金之间的合作，将之比作五种颜色（"五彩"）：黄、红、兰、黑、绿，能工

---

① Mar. 23, 1907, *Letter from Government of India to Mr. Morley*, F. O. 535, Vol. Ⅸ. Inclosure in No. 116.

② May, 1907, *Diary of Major O'Connor*, F. O. 535, Vol. Ⅸ. Inclosure 2 in No. 174.

巧匠可使其产生五彩缤纷的效果……张先生在拉萨对西藏人的一个通告中，强调西藏、尼泊尔和不丹之间，有唇齿相依的相互关系。他指出，我们（指英印政府）已经承认不丹是一个王国，我们在那里购买了土地，并且与不丹的国王结成了紧密的友谊关系，他（指张荫棠——引者注）号召西藏人提出他们的意见，采取什么步骤来抵消我们的行动……现在中国的西藏政策包括，建立一支 40000 西藏人的能有效作战的军队，以少量中国士兵为骨干，中国、尼泊尔、西藏、不丹和锡金联合起来反对印度。这个任务不是轻而易举的，需要有一个坚强和能干的驻藏大臣……无论联豫或者张荫棠都不具有能力或者力量完成这一任务。赵尔丰被任命为拉萨的两个驻藏大臣之一，他声名卓著，能干而坚定，并且在对巴塘及其周围起事的藏族喇嘛作战过程中指挥成功。假如印度的东北边境，将来有可能受到威胁，最好要在仍然有充分时间采取预防措施之时就加以考虑，以预先防止这一威胁。我建议……应该将东北边界的总的控制，尽可能置于住在锡金甘托克的政务官的控制之下……应该将给不丹的年度津贴增加到 100000 卢比。应该派遣一个地质学专家和一个道路测量员到不丹，由印度政府开支，对矿产资源和同印度往来的道路提出报告。[①]

与此同时，鄂康纳也就西藏形势的发展提交了备忘录，称：

自从 1903 年我们干预西藏事务，其主要后果之一，是中国在西藏建立了比以往任何情况下都没有的更完全的影响……遗憾的是，最近一年半以来（自从张先生进入西藏以来），我们有理由认为，中国对我们的态度很有可能是敌意的和嫉妒的，而非友好的。这种态度表现在许多方面，张（荫棠）先生从他进入春丕之日……利用一切机会表现他的排外癖性，此外，他显然打算干预尼泊尔、锡金和不丹等边境国家……关于锡金和尼泊尔，我认为我们不必担心，我们在这两个

---

① Mar. 9，1908，*Note by Mr. Wilton Regarding India's North-East Frontier Relation*，F. O. 535，Vol. XI. Inclosure 2 in No. 101.

国家的地位是安全的，我们无需担心中国的诡计或阴谋，但是，我们自然应该小心注视事情的过程和迅速采取步骤以制止中国向南方扩展其影响的任何意图，制止其打乱这些现状的任何企图……中国现在似乎打算开始一种新的更具侵略性的统治方式，已经任命一个卓越的能干官员（指赵尔丰——引者注），他颇具好斗名声并具有强硬的靠山。他努力将中国的影响向南部边界推进……我们必须承认这样一种政策会使我们困窘，一定会干扰邻国锡金和不丹，甚至在更远地区对我们造成不利。

关于不丹，我们现在只能说，不丹现在对我们很友好，我们应该努力使不丹人保持现状，不允许中国以威胁或者贿赂的方式将不丹人从我们这边拉走。现在能很容易地做到这一点。过几年，事情就可能不那么简单。由于中国在西藏威信的增长，这些周边国家会更倾向于中国。在我们确定的影响下，不丹会构成一个很有用的缓冲国。不丹如果是敌对的或者疏远的，它就会变成边境的另一项难题，可能发展成为"东北边界问题"，我认为，现在我们特别应该避免这种问题。①

查尔斯·贝尔根据上述建议，认为如果中国恢复对布鲁克巴的影响力，将对英印政府的利益构成重大威胁，因此建议应当努力劝诱布鲁克巴政府将其外交事务交由英国处理，否则如果布鲁克巴政府接受了中国代表驻扎布鲁克巴，英印政府将无计可施。② 他指出怀特的建议有必要进一步修改，即将《辛楚拉条约》第八款改为"如不丹与四邻包括中国西藏有争议时，请英国政府裁决"，尚有不足，因为英国政府"仅能于争论时有权干涉，若不丹他日同意中国干涉其事时，即承认中国委员驻于不丹时，吾等束手无能为矣"。③ 很明显他要完全剥夺布鲁克巴政府的自主性，使之依附于英印政府。英印政府接受了查尔斯·贝尔的建议。

1908 年 10 月 1 日，英印政府就有关清朝在西藏的军事行动及英印政

---

① Mar. 13，1908，*Note by Major O'Connor Regarding Thibet*，F. O. 535，Vol. Ⅺ. Inclo-sure 1 in No. 101.

② ［英］柏尔：《西藏之过去与现在》，宫廷璋译，商务印书馆 1930 年版，第 67 页。

③ 同上。

府与布鲁克巴关系问题致信英国国务秘书，明确提出了与布鲁克巴签订一项密约的建议。信中谈到，根据英国在西藏的商务官员和尼泊尔驻藏代表提供的情报，中国有力地加强了在西藏的军事存在，增加了在拉萨的军队数量，而要养活这样一支军队，仅靠西藏的贫瘠土地是难以维持的，中国有可能在物产丰富的喜马拉雅山国家寻找合适的立足点。信中说，张荫棠曾"比喻中国、西藏、尼泊尔、锡金、不丹的联盟就像是五种颜色的混合，比喻西藏、尼泊尔、锡金、不丹的位置就像是人嘴里紧密排列着的牙齿（'唇齿相依'）"。[①] 加上 1908 年初马吉符在布鲁克巴的调查行动，不仅明白无疑地表达了中国的热望，甚至正在努力恢复对于布鲁克巴的宗主权。信中还说，中国在掌握亚东后将重新开始确认他们对布鲁克巴的宗主权，如果成功，将使他们与英国领土的接壤地带增长 240 公里，"他们滚滚而下，来到南部的丘陵地带，跨过微小的地理界线到达山口地区，那里有英国的茶园和其他资产"。[②] 因此，建议英印政府应该尽早与布鲁克巴国王开始一项秘密谈判。他认为形势是有利于英印政府的，不仅因为布鲁克巴国王情感上倾向于英印政府，还因为他急需资金以发展他的国家，英印政府可以适当增加津贴，将它增加到每年 20 万卢比。同时鼓励英国公司到布鲁克巴投资纺织和茶叶种植园，[③] 事实上"加尔各答的公司已经对不丹很感兴趣，甚至申请允许勘查那里"。而中国提出的对布鲁克巴的宗主权问题可以将它模糊化，如果与中国发生争论，英印政府可以利用以下借口：

1. 我们（指英印政府——引者注）与不丹签订现有的 1865 年条约，没有中国人干预。我们在与不丹战争时中国并没有支持不丹；

2. 1905 年，现在的国王（当时的终萨本洛——引者注）前往加尔各

---

① Oct. 1，1908，*Letter from the Government of India to the Secretary of State for India*，See Kapileshwar Labh，*India and Bhutan*，New Delhi：Sindhu Publication Ltd.，1974，p. 248.

② Ibid.，p. 250.

③ 根据驻藏大臣获得的情报，"布部土地膏腴，尤宜茶业。该中萨部、哈地营官乌坚招揽英商入境植茶，名为租地，实同割让。现已建造房屋修筑道路"。见宣统三年六月十九日（1911年 7 月 14 日）《英谋廓尔喀、布坦二部情形》，台湾"中研院"近代史研究所藏《外务部档案》，第 02—16—010—02—044 号。

答向威尔士王子致敬并递交信件，当时他代表国王（应为德布王——
引者注）与全体不丹人民承认英国政府的最高权力；3. 我们树立现
有的国王时，没有中国的干涉；4. 不丹国王、各首领及百姓反对中
国宣称的宗主权。中国从来没有给过不丹津贴，没有为任何一个不丹
官员付（薪金）。相反，我们每年付给不丹租金，不丹接受租金后分
配给下属。①

信中还特别指出，在当前的形势下，"我们建议，起初此条约应该保密"。
1909 年年初，随着第十三世达赖喇嘛结束流亡生涯回藏和川军即将
入藏消息的确实，英印政府认为其在喜马拉雅山国家中建立起来的影响力
将受到挑战。恰在此时，驻江孜商务官员贝利（Bailey）从西藏汉文报纸
收集到的关于加强西藏与布鲁克巴关系的文章，更使英印政府感到他们的
担忧得到了"证实"。该报言：

> 不丹与西藏毗邻，在西藏之南，距拉萨 12 站，与西藏唇齿相依。
> 其所产竹子、木材、铜、铁等，皆为西藏所需，藏中粮食也赖不丹接
> 济。故而修好不丹较尼泊尔更为重要。
> 不丹与西藏同奉一教，本应相互协助，上年不丹与英国交战，其
> 时不丹向西藏求援，被拒，不丹因之损人失地，颇有怨言。
> 驻藏大臣曾屡次派员调解不丹纠纷，不丹递具夷禀感戴圣恩，朝
> 廷给予印信，今后，不丹如有所求，朝廷亦将予以满足。尔藏人不能
> 明了圣上善待不丹之因，此实为西藏计。不丹犹如西藏屏藩，此藏人
> 所不知者。皇帝常思廓尔喀、不丹、西藏为同室之三人，尔等常思孤
> 立如前，必将遭受失败。②

英印政府认为这些出自中国高官的文章，不仅宣传反英情绪，还明确
指出朝廷将加强对布鲁克巴的影响，同时还指导藏人应更多地给予布鲁克

---

① Oct. 1, 1908, *Letter from Government of India to the Secretary of State for India*. See Kapileshwar Labh, *India and Bhutan*, New Delhi: Sindhu Publication Ltd., 1974, p. 251.

② May, 1909, *Translation of Extracts from the Lhasa Newspaper*, F. O 535, Vol. XII. Inclosure 4 in No. 30.

巴各种帮助。英印政府的危机感进一步加强。

1909 年 4 月 22 日，英国印度事务部就与布鲁克巴商谈条约的建议中涉及的内部关系问题致函外交部，从中可以看到英国关于与布鲁克巴进行谈判的具体内容和方案策略都已经准备就绪。信中说，英印政府曾经对布鲁克巴的不介入政策，无疑因为中国在西藏的政策而改变了。

在去年（1908 年）4 月，驻藏大臣试图确立对不丹的主权（Sovereign right），在这种情况下，达赖喇嘛又于 10 月从北京出发返回拉萨，预示西藏的态度也将与中国相同，即要管辖不丹、锡金、尼泊尔。因此，莫垒（Morley）先生认为采取步骤使不丹独立于中国、西藏的时候到了。中国建立对不丹的宗主权（Suzerainty）不仅威胁到从加尔派古里（Jalpaiguri）到特几普尔（Tejpur）边境上宝贵的英国茶园，而且还会使尼泊尔政府产生震动。[①]

他们的具体建议是"尽快让锡金政治专员贝尔开始与不丹国王为签订一个秘密条约而谈判，作为策略贝尔应该开始讨论在不丹与英国边境地带发展工业，如果此点进展顺利，他应该开始谈判印度政府草拟的条约。条约（草案）第一条提到的'不丹的外部关系应该由印度政府控制'是印度政府考虑的核心"。[②]

1909 年 10 月，贝尔得到前往布鲁克巴谈判的命令，同时指示他如果布鲁克巴国王同意将外交权力全部交给英印政府，应该答应不干涉其内政，津贴可以增加到 10 万卢比，如果需要也可增加到 20 万卢比。同时应该努力使 1865 年《辛楚拉条约》第八条修改为：

英国政府保证不干涉不丹内政。不丹政府方面同意在对外关系上接受英国政府的指导。如与锡金和库赤·北哈尔国王发生争议或对他们有所控告，则此等事项将交由英国政府裁决。英国政府当依法律必

---

① 　Apr. 22，1909，*Letter from India Office to Foreign Office.* See Kapileshwar Labh，*India and Bhutan*，New Delhi：Sindhu Publication Ltd.，1974，p. 253.

② 　Ibid.，p. 254.

要手段加以解决，并勒令锡金和库赤·比哈尔国王遵守判决。

此后，贝尔实际上并未前往布鲁克巴，而是通过乌金卡基与布鲁克巴国王乌金旺秋进行谈判，他认为乌金卡基一直对英国非常忠心，同时对乌金旺秋有很大的影响力，利用他进行谈判效果更佳。在谈判一开始，贝尔并没有亮出底牌，而是提出英印政府只愿意增加 5 万卢比的津贴。乌金卡基在普纳卡召集布鲁克巴各地官员会商，并于 1909 年 12 月 15 日暗示贝尔，布鲁克巴政府已经接受了英印政府的条款。

1910 年 1 月 8 日，贝尔与乌金旺秋正式在布鲁克巴首府普纳卡签订了《普纳卡条约》。条约内容只有两项：一是修改 1865 年《辛楚拉条约》第四款，从 1910 年 1 月起，英国付给布鲁克巴的津贴从 5 万卢比增加到 10 万卢比；二是布鲁克巴在外交上接受英国政府指导（guide）。《普纳卡条约》正式将布鲁克巴的对外关系置于英国人的控制之下，"不丹这时几乎就像印度的一个邦一样受到英国的保护，不再是一个完全独立自主的国家了。尽管条约中并未提到'保护国'这个词，但不丹已丧失了对外的主权而实际上成为英国的一个保护国"。[1]

贝尔（或译为柏尔）在《西藏之过去与现在》一书中，对自己的成功大发感慨：

> 此事成功，吾等得总督之庆贺，及英国政府之嘉奖，固甚欣悦。但成功实赖下列三人之力为多：一为保罗（Paul），首树英国与不丹之交谊，使孤僻嫉视之人民，虽不积极相助而能容者也。第二为怀特，乘机会继续工作，终萨本洛为不丹主时，彼曾参与即位典礼者也。第三为乌金卡基，今已受王号，[2] 其灵妙之策划，与英国及其本国之利益皆有大裨助。[3]

---

① Jun. 12, 1910, *Government of India to Viscount Morley*, F. O. 535, Vol. ⅩⅢ. Inclosure in No. 78.

② 英印政府授其"热·巴哈都尔（Rai Bahadur）"称号，这是英印政府授予土著居民的最高荣誉称号。

③ ［英］柏尔：《西藏之过去与现在》，宫廷璋译，商务印书馆 1930 年版，第 69 页。

四 中国与英国就布鲁克巴国际地位的争论

英印政府在布鲁克巴的上述阴谋活动，引起了清朝政府的高度关注，相应采取了针锋相对的斗争。1910 年 6 月，驻藏大臣联豫写信给乌金旺秋，要求其对允许第十三世达赖喇嘛的一些随员经布鲁克巴出逃印度做出解释，同时指出应该允许西藏货币（Chinese-Tibetan rupee）在布鲁克巴流通。[①] 对此，英印政府驻亚东商员麦仲照会靖西同知，表达不满：

> 奉（英）印政府文，布丹（即布鲁克巴）地方一切事宜均归英国管理，以后贵处无论递交布人何项文件，由敝处转递哲孟雄政务司请示办理，至英三月内贵处与哈营官及终萨琫落（即本洛）等处所发告示一案，系令布地使用川圆，英国不能言语，但不得强迫，有愿用者听其自便。[②]

联豫上报朝廷指出"英国竟称布丹（即布鲁克巴）归其管理，不但损我主权，且唇亡齿寒，以后藏务更形棘手"。请求外务部设法"收回权限"。

此后，中国和英国政府之间展开了一场关于布鲁克巴国际地位问题的辩论。英国主要根据他们已经准备好的 4 条理由，大肆歪曲历史事实，以证明布鲁克巴从来没有向清朝朝贡过。清朝政府虽然也未能完全理清 180 年来清朝与布鲁克巴交往的历史脉络，但一直得以延续的种种传统清楚地表明这种宗藩关系的客观存在。

在接到驻藏大臣的上奏后，外务部认为：

> 布丹受先朝封号，颁给敕印，为西藏属部，且迭次藏中办理夷务

---

① Kapileshwar Labh, *India and Bhutan*, New Delhi: Sindhu Publication Ltd., 1974, pp. 175 – 176.

② 宣统二年八月十三日（1910 年 9 月 16 日），《西藏布丹事》，见台湾"中研院"近代史研究所藏《外务部档案》，第 02—16—010—01—067 号。

奏咨各案具在，足以为据。英人窥伺该部已久，兹竟明谓归其管理，在我亟应切实驳议，以维主权。①

但是，该照会系彼此商员之间的交涉，并非英国政府正式照会，因此，指示先由靖西同知罗列案据，详加驳复。反问英印政府何以有此命令，是否存在误会等。

九月十五日（10 月 17 日），英国驻华公使穆勒（Muller）正式照会外务部，称：

> 布坦（即布鲁克巴——引者注，下同）国君接到拉萨驻藏大臣本年七月初四日一信，内容所云究系中国于布坦有上国之权，或亦可有主权，信内于布坦国君之尊称毫无顾及，且其语句系饬令口气。自称拉萨驻藏大臣联豫写与布坦国叠铺王（即德布王）、帕柔（帕罗）及塘撒（终萨）之拼罗布斯（即本洛）暨他头目民人，信内又谓中国兵队已驻骆喀（即西藏山南）暨康巴，以为布坦之保护，亦劝布坦民人莫听他人诱惑，亦勿聚集兵丁。该大臣又用恫吓之言，云如该民人有违法之行，不但难求己命。并祸连全国。信尾又云各宜凛遵禀报驻藏大臣衙门。②

穆勒就驻藏大臣之信函提出正式抗议。指出根据英国与布鲁克巴之间的条约，驻藏大臣写给布鲁克巴的信函，布鲁克巴不能自行答复。又称："本国政府又欲指明，嗣后中国政府若致布坦国政府文牍，必须送与英国政府，英国政府自有转送并照章答复之责。"③

穆勒还重申当年三月初二日（1911 年 3 月 31 日）照会之声明，"西藏内政如有变更，英政府不允许有妨碍廓尔喀并布坦、哲孟雄二小邦之国体"。随信附抄《普纳卡条约》条款。

---

① 宣统二年八月十四日（1910 年 9 月 17 日），《西藏布丹事》，台湾"中研院"近代史研究所藏《外务部档案》，第 02—16—010—01—071 号。

② 宣统二年九月十五日（1910 年 10 月 17 日），《驻藏大臣有设法干涉布坦国事》，台湾"中研院"近代史研究所藏《外务部档案》，第 02—16—010—01—078 号。

③ 同上。

　　这应该是清朝首次从官方渠道获得《普纳卡条约》正式文本。对此，清朝外务部针锋相对地予以批驳：

　　　　布坦系中国属邦，自雍正年间纳贡，迭受先朝封号。光绪十七年并颁有敕书印信。向来驻藏大臣行文该部长均用檄谕，该部长具禀答复文牍往来款式行之历年，不自今始。此次联大臣行文系照向例办理，并非分外干涉。至贵国与布坦所订条约本部并未闻知，不能因此改变布坦历来之办法，来照以不允有碍廓尔喀并布坦、哲孟雄之国体一节，查廓尔喀历年来京进贡，久已服属中国，布坦亦系中国属邦，均不能与哲孟雄之照约归英保护者视同一律，中国对于布坦事件仍照旧成例办理，并非与其国体有所更变。①

　　宣统三年三月初二日（1911 年 3 月 31 日），外务部再次向新任英国公使朱尔典（Jordan）照会指出："驻藏大臣至布坦文牍，系照向来成例办理，自难改变，前次本部照会所叙各节，本国政府现仍如此看法。至哲孟雄系按中英条约载明归英保护之国。廓尔喀、布坦自不能视同一律。其所以不能视同一律者，正为尊重两国条约见，谅贵国政府亦具同情也。"②

　　四月十二日（5 月 10 日），朱尔典答复：

　　　　本（英国）政府不能承认中国政府所谓廓尔喀、布坦均系中国属国，若中国能有权施行于两国或能与两国有所干预，则本政府不能不出而阻抵。③

　　同时，又指出"中国对于西藏之关系，若确守所立之条约，则本国不

　　①　宣统二年九月二十六日（1910 年 10 月 28 日），《布坦系中国属邦不因与英订约改历来办法》，台湾"中研院"近代史研究所藏《外务部档案》，第 02—16—010—01—083 号。
　　②　宣统三年三月初二日（1911 年 3 月 31 日），《廓尔喀、布坦事》，台湾"中研院"近代史研究所藏《外务部档案》，第 02—16—010—02—012 号。
　　③　宣统三年四月十二日（1911 年月 10 日），《廓尔喀、布坦两国不能认为中国属国》，台湾"中研院"近代史研究所藏《外务部档案》，第 02—16—010—02—020 号。

愿发生难端"①，意指清朝不能约束西藏遵守中国与英国签订的条约，英国有可能就中国对西藏的主权提出质疑。明显含有要挟、恫吓之意。

对于英方的强硬反应，②清朝政府除了申明中国与布鲁克巴的旧有关系之外，也没有更为有力的应对之策，双方就布鲁克巴国际地位的交涉陷入僵局。

驻藏大臣联豫认为，英国图谋廓尔喀、布鲁克巴历年已久，已经在布鲁克巴培养了乌金旺秋、乌金多杰（哈宗宗本）等亲英分子。欲要挽回清朝对布鲁克巴的传统权力，"必须我之兵力足任保护各部，方免外向"，舍此别无良策。因此，恳请外务部"坚持驳覆，不稍松劲"，③因为保藏必须先保廓尔喀、布鲁克巴。同时，要求朝廷增加拨款，以训练新兵，潜蓄实力，否则"藩篱"尽失，无可挽回。然而，已在风雨飘摇之中的清朝，无法满足联豫提出的军饷需求。

最后，这一争论随着1912年清朝的灭亡而不了了之。

然而，最为重要的是布鲁克巴的态度。在1910年签订《普纳卡条约》之后，布鲁克巴就一直将外交事务交由英印政府处理，而不是清朝政府、驻藏大臣或噶厦政府，这表明中国西藏与布鲁克巴之间延续达180年之久的宗藩关系事实上已经宣告结束。比如，乌金旺秋在关于如何回复驻藏大臣信件的问题上咨询贝尔：

> 我收到了来自中国人的信件，称我们这里应该使用那种印有中国人头像的货币，不得违抗。我的森本给你带去该信的复件。你来自一个伟大的国家，请阅读该信并给我建议怎样做是最合适的，是否需要回复该信？该如何回复？因为我还没有答复他们。④

---

① 宣统三年三月初三日（1911年4月1日），《抄送关于布坦、廓尔喀交涉与英使来往照会》，台湾"中研院"近代史研究所藏《外务部档案》，第02—16—010—02—015号。

② 外务部在给驻藏大臣的信中指出，"英使辩论，彼坚不认布廓两部为我属国，阻抵一言尤为强硬"。宣统三年四月十二日（1911年5月10日），《廓尔喀、布坦两国不能认为中国属国》，台湾"中研院"近代史研究所藏《外务部档案》，第02—16—010—02—020号。

③ 宣统三年四月二十四日（1911年5月22日），《布廓两部英人蓄谋情形》，台湾"中研院"近代史研究所藏《外务部档案》，第02—16—010—02—022号。

④ *Latter Addressed to Mr. Bell by the Maharajah of Bhutan*, F. O. 535, Vol. ⅩⅢ. Inclosure 3 in No. 101.

　　虽然，布鲁克巴在清朝覆亡之前依然向驻藏大臣和达赖喇嘛进呈年礼，在 1912 年之后仍有布鲁克巴"洛恰巴"每年前往拉萨呈送年礼，"洛基"（lho-spyi，管理在藏布鲁克巴人之总管）常驻拉萨、帕里。但在 1910 年之后我们已经很难将它视为一种政治臣服的表现。这种传统的延续，也许是出于宗教上的情感，也许是布鲁克巴为了自身生存而采取的一种巧妙而诡秘的平衡策略。

结语　清代的喜马拉雅山宗藩
关系模式及其特征

　　我们已在前文中对清代西藏与布鲁克巴之间的关系进行了纵向梳理。在本书的最后，还想再次对其进行概略的总结，并希望将其置于整个喜马拉雅山地区史背景之中，以期能够在更为宏观的视阈中进行考察和评述。

　　第一，清代西藏与布鲁克巴关系的阶段性特征。

　　1. 1730 年以前。西藏与布鲁克巴地方的交往关系至少可以上推到公元 7 世纪。吐蕃王朝的扩张政策使其在早期便对喜马拉雅山南麓施加了军事影响，随后藏人南迁，藏族文化得以传播，布鲁克巴地方成为"藏人世界（the world of Tibetan）"的有机组成部分。随后的历代西藏地方政府虽然只是在力所能及的情况下对布鲁克巴实施有效统治或管理，但是，共同的族裔、文化、宗教渊源，以及由于物产差异而造就的贸易需求，特别是藏传佛教各教派在布鲁克巴的传播，使西藏与布鲁克巴一直保持着密切的联系。在 1616 年之前，布鲁克巴地方从未形成过统一的地方政权，其历史进程可以说是随着西藏历史的脉搏而跳动。1616 年之后，阿旺南杰流亡南下并逐步统一布鲁克巴地方，从而改变了原先的两地关系性质，西藏地方政府试图重新将其纳入治下，而布鲁克巴则坚定地寻求自己的利益，为此先后发生 9 次军事冲突，两地关系经历了一个世纪的冲突与动荡。战争的压力加速了布鲁克巴的统一进程和管理体系的完善，而军事行动屡次不果也使西藏方面不得不承认布鲁克巴脱离自主这一既成的事实。

2.1730—1792 年。这是西藏与布鲁克巴宗藩关系的黄金时段。1730 年，布鲁克巴发生内乱，势弱的一方寻求西藏的帮助，这不仅因为西藏在喜马拉雅山地区是一个可堪依赖的强势力量，还因为这是布鲁克巴历史上一种旧有的传统，此前在布鲁克巴内部教派冲突时，"五部僧人（bla-khag-lnga）"便多次请求西藏方面的帮助与干预。颇罗鼐成功地平定了布鲁克巴内战，并介入其内部事务，在驻藏大臣的指导下根据清朝的宗藩关系原则确立了新的关系模式。雍正十二年（1734 年），布鲁克巴派出使者前往北京进行朝贡，皇帝对布鲁克巴政教领袖进行了封赐，虽然从现有文献记载来看这是有清一代布鲁克巴唯一的一次到北京的朝贡行为，但是，此后新任德布王获得清朝皇帝封赐的"额尔德尼第巴"名号，不仅被视为政治上的莫大荣耀，而且成为其权力合法性的确认形式。尽管如此，布鲁克巴仍然是一个具有自己利益诉求的政治实体，主张权利或履行义务都基于自身利益考量，因此，双方关系并不总是和谐完美的。清朝在 1792 年反击廓尔喀战争结束后颁布的《钦定藏内善后章程二十九条》，对西藏地方与布鲁克巴的关系模式做出了新的调整，驻藏大臣成为处理布鲁克巴事务的主宰，西藏与布鲁克巴之间的宗藩关系进一步规范化，然而，制度化同时也意味着僵化、保守的开始。

3.1792—1910 年。这一阶段喜马拉雅山地区的政治格局因为英印政府殖民势力的北扩而发生重大变化，英国凭借强大的军事实力，为掠夺资源、扩大贸易市场，渴望打开通往西藏及中国内陆的贸易线路，进而实现其殖民统治的目的。而清朝则期望利用布鲁克巴作为"藩篱"将英国的侵略阻挡在国土之外，实现"守在四夷"的目标。布鲁克巴地处英属印度与清朝西藏之间，具有特殊的地缘战略地位，成为双方争取的目标。总体而言，驻藏大臣与噶厦政府的政策保守被动，而英印政府则计狠谋深、咄咄逼人。1865 年，英印发动了第二次侵略布鲁克巴的战争，随后签订的《辛楚拉条约》使英国人得以用付给布鲁克巴年度津贴的方式干预其内部事务。在英印政府的策动、扶持之下，乌金旺秋废除了沿袭近 260 年的政教双轨体制，建立了世袭君主制国家，随后双方签订的《普纳卡条约》（1910 年）则彻底终结了西藏与布鲁克巴之间的宗藩关系。

实际上，这样的总结难免过于简单，因为西藏与布鲁克巴之间的关系不仅受到当事双方因素的影响，还受到更为复杂因素的制约。当我们把西藏与布鲁克巴之间的关系放置于喜马拉雅山地区大背景中时，就不难发现，清代时在喜马拉雅山地区存在一个以中国西藏为核心的包括布鲁克巴、哲孟雄、尼泊尔（廓尔喀，前期还有洛敏汤、作木朗）、拉达克等国家和地区在内的宗藩关系网络，它是一个在清代的宗藩体系之下具有地域、民族特色的次级系统，我们或可称其为"清代的喜马拉雅山宗藩关系"。这一建构性的概念试图融汇两个方面的含义：（1）它具有清代宗藩体制的共性；（2）具有地域文化的特点。鉴于目前学术界对上述各种双边关系的历史发展尚缺乏深入系统的研究，我们还难以对这一概念进行详尽的讨论，在此仅以布鲁克巴作为个案，进行初步的分析，以期能够激发更多人探究的兴趣。

第二，"清代的喜马拉雅山宗藩关系模式"的主要特征。

1. 既继承了地域性的传统，又融合了清朝中央的宗藩体制。

西藏与布鲁克巴宗之间悠久的历史关系是 1730 年后建立正式宗藩关系的铺垫和底色。此前，在藏人的观念中，布鲁克巴属于西藏的组成部分，在不同的历史时期对其实施过程度不同的管辖，因此，西藏始终保留着介入布鲁克巴内部事务的权力。我们并不能简单地视之为地区霸权，它是布鲁克巴历史发展过程中形成的传统，当地藏传佛教各教派之间发生冲突时，他们或者请西藏的高僧出面调停，或者请求西藏地方政府予以干涉。它是对西藏这个相对强势力量的依赖和认可，也是基于共同的文化渊源、文化认同而形成的危机处理方式。1730 年噶毕顿珠请求颇罗鼐出兵相助就是这一传统的继续，甚至到 1885 年我们还能见到类似的请求和介入行动。这种强势介入藩属内部事务，甚至不惜采取分而治之的举动在清朝与属国关系中是不常见的。其次，在西藏与布鲁克巴宗藩关系中宗教因素扮演着极其重要的角色。1616 年之后藏传佛教竹巴噶举派在布鲁克巴一枝独秀，竹巴噶举派的根本道场热龙寺，该派祖寺竹寺，第三世、第四世竹钦活佛修建的散安曲林寺（gsang-sngag-chos-gling，今隆子县境内），咱日（tsa-ri）圣山以及与密宗鼻祖莲花生大师有关的桑耶寺等圣地，对布鲁克巴广大信众具有特别的吸引力和感召力。① 政治关系经常风云变幻，但是宗教朝圣始终是信徒们稳定而持久的愿望。可以说，宗教纽带是"清代的喜马拉雅山宗藩关系"坚固的精神基础。

从 18 世纪 20 年代开始，清朝中央逐渐加强了对西藏地方的管理，表现在对外关系领域，清朝宗藩体制中的一些原则如册封、厚赏等也开始融入西藏的对外交往政策之中。雍正朝处理布鲁克巴朝贡事件就照搬了诸多朝廷的制度。此外，双方之间文书的往来和礼仪规范也逐步仿照朝廷的规制。1792 年，《钦定藏内善后章程二十九条》的颁布，则将朝廷的影响推向高潮，不仅驻藏大臣取代噶厦政府成为处理对外事务的主角，更为重要的是朝廷处理宗藩关系的许多思想如"一视同仁"、"勤王出兵"、"来不拒往不追"、"守在四夷"等都运用到喜马拉雅山地区，体现出一种政策一体化的努力。

这两种对外关系思想的结合，有时较为成功，有时则引发意见分歧，总的来看，是在实用主义思想支配下，根据具体历史环境加以实施。从与布鲁克巴的关系来看，那种介入藩属内政的强悍政策在清代中期即在《钦定藏内善后章程二十九条》的颁布之后一度被放弃了。到 19 世纪后半期，随着边疆危机的加深，强悍政策又再次回归。而宗教联系始终得到特别的重视。总之，"清代的喜马拉雅山宗藩关系模式"有机地融合了两种对外关系传统，具有鲜明的地域文化色彩。

2. 喜马拉雅山诸藩属，不是由清朝中央直接管理，而是由西藏地方（包括驻藏大臣、噶厦政府）负责管理，在形式上是清朝"藩部之藩属"。

清朝的"藩属"是一个较为宽泛的概念，有些被列为"属国"，有的则称为"部落"，他们与清朝中央的关系紧密程度有很大的差异。《清朝通典》将其分为"朝献之列国，互市之群番，革心面内之部落"。包括布鲁克巴在内的喜马拉雅山各藩属皆被列为"部落"范畴（如《卫藏通志》将

① 布鲁克巴信徒前往西藏朝圣，逐渐形成了两条弧形的朝圣之路。一是从西北部的帕里进入西藏，经过热龙寺、竹寺到达拉萨，然后前往山南桑耶寺、昌珠寺，继续前往南部的散安曲林寺、咱日圣山，再从扎西岗等地回到布鲁克巴。另一条线路恰好相反，从东北部的达旺进入西藏，从咱日圣山逆时针北上，经过拉萨、热龙寺，从帕里回到布鲁克巴。参见［不丹］释迦仁钦《米旁旺布传》，廷布贡桑妥杰出版社 1976 年藏文版；［不丹］噶玛贝巴《释迦丹增传》，出版者不详。

这些藩属都列在"部落"条下），视其为"西藏之属部"，虽然隐含着比"列国"、"群番"更为紧密的关系，但在政治地位上比朝贡之国要低一个档次，清朝册封布鲁克巴德布王以"与西藏东科尔（drung-'khor，西藏地方世家贵族）职分相同"① 的"额尔德尼第巴"名号，而不是像朝鲜、安南那样给予王的封号。虽然这样的名号更多属于象征性的，但清朝曾经明确拒绝了布鲁克巴德布王请求加封"王爵"和"诺门罕"封号的要求。这是因为有清一代对布鲁克巴等喜马拉雅山藩属的管理，从体制上看，主要是委托西藏地方（包括驻藏大臣、噶厦政府）管理，而不是由处理属国事务的礼部直接负责。因此，授予布鲁克巴德布王的封号不得过高，否则管理体制就会出现窒碍。此外，宗藩制度中原本属于朝廷和属国之间的各种权利、义务关系，如接受属国进贡、帮助属国靖乱御侮等，都由西藏地方政府行使。清朝中央已经很少过问布鲁克巴事务，除非发生重大事件，以至于到晚清，理藩院、总理衙门这些名义上主管喜马拉雅山藩属事务的中央机构，连布鲁克巴的基本情况都不了解了。因此，有学者指出喜马拉雅山各藩属在形式上是"藩部（与清朝有主权隶属关系）之属国（与清朝有宗藩关系）"②。

3. 它受到清朝中央、西藏地方、喜马拉雅山诸藩属及英印政府等多种政治力量的制约。

通过对西藏与布鲁克巴关系的考察可知，虽然西藏与喜马拉雅山各藩属是具体的交往主体，它们之间的力量博弈影响着双方关系的形式和内容。但是，从根本上看，这一地区宗藩关系的发展、演变更多地受到清朝中央和英印政府的决定性影响。起初，中国西藏与各藩属关系的建立是随着清朝在这一地区影响力的增长而建立、发展和完善的，清朝在反击廓尔喀战争中的胜利和《钦定藏内善后章程二十九条》的颁布，使清朝在该地区的影响力达到顶峰。但是，随着19世纪初期英印政府开始在该地区的殖民扩张，其影响力、冲击力与日俱增，最终成为瓦解中国西藏与喜马拉雅山各藩属关系的决定性力量。虽然，清朝试图通过调整宗藩制度的重心

① 嘉庆十六年十一月初九日（1911年12月24日），阳春、庆惠等：《奏为布鲁克巴部长请封王爵缘由》，中国第一历史档案馆清代朱批奏折外交类——布鲁克巴，第4—21—1号。

② 张永江：《清代藩部研究——以政治变迁为中心》，黑龙江教育出版社2001年版，第45页。

即强化其在保卫国家安全方面的功能以抗衡荚印政府，但是，综合实力上的巨大差异决定了其悲剧性的命运。此外，各藩属之间的关系对西藏处理与藩属关系的影响，并未得到充分的关注，事实上这种关系对具体事件的处理和走向同样具有举足轻重的影响。总之，这种复杂的政治局面在清朝和其他属国关系中并不常见。

附　　录

附录一

1731 年西藏调停布鲁克巴
内战达成的协议

雍正八年十二月二十九日，驻藏大臣马喇等《奏为会同颇罗鼐安置诺彦林沁齐雷拉卜济折》中有关调停布鲁克巴内战两造及其与清代西藏关系的陈述：

奴才（指马喇——引者注）等与贝子颇罗鼐共同议得，因贝子颇罗鼐咨文将大国仁恩威福晓谕布鲁克巴诺彦林沁齐雷拉卜济、布鲁克巴呼毕勒罕喇嘛扎色里布鲁克古济，诺彦林沁齐雷拉卜济闻之即停战，恭谨认错，投顺大国。听从我使臣为其双方讲和，停止向噶毕东罗布喇嘛进攻，安居如常。我等攻取五大城所有六千户人均由噶毕东罗布管辖，收取民人所纳贡赋，仍令照常交给各札仓喇嘛。其（即诺彦林沁齐雷拉卜济——引者注）亲叔车凌旺沁派驻招地。派刚鼎喇嘛请文殊师利大汗万安，进贡方物，请仁爱训谕。每年八月给达赖喇嘛问安，进献礼物。……噶毕东罗布喇嘛因承蒙文殊师利大汗天地厚恩，特亲来谢恩，进贡方物。嗣后乞求仰赖文殊师利大汗威福，永远安居乐业。每年或其亲自或派人，给达赖喇嘛问安，进献礼物，请训钦遵而行。……相应布鲁克巴呼毕勒罕喇嘛扎色里布鲁克古济、诺彦林沁齐雷拉卜济、车凌旺沁喇嘛、噶毕东罗布喇嘛等会同，照于我使臣面前议定盟誓，布鲁克巴诺彦林沁齐雷拉卜济派驻招地之其亲叔车凌旺沁进驻招地。每年八月遣使问达赖喇嘛安，进献礼物。停止与噶毕东罗布喇嘛互相攻击，安居如常。我等攻取之五大城即交噶毕东罗布管辖，毋庸议。嗣后布鲁克巴人或愿来招地朝拜之人或欲来贸易之人皆不阻止，准其朝拜、贸易。

文献来源：雍正八年十二月二十九日，驻藏大臣马喇等：《奏为会同颇罗鼐安置诺彦林沁齐雷拉卜济折》节译。中国第一历史档案馆清代满文朱批奏折外交类——中不（丹）关系，第 427—6 号。

附录二

1774 年英国东印度公司与不丹
德布王之间的和平条约

第一条

公司纯全是为了减轻不丹人声称的困难和出于与邻邦和平相处的愿望，愿归还在不丹和库赤·比哈尔王开战以前属于德布王的所有土地，即东面契恰科塔（Chitchacotta）和潘戈拉—豪特（Pagolahaut）的土地与西面基伦蒂（Kyruntee）、玛拉瓜特（Marragaut）和卢基普尔（Luckpoor）的土地。

第二条

为占有契恰科塔省，德布王每年应向公司进贡五匹坦冈（Tangun）马，这是过去对比哈尔王的答谢办法。

第三条

德布王须释放库赤·比哈尔王杜津德尔纳拉扬（Dhujinder Narain）以及和他监禁在一起的首相（Dewan Deo）。

第四条

经商的不丹人仍照往常一样享有免税贸易特权，允许他们的商队每年前往朗布尔。

第五条

德布王永远不得对这个国家发动侵略，也不得在任何方面故意干涉已经臣服公司的农民。

第六条

如有任何农民或居民逃离公司领地，一经提出要求，德布王须立即将人交出。

第七条

如有不丹人或在德布王统治下的任何人对公司这些领地或公司领地的

任何部分的居民有所要求，或与之发生争议，他们只能向住在这里执行法律的地方法官申请起诉。

第八条

鉴于英国人把孙尼西亚人视为敌人，德布王不得允许孙尼西亚人在现已放弃的地区的任何地方避难，也不得准许他们进入公司的领地或通过德布王的领土；如不丹人自己不能将他们驱逐出去，他们应向英国驻库赤·比哈尔的驻扎官报告，并不得把英国军队因追击孙尼西亚人进入那些地区视为对本条约的违反。

第九条

公司如需要在山下树林的任何地方砍伐木材时，可以免税进行砍伐，派遣的人员应受到保护。

第十条

双方均应释放俘虏。

文献来源：拉姆·拉合尔：《现代不丹》，四川外语学院《现代不丹》翻译组译，四川人民出版社 1976 年版，第 155—156 页；S. K. Sharma, Usha Sharma（eds.），*Documents on Sikkim and Bhutan*，New Delhi：Anmcl Publications Pvt. Ltd.，1998，pp. 148 - 149。

附录三

1865 年英布(鲁克巴)《辛楚拉条约》

第一条

英国政府和不丹政府之间今后应有永久和平和友好。

第二条

由于不丹政府的多次侵略和该政府拒绝赔偿侵略造成的损失，由于他们对总督阁下派去对两国间分歧进行友善调解的官员加以侮慢，英国政府被迫以武力占领全部隘口和某些防卫不丹山口的山地哨所。同时鉴于不丹政府现已对过去的错误行为表示遗憾并表示愿与英国政府建立友好关系，因此双方同意不丹政府将毗邻兰格普尔、库奇·比哈尔和阿萨姆等地区的称为十八山口的整个地带，连同安巴里—法拉科塔的塔卢克和提斯塔河左岸的山地直到受命办理此事的英国专员可能指定的地点永远割让给英国政府。

第三条

不丹政府同意交出目前扣留在不丹的所有英国臣民以及锡金和库奇·比哈尔首领的臣民，并同意对全体或任何上述人员返回英国领地不加阻拦。

第四条

考虑到不丹政府割让本条约第二条所规定的领土及该政府已经对过去的错误行为表示遗憾，因而保证防止一切心怀恶意的人在英国领地或锡金和库奇·比哈尔罗阇的领土之内犯罪，并保证如遇有违抗他们的命令而可能犯的一切这样的罪行时将立即给予全部赔偿，英国政府同意每年付给不丹政府不超过 5 万卢比的津贴，给予宗本以上的官员，这些官员将由不丹政府授权接受上述津贴，并议定该款按照如下规定付给：不丹政府履行本条约各款后付给 25000 卢比；第一次付款后的 1 月 10 日付给 35000 卢比；次年 1 月 10 日付给 45000 卢比；此后每年 1 月 10 日付给 50000 卢比。

第五条

如不丹政府方面发生错误行为，或未能制止其臣民进行侵略，或未遵守本条约之各项规定，英国政府有权随时全部或部分停止付给上述补偿费。

第六条

英国政府同意，一经不丹政府正式书面要求，即行根据 1854 年第七号法令（该法令的一个副本将提供给不丹政府）之各项规定交出一切被控犯有下列任何一种罪行而可能在英国领地避难的不丹臣民：谋杀、企图谋杀、强奸、绑架、重大的人身暴行、伤人致残、聚众行劫、暗杀、抢劫、偷盗、有意收受得自聚众行劫、抢劫或偷盗的财务、偷盗牲畜、破门入室进行偷窃、纵火、放火烧村、烧房或城镇、伪造或使用伪造文件、伪造流通钱币、有意使用劣币或伪币、作伪证、贿人作伪证、官员或其他人员盗用公款以及充当上述任何一项罪行的从犯。

第七条

不丹政府同意，一经孟加拉付（副）省督（或经他许可）正式提出要求，即行交出被控犯有上条所述任何一种罪行而在不丹政府管辖之领土上避难的任何英国臣民，以及在英国领地上犯有上述任何罪行后逃入不丹，其罪证经由犯罪发生地区之地方法庭认为确实的任何不丹臣民。

第八条

不丹政府同意将与锡金或库奇·比哈尔罗阇的争议或对他们的控告交由英国政府裁决并遵守英国政府之判决；英国政府保证依照法律必要手续查究和解决一切此等争议和控诉，并勒令锡金和库奇·比哈尔罗阇遵守判决。

第九条

两国政府之间应进行自由贸易。输入英国领地之不丹货物应免征关税；不丹政府也不得对输入或经过不丹领土之英国货物征收关税。住在英国领地之不丹臣民在法律上与英国臣民平等；住在不丹之英国臣民在法律上与不丹政府臣民平等。

第十条

本条约包括十条，于 1865 年 11 月 11 日，即不丹木牛年 9 月 24 日在辛楚拉缔结，并由三级巴斯勋爵士赫伯特布鲁斯中校、萨姆多杰·德布·

吉姆佩和德姆赛伦西·杜阿尼签字盖章，并于签字之日起三十日内互换。

文献来源：拉姆·拉合尔：《现代不丹》，四川外语学院《现代不丹》翻译组译，四川人民出版社 1976 年版，第 157—160 页；S. K. Sharma, Usha Sharma (eds.), *Documents on Sikkim and Bhutan*, New Delhi: Anmol Publications Pvt. Ltd., 1998, pp. 204 - 206。

附录四

1886 年中国西藏官员调停布鲁克巴内战所发断牌内事宜十条

第一条

旧任部长本应令其复任，故念该部长屡具禀结以年纪高迈弗能胜任等词恳请辞退，是以俯允所请，但彼既曾充部长，现虽事权不属，而分位仍尊，宜择宽大寺院使之安居，更宜隆以礼貌仿照从前辞退部长之例，优给养赡银两，俾得终其天年。

第二条

吞布（即廷布——引者注，下同）、补纳（即普纳卡）及雄（即政府）噶伦等原有产业均宜给还，并经本汉番委员断定于巴竹（帕罗）、吞布、补纳各缺属下割给岭昔、噶萨、拉雅、海仲巴、洞朗、浪工朗六处营官缺，划清疆界，由吞布等自行管理，至一切差赋数目多少及应在何处上纳，仍照旧章，勿许借词争执，尔两造更宜解释仇怨修好联和，该终萨等不得倚势欺陵（凌），该吞布等，亦不得寻衅报复。

第三条

随从吞布等逃出难番约百余人，流离播迁，殊为可怜，尔两造既归和好此辈尤属无辜，宜令各返故乡，仍复旧业。倘有犯事者宜送归本管头目自行究办，不得借端欺扰，致令负曲莫伸。

第四条

新任部长不得由尔等擅立，宜与尔部落中头目人等公同保举禀请钦宪、藏王点放，方准充当，尔等必须几事禀承，切勿弄权跋扈，此后每逢部长缺出皆宜如此办理。

第五条

尔部落中部长以下惟终萨奔洛等八项大缺，职司较重，今以终萨奔洛兼第巴森本之缺，禀请赏给三品顶戴，并戴花翎，辅助部长办理该部落中事务。再，以达噶奔洛兼拉森缺，雄卓尼兼噶伦缺，以及巴竹、汪宗（即旺堆颇章宗）并新放吞布、补纳营官等均禀请赏给三品顶戴，分理政务，此后每有前八项缺出，宜有部长秉公保举，开具名单禀请钦宪、藏王补放，以昭慎重，而示优异。其有罪应斥革者亦将斥革，缘由禀明存案备查，其余小头目即由部长自作主张，毋庸禀请。

第六条

尔部落向为唐古忒属地，同遵黄教，和好有年，从前披楞屡欲假道进藏，未能得志，是尔部落之于佛教不为无功，此后两造各有土地，人民均宜发奋自强，修明武备，倘值边界有事，尤宜协同，互相救应，以固疆圉，而御外侮，允为卫藏藩篱。

第七条

尔部落向派"洛洽娃"一名常川驻藏，每逢年节呈送土宜礼物以效捆忱，此后必须按照向章勿稍懈怠，其商上等处回赏物件亦皆照常赏给，则彼此情谊浃洽，可以历久不渝。至吞布等受汉番厚恩，如果报效勤殷，宜准其备办土宜派人赴藏呈送。

第八条

布属海仲巴番民常有至卓木及帕克哩一带地方，偷窃抢劫之事，现据控告有案，宜按名交出，以凭究惩，嗣后此缺既据拨归吞布等管理，即宜予以责成务须严加约束，各守疆界，勿得越境相侵，再有犯者惟该吞布等是问。

第九条

唐属边境番民素鲜，盖藏多半穷苦，必须加以体恤，始免逃亡，此后尔部落中派人进藏如呈送礼物、投递禀件等事，公务攸关自应照常支应夫马，此外如贸易往来贩运货物等项，凡无马牌者均宜自备夫马，或如数发给脚价，不得滥索支应，以致苦累穷民。

第十条

此案既经剖断了息，自今以后尔两造人等必须互出切结，永敦和好，各泯疑忌之私，切勿因小忿微嫌辄相争竞，即偶有不平之事，只宜就近禀请部长剖断是非，或请人居间善为排解，不得以琐屑细故赴藏呈诉致劳。

文献来源：光绪十二年八月，刘韩文等：《查办布鲁克巴情形并订断牌十条又附夷结三张请赏该部官员翎戴单》，见吴丰培整理《光诸朝布鲁克巴秘档》，中国藏学出版社《西藏学文献丛书别辑》（不撰年）第十四函，第二册，第63—65页。

附录五

布鲁克巴与(西藏)春丕谷关于防止
一国百姓抢劫另一国百姓的协议书

　　如今，世风腐化，布鲁克巴政府治下的哈、帕罗、措丁（cho-ding）和苏林（so-ling）地方，以及甘丹政府（指西藏地方政府）管辖下的卓木（今亚东）和帕里地方的不法之徒，不遵律法，屡次进行偷盗和抢劫。近来一再接到此类报告。为了不再发生这类事情，帕里宗本的代表甲本罗追坚赞（gyak-pon lo-tro gye-tsen）、从帕里到卓木间各村的代表，如帕里的噶曹次仁顿珠（kar-tsok tse-ring ten-dup）、上卓木的加措阿普（gya-tso A-puk）和下卓木的贡推甲波次仁（Kongdu gye-po tse-ring）等来到布鲁克巴，布鲁克巴的统治者和贵族出具此永久协议书，以使王国之间友好长存，永无嫌隙。

　　第一条

　　凡哈、帕罗、措丁和苏林之人，一如既往，均不得偷盗从噶拉（ka-la）到下卓木阿桑（A-sam）之间人家的财产、马匹、骡子、牦牛和衣物；不得破坏此地的法律，也不得从事任何横暴行为。已向哈、措丁和苏林头人颁布命令将此通知农民，帕罗的农民和西藏的农民务必遵守此条。

　　第二条

　　倘有任何歹人不遵守以上条款，进行抢劫，如果在任何地方被抓，且有原告证明此事，则必须进行审讯，在双方政府代表之前施以惩罚，被偷盗的财产必须归还原主。

　　第三条

　　倘盗贼攻击追捕他的人，而盗贼为西藏人或布鲁克巴人所杀，须付给赔血价 75 两藏银（折合 116 卢比 11 安纳）。如果是西藏人要付赔血价，则由帕里宗本付给，通过仁绷宗本（即帕罗本洛）交给布鲁克巴政府；如果是布鲁克巴支付赔血价，则通过仁绷宗本交给帕里宗本。对于这种盗贼被杀案，不得有额外之言（即不应对此再提出任何其他要求）。

第四条

倘若被盗财产之主人追赶盗贼，强盗杀死财产之主及其同伴。如果抓获盗贼，应将盗贼与被其所杀人之尸体捆绑一处，投入河中；如果抓不到盗贼，则必须付给赔血价 300 两藏银（折合 666 卢比 12 安纳），不得有任何异议。关于支付赔血价的第二种情况，如果任何人并未偷盗或抢劫而被杀死，双方政府的代表将进行调查，并妥善给予赔血价。

第五条

帕里、卓木和哈的边界彼此毗连，卓木人一如既往可以在哈旅行，而需要付给帕里人的牧场租赁费一如既往必须支付；如果不支付牧场租赁费，则（帕里人）可将牧场租给别人，不得追究责任。

第六条

在帕里的建造房屋的地租，应一如既往必须支付，不应允许任何歹人拒付此项地租。

第七条

倘有任何布鲁克巴商人前往帕里或卓木，任何人也不得给他们找不必要的麻烦。人们应该彼此帮助。

以上所立七条均为谋求甘丹政府和布鲁克巴政府双方之利益，禁止一切恶人像从前那样行事，而必须永远遵守这些条款。本协定之六个副本，由下卓木仁青岗的村会保存。铁鼠年八月日（1900 年 9—10 月）布鲁克巴统治者和贵族具印（德布王印、终萨本洛印、帕罗本洛印）。

文献来源：Feb. 1906，*Agreement between Bhutan and the Chumbi Valley as to the Prevention of Robberies from being Committed by the People of the One Country on the People of the Other*，F. O. 535，Vol. Ⅶ. Inclosure 2 in No. 39.

附录六

《1910 年英国与不丹之条约》
（即《普纳卡条约》）

　　兹因修改英国政府和不丹政府于 1865 年 11 月 11 日，即不丹木牛年 9 月 24 日在辛楚拉所订条约之第四、第八两条是合宜的，今由驻锡金政治专员 C. A. 贝尔先生全权代表枢密顾问官、印度星章上级爵士、明托伯爵、印度总督吉尔伯特·约翰·埃利奥特—默里—基宁蒙德印度帝国上级爵士、不丹大君乌金旺曲殿下共同协议，修改如下：

　　1865 年《辛楚拉条约》第四条增补下列一段："英国政府自 1910 年 1 月起将每年给予不丹政府的津贴由五万卢比增为十万卢比。" 1865 年《辛楚拉条约》第八条已作修改，修改后的条文如下："英国政府保证不干涉不丹内政。不丹政府方面同意在对外关系上接受英国政府的指导。如与锡金和库赤·比哈尔国王发生争议或对他们有所控告，则此等事项将交由英国政府裁决。英国政府当依法律必要手段加以解决，并勒令锡金和库赤·比哈尔国王遵守判决。"

　　文献来源：拉姆·拉合尔：《现代不丹》，四川外语学院《现代不丹》翻译组译，四川人民出版社 1976 年版，第 161—162 页；S. K. Sharma, Usha Sharma（eds.），*Documents on Sikkim and Bhutan*，New Delhi：Anmol Publications Pvt Ltd.，1998，pp. 215 - 216。

附录七

历代布鲁克巴德布王('brug sde-srid)①

1. 丹增竹杰（bstan-'dzin 'brug-rgyal），1651—1656 年在位。

2. 丹增竹扎（bstan-'dzin 'brug-grags），1656—1667 年在位。

3. 米居丹巴（mi-'gyur brtan-pa），1667—1680 年在位。

4. 丹增热杰（bstan-'dzin rab-rgyas），1680—1695 年在位。

5. 根顿群佩（dge-'dun chos-'phel），1695—1701 年在位。

6. 阿旺次仁（ngag-dbang tshe-ring），1701—1704 年在位。

7. 班觉（dpal-'byor），1704—1707 年在位。

8. 竹热杰（'brug rab-rgyas，清代文献称为"旺帕柱"），1707—1719 年在位。

9. 阿旺嘉措（ngag-dbang rgyal-mtsho），1719—1729 年在位。

10. 米旁旺布（mi-pham dbang-po，清代文献称为"诺彦林亲齐类拉卜济"），1729—1736 年在位。

11. 班觉（dpal-'byor），1736—1739 年在位。

12. 阿旺坚赞（ngag-dbang rgyal-mtshar），1739—1744 年在位。

13. 喜饶旺秋（shes-rab dbang-phyug），1744—1763 年在位。

14. 竹彭措（'brug phun-tshogs），1763—1765 年在位。

15. 竹丹增（'brug bstan-'dzin），1765—1768 年在位。

16. 索南伦珠（bsod-nams lhun-grub，又名希达尔/bzhi-dar），1768—1773 年在位。

17. 贡噶仁钦（gun-dga' rin-chen，又名强巴贝/byams-pa-dpal），1773—1776 年在位。

---

① 史籍中关于布鲁克巴德布王的排序各有不同，本表从迈克尔·阿里斯《不丹：喜马拉雅王国的古史》（*Bhutan: The Early History of A Himalayan Kingdom*）中的排序。

18. 晋美森格（'jigs-med seng-ge），1776—1788 年在位。

19. 竹丹增（'brug bstan-'dzin，又名桑杰丹增/sangs-rgyas bstan-'dzin），1788—1792 年在位。

20. 扎西南杰（bkra-shis rnam-rgyal，又名索南坚赞/ bsod-nams rgyal-mtshan，清代文献中称为"弥盘格尔那木扎尔"），1792—1799 年在位。

21. 竹南杰（'brug rnam-rgyal），1799—1803 年在位。

22. 扎西南杰（bkra-shis rnam-rgyal，再次执政），1803—1805 年在位。

23. 桑杰丹增（sang-rgyas bstan-'dzin），1805—1806 年在位。

24. 巴卓瓦（spa-gro-ba），1806—1808 年在位。

25. 白玛曲扎（padma chos-grags，清代文献中称为"喇嘛曲扎"），1808—1809 年在位。

26. 楚臣扎巴（tshul-khrims grags-pa），1809—1810 年在位。

27. 晋美扎巴（'jigs-med grags-pa），1810—1811 年在位。

28. 意希坚赞（ye-shes rgyal-mtshan，清代文献称为"喇嘛曲勒"），1811—1815 年在位。

29. 擦普巴多杰（tsha-phug-pa rdo-rje），1815 年在位。

30. 索南竹杰（bsod-nams 'brug-rgyas），1815—1819 年在位。

31. 丹增竹扎（bstan-'dzin 'brug-sgra），1819—1823 年在位。

32. 普杰（phur-rgyal，又名曲吉坚赞/chos-kyi rgyal-mtshan），1823—1831 年在位。

33. 多杰南杰（rdo-rje rnam-rgyal），1831—1832 年在位。

34. 赤列（'phrin-las），1832—1835 年在位。

35. 曲吉坚赞（chos-kyi rgyal-mtshan，再次执政），1835—1838 年在位。

36. 多杰诺布（rdo-rje nor-po），1838—1847 年在位。

37. 扎西多杰（bkra-shis rdo-rje），1847—1850 年在位。

38. 旺秋杰布（dbang-phyug rgyal-po），1850 年在位。

39. 晋美诺布（'jigs-med nor-bu），1850—1852 年在位。

40. 嘉巴桑杰（lcags-pa sangs-rgyas），1851—1852 年在位。

41. 丹曲伦珠（dam-chos lhun-grub），1852—1865 年在位。

42. 贡噶贝丹（kun-dga' dpal-ldan），1856—1861 年在位。

43. 顿珠（don-grub，又名彭措南杰/phun-tshogs rnam-rgyal、纳孜巴桑/gnag-rdzi pa-sangs），1861—1864 年在位。

44. 次旺喜图（tshe-dbang sri-thub，清代文献称为"策旺斯吐"），1864 年在位。

45. 楚臣云丹（tshul-khrims yon-tan），1864 年在位。

46. 噶举旺秋（dkar-brgyud dbang-phyug，清代文献称为"噶举"），1864 年在位。

47. 次旺喜图（tshe-dbang sri-thub），1864—1866 年在位。

48. 尊追白噶（brtson-'grus pad-dkar），1866—1870 年在位。

49. 晋美南杰（'jigs-med rnam-rgyal），1870—1873 年在位。

50. 多杰南杰（rdo-rje rnam-rgyal，似为清代文献中之"欧柱汪曲"），1873—1879 年在位。

51. 曲杰桑布（chos-rgyal bzang-po），1879—1882 年在位。

52. 次旺（tshe-dbang），1882—1884 年在位。

53. 噶瓦桑布（dga'-ba bzang-po，清代文献中称为"格娃桑布"），1884—1886 年在位。

54. 桑杰多杰（sangs-rgyas rdo-rje），1886—1903 年在位。

55. 意希俄珠（ye-shes dngos-grub），1903—1905 年在位。

资料来源：Michael Aris, *Bhutan: The Early History of A Himalayan Kingdom*, Warminster-England: Aris & Phillips Ltd., 1979.［不丹］白玛次旺:《布鲁克巴王统世系明鉴》，不丹国家图书馆 1994 年版；［不丹］格顿仁钦:《南国教法史——明智耳饰》，廷布扎西曲宗 1972 年版。

参 考 文 献

1. 满文

中国第一历史档案馆清代档案朱批满文奏折外交类——中不（丹）关系。

中国第一历史档案馆清代档案军机处满文录副奏折民族类——藏族。

2. 藏文

［不丹］白玛次旺（padma tshe-dbang）：《布鲁克巴王统世系明鉴》'brug-gi rgyal-rabs slob-dpon padma tshe-dbang gis sbyar-ba——'brug gsal-pa'i sgron-me），廷布不丹国家图书馆 1994 年版。

［不丹］格顿仁钦（dge-'dun rin-chen）：《南国教法史——明智耳饰》（dpal-ldan 'brug-pa'i gdul-zhang lho-phyogs nags-mo'i-ljongs kyi chos-'byung blo-gsal rna-ba'i-rgyan），廷布扎西曲宗 1972 年版。

［不丹］那多克上师（slob -dpon nag-mdog）：《布鲁克巴政教史——白龙》（'brug dkar-po——'brug rgyal-khab kyi chos-srid gnas-stangs），塔尔巴林寺 1986 年版。

［不丹］藏堪钦·嘉木样贝丹嘉措（gtsang mkhan-chen 'jam-dbyangs dpal-ldan rgya-mtsho）：《圣竹巴仁波切阿旺南杰传——圣法云音》（dpal 'brug-pa rin-po-che ngag-dbang bstan-'dzin rnam-rgyal gyi rnam-par thar-pa rgyas-pa chos-kyi sprin chen-po'i dbyangs），普纳卡吐登次仁出版社 1974 年版。

［不丹］释迦仁钦·智美勒贝洛追（shākya rin-chen dri-med legs-pa'i blo-gros）：《夏仲·阿旺南杰传略本》（dkar-rgyud kyi rnam-thar gser-gyi phreng-ba lta-bu las dpal-ldan bla-ma mthu-chen chos-kyi rgyal-bo ngag-

dbang rnam-par rgyal-ba'i-skabs bzhugs-so），廷布贡桑妥杰出版社 1976
年版。

　　［不丹］释迦仁钦（shākya rin-chen）：《米旁旺布传——贤劫耳饰》
（sprul-pa'i-sku ngag-dbang bstan-'dzin mi-pham dbang-po'i rnam-par thar-
pa skal-bzang rna-rgyan），廷布贡桑妥杰出版社 1976 年版。

　　［不丹］释迦仁钦（shākya rin-chen）：《夏仲·却列南杰传》（sprul-
ba'i sku-mchog ngag-dbang phyogs-las rnam-rgyal gyi rnam-par thar-pa
skal-bzang 'jig-ngo），廷布贡桑妥杰出版社 1976 年版。

　　［不丹］释迦仁钦（shākya rin-chen）：《阿旺赤列传——圆满王子嬉
乐藤》（rdo-rje-'chang chen-po rje-btsun ngag-dbang 'phrin-las kyi rnam-
par thar-pa rgyal-sres rtse-dga'i 'khri-shing），廷布贡桑妥杰出版社 1976
年版。

　　［不丹］强曲诺布（byang-chub nor-bu）：《夏仲·晋美扎巴（1791—
1830）传》（dpal-ldan bla-ma thams-cad mkhyen-gzigs chen-po ngag-dbang
'jigs-med grags-pa'i rnam-par thar-pa byang-chen spyod-pa'i rgya-mtshor
'jug-pa'i gtam snyan-pa'i yan-lag 'bum-ldan rdzogs-ldan dga'- char sbyin-
pa'i chos-kyi sprin-chen-po'i dbyangs），廷布不丹国家图书馆 1985 年版。

　　［不丹］噶玛贝巴（karma dpal-'bar）：《释迦丹增传》（dpal-ldan
'brug-pa rin-po-che ngag-dbang 'jam-dbyang shākya bstan-'dzin gyi rnam-
par thar-pa legs-byas rgya-mtsho'i sprin-gyi sgra-dbyangs），出版社不详。

　　［不丹］晋美诺布（'jigs-med nor-bu）：《夏仲·晋美诺布文集》
（zhabs-drung 'jigs-med nor-bu gsung-'bum），廷布不丹国家图书馆 1984
年版。

　　［不丹］云丹塔耶（yon-tan mtha'- yas）：《喜饶旺秋传——珍珠宝串》
（chos-rgyal chen-po shes-rab dbang-phyug gi dge-ba'i cho-ga rab-tu gsal-
ba'i-gtam mu-tig do-shal），新德里（出版社不详）1970 年版。

　　［不丹］阿旺（ngag-dbang）：《君民世系起源明灯》（sa-skyong rgyal-
po'i gdung-rabs 'byung-khungs dang 'bangs-kyi mi-rabs chad-tshul nges-
par gsal-ba'i sgron-me），载 Michael Aris （ed.），*Sources for the History
of Bhutan*，Wien：Universität wien，1986。

　　［不丹］丹曲伦珠（dam-chos lhun-grub）：《晋美南杰传》（gong-sa

'jigs-med rnam-rgyal gyi rtogs-brjod dpa'- bo'i gad-rgyangs)，不丹研究中心 2008 年电子版。

[不丹] 不丹研究中心 （dpal 'brug zhib-'jug lte-ba）：《布鲁克巴国王乌金旺秋传》（'brug brgyud-'dzin gyi rgyal-mchog dang-pa mi-dbang o-rgyan dbang-phyug mchog-gi rtogs-brjod），不丹研究中心 2008 年电子版。

[不丹] 丹增曲杰 （bstan-'dzin chos-rgyal）：《圣竹巴活佛之法典》（dpal 'brug-pa rin-po-che mthu-chen ngag-gi dbang-po'i bka'- khrims phyogs thams-cad las rnam-par rgyal-ba'i gtam），载 Michael Aris (ed.)，*Sources for the History of Bhutan*，Wien：Universität wien，1986。

[不丹] 阿旺贡噶坚赞 （ngag-dbang kun-dga' rgyal-mtshan）：《丹曲白噶传》（mtshungs-med chos-kyi rgyal-po rje-btshun dam-chos pad-dkar gyi rnam-par thar-pa thugs-rje chen-po'i dri-bsung），新德里 （出版社不详） 1970 年版。

[锡金] 吐道南杰 （mthu-stobs rnam-rgyal）、意希卓玛 （ye-shes sg-rol-ma）：《哲孟雄王统史》（'bras-ljongs rgyal-rabs），冈托克祖拉康出版社 2003 年版。

[锡金] 强堪布·曲旺 （byang-mkhan-po chos-dbang）：《哲孟雄政教史》（sbas-yul 'bras-mo-ljongs kyi chos-srid dang 'brel-ba'i rgyal-rabs lo-rgyus bden-don kun-gsal me-long），冈托克南杰藏学研究所 （rnam-rgyal bod-kyi shes-rig nyams-zhib-khang） 2003 年版。

果仓热巴 （rgod-tshang ras-pa）：《洛热巴传》（chos-rje lo-ras-pa'i rnam-par thar-pa bdud-rtsi'i phreng-ba），青海人民出版社 1993 年版。

居美德钦 （'gyur-med bde-chen）：《汤东杰布传》（dpal grub-pa'i dbang-phyug brtson-'grus bzang-po'i rnam-par thar-pa kun-gsal nor-bu'i me-long），四川民族出版社 1982 年版。

喇拉曲珠 （glag-bla chos-'grub）：《隆钦饶绛传》（kun-mkhyed chos-kyi rgyal-po rig-'dzin klong-chen rab-'byams kyi rnam-thar dad-pa gsum-gyi 'jug-ngogs），四川人民出版社 1994 年版。

桑杰达布 （sangs-rgyas dar-po）：《果仓巴传》（rgyal-bar god-tshang-pa mgon-po rdo-rje'i rnam-par thar-ba mthon-ba don-ldan nor-bu'i phreng-ba），青海民族出版社 1992 年版。

达仓宗巴·班觉桑布（stag-tshang rdzong-pa dpal-'byor bzang-po）：《汉藏史集》（rgya-bod yig-tshang），四川民族出版社 1985 年版。西藏人民出版社 1986 年有陈庆英汉译本。

贡噶洛追（kun-dga' blo-gros）：《萨迦世系史续编》（sa-skya'i gdung-rabs ngo-mtshar bang-mdzod kyi kha-skong），民族出版社 1991 年版。西藏人民出版社 1992 年有王玉平汉译本。

第五世达赖喇嘛阿旺罗桑嘉措（ngag-dbang blo-bzang rgyal-mtsho）：《第三世达赖喇嘛传》（rje-btsun thams-cad mkhyen-pa bsod-nams rgya-mtsho'i rnam-thar dngos-grub rgya-mtsho'i shing-rta），载《第五世达赖喇嘛阿旺罗桑嘉措全集》第 nya 函。全国图书馆文献缩微复制中心 1992 年有陈庆英、马连龙汉译本。

第五世达赖喇嘛阿旺罗桑嘉措（ngag-dbang blo-bzang rgyal-mtsho）：《第四世达赖喇嘛传》（'jig-rten dbang-phyug thams-cad mkhyen-pa yon-tan rgya-mtsho dpal-bzang-po'i rnam-par thar-pa nor-bu'i phreng-ba），载《第五世达赖喇嘛阿旺罗桑嘉措全集》第 nya 函。全国图书馆文献缩微复制中心 1992 年有陈庆英、马连龙汉译本。

第五世达赖喇嘛阿旺罗桑嘉措（ngag-dbang blo-bzang rgyal-mtsho）：《第五世达赖喇嘛自传——云裳》（ban-de ngag-dbang blo-bzang rgya-mtsho'i 'di-snang 'khrul-pa'i rol-rtsed rtogs-brjod kyi tshul-du bkod-pa du-kū-la'i gos-bzang），西藏人民出版社 1989 年版。中国藏学出版社 1997 年有陈庆英等汉译本。

章嘉·若贝多杰（lcang-skya rol-pa'i rdo-rje）：《第七世达赖喇嘛传》（rgyal-ba'i dbang-po thams-cad mkhyen-gzigs rdo-rje-'chang blo-bzang bskal-bzang rgya-mtsho dpal-bzang-po'i zhal-snga-nas kyi rnam-par thar-pa mdo-tsam brjod-pa dpag-bsam rin-po-che'i snye-ma），西藏人民出版社 1990 年版。西藏人民出版社 1989 年有蒲文成汉译本。

第穆·图丹晋美嘉措（de-mo mthu-bstan 'jigs-med rgya-mtsho）：《第八世达赖喇嘛传——世界广饰》（rgyal-bo'i dbang-po thams-cad mkhy-en-gzigs chen-po rje-btsun blo-bzang bstan-pa'i dbang-phyug 'jam-dpal rgya-mtsho dpal-bzang-po'i zhal-snga-nas kyi rnam-par thar-pa mdo-tsam brjod-pa 'dzam-gling tha-gru yangs-pa'i rgyan），拉萨版木刻本。中国藏学出版社 2006 年有冯智译本。

普觉·吐登强巴楚臣（ phur-lcog thub-bstan byams-ba tshul-khrims bstan-'dzin)：《第十三世达赖喇嘛传——殊胜宝鬘》（lhar-bcas srid-zhi'i gtsug-rgyan gong-sa rgyal-ba'i dbang-bo bka'- drin mtshungs-med sku-phreng bcu-gsum-pa chen-po'i rnam-par thar-pa rgya-mtsho lta-bu las mdo-tsam brjod-pa ngo-mtsher rin-po-che'i phreng-ba)，拉萨木刻版。

第五世班禅罗桑益希（blo-bzang ye-shes)：《第四世班禅传》（chos-smra-ba'i dge-slong blo-bzang chos-kyi rgyal-mtshan gyi spyod-tshul gsal-bar ston-pa nor-bu'i phreng-pa)，西藏人民出版社 1990 年版。

嘉木样·久麦旺波（'jam-dbyangs 'jigs-med dbang-po)：《第六世班禅洛桑贝丹益希传》（rje bla-ma srid-zhi'i gtsug-rgyan pan-chen thams-cad mkhyen-pa blo-bzang dpal-ldan ye-shes dpal-bzang-po'i zhal-snga-nas kyi rnam-par thar-pa nyi-ma 'od-zer ），中国藏学出版社 2002 年版。西藏人民出版社 1990 年有许德存等汉译本。

第十三世达赖喇嘛吐登嘉措（thub-bstan rgya-mtsho)：《致遍知班禅一切智等上下诸人书次第合编》（kun-gzigs pan-chen thams-cad mkhyen-pa sogs mchog-dman rnams-la gnang-ba'i chab-shog gi rim-pa phyogs-gjig tu bkod-pa bzhugs-so，或译为《第十三世达赖喇嘛书信集》），见《第十三世达赖喇嘛全集》第 Ja 函。

多卡夏仲·策仁旺杰（mdo-mkhar zhabs-drung tshe-ring dbang-rgy-al)：《颇罗鼐传》（dpal mi-dbang rtogs-brjod 'jig-rten kun-tu dga'- ba'i gtam)，四川民族出版社 1981 年。西藏人民出版社 1988 年有汤池安汉译本。

竹巴·白玛噶波（'brug-pa padma dkar-po)：《教法史——催开教莲之阳光》（chos-'byung bstan-pa'i padma rgyas-pa'i nyin-byed)，西藏藏文古籍出版社 1992 年版。

晋美扎巴（'jigs-med grags-pa)：《江孜法王传》（rgyal-rtse chos-rgy-al gyi rnam-par thar-pa dad-pa'i lo-thog dngos-grub kyi char-'bebs)，西藏人民出版社 1987 年版。

夏嘎巴·旺秋德丹（shakabpa，W. D.)：《西藏政治史》（bod-kyi

srid-don rgyal-rabs)，噶伦堡 1979 年版。

《拉达克王统记》（la-dwags rgyal-rabs），西藏人民出版社 1986 年版。

恰白·次旦平措（chab-spel tshe-brtan phun-tshogs）、诺章乌坚（nor-brang o-rgyan）：《西藏通史——松石宝串》（bod kyi lo-rgyud rags-rim gyu-yi phrang-ba），西藏藏文古籍出版社 1990 年版。西藏社会科学院、中国西藏杂志社、西藏古籍出版社 2004 年有陈庆英等汉译本。

3. 汉文

（1）史料与著作

中国第一历史档案馆清代档案：《军机处录副奏折》、《朱批奏折》、《理藩院档》。

中国第一历史档案馆译编：《雍正朝满文朱批奏折全译》，黄山书社 1998 年版。

台湾"中研院"近代史所藏《外务部档案》有关布鲁克巴档案。

吴丰培整理：《清光绪朝布鲁克巴秘档》，中国藏学出版社，《西藏学文献丛书别辑》第十四函。

吴丰培编辑：《清代藏事奏牍》（上、下），中国藏学出版社 1994 年版。

中国藏学研究中心等合编：《元以来西藏地方与中央政府关系档案史料汇编》，中国藏学出版社 1994 年版。

中国第二历史档案馆、中国藏学研究中心合编：《西藏亚东关档案选编》（上、下），中国藏学出版社 1996 年版。

冯明珠主编：《国立故宫博物院典藏专案档暨方略丛编：廓尔喀档》（1—4），台北沉香亭企业社 2007 年版。

吴燕绍辑补、吴丰培校订：《廓尔喀纪略辑补》（上、中、下），中国社会科学院民族研究所历史室 1977 年油印本。

《西藏研究》编辑部编：《清实录藏族史料》（1—12），西藏人民出版社 1982 年版。

《西藏研究》编辑部：《〈西藏志〉、〈卫藏通志〉合刊》，西藏人民出版社 1982 年版。

马吉符：《藏牍劫余》，北京宣武门大街进化书局印（不撰年）。

吴丰培、曾国庆编撰：《清代驻藏大臣传略》，西藏人民出版社 1988 年版。

朱在明等编：《当代不丹》，四川人民出版社 1999 年版。

朱在明等编：《列国志：不丹》，社会科学文献出版社 2004 年版。

周伟洲主编：《英国、俄国与中国西藏》，中国藏学出版社 2000 年版。

杨公素：《中国反对外国侵略干涉西藏地方斗争史》，中国藏学出版社 2001 年版。

杨公素：《晚清外交史》，北京大学出版社 1991 年版。

喜饶尼玛：《近代藏事研究》，西藏人民出版社 2000 年版。

吕昭义：《英属印度与中国西南边疆——1774—1911 年》，中国社会科学出版社 1996 年版。

冯明珠：《中英西藏交涉与川藏边情：1774—1925》，中国藏学出版社 2007 年版。

西藏自治区政协文史资料委员会编：《十三世达赖喇嘛年谱》，民族出版社 1989 年版。

李大龙：《汉唐藩属体制研究》，中国社会科学出版社 2006 年版。

张永江：《清代的藩部研究——以政治变迁为中心》，黑龙江教育出版社 2001 年版。

李云泉：《朝贡制度史论——中国古代对外关系体制研究》，新华出版社 2004 年版。

陈尚胜主编：《中国传统对外关系的思想、制度与政策》，山东大学出版社 2007 年版。

（2）翻译作品

［日］滨下武志：《近代中国的国际体系——朝贡贸易体系与近代亚洲经济圈》，朱荫贵、欧阳菲译，中国社会科学出版社 1999 年版。

［英］詹宁斯等修订：《奥本海国际法》，王铁崖等译，中国大百科全书出版社 1995 年版。

［美］芮玛丽：《同治中兴——中国保守主义的最后抵抗》，房德邻等译，中国社会科学出版社 2002 年版。

［法］布尔努瓦：《西藏的黄金和银币》，耿升译，中国藏学出版社 1999 年版。

〔意〕G. M. 托斯卡诺：《魂牵雪域——西藏最早的天主教传教会》，伍昆明、区易柄译，中国藏学出版社 1998 年版。

〔尼泊尔〕I. R. 阿里亚尔、T. P. 顿格亚尔：《新编尼泊尔史》，四川外语学院《新编尼泊尔史》翻译组译，四川人民出版社 1973 年版。

〔美〕何伟亚：《怀柔远人：马嘎尔尼使华的中英礼仪冲突》，邓常春译，社会科学文献出版社 2002 年版。

〔英〕埃德蒙·堪德勒：《拉萨真面目》，尹建新、苏平译，西藏人民出版社 1996 年版。

〔印度〕高希：《中印关系中的西藏》，张永超译，西藏人民出版社 1987 年版。

〔意〕L. 伯戴克：《十八世纪前期的中原和西藏》，周秋有译，西藏人民出版社 1987 年版。

4. 英文

Foreign Office of Great Britain, *Great Britain*, *Foreign Office Record*, F. O. 535, *Correspondence Respecting the Affairs of Thibet*, Vol. 1 – 14.

S. K. Sharma, Usha Sharma (eds.), *Documents on Sikkim and Bhutan*, New Delhi: Anmol Publications Pvt. Ltd. , 1998.

C. Markham (ed.), *The Narratives of the Mission of George Bogle to Tibet and of the Journey of Thomas Manning to Lhasa*, London: Trübner and Co. , Ludgate Hill, 1879.

Samuel Turner, *An Account of an Embassy to the Court of the Teshoo Lama*, *in Tibet*, London: W. Bulmer and Co. , Cleveland — Row, 1806.

H. K. Kuloy, *Political Missions to Bootan*, Include: Ashley Eden, *Report on the State of Bootan and on the Progress of the Mission of 1863 – 1864*; R. B. Pemberton, *Report on Bootan: 1837 – 1838*; William Griffiths, *Journal of the Mission to Bootan in 1837 – 1838*; Baboo Kishen Kant Bose, *Account of Bootan: 1815*; *The Truth about Bootan*, New Delhi: Mañjuśrī Publishing House, 1972.

David Field Rennie, *Bhotan and the Story of the Doar War*, New Delhi: Mañjuśrī Publishing House, 1970.

J. Claude White, *Sikkim and Bhutan*, New Delhi: Cosmo Publications, 1984.

F. Younghusband, *India and Tibet*, London: J. Murray, 1910.

C. Bell, *Tibet, Past and Present*, London: Oxford University Press, 1924.

Das Nirmala, *The Dragon Country, the General History of Bhutan*, Bombay: Orient Longman, 1974.

Michael Aris, *Bhutan: The Early History of A Himalayan Kingdom*, Warminster-England: Aris &· Phillips Ltd. , 1979.

Michael Aris, *The Raven Crown: The Origins of Buddhist Monarchy in Bhutan*, London: Seridia Publications, 1994.

Michael Aris, *Sources for the History of Bhutan*, Wien: Universität wien, 1986.

Michael Aris, *International Seminar on Tibetan Studies*, London: Oxford University Press, 1979.

Michael Aris, *Hidden Ttreasures and Secret Lives: A Study of Pemalingpa (1450 – 1521) and the Sixth Dalai Lama (1683 – 1706)*, London: Kegan Paul International, 1989.

Michael Aris, *Views of Medieval Bhutan: The Diary and Drawing of Samuel Davis 1783*, London: Seridia Publications, 1982.

A. Lamb, *The China-India Border: The Origins of the Disputed Boundaries*, London: Seridia Publications, 1964.

A. Lamb, *Britain and Central Asia, The Road to Lhasa, 1767 to 1905*, London: Boutlege and Kegan Paul, 1960.

A. Lamb, *The McMahon Line: A Study in the Relations between India, China and Tibet, 1904 to 1914*, London: Boutlege and Kegan Paul, 1966.

A. Lamb, *British India and Tibet: 1766 –1910*, London: Boutlege and Kegan Paul, 1986.

Manorama Kohli, *India and Bhutan: A Study in Internations 1772 – 1910*, Munshiram Manoharlal Publishers Pvt. Ltd. , 1982.

A. B. Majumdar, *Britain and the Himalayan Kingdom of Bhotan*, Patna: Bharati Bhawan, 1984.

Schuyler Cammann, *Trade through the Himalayas: the Early British Attempts to Open Tibet*, Princeton: Princeton University Press, 1951.

Peter Collister, *Bhutan and the British*, London: Seridia Publications, 1987.

Kapileshwar Labh, *India and Bhutan*, New Delhi: Sindhu Publication Ltd. , 1974.

Amar Kaur Jasbir Singh, *Himalayan Triangle: A Historical Survey of British India's Relations with Tibet, Sikkim and Bhutan 1765 – 1950*, London: The British Library, 1988.

Lal Babu Yadav, *Indo-Bhutan Relations and China Interventions*, New Delhi: Anmol Publications Pvt. Ltd. , 1996.

A. C. Sinha, *Bhutan: Ethnic Identity and National Dilemma*, New Delhi: Reliance Publishing House, 1991.

Luciano Petech, *The Kingdom of Ladakh C. 950 — 1842 A. D*, Roma: Istituto Italiano per Medio ed Estremo Oriente, 1977.

M. N. Gulati, *Tibetan Wars: Through Sikkim, Bhutan & Nepal*, New Delhi: Manas Publications, 2003.

Wendy Palace, *The British Empire and Tibet, 1900 – 1922*, London: Routledge Curzon, 2005.

John King Fairbank (ed.), *The Chinese World Order, Traditional China's Foreign Relation*, Boston: Harvard University Press, 1968.

John King Fairbank and S. Y. Teng, "On the Ch'ing Tributary System", *Harvard Journal of Asiatic Studies*, 1941, Vol. Ⅱ.

Ludwig F. Stiller, S. J. , *The Rise of the House of Gorkha-A Study in the Unification of Nepal 1768 – 1816*, Patna: Patna Jesuit Society, 1975.

The Centre for Bhutan Studies, *The Journal of Bhutan Studies*,